李廉方 著
郭戈 編校

李廉方集
（四）

荊楚文庫編纂出版委員會
華中師範大學出版社

異哉中國文字拉丁化運動

獨立出版社 1939 年 8 月初版,"抗戰建國小叢書"之一,署名"李廉方"。

一、寫在篇首的話

過去曾看過幾本拉丁化運動的論文，來渝以後，書籍散失，匆匆寫這篇文章，對於主張和反對兩方言論，都無暇搜輯，必多挂漏，尚望閱者原諒。

作者要鄭重聲明的，有兩個要點：第一，發表意見，極力避免政治感情的話，免得本身問題，籠罩在烟幕裏面，把真正的是非都掩蓋了。第二，凡是討論一個問題，必須從它的種種方面，澈頭徹尾來打算，不能僅就某一點的見解，説得天花亂墜，抹煞一切事實。

世界任何文化工作，雖然沒有不演變的，但是必適應環境來推進，而且逃不了歷史上必然的程式。固蔽和蠻幹，同是一樣妨害人類的利益。

拉丁化者所持種種理由，有三點值得注意：第一，排斥漢字的話，多是非其罪。第二，推獎拉丁化的話，多是非其功。第三，敵人正在企圖毀滅我民族歷史的時候，我們以廢除固有文字來號召，更是非其時。

本文根據以上觀點，分列數章，作一個平心靜氣的商討，很希望主張拉丁化或反對拉丁化，都進一步來具體研究，才是作者的本意。

説來是很複雜，歸結起來，只有兩個主要問題：

（一）音符字是必要的，只是漢字是不是一定要完全廢除。

（二）音符究竟用怎樣拼法才是便利，這就成了母音、子音配合的問題。

這兩個問題解決了，其他附帶問題，盡有隨時伸縮的餘地，用不著看得多麼嚴重，反而多生枝節。

二、非本身必然產生的事實不應該作爲發言的根據

拉丁化者認爲最嚴重的問題，有下列種種言論，不過同意異詞的話太多，這裏只能分別摘出作爲代表，逐項加以剖解。

"漢字是普及教育的阻力。"

"識字的只有百分之二十；現在的中國文字已經不是大衆的東西。"

這裏所謂中國文字不是大衆的東西，當然是指百分之八十的人民不識字。假使這些不識字的人們，是入了學而字還不識，或者因爲漢字難識和識了漢字也是無用，我們還有什麼話可説。可是多數人不識字，是因爲不得入學。所以不得入學，是因爲沒有設普及的學校。試問學校不普及，就使拉丁化了，人民還不是不得入學嗎？這阻力和漢字有什麼相干呢？現在各强國的教育普及，是否因爲用拼音文字，才能普及？日本不是摻用漢字嗎？何以策動教育普及，沒有發生阻力呢？固然日本也曾提議廢除漢字，但是到今日還是廢除不了。

拉丁化者最有力的證明，是引盲目詩人愛羅先珂的話："世界沒有一個民族的文學和民衆隔絕，像不幸的中國文學這種樣子的，……因爲中國有這種文字的障礙。"愛羅先珂誠然是一番好意，可是他的話對症嗎？他的祖國在帝國時候雖然未拉丁化，却也是拼音文字，試問教育何以沒有普及？他的詩文，是不是和拉丁化者那樣的口頭語，爲任何民衆所能接受呢？

"漢字是古代封建社會的産物，應該廢除。"

因爲封建時代的産物，就應廢除，那麼拉丁化者所謂"廢除漢字並不是把漢字寫的書籍都燒毀的意思"，這話就相矛盾，因爲漢字寫的書籍和漢字是同時代的産物。照這樣批評漢字來類推，最初設立學校，也是

爲貴族設立的，是不是學校也應該廢除？就是拉丁文字也不是民主政治時代產生物，何以漢字應該拉丁化呢？我們爲民衆便利改造文字，這便利不便利，只存在文字本身上。如果離開了本身，講許多廢話來聳人聽聞，那就醉翁之意不在酒了。

"漢字是統治階級的文字。"

"幾千年來漢字在特權者手裏已經成爲一種魚肉大衆的工具。"

"識字讀本中還散著對大衆有害的毒素。"

"中國統治階級不願意勞動者識字，工人、農人識了字，就看出他們的真正敵人是誰了。"

從文字表現出來，有種種相反的作用，一方面利用文字來魚肉大衆或者散出有害的毒素；一方面由識了字可以看出統治階級是敵人，這不是文字本身所具有的，用漢字作工具如是，用拉丁化文字作工具亦復如是。假如中國統治階級確有拉丁化者所說的這樣事實，就不是從漢字本身來的。如果把這個罪名加到漢字頭上，那麼既說漢字爲統治階級的文字，又說工人、農人識了字可以看出統治階級是真正敵人；既說漢字是魚肉大衆的工具和散播大衆有害的毒素，又說不願意勞動者識字，豈不是自相矛盾嗎？而且和上面所說教育普及的阻力一個斷案也相衝突。因爲統治階級既拿漢字來魚肉大衆和散播毒素，當然愈普及才愈有利，如果漢字爲普及的阻力，不是魚肉工具沒法行使，毒素沒法散播呢？拉丁化者只求攻擊的詞鋒尖銳，不顧前後語意矛盾，在基本理論上實已發生動搖。

中國歷史上的統治階級，多是以爲馬上得天下。一般貴族，都是依附馬上的權威得來的。他們魚肉大衆，是守著馬上得天下的心理，並沒有憑藉文字作工具。把歷史上的一切罪惡，都寫在漢字身上，這是祖先造字的原因嗎？這是漢字存在的原因嗎？未免太顛倒事實了。

"中國文字只有那些有錢又有工夫的資本家、地主和少爺小姐們，才有可能費許多工夫，化許多錢學習這種難學的文字。"

漢字是否真比拼音字難學，以下要討論的。這裏所說的，拉丁化者所以稱漢字為統治階級的文字，主要觀點，是以漢字難學，只有有錢的人們才有工夫來學。試問我國人民百分之八十不識字，原因果然如此嗎？要知道文字的用處和學習甘苦，統治階級與大眾，沒有一點差別，斷未有因有錢有工夫來學，就故意而且甘心學難學的工具。第一，貴族當然是貪安逸的，決不肯避易就難。第二，識字只於通常的寫信看書，是無利可尋的，為大眾所企圖的識字，亦止於通常的寫信看書。從來的貪官污吏、土豪劣紳，沒有憑藉這點工具來取得地位，也沒有憑藉這點工具能夠魚肉大眾。我國一般窮民子弟，不得入學以及入學沒有成就，只是近三十年來用西法興學以後的現象。直到近來差不多成了"上品無寒門，下品無士族"，一切學校正在極力向這條路上邁進。古來尚至如此？試稍稍回顧過去事實，所有由受教育而得功名成學問，還是平民占大多數。不認清這個關鍵，任何改造文字，也是枉然。

再就愚民政策來說：（一）不為整體人民興教育，（二）不設人民適當的教育，（三）限制特殊和高深學科的教育。（一）、（二）是古代統治階級愚民的教育，（三）是近代帝國主義各國對殖民地或保護國的愚民教育……我們應該注意。這殖民地或保護國的文字，勿論是否難學，必設法毀滅。帝國主義各國都是拼音文字，必用速成方法使奴化人們一律學習，只限制學特殊和高深的學習。由這點看來，說統治階級對於大眾不重教育或者敗壞教育以愚民則可，說以難學工具來愚民是不符事實的。古來愚民的，莫過於秦始皇，他燒毀了民間書籍，却把文字改從簡易，這是很明顯的事實。

"文言是和現代人的說話隔絕的，主張實行拉丁化，把文字交給大家。"

除了擬聲字外（漢字亦可擬聲，不如拼音字好），不管文言或口語，不是一樣都可用漢字來寫嗎？所以只寫文言，不寫白話，只是作文者的習慣和主張，並不是漢字本身的缺陷。試問拉丁化者寫的拉丁化理論原則方案，當然比較近於口頭語，不是用漢字寫出來的嗎？拉丁化課本第一部字母各課拉丁化的詞語，不是都用漢字作注解嗎？第二部文選各課拉丁化的文章，不是都用漢字作譯文嗎？這注解和譯文，漢字和拉丁化，並無不同寫法。凡是拉丁化的字寫出來的，漢字一樣的寫得出來。拉丁化者主張用現代人說話來寫文，不用文言來寫文，這是另一問題，也可說是大衆語討論的問題。怎樣把文言和現代人說話隔離的事情，作爲廢除漢字的根據，硬說漢字跟口頭分離呢？至於拉丁化者想像的大衆語，已成了文學藝術問題，這裏且多不說。

這裏必須分辨的，就是漢字有數千年的歷史，從古到今，當然有許多的字，不是現代人口語用的，如果識字只要能夠通常的寫信看書，不識這些字是沒有妨礙的，而且識字到了能夠寫信看書，這些字盡可自從字典查出音義的。教育基本工具，所以限定選字範圍，就是日常生活所不能用的字，不要編入讀物裏面。不過所謂不用，只限於某種進程以內，並不是這進程不用的字，就該廢除。因爲古代傳下來的字，在通常日用範圍算無用的字，在特殊情事下有時成爲必用的字。就是口語的字，也要因地方來作應用標準。至於文言和口語不同，也不是每個詞語都不相同，只是有些詞語，成爲文言專用的字。你要用口語寫文，當然不用專作文言用的字。就是文言也有古代相傳的字，成爲今日不用的字。這種情事，在拼音文字國裏，又何嘗沒有古書用字，爲現代人口語所不用的呢？

"現在漢字印刷的圖書報紙沒有適合大衆讀物，文盲不識漢字問題，還是沒有完全解決的；從事拉丁化運動的人，如能積極編印一些大衆讀物，只要一年之後，恐怕略識漢字的大衆，不學拉丁化，倒要無書可讀了。"

現在沒有適合大衆讀物，這是的確事實。積極編印大衆讀物，也是不容緩的事。不過沒有適合和積極編印兩方面，純屬讀物本身問題。並不因用漢字就沒有適合讀物，拉丁化就能積極編印。拉丁化者把未能解決的問題硬派在漢字方面，把編印一年就大衆都有書可讀硬推重在拉丁化方面，未免故弄玄虛，造作是非了。其實中國人如果全識了漢字，任何中文書籍沒有讀不懂的文義；拉丁化任如何精熟，一切原來的中西文書籍，沒有一本能讀，這倒是必然的事實。

"爲了保衛中國語文，爲了號召全國人民統一到抗敵救亡的聯合陣綫中來。……漢字非但不能真正統一，而且還阻礙了中國語文的真正統一，……只有拼音文字來代替漢字才能……"

保衛中國語文，號召全國人民統一到抗敵救亡的聯合陣綫上，這是何等引人興奮的問題。不過口號保衛中國語文，方法乃是乘敵人來滅亡我國的時候，先自毀滅數千年民族文化所自出的唯一語文工具的漢字，而代以拉丁化字，我不知道保衛的究竟是什麽？

拉丁化者一定説，保衛的是中國語中國文，不是中國字。要知道中國語中國文，與中國字的關係，在民族文化發展上，已形成有不可分離的因素，詳情以下再説。這裏要説的，不識漢字，就不便讀中國原有書籍。試拿一本中國原有書籍，一由識漢字者來讀，一專用拉丁字母拼讀，便見分曉。

拉丁化者一定説，大衆就不必讀古書，但是這裏所討論的，是保衛中國語文，不是討論普通教育的工具。保衛語文，所重的是本國歷史文化，不僅是人類情意交通。如果止於情意交通，用外國語和本國語没有分别。談到歷史文化，只有用本國文字來認識，才見便利。尤其漢字必須如此。在拉丁化者曾説道："廢除漢字並非把漢字寫的書籍都燒毀，可用少數專門家來研究。"由這句話推論，當然是歷史文化由少數專門家研究出來，用拉丁字母寫成大衆讀物。不然，大衆不讀的東西，也用不著少數專門家去研究了。這裏就發生嚴重問題，日常事實，用拉丁字母寫那漢字音同字不同的詞語，縱然有點費想，還是可以瞭解的。歷史文化的事實，用拉丁字母寫漢字結合的詞語，就多要加上解釋，最簡單的如同字轉音，也要加上符號，那就煩不勝煩，甚至寫無從寫。我不是留戀這塊方形，也知道拼音字用作普通教育工具比較便利。但是漢字和語文形成不可分離的因素，覺得很要考慮，盼望主張拉丁化者不要抹煞這些事實，只逞一時快意。因爲對於大衆識字，要力求簡易，我是具有同情的。

中國向來被外族佔領，結果都被同化了，這是國人所據以自豪的。假使在帝國主義侵略下，這同化力量還能生效，漢字就是主要關鍵。因爲中國古代文化，比世界任何國家要優勝一點。這古代文化，全靠識得漢字來瞭解的。如果我們先自廢除漢字，就失掉同化的主要作用。況且日本人民卒業小學，都識得一部分漢字，而且能寫。我們果真拉丁化了，連自己的漢字一個不識，拿什麼來同化敵人呢？所以目前抗敵救亡，漢字是不應該廢除的。

　　說到全國人民統一到抗敵救亡的聯合陣綫，要知道掃除文盲，只算得成人教育中一件事，並不算唯一工作。拉丁化者主張土語拉丁化，要避免分裂的口實，就說：「人們並不是語言來統一的，人們之間的統一和對立，是由他們的物質利害關係決定的。」既下了這個定義，是統一不專靠語文力量，那麼統一語文就不算目前抗敵救亡的先決條件。爲什麼主張廢除漢字，拿統一到抗敵救亡的聯合陣綫作題目，口口聲聲說漢字真正統一，阻礙了語文的真正統一，幾乎漢字不廢除，抗敵救亡的聯合陣綫就無從統一呢？若說統一聯合，要在短期間廢除文盲，必從廢除漢字入手。試問掃除百分之八十的文盲，還要靠百分之二十識漢字的人們。廢除漢字而代以拉丁化，那麼這些非文盲，都要先變成了文盲，然後作掃除的推進，這是迫切時候所應采的步驟嗎？

三、要認清種種方面的整體和全程來決定改造方針

首先要清認的，是實施問題。要大衆普遍受教育，再狹一點説，大衆都識字，這句話誰也不否認。可是主張拉丁化，是否比用漢字來教，容易實施，不可不顧及事實。拉丁化者所以主張漢字拉丁化，是爲了這百分之八十人們不識字。這不識字人們，拉丁化者當然認爲是被壓迫的大衆。説到被壓迫的人們，就要估量這識字的百分之二十，是不是都是統治階級或者爲有特權者？中國人四萬五千萬，百分之二十就是九百萬。這九百萬人中，夠大學程度者有千分之一嗎？夠中學程度者有百分之三或四嗎？夠高小程度者有十分之一嗎？其餘都夠初小程度嗎？這估量雖不大精確，但可斷定大多數的人和百分之八十不識字的人們，差不多是這樣境遇。惟其如此，以下這種問題，值得注意。

（一）識字的百分之二十，要一齊從新拉丁化，然後新由拉丁化者才能彼此交溶。那不識漢字新拉丁化的能否立刻有相當設施，增加百分之二十來受教育，尚不可知；然而原來識字的百分之二十都要變成拉丁化的新文盲，重施識字教育。

（二）這識字的百分之二十，其中極少數的人們，如拉丁化者所指爲有錢有工夫的資本家、地主和他們的少爺、小姐們，多費些工夫，再學一套拉丁化，來和大衆交溶，盡可説是理所當然。但是百分之二十其中大多數人們，還是勞苦大衆，本來無錢無工夫，也要再加一套拉丁化，這是多麽痛苦。

（三）推進拉丁化，還要靠識字的百分之二十人來教。他們負了教人的責任，拉丁化的學習，當然要多費一點工夫才行。假使拿他們重

新拉丁化的工夫，用漢字教人，平均一個人教幾個人，馬上可以人人識字。現在要已識字的全體動員來教人識字，所以沒有成功，因爲沒有推動。如果加重一個負擔，那是可能的嗎？如其不然，專靠現充或預備當教師的人們，逐漸拉丁化了，再來教人，已不能應目前抗敵救亡的急需了。

（四）現有初級教育的讀物，勿論是否適合，總算有不少的東西，供給識字工作的教材。若是一律拉丁化，原來出版物，都成了廢紙，這筆損失多麼大。而原來用漢字寫的東西，改爲拉丁化，不大大改作，也不合用。因爲漢字寫出來的東西，有許多詞語，可由認漢字來瞭解的。拉丁化的東西，就完全靠聽覺來領會了。

次要認清的，是大衆的現在和將來。這個關鍵，就是人類生活，不是專憑物質，還需要精神上的享受。這精神上的享受，就多要藉助民族自己的古代文化，這就和原有文字發生了關係。我並不是說漢字就是中國古代文化，而是中國古代文化，必須用漢字作工具去理解，才容易領受。假使認爲自己的古代文化，完全可以抹煞，那麼拉丁化者所主張，當然是大衆目前較便利的工具。不過完全抹煞民族自己的古代文化，那麼我們民族，就無存在的歷史可說。

說到這裏，我所謂大衆的現在和將來，是有兩個看法：

一是個人一生的進修。起碼教育系國定政策，進修就全靠自己。較普遍的進修，只有看書認識古代文化，就是進一步的看應必涉及的範圍。

二是民族社會進展。教育已普及的國家，對於大業所企圖的教育，是小學以後強迫補習。中國因爲不識字的占百分之八十，所以目前企圖，是掃除文盲和設置短小。如果文盲已掃除了，唯一任務是小學教育普及。短小已遍設了，唯一任務是短小悉數改爲普小，進至增加四年爲五年以上，以及強迫補習。普及教育年限愈長，需要古代文化作陶冶資料也愈多。

我們看到目前大衆，大家都沒受教育，大家都需要教育，大家都沒多工夫來受教育，因而想把文字工具弄得簡易些，使大家都能夠受點教育，這是一種可悲痛的事。其實大家都受了教育，大家都有很多工夫受教育，這個意義，還是很正當的。只是不要簡要辦法，僅僅適合現在需要，將來成爲問題。從縱的方面説，拉丁化隨時拼成新字，並不妨礙進步的學習。從橫的方面説，受教育者要從看書中沐浴自己的古代文化，是有阻隔的。這自己的古代文化，大衆需要教育，就必需沐浴，因爲這是構成民族意識的要素。要知道漢字在今日爲人非難的，就是當初造字，站在當前需要的立場，象形不足，補以指事、會意；指事、會意不足，補以諧聲；諧聲不足，補以轉注假藉。把形弄得很多，把音弄得太少，這裏誠有好處，却有缺點。然而作者不贊成完全廢除漢字，因爲年代久遠，後起的詞語，都是由字來構成的。再拉丁化些，這些詞語，都要依字來拼音。依字來拼，在寫上得不到什麼簡便。在認和讀上，不附著漢字，反而增加困難。這點事實，值得大家注意。

四、聲音和言語文字的關係

"漢字不是表音的文字。"

"做文章就是說話,話是詞兒組成的,詞兒是音段組成的,音段是聲音組成的,字母就是聲音的符號,做文章是一件容易的事。"

拉丁化者表示容易是這樣程式:就是由字母聲音進到音段——"我""現""在""寫""文""章",再進到詞兒——"我""現在""寫""文章",最後進到話——"我現在寫文章"。試問知道了拉丁化字母和拼法來寫這句話,和認識了漢字來寫這句話,有什麼分別?竟自認為拉丁化容易做文章的要訣呢?

再就話、詞兒、音段、聲音、字母加以推究,我提出幾個問題:

1. 語言是從聲音產生出來嗎?
2. 字是表音嗎?
3. 分析一句話,為什麼在詞以外,還要追求音段聲音字母呢?
4. 文章和語言是完全一致的嗎?

任何生物都有聲音,然而惟有樂器,才成為有節奏的聲音,這節奏是人力造成的。動物如禽獸發出來的聲音,都能表情,然而惟有人類才有語言發達。就是人類,亦是開化人們的語言才更發達,並且能用字記錄。記錄的字更精密,語言才發達更有條理。這語言更發達和發達更有條理,並不一定是元音多,而是語言多,話的句子變化多,以及含的成分多。像今日用母音、子音配合成音,是人類語言發達以後,歸納語言所有的音,成為一種造字的根據,而且不是造字的唯一根據。因為最古時代的字,都是表形和意的。到後來才分成兩大源流:一種是不完全放棄原來形意成字的方式配上諧聲;一種是專取原來民族所有語音拼合成字。勿論這兩種字源如何不同,都是從已發達的語言來表出語言中所有情意，不是由聲音來造語言的。雖然由種種不同的字，表出種種不同的音，能在聽覺上領會種種不同的語言；但這語音是從語言發出來的，不是語言從聲音發出來的。因爲這些不同的語音，是拼成了字念出的聲音，不是像原始人類或是禽獸那種自然表情的聲音。不然，禽獸同樣表情，何以各有不同的聲音；人類發音，母音、子音無大差別，何以各民族有不同的語言？這是一個很顯的證明。

在未有字以前，語言不是由拼音念成的。但是那時候語言很簡單，參了些擬勢作語言的說明，未開化的民族就是這樣，因爲比禽獸發音複雜，所以語言就能夠發達。至於開始造字，也不是要紀錄語言，只是作過去記憶的幫助。到了命名的字逐漸加多，由單字而用合字，又進而擴大用法，覺得彼此不相見面，可以用文字交換情意，又可把經驗傳給後人，於是文字成了記錄的工具，語言也起了繁複變化。即如拼音字，雖是用母音、子音相拼成字，除了擬聲字外，也不是表音。因爲他所代表的，是從事物和動作上，表出人類情意，或者言語中所含情意。這情意並無聲音可表，只是從口中說出來便有聲音，從慣例便成了共同瞭解的語音。

由上所說，語言是不是從聲音產生，字是不是表音，是很明明白白的。

勿論文字或語言，凡構成一個句子，都是結合許多詞來的。句子愈長或內容愈繁，包含的詞也愈多。詞呢，有一個字成爲一個詞的，有合數字成爲一個詞的。不過拼音成字，詞和字沒有嚴格分明的界限，因爲字是隨時拼音來造的；拼成一字就是一詞，並不限定用原有的字結合成詞。那結合數字成詞，就是原有字義的結合，如鐵路就是鐵的路，雞眼就是雞的眼，只是德文、法文間或有這樣用法，通常拼音字並不如是。尤其一個人名或一個地名的字，用許多字母結合拼成，每每拼寫都很繁複，漢字是沒有這樣的事。

拼音字的語句中所用各詞，讀法和拼法難不難，不在詞的構成是一個字或二個字以上，而在每字所拼的音結合若干字母。所以句的分析，要在詞下分音段和聲音，就是口説或音讀，必須理解這些構成和關係。漢字是没有這樣的事。

漢字和拼音字有這些種種不同，學習方面就成了絕大鴻溝。現在且不説兩種字源好壞，如拉丁化音所提的"我""現""在""寫""文""章"的例子，以原來漢字構成音素爲段，是拉丁字母拼漢字音，並不像拼音字拼法種種變化成爲字音。任怎樣拉丁化，只能改易寫的符號，不能改易語音和語法。因爲中國人的語言，久已憑漢字爲語源的根據，所有連屬成語的詞，無一不是從漢字產生出來。如"廣播電臺""機關槍"等新造名詞，都是結合若干單字意義結合來定名的，大衆日常用語亦復如是。要知道中國語言，雖用許多字來寫，字音只有四百餘個，多是同音不同字，從不同字形表出分別作用；或是同字的字音轉變產生不同意義，不像拼音字因聲不同遂有不同的作用或意義。所以在説話中，往往須提出字來加以剖解，例如廣播時候，説張姓必説弓長張；説金華縣必説金銀的金，光華的華。演説時候，有時把主要字語反復數遍，或把相屬的詞隔離慢慢的念。它的長處，就是認識這個字，没有什麼拼法、讀法、寫法種種複雜和變化的規則。這些規則，都是由字母聲音進到音段產生出來，只有拼音字才需要它。一旦拉丁化了，漢字所有短處，依然保留，長處一切消失。那拼音字的種種便利，因爲受了依字拼音的限制，無法取得，然而短處却要發生，這是我們不能不考慮的。

談到作文和談話的關係，有許多理論，應該怎樣應用，我們要認識清楚。例如拉丁化者所謂"把許多話集合起來就是一篇文章"，"要如實表達活潑潑的口語"，"擯斥非日常生活的用字"，這些話都是我們研究普通教育的人，喚起教師注意，從來常講的話。不過這些理論和運用，只是爲初學談話，而且必在某種情事下才是恰合。如果限定人生讀的寫出來的，把這些話當作唯一條件，就要發生没法彌補的缺陷。我們在初等教育，積極求學習經濟，得到不少的經驗。

用語來表達意義，和用文來表達意義，是否絕對取同一形式，不是專憑作文教學可以判定的。即論作文，也不能説没有區別，試把葉紹鈞先生怎樣寫作一段文章摘録下來，作爲我的意見："我們寫文章，不能不知道文章和語言兩樣的地方。開口説話的時候，有面部的表情和身體的姿勢作爲幫助，但是文章没有這兩種幫助……譬如兩個人閒談，往往從天南談到地北，結尾和開頭竟可以毫不相關。就是正當討論一個問題，商量一件事情，在中間也有時加入一段插話。作文章就不是這樣，只該把有關中心的話寫進去而且要配列得非常周妥，使中心完全顯露出來。那些漫無限制的閒意話，都該除得乾乾淨淨。……用語言講述一件事情，往往嚕嚕嗦嗦，文章就不能這樣，爲求寫作和閲讀雙方的省事，就得注意詳略的方法。"如果葉先生責斥我斷章取義，儘管斷章，我所取義，却没有用錯地方。

　　拉丁化者一定説，現在是研究字的本身，這所引證，是説話和寫文章的程式不同點。誠然，但是拉丁化者根據的理論，都牽涉到關係方面。那關係方面弄明白了，本身也就有點著落。如果承認説話和寫文章的程式的確有不同點，那麽人們對於傳達工具，聽得明白和看得明白，在用字的質和量，就有了出入。所謂言文一致，並不是寫文章照原來説話的形式，一字不遺的記録下來。那活潑的如實表達，只是描寫意義和神情，並不是把語言所吐出的聲音，一一用字來表現在文章上。這裏就可以得到一個結論：文章不是表音的字寫成文章的字，也就不是表音的。更可明白，拼音字由字母聲音進到音段的構成和關係，寫文章必須分析瞭解的，因爲拼音字的字母就是音母，一切字都是由這音母的字錯綜變化成形的。然而字的拼音，除了擬聲字外，並不是表出自然的音，而是人爲的。所以，字雖是用音拼出來的，目的還是在寫成各種不同的字形，不過和漢字構成字形的因素不同罷了。如果拼音字就是表音，那麽漢字也是有音系的，亦可説是表音了。站在某立場上，説拼音字比漢字好，是可以的；説拼音所以比漢字的好處，是在表音，表音就容易用字寫成文章，未免言過其實了。因爲由字母聲音進到音段，所需要的種種複雜工作，和結合詞語爲文，没有什麽關聯，漢字是用不著這套工作，這是兩種字源各有長短的原因。

至於擯斥非日常生活的用字，在初等教育裏自然是該注意的事。不過把它作造字的唯一條件，是不可以的。這在討論文言和白話的用字，已有說明。這裏還要說的，例如文的種類，有詩歌劇本，有些地方，不便用普通說話形式來表達，應用文也有許多慣例，業經通用，絕對不是普通說話所用的詞語。還有許多寫出來的東西，不一定要口說的，譬如一種事物的深究，部分的描寫、說明、論辯，要憑寫的文字來取得內容。認為說話一說就成了過去，必須當時聽得明白；寫出的東西，是可反復探究的。固然書本上的文字，一定可用口說，不過寫出來的不一定是口頭語。而且日常生活，因空間、時間種種情事不同，什麼才是一般口頭語所有成分，誰也不能定個標准。並且給予大衆讀物，總該有多少詞語，是生活向上的成分。這些成分，即使本質不是文縐縐的，難度和文縐縐一樣。所以口頭語用字，在大衆自己作文或可勉強應用，大衆讀物是不敷用的。我們對於大衆取得文字工具，要以日常生活用字爲主，只是該特別注意的事情，不是造字根據的條件。即就拼音字說，它的拼法種種規則，何嘗只拼日常生活用字？不過應用的人，不是他所需要的字，他就不拼罷了。由這種事實推到用漢字，也沒有什麼不便。只是拉丁化者廢除漢字，拉丁化又是依漢字拼音來寫，如果所取簡易途徑，只是自己所謂日常生活用字勉強能拼，那就太危險了。因爲拉丁化者有這樣言論："如果用文人的文縐縐的說話爲基準，那麼四聲也許是不能省的。"假使文縐縐的內容，不是死去的漢字，而是像我所說的那樣難度的詞語，漢字果真全廢了，走不通的問題，就要不斷的起來了。

五、國際和土語

拉丁化在國際上的作用，只是字的形式。所以構成字的因素，是以土語爲字源的。關於土語拉丁化的概念，是這樣的主張：

"大衆語建立，如果不想拉丁化問題聯繫著提出，是永遠得不到結果的。"

"當前的急務要給予各地文盲大衆一種簡明容易的各別的土話文字的發展，以土話爲標準的書寫文字。"

"拉丁化是把口頭語作基準的。"

拉丁化者建立文字體系，就是大衆語——口頭語——土語——拉丁化字。

不管大衆語怎樣構成，所要討論的就是發展一個民族的文化，是不是一定要用土語寫成他們讀的文章。又因爲有用土語文的必要，是不是一定要用土語作標準來造字。這裏要附帶聲明的，爲民衆便利起見，各地方在必需情境下，本可用土語寫文，給地方民衆讀，但不是唯一的條件。

現在把討論大衆語問題，引出關於土語討論的幾段來説。

魏朗克先生説："土話寫出來，只讀出聲音，找不出意義。音義雙全的土話，便是人人可懂，人人可讀，不成其爲土話了。即爲'搗蛋'一語，非山東人也常説。試拿張天翼君的小説來看，他最喜用的一句罵語是'奶奶雄'。這奶奶雄，我們可知道是指什麽東西？又如'啊啦''頂括括''乖乖喻'等語，倘非當地人，是不是能從字面上理解其意義的。一節文章，用許多看不懂的土語，即使加了注釋，那效果與搬用成語和典故，又有什麽分别？"

佛朗先生説："我們一般的所謂土話，大概系指各省的都市土話而言。其實各省之中,各縣鄉間的土話,仍舊是諸多不同的,即就廣東一省而論,瓊崖潮汕的土話,簡直和廣州市里人們所說的話完全不同。其他福建各省,也是一樣。僅就流行的龐雜的方言,假如各處都提倡將它演成文字,我以爲對於吸收外來文化傳播和溝通智識上是未免有窒礙的。並且土話,我始終認爲是保守的,含有封建意味的。它保持那地方固有的舊的辭語,新的内容很難在這種舊的話框子裏適當地表現。我們是要把新的内容,去發展到舊形式工具的破壞。現在却反而要保存固有的話框子,對於新興術語的提示,將會受到阻礙;而於文化落後的窮村僻壤,更加不適宜。各處的土語,大概最流行的是罵人語,這些在大衆語中並不重要。所以要促進大衆語,提倡土話是個小問題,而是要在大衆生活中去認識和學習。"

司馬疵先生說:"廣州土話的叢書,我看見一本叫《單眼虎出世》,我不過僅僅懂得幾句,並不完全廣州話的。開頭看自然很吃力,可是多看幾下,看慣了,有些地方,就容易懂,因此我就被本書增加了幾句廣州話。"

由上面所說,可以歸納爲三個論點:

(一)以大衆口頭語爲文,意在人人可懂,並不是以土語爲基準。然而我並不反對用土語寫文,不過這樣寫出來的東西,是有地方性的。

(二)土語還是可以用漢字寫出來的。拉丁化者一定說,用漢字寫土語,是不適合土音的。誠然,因爲寫者和讀者各人念的字音有點差別。其實要用真正土音念出道地土語,非直接從當地人口學不可,就是拉丁化拼出字音,也未必十分適合。譬如我們學外國語,把專從書本上學的口語,直接和外國人談話,就不能使他全懂,便是一個例子。況且在字上找不出意義的土語,果真統一語言,這樣土話,一定要淘汰的。由這點看來,可以知道漢字在中國語言應用上,已成立了不可消滅的勢力。就使不用漢字本形來寫,還是要用漢字的單位作音段,那麼拼音字的長處,決不因拉丁化了就得到同等效率。因爲形式是漢字拉丁化,實際是拉丁字母漢字音化。

（三）從字面上可以得到一點意義，這是漢字唯一的優點。比較有價值的土語，多半是音義雙全的。所以惹人非難的，是字形繁多。然而省却拼法、讀法種種麻煩的，也在這裏。

拉丁化者爲避免拉丁化字在讀寫上所遭遇的困難，因而主張土語拉丁化，並以此攻擊漢字，有下面的言論：

"漢字非但不能真正地統一，而且還阻礙了中國語文的真正統一，使各地方言不能急速交溶。"

"目前的漢字，表面上雖像全國統一的，其實各地的讀音還是分歧的，……漢字的字面上的全國統一性，只限於八千七百余萬的識字人，跟百分之八十的人們是毫不相干的。"

"拉丁化實行以後各方言間的差別，主要的是方音差別，這個方音的差別，是在大家的口頭上客觀地存在著的。至於各方言文字的語彙，拉丁化不但要主張要清説落後的不適用的詞兒，並且還主張吸收別區的甚至國際通行的新詞。"

"主張中國話可分做：(1) 北方音，(2) 廣東音，(3) 福建音，(4) 江浙音，(5) 湖南及江西的一部分的口音。一個方音區，把各區方音拉丁化。"

這裏首先要討論的問題，全國的方音是不是靠大衆的書面交溶，就可消滅紛歧呢？退一步説，由文字教育的音讀，可以促進全國語音統一，那麼文字和音讀就該一致，拉丁化者指斥漢字在各地讀音紛歧，然而主張拉丁化，却分五個方音區。雖然用同一字母，但是因方言不同，拼成的字就不相同。假使沒有對照的東西，怎樣彼此交溶呢？如果需要對照，那麼甲區拉丁化和乙區拉丁化並列，倒不如用漢字注音來對照，還可以多認識一種工具，因爲漢字在字形方面是早□統一了。

拉丁化者所以主張五方音區拉丁化，因爲不滿意以一個地方的方音爲基準。要知道讀音既以統一爲目標，混合各區的方音來定標准音，是不可能的，而且增加混亂。如果説以一個地方的方音爲基準，有些地方方音不同，就大感不便。試問拉丁化者分割的五個方音區，每區以內的不同方音，恐怕還不止五種。就使依五區方音交溶後進到統一，也不是各區以內所有方音都能交溶。況且拉丁化者分割的五方音區，北方音所占地域占十分之八九。假使這十分之八九的地域，同是完全的北方音，那麼地域十分之一二的方音，就不該和北方音對立。假使十分之八九的地域，不完是北方音，爲什麼旁的地方，硬要劃歸北方音的範圍以內？這十分之一二的地域，偏偏要分割四個方音區，看得這樣嚴重呢？況且北方音三百餘年以來，業經全國通用爲交通工具，並沒什麼窒礙。就使有些音應該改進，盡可提出修正。再不然，這四個方音區方音，也可以在公用音符以外，特別定出若干音符，暫時允許單獨使用。

現在討論音符，漢字注音，是拉丁化者根本反對的。儘管反對，還是應該討論。因爲作者不主張完全廢除漢字，並不是說漢字怎樣好；不贊成純粹拉丁化，並不是說拉丁化怎樣壞；而是要語文合一，語言和音讀統一，並且使大衆取得工具真正便利。如果拉丁化者沒有別的用意，可說是目的同，只是手段不同，亦可說是看法不同。

音符字母已頒佈的有注音字母、羅馬字母，現在又添了拉丁化。說到音符字母，先要確定的是音怎樣拼，因爲音符字母是用來拼成一切字音的。這裏先在問題外說幾句話，我個人是主張音符字母只當用一種，並主張用國際音標的，這個問題並不嚴重，不必多說。至於音怎樣拼，當然主張廢除漢字的是一種拼法，主張漢字注音的又是一種拼法。我提一個注意點來，拉丁化者不是完全廢除漢字嗎？請查他的拼法，不是還是依字拼音，每一個字爲一個音段嗎？除了不用漢字外，和注音有什麼分別呢？至於擬聲字和翻譯名詞，那是另外問題，因爲譯本中，多有人名、地名等仍寫原文並不譯名的。所以如是，就是漢字業已深入我們言語裏面，沒法可以解除語源。至於超過字的界限來拼詞語，就使拉丁化真正普及了，一時還不能作這樣夢想。因爲脱離了漢字，一字一讀，尚且因同音字發生混亂；拼成詞語，那混亂情形就不可思議了。

所以我的意見，字母是采國際音標，拼法還是用注音方式，這並不是說定用原來的母音、子音，而是專說拼法。第一簡單易學，那已識漢字的人們，不致犧牲他原有的工具；那學會注音字母的人們，只要學寫拼字母，就能應用。這專習新字母的人，僅僅是受識字教育的，只要依漢字的注音讀寫，不必像現在民眾識字的辦法練習漢字，這樣至少念完的書，比現用課本加三四倍，能夠看注音的書報，能用音符字寫簡單的文字。這樣推進，拉丁化者所企圖大眾都能從書面上交溶的目的，只要政府肯為大眾謀教育，竭力掃除文盲，敢斷言半年至多一年，識字教育沒有不能普及的。至於那正式受初等教育的，如果學年在二年以上，□音符還是用作輔助識漢字的工具。至於發表文字，如擬聲詞語，當然是用音符來寫的。這裏一定發生疑問，漢字已經夠學了，又加上一種輔助工具，豈不是更加煩難嗎？不然，這要從學習心理來審量的。化繁為簡，化難為易，不是專從形式上來認識簡易的，還要看它的化合作用所起的變化。

其一，輔助工具，是使漢字容易誦習的，統一音讀，還是次要。如果在學習的相當進程中，學會了輔助工具，那麼一切漢字，只有注音都能自讀，甚至沒有注音，那不識的字，亦可從字典上查出來讀，用不著教者音字口授。這樣在學習上省的時數，比學會輔助工具所需要的時數，不知超過若干倍，就是比那不會輔助工具的人來識漢字要容易得多，這是很容易證驗的。

其二，初等教育如果在二年以上，文字工具是不當孤立學習的，就是知識和工具應該統一起來，學習才經濟而且恰合實用，這在新教育的途徑上，已成了一定不易的原理，而且不是空泛的理論。不過中國教育，完全是孤立學習，就是混合課本，把國語常識的材料，合在一起，也是走的孤立途徑，這裏不便多說。只是有一點要認清楚的，知識和工具統一起來的學習，比孤立學習好，是要從總帳上看最後完結的總計，不可從分賬上比較效果。因為綜合學習，在開始或中間，有些事情，或者不及孤立學習的進度高，這是必然的事實。認清了這一點，這修業年限較長的基本教育，就不像那速成學習，在幾個月或一年以內，責成他能夠很順利的寫信看書，因為他的工具不是純為文字學習得來的，他應用工具，也不是專爲文字學習來應用的，要從優遊中才能夠得到較良好較充實的學習。漢字這個東西和知識的連繫，至少在聯想方面、觀念再生方面發生相當作用。這不是有意誇張，而是實際確是如此。在這種教育裏面，學習漢字，並不白廢時間，不是因爲他們有錢有工夫，就學些無用的東西，走冤枉路而多受不必要的犧牲。

大眾的識字教育，果真用上面所提辦法普及了，人人都學會音符用法，他們用以輔助漢字讀音，或是單獨使用，當然可以自便。以後音符拼法和漢字改進，盡可從他的自然變遷趨勢，再加人工，我以爲這是比較便利而穩當的辦法。

再談及國際化，推重拼音文字者有這樣言論：

"適合現代科學技術的要求，使得業已國際化了的現代的各科術語，都可以有機會吸收過來，以促進中國文字的現代化、國際化。"

"漢字不能接受國際化的語根。"

拼音文字不是國際化了形成的，各拼音文字的國雖然都是拼音，並不是同樣文字，而且語音、語法以及語根，也不盡同。曾經提倡的世界語，也沒有一國拿來替代本國語言文字，可以説現在還沒有國際化的文字統一世界的語文。

要知道世界大同是人類最後的企圖。現在勿論爲民主國、法西斯國、共產國，還是假藉國際名義，來爭取本國利益，民族和國家的界限，分得很嚴，何曾真正向人類共存共榮這條路上走？既然如此，我們羨慕國際化這個虛名，就使語言文字完全拉丁化了，也不見得馬上在國際方面就提高地位。

假使各拼音字國主張國際字母，是不是把本國文字一律取消？如其不能，那麼各國依然保留本國原有文字，不過在共同文件上，用同一文字罷了。我國爲預期文字國際化，先把本國文字完全廢除，似乎值得慎重考慮。

各國用公同字母，不一定就是語文公同。因爲各國的語音、語義、語法不盡相同，把原來的語音、語義、語法一律取消，新成立一種共同的語文。就在各拼音字國，恐怕是不可能的事。如果用公同字母，各依各的語音來拼，並用原來語法成文，結果英文還是英文，法文還是法文。就是拉丁化者所謂"文還是中國文，話還是中國話，不過用拉丁字母來拼音罷了"。這樣國際化，只是公用術語同樣，在檢查上省點麻煩，和語言學習沒什麼相干。吸收世界知識的術語，是不是定要譯音，似乎成爲問題。依拉丁化者便利大衆的主張，還要儘量利用土語，那麼外來術語，除非在本國詞語上難得找出確切意義以外，還是應該譯義。不然，言語上所用名詞，越是國際化，越是大衆聽不懂了。這裏就要引到漢字本身了，因爲廢除漢字，從拉丁化字音上是找不出一定意義來的。譬如物理可說是"屋裏"，化學可說是"畫學"，在單獨詞語下，還能說從上下文的意義來推敲嗎？我們還要知道大衆日常口頭語的用字，不敷文化應用是太多了。土語有音無字義的詞語，就是沒有構成漢字的價值。我們不當抹煞這些語言，却也不能不承認漢字構成的價值。因爲這些詞語，在口頭上可以說，在漢字寫不出，並不妨害情意交流，原來書面上交溶，壓根兒就用不著的。果眞要整理方言方音，不憑藉漢字來去取，拉丁化是得不到標准的。

　　根據以上的討論，可知拉丁化代替漢字的用處，是有限度的，過度就生問題。至於用土語作調整方音方言的基礎，開展拉丁化，以及國際化所得效用，都是言過其實。

六、學習易難

以上各章，業經稍稍涉及學習難易問題。漢字不當完全廢除，以及目前不可廢除，和學習難易本不相干。就是單獨談到學習難易，也有討論餘地。試先就拉丁化本身來說：

拉丁化的字母二十八個，母音六個，子音二十二個，其中有五個子音 Zh, Ch, Sh, Rh, Ng，要用兩個字母來表示。差不多四分之一的子音和母音相拼，最少要三個字母拼成一個。Ng 和幾個複雜母音相拼，最少要五個字母拼成一個字。

母音在 a, e, i, o, u, y 六個單母音以外，還有複雜母音，帶鼻音母音各十五個要用二個到四個字母來表示。這些母音和子音相拼，就使相拼的是一個字母，最少要三個字母拼成一個字，多的到六個字母拼成一個字。

拉丁化單字，多是子音和母音的字母，拼成一個音段，最少要兩個字母拼成一個字。單獨做音段的子音二十二個中，只有八個，其中有二分之一是用兩個字母來表示。原來單獨做音段的，已經是很少的字，這成分很少的裏面，還是一半用兩個字母以上。六個單母音以外的三十個複雜母音，有二十二個可以單獨做音段，也是至少要兩個字母拼成一個字。

每個拉丁化形字母的筆劃，比漢字總在三筆以上，兩個字母表示成字，和漢字十筆以下的字所需書寫時數，是差不多的。三四個字母表示成字，就不比漢字十筆以上的字所需書寫時數減少。五個字母以上成字，就要比筆劃最多的字，更需要書寫多的時數了。

說到這裏，有兩點值得注意：

（一）拉丁化字四個字母和三個字母表出的成分太大，因為六個單母音以外的三十個母音，用三個以上字母表示的占四分之一；二十二個子音也差不多四分之一的是兩個字母表示。但是通常用的漢字，多在十二三筆以下。

（二）漢字若到了能用行書來寫，十二三筆以下的字所需書寫時數，不過只需兩個字母表示的書寫時數。

拉丁化者一定説：漢字開始練習，必用楷書。但是初步習字，只要寫成筆劃。漢字筆劃都是單劃，不像拉丁化有曲折。前面所説每個單形字母，可當漢字三筆以上，是可用等組比較來證驗時數的。

拉丁化者一定又説：漢字每個字形是獨立的，拼音字只有二十八個字母，儘管用許多字母來表示，只要習熟了二十八個字母，就什麼字都能書寫。不過我們研究一種工具，在使用方面所需工夫，要從全體來計算，不能專就某點來説。試問拼音字僅僅習熟字母，就能識字嗎？不能，必須曉得每個字的拼法才能讀，還要曉得怎樣拼才不會寫錯，這裏需要時數是太多了。現在把拉丁化關於拼寫的事實，約略指出來説：

拉丁化字的拼寫，在正規的程式上，有子音和母音拼成音段，有子音自成音段的部分，有母音自成音段的部分。母音中又有單母音，複雜母音，帶鼻音的母音。這裏分合錯綜，在基本練習上約有八百字左右，其他字母拼合，都是據此演進的。單論這基本練習，已不見得怎樣簡易。

此外還有許多條件，必須逐一瞭解，逐一記憶，才能拼讀，才能拼寫：

（一）g、k、x三個子音，當他們的位置是在母音或y的前面時候，發音要起變化。例如gi就念ㄐ，不念ㄍ；gy就念做ㄐㄩ，不念ㄍㄩ。ki就念ㄧㄑ，不念ㄈㄧ；ky就念ㄑㄩ，不念ㄈㄩ。xi就念ㄒㄧ，不念ㄏㄧ；xy就念ㄒㄩ，不念ㄏㄩ。又有七組很相似的音，其中en——eng和in——ing兩組音根區別很難，書寫可以隨意。拉丁化者攻擊漢字"話這樣説字却偏偏要那樣寫"，漢字並無這樣情事。所以不同，是文言和白話的問題，不是字的本身問題。然而拉丁化實實在在有這樣情事。

（二）在一個多音段的詞兒裏，如果第二或者第三、第四……個音段的開頭是 a, e, i, o, u, y 等母音時候，發音上就容易混亂。拉丁化者用界音符號隔開，方法未嘗不好。可是這樣成分很多，要在字的本身和句的標點以外，加上一種詞語符號，等於多寫一個字；而且要審上下的音，和各種字母的用法，以及所在位置，多麼麻煩。寫時為注意這些事實，是很需時間的，稍不留心，就發生錯誤。尤其滿紙符號，不只如標四聲者弄出滿臉麻子，簡直是遍身炸片傷痕。像這麼多的符號，是很影響到注視人的眼光繚亂的。拉丁化者一定說，這是幫助讀者多方分析，得到明確觀念，並不白費時間。那麼漢字因各個字形獨立，就省却這些麻煩，拉丁化者就不該以浪費時間來攻擊了。現在把混亂的事實，寫在下面。

1. 兩個易起混亂的音段中，後一個音段的開頭是 a, e, o, 這是第一種。

2. a, ia, iao, ie, ion, iu, ian, iag，七個音段不在一個多音段詞兒開頭，而在詞兒的中間或末尾，這是第二種。

3. i, in, ing 三個音段，不在一個詞兒開頭，而在這詞兒的第二第三……個音段的時候，這是第三種。

4. 在一個多音段詞兒中，它的前面一個音段的最後一個是字母子音，而後面一個音段是 y, yan, ye, yn, yng, yo，這是第四種。

5. n 作字母，不在詞兒中間第一個音段的地位，而在詞兒的中間或末尾。這是第五種。

（三）四聲問題，拉丁化者認為用口頭語為基準，就可廢除。

由以上所說，口頭語並不算成立一切字的唯一原則，那麼四聲廢除，也就成了問題。並且拉丁化對於特別詞兒，如栗子——李子，山西——陝西，他——她，那兒——哪兒，賣——買等，亦要用母音重複加以區別。一則這樣用法，和界音法第三種有點混同；二則由這樣例子類推，似乎太多。要知道四聲是後起作反切用的，是每聲一字，不是一字四聲。漢字本身原不分四聲，不過定反切者把漢字聲音歸類，可以四聲來切音。在漢字雖也有同一字在二聲以上，如庶幾——幾個，平上——上下等，只是假藉中一字數義的一小部分,爲數甚少。因爲一字數義中尚有同聲的,如道路——道理——說道;有不同聲的,如行走——銀行;石頭——石門;善惡——好惡等。所以漢字的主體在形不同,是否同音,不成問題。拉丁化者稱四聲區別,只有用作注漢字的音的符號,才有必要,但是拉丁化仍然是依各個漢字拼音,並不是把整個詞語脫離了漢字來拼音。果真如拉丁化者所謂用文人的文縐縐的說話四聲也許是不能省的那樣揣測嗎?

拉丁化者說:"漢字是種不象形的象形字,憑空一塊一塊地記憶無數塊煩難圖形,不但是它的形,還要記住讀法和意思。"試問拉丁化字,就可不記讀法和意思嗎?這點和漢字並沒兩樣,那麼討論的,只有記憶無數塊煩難圖形一層。謂漢字是不象形的象形字,試問拉丁化字,除了極少數擬聲字以外,也是不拼音的拼音字。因爲文字勿論爲象形、爲拼音,同是一種符號,藉以傳達意義的。

就象形說,漢字本爲六書,象形不過其中一種,所以統稱爲象形字的,因爲每字具有獨立形體,都是單音,原來象形字也是這樣構造。如果要描出真形,那麼語文中的副詞、連詞、助詞等無形可象,怎樣成字呢?所以象形字只要有各種獨立形體的字來代表各種意義,不一定要有每字的形體表出每個意義的實用。只要記住這個成形的字,就是這個語音所含意義,那些由單體字演爲合體字,使易領會,這是象形字構造的特點。

就拼音說,除擬聲字外,凡是表出一種意義,不見得某意義就含有這樣聲音,只是以這樣語音來表出這樣語義,因而拼成字音,成爲一種民族公共傳達的工具。所以用少數字母拼成一切字音,拼法錯綜變化,僅僅熟習了字母,不學會種種拼法,就不能讀出這個字音,有些還不能寫,這是拼音字的特點。

由上所說,這兩種字源,互有優勢,學習也有難易。謂拼音字較象形字便利民衆應用,我是相當承認的。不過中國語言,改用拼音字來讀來寫,並不能得到原來用拼音字那些便利,因爲中國語言,早經被漢字深入裏面，成了語源，任怎樣拉丁化，只能改字形，不能改造固有的語音、語法了。如果專就記憶來説，凡是配合的形象，內含愈簡單，愈難記住，心理學上已有不少的證明，德可樂利還列了一個等次，我們隨時都可作一種證驗。就是過去識字運動的拉丁化者也有人説：「初學漢字，識字容易，瞭解文句容易。」這裏所謂憑空一塊一塊地記憶無數塊煩難圖形，未免抹煞一切，專從片面來攻擊了。

還有幾種事實，也值得相當注意的。

（一）已熟習外國文字的人，用拉丁化拼寫漢字，是很容易的，這並不是拉丁化本身這樣容易。因爲讀法、拼法、寫法，拿他在外國文上已成立的工具可以應用。

（二）已學會漢字的人來拉丁化，不易發生什麼阻礙，也不是拉丁化本身確是這樣，因爲這些人處處有從漢字上認識觀念作幫助。

（三）蘇俄華僑漢字拉丁化也比較容易的，他們日常和外面相接觸的是拼音文字，甚至也懂得幾句外國的拼音語言，當然也有一點幫助。

拉丁化者又説：「現在高中畢業的學生做出的國文，未必全能通順，可見漢字這堵高牆，非化十年苦工休想爬得過。」這個事實，原因不在漢字難學，可從拉丁化者反證來證明。拉丁化者不是説拼音字容易學習嗎？試問現在大學畢業生，從初中到大學畢業，在學外國語所用的工夫，不見得比國文功課的時間少，然而大學畢業生，究竟有若干人，能夠完全用外國語説話作文，且能夠任拼什麼字音都不錯呢？不問真正原因，那麼「這堵高牆非化十年苦工休想爬得過」一句話，作爲拼音字批評，豈不是同樣的事實嗎？我們高中學生語文工具，一天比一天不如，病根在教學方面，弄得文不文語不語，當然難得通順，和漢字本身不相干，這個問題不便多説。這裏只就拉丁化者出版報紙所載一段事實來説，據説「新文字只要四百點鐘就可學會看書寫信」，這裏所謂學會，當然有相當限度。假使漢字教得合法，平均每點鐘識四個漢字，四百點鐘可識一千六百個漢字，像拉丁化者主張所看的書所寫的信，一樣可以做到，因爲漢字只要字能認就能看書，能寫就能作文的。不過像現在一般小學，和民衆學校讀死課本，是做不到的。

拉丁化者又説：“科學上的術語要準確譯成漢字，是椿近於不可能的事，人家説一句話，譯成漢字却非兩句不可。”翻譯外國文的術語，除非用中國字義不能得到解釋的才是譯音。那意譯的字，還是漢字能得正解。這意譯的詞語，就使漢字拉丁化了，還是要依漢字寫成拉丁化字。至説人家説一句話譯成漢字却非兩句不可，這當然是指原文的意思，譯成中國語句。果真漢字必須兩句才能説明人家一句話，請問改成拉丁化，能減省一字嗎？因爲表出的語文，並不因漢字或拉丁化有絲毫不同的構造。反過來説，中國一句話，譯成外國文非兩句不可，也是常有的事。

我的話説得太囉唆了，許多辨難，都不算主要的話，我的主張，在第五章我的意見一段，知我罪我，一聽閲者，謹用這幾句話來結果吧。

民國文庫

合科實驗的廉方教學法

（卷一）

據中華書局1939年版整理。

目　　錄

第一篇　　總論……………………………………… 1459
　第一章　實驗目的……………………………………… 1459
　第二章　二年半制……………………………………… 1464
　第三章　合科…………………………………………… 1466
　第四章　餘論…………………………………………… 1475
第二篇　　單元活動教材……………………………… 1477
　第一章　研究範圍……………………………………… 1477
　第二章　關於常識教材………………………………… 1478
　第三章　關於文字教材………………………………… 1488
第三篇　　第一期教學活動方法……………………… 1494
　第一章　準備…………………………………………… 1494
　第二章　取得常識……………………………………… 1495
　第三章　文字練習……………………………………… 1500
　第四章　輔助練習活動的兩種工具…………………… 1519
第四篇　　習慣訓練…………………………………… 1524
　第一章　初步的公民訓練……………………………… 1524
　第二章　習慣養成……………………………………… 1528
　第三章　實施訓練的根本辦法………………………… 1529
　第四章　實施訓練類別及其程序……………………… 1534

第一篇　總論

第一章　實驗目的

一、開章明義

　　爲產業與文化落後的中國，就國民基礎教育，適應新時代教育之趨勢，創立整套最經濟而有效的學習程式，以一般小學同學齡、同學習時數之兒童，縮減學習期限，修完部定小學課程標准，俾得消除正則小學、短期小學之分劃，而成爲平等的國民基礎教育。

　　爲達到以上企圖起見，極力剷除所有授課式之習弊，新闢自學途程，分段建設歷程及種種變化方式，於增進知能中，完成其自學能力。俾修完基礎教育，即不升學，亦得在社會教育之推進設施中隨時自由進修，發展其向上精神，與教育最發達的民族共競生存。

　　其對於縮減年限之變相辦法，必須避免者如下：

一、降低學習程度或減少學習分量。
二、選擇優生或減少被教名額。
三、編固定課本，強迫貫注。
四、廢除假期，或增加每週時數，更指定課外作業。

二、根本體驗

　　此可分兩方面檢討之：

　　（一）從學校教育歐化所引起的感覺：自教育效法歐美改辦學校以來，設施與教學往往發生裂痕，固多由實施之不澈底；然即澈底實施，容亦有缺陷困難之慮。因此，專從關於教學方面詳加探討，發見兩種情事：

1. 中西工具異趣

語言文字本非教育的唯一課程，但入學之始，却爲課程中基本工具。因爲一切學習，大半須藉助於語言文字而理解而練習，雖不當擱置一切，惟從事識字；不過因攙入文字而加重學習繁難，阻礙學習進行，不可不加審慮。唯所審慮者不在加重語文課程，而在認清學習途徑耳。吾國小學成績日益低下，即號稱優良者，如讀書數量、寫作能力，比較外國同年級的成績，亦大有遜色。所以致此之因，頗疑國語運動專歸咎於漢字本身，尚非根本見到之言。蓋語不可變而字從拼音，方音已成習慣，發音稍歧，無統一之漢字對證，隔閡愈甚。尤其開始識字，形越簡，越難辨認，在心理實驗上已有證明。漢字各個獨立，一方較拼音字爲繁；一方大部分由形可聯想音義。綜其全程，是否比拼音字真難學習，未可執一以論，況拼音字尚有傾向於一字一音之倡議乎！而且漢字改造，非旦夕可期，國民教育不可一日停滯。目前文字教學，爲妨礙作業之主要原因，其主因在本身抑在教法，應有深切的認識。試回憶未改學校以前，苟非教學如今日極不堪之私塾，聰穎子弟，入學二三年，讀書及作文，頗有勝於今日高小畢業生者，普通亦比初小四年畢業生較優。其作文之力，與讀書之量有相關度。言者必謂古代教育，以讀書識字爲唯一課程，故此類成績特優。其實今日一般小學，非國語課程亦多無異於國語教學，大半除讀書識字外，別無若何表見。以此知增進讀書數量，仍爲小學先決問題。在中國古代個別授讀，彼此不相牽制，進步自各適其度。在以拼音字爲工具之國，字母認識以後，稍習拼讀，即可進讀較長課文，並綴語句爲文。今則課本與教法，一意襲取歐美形式，塗諸私塾授讀積習之上，精神兩失；而不揣工具構造不同，所以殊途同歸者別有妙用。不此之審，即令文字改造，而教學不改進，教育不終於失敗者鮮矣。本方案着重此點，爲精密體驗，分詳以下各篇。

2. 中西社會經濟懸殊

吾國小學勿論關於天才教育，低能兒教育，以及特別教室、手工室、學校園、學校圖書館等，極少完美設置。即如勞動作業、自然作業，與學生課本等，在大多數小學教學猶成問題。必依設施標准而後成爲小學，僅能以極少數小學作點綴品。若如短期小學止於使用課本，又似乎去國民教育目的太近。蓋教育能否達到其目的，視乎教學效率何如，其他設備，抑其次也。不過有效教學，必有需乎活動設置，尤其練習更藉助於活動工具，此爲必不可缺乏者。唯各國教育上設施與其教育家所形成理想，實與其產業發達之社會並進，加重經濟負擔，非其唯一顧慮。吾國以往設計教學、道爾頓制，試行失敗，以及介紹新法難盡實施，由於無相當設置，實占主要原因。所以目前迫切問題，在就一般小學財力能勝之中，求有效教法；更由其成功之實驗，期於推行盡利。如其徒務外形，專事仿襲，是之謂舍本逐末。

（二）小學過去教學所得到的教訓：語云："前事不忘，後事之師。"必了解過去所缺陷者爲何，而後可確定改造趨向，並其所達到企圖。茲分別撮舉要點：

1. 啓發式　啓發本需乎問答，而流弊則成爲有問答即爲啓發。尤其預備段中問答，多屬於廢話與猜迷，虛耗時間，於啓發無與。

2. 自學輔導法　僅有理論，其各個步驟應有工作，失之簡易，不足以達其目的。尤其培養自學能力，專在默讀默寫中討生活，減少授課時間成爲虛語。

3. 分團教學　吾國過去所施者多爲複式教學之變相，其混合各班適應有課目而分者，則感到兩個問題：其一，教師學生上課時間互相衝突，不易分配；其二，升級多感困難。

4. 設計教學　揭其最要點：其一，單元配置，茫無標准。其二，現實生活多成空虛，而科目之系統知能，常須補救。其三，分工作業，易爲優等生所獨占。其四，各科混合，頗多流於形式。

5. 道爾頓制　揭其最要點：其一，作業室同時開放，教師因任課時數多少不等，指導成爲問題。其二，用普通課本分配作業，工作不感興趣。其三，缺乏適當參考資料，至有專抄教授書者。

6. 單級教學　止於以不出聲之自習資料，與直接授課相間分配，不能盡教學能事。

7. 二部制　此僅屬於一種編制，無特殊教學法可言。以之調節單級編制，或班級較多之學校，加入四分一以下的學生尚為必要。

8. 導生制　小先生制略同，近來擴大組織，視傳習為兒童學習中唯一活動，似乎太過，又專重組織，忽視導生本身學習，亦其缺點。

9. 小問題實驗　近來此類實驗，甚囂塵上，其稱為科學方法，莫顯於表出之統計教學，惟所表出者多屬形式而乏內容。其最大原因，則以中國目前教育，重在整個改造，枝節為之，不生若何影響；而實驗者往往好為常識所能判決之問題，或者互相因襲，無裨實際。

至於蒙台梭利教學法、文納特卡教學法、德可樂利教育法，作者頗有取舍，惟因國內未有相當實驗，故不論及。

此外，在整體方面，足令深省者，尚有數事：

1. 班級教學　不問兒童性質如何，皆行一齊教學，優者抑之不使前進，劣者則強其難能，是謂兩失。

2. 分科教學　明明具有整體之事物，或有互相連屬關係，因分科之故，不得不割裂之，或削減之，以致知識多成斷片，學習亦覺寡味。

3. 課本　現行課本為教學改造最大障礙物，惟不在根本廢除，而在編輯與使用方法之改變。蓋其主要原因，係從班級制與授課式之下而產生一種教科書體，過重形式，反不及現有課外讀物，較便於兒童自讀或自習之用。尤其低級常識課本，等於認讀文字；中級以上國語讀本，常識成分太重，缺乏文學意味。如果教學長此停滯於授課式之下，課本之習非成是，固無足怪。直言之，即不剷盡教科書體的課本，另編新式讀物，較現在課外讀物更為優美，不足以改進教育也。

4. 訓教分離　分離之弊，已為國人所公認，並盛倡訓教合一。惟根本不了解訓教分離，由傳統教學方式不含訓練程序，與夫初期教學非由活動者產生，以培養其學習中基本習慣；而誤認訓之功用為純粹道德，必須課文含有道德意義，或者離開各科而另定訓育目標，實施其精神訓練，以企圖達到標准。如此將愈求合一，愈益分離矣。

5. 隔離現實生活　此亦國人所同感，如生產教育、生活教育、民生教育等，不少宏論。然而如何實施，且如何在國民教育中培植其基礎，決非僅僅規定何種章則，提倡何種設備，即能遂其企圖。試觀已往實用教育，訂立各科課程綱要，終成具文。設計教學，自當切近現實生活，結果亦未顯見。學校園手工室間有充分設備，成績如何。鄉土教材已有盡量補充，效率如何。總之目的難明，研究不甚澈底，取途遂不得其方，未有不徒勞無功者也。

6. 課外作業　在最初實施時，藉以補助正課，預習更成一般教學風氣，今則流弊百出，徒爲蒙飾行政官署之具。學生重感痛苦，教師藉口減少正課時數，即有勤加訂正，亦得不償失。

7. 讀講　此亦在有所增益與改進而非廢除之。從來教學，除技能技科外，勿論提示練習，幾於以讀講爲唯一途徑。即授受知識，純用口耳，其用目不過表現於默讀中；用心亦僅爲督促之辭。一切反應，惟依讀講結果而表出。如有錯誤，教者頗難一一顧及，兒童則茫然不覺。至需若干遍數而熟習，心理學所實驗者，實際上無從應用。尤其教者用同一講解，難稱乎各個要求而適如其度；讀用齊讀或分組讀，隨讀多爲盲從。用於個別讀，聽者是否集中注意，無可證驗。復述回講，與個別讀同。所以此種教學過程，發生兩種現象：其一，全課在進程內，必有一部分課業浪費時間；其一，全體在同時間內，必有大部分兒童浪費時間。

綜上所論，約爲三點：

（一）效率低微；

（二）浪費時間；

（三）學生煩苦。

三、改造目標

茲爲便於說明起見，確立四個目標：

（一）實用　此其關鍵，不僅繫於教材本身，而當認清兒童的學習活動。即視兒童由環境刺激所發生反應，或當前所感覺需要。不明此義，實用仍屬空言。

（二）興趣　興趣固在引起兒童愉快，然必須以策進其努力，而後爲真正興趣。一方與使用有關；一方在由其分明進程，可使兒童知以努力而得到適當的成功；並切由策進努力之輔助工具，或其身體活動，俾易集中注意，不自懈息。

（三）正確　此之要點：其一，觀念須產生於真實情景；其二，知能須由自己經過曲折而取得；其三，進行程序，須有分明步驟；其四，錯誤或熟習，均在學習中得到證明，此在低級尤爲重要。總之正確須從基本上培養，從具體上表現，否則無實效可言。

（四）經濟　此須與上三項結合，始有真正價值。主要目的，則在引入自學途徑，實現其省時省力之企圖。

目標具如上所論列，惟實施時尚應注意者，其一，因學年增進而達到目標之程式，不盡相同；其二，任何過程，皆須由整套程式以資使用。

第二章　二年半制

茲所創立實驗教學法，係整體改造，與小問題實驗不同。因鑒於從來試行新教學法，往往無明顯結果可以約束其工作的效率。故對於普通教育，依種種事實，分別假定縮減期限，以控制實驗預期之結果。現在初小段實驗大體完成，暫就初小而論，以二年半修完四年制課程，具如下論。

一、教學檢驗

僅就最顯明者分述於下：

（1）減除從來的浪費時間。例如，無實效的問答、循文通講、盲動復習、個別讀講時多數閒散等是。

（2）有效的經濟時間。例如，集中基本練習，減除散漫的消耗；注重學習新習慣的開始訓練，取得轉移作用；分布練習多方變換方式；由部分得到全部的體會，各自盡量學習，不受牽掣等是。

以上所舉，除技能科外，在學習過程中無時無之，雖未一一作精密檢驗。如華虛朋（Washburne）和文納特卡制每個兒童每年平均可省一個月又百分之七十五；智力年齡九歲者，讀書能力超於他校同年者百分之六十。然大體殊可估計，如（1）之各項，整課時間約三分之二受其支配，大部分屬於浪費。（2）之各項，因有效而省時，亦約有十分之一二的時間。如此綜計，似可減少過半數。惟常態學習，原含有優游意味。由教學而使其虛糜時間，固應在排除之列。若計虛糜時數而增入應有的學習分量，又為實際所不許。蓋連續學習時間以內，即不因教學方法招致空閒，而動息出乎自然，固有不斷的須停少許之情境者矣。況如所謂浪費，所謂經濟，主要原因由方法所構成；而教者能力，亦足以促成之。二者具有連屬關係，前者雖可以限度，後者則出入無常。因此改造目的，止於正當態度，與合適途徑，其限度非有不易標准也。

再從學科方面言之，技能科暫置不論。算術集中於二年中學習，可以達到標准，為一般所承認，部定標准亦已言及。其占主要部分者為國語、常識，一般教學，大抵浪費時間，試揭舉兩點：

（1）從前小學未改國文為國語，教者翻文為語，自不得不逐字逐句加以解釋。今誦習者全為語體文，仍循此轍，不惟徒耗時間，而且常因講解而反不明了。此例不勝枚舉，民八曾為文論列。近如部編教授書，釋父母兄弟姊妹同住一處為家，是為不是的反面，人是人民，小孩是幼年人，即其一例。

（2）文字教學。離開真實情境，而授予事物觀念；或牽合常識成分，為機械誦習；以及常識教學，專從文字提示意義；或混合教學，非依整體事物之自然程序而開展，惟憑藉課本授課；凡此皆虛耗精力與時間，兩失其真。

綜上論列，現在一般小學四學年課程，去其浪費，易以有效的學習，雖二年亦可企及也。不過本實驗係施於一般小學同學齡之兒童，則兒童本身尚宜顧及。如果年齡較長，業於二學年末達到標准，續學與否可以聽其自便。或因境遇逼迫，不能期待二學年以後，於此告一結束，亦取得相當的自學能力。若學齡未嘗超過，即於二學年末達到標准，仍當繼續入學，加厚學力。其理由當於下論之。

二、心理檢驗

（一）生理方面，兒童八歲以後，身長、體重、細筋肉發達，一般較有顯明異徵。初小以達到九歲爲準，似較適當。

（二）心理方面，六七歲接近幼稚時期，純爲想像生活。八九歲逐漸脫去幼稚時期，漸注意於現實生活。十歲以下，對特殊事情發生興趣，科學淺近常識，亦喜從事探討。似此通常心理狀態，由人事經驗之增進，心理常受影響；如果學習效率提高，興趣亦可在相當限度以內推進。所以年及九歲，與十歲以下兒童同一學習，無甚軒輊。

於此尚須鄭重論及者，本實驗在縮短期限以內，比一般小學每週學習時數，另無增加。惟因課外作業與溫習問題，配置時數不得不少許變更。何也？溫習不適應學習進程而配置，大半無效。課外作業，施與一般民衆之家庭，勢有難能。而且作業不在直接指導之下，學習與處理均屬徒勞。所以本實驗自第二學期起，酌增部定時數，課外絕對不另指定任何作業，與普通增授課時數不同。

第三章　合科

一、合科之旨趣（合科與設計教學）

現代新式小學教育，由其兒童中心的思潮與反抗理智主義的運動，頗多傾向於綜合教學之目的。其達此目的之企圖，美所宣導者爲設計法，德奧所宣導爲合科。二者目的相同，取途稍殊。即其理論的根據與概念的規定，二者亦同樣有歧出之處。就大體言之，設計法約有三種：（1）自然進行程式之完成，具有問題的活動；（2）中心問題之具體成功；（3）志願的活動。合科約有五種：（1）以一學科或教材具有特殊價值的領域爲中心；（2）分割指導學科，結合他科目中有聯屬關係的教材爲領域；（3）以生物界共同生活體爲統合關鍵；（4）由共同生活體而構成集合作業；（5）整體課程，由統合理念而支配。要其根本不同之點，設計法原本於學習心理，以應用於真實生活之途徑爲研究基點；合科探討生活需要，以教材或教材之混合爲研究基點。雖歸宿不無多少相似之處，而支配課程與進行程序則多異其趣。吾國自輸入杜威（Dewey）教育學說以後，採用設計法，盛極一時；即未施設計，亦酌取理論，爲實施綱要之空乏的説明。流極至於教授書之教學過程，與混合課本之單元排列，皆沿此風尚。顧其結果究竟如何，除最初實施之極少數人，或者稍有省察，一般殊無體驗。甚至專爲塗飾耳目之具，迄今而推重與懷疑兩方面，率成爲拾牙慧之臆説矣。其中最感分歧與實施困難，厥惟單元組織與教材選擇。假如認定綜合教學，確爲課程改造的企圖，似不能專從設計法中討生活，而當更從合科的種種事實，謀所以矯正已往之失。不過如此企圖，非以合科優於設計法也，而係對綜合教學從多方面作澈底的體驗耳。所謂澈底，則係體驗深切之謂；非如通常對合科或設計之論調，以是否完全合科或完全設計爲澈底也。

本實驗取名合科者，係其課程的對立配置，用此較爲切合；初非實驗途徑，取德奧合科而舍美之設計也。亦可謂由其外形定名。若論內容，頗爲複合。除如綜合教學之共同目標，以排除教材孤立並切近實際生活外，尚有如下三個觀點：

（一）以往教學在分離授課外引起之障礙或虛耗的事實，得由如何合科而解除之者。

（二）矯正班級教學抹煞個性之極弊，視如何分科，在作業上可以得到一種調協作用，或便利指導者。

（三）全體精神之統一，在合教學與訓練爲一，最低限度，必須有一種課程占全體課程大部分時間，由其教學程式中建立訓練習慣之基礎。

此三個觀點，從前多未計及，惟以如何得到大規模的綜合爲職志，因而愈求極端的綜合，自身愈啓罅隙。反對者惟從綜合與分離之形式反面爲雄辯的批判，亦多迷惑之辭。其事實與理論，當詳於下。

二、合科課程之領域（合科與分科）

定合科領域，必須於合科所建設之理想，在事實上可能範圍內，爲分科所不能企及者，究竟達到如何程限，能有明確的證驗。以往任何一種合科或設計教學，大都惟根據綜合教學之信念，建設一種理想的綜合課程，其中是否全爲分科教學所不能及，或仍含有分科存在之缺陷，似乎未盡考慮。故茲就抨擊合科論點，先加檢驗。

（一）就各種合科而分別抨擊者

（1）對於中心統合之批評　合科以新組織的教材，替代前此分科的體系，而僅取科目交互關係爲中心統合，二者目標無甚差異，合科便無嚴密的意義。

（2）對於分類合併科目而減少學科之批評　祇於反對分科過多，並非完全否認分科，是以合科代替分科，根本不能成立。

（3）對於以生活體爲合科根據之批評　此之組織教材，在依事實與範圍而定，仍不免達到另一種分科的狀態。

（4）對於以指導理念爲合科根據之批評　此仍不脫中心統合之圈套，對教材配置，並無若何新的本質。且其教學活動，從一個中心點向種種方面移動，不免專從單純的直觀，或純任聯想的意義推移而進，殊不能達到全體統一作用之企圖。

（二）從論理上推究合科教學而抨擊者

（1）由認識方面立論　認識意義超越於知覺以上，僅有表象之單屬感覺的直觀結合，或單屬聯想的結合，決不得謂爲認識。蓋生活上的各種內容，不經過有力的思維，聯合爲一個全體的思想，究竟缺乏統一的意義。此種有力的思維，非依據分科的思維過程與思維方法行之不可。其有主張小學低級須採用完全的合科教學，並將種種練習包括在合科教學以內而處理，實屬誤解。因讀寫算等練習，低級頗為重要，須採用一定的程序並指定特別時間行之，此在原理上與合科教學殊不相容。

（2）由陶冶方面立論　任何一個問題學習，融合種種分科活動為一體，在實際上絕不可能。因為兒童學習某問題時，不能不依據問題解決之根本形式，給與一定方向，因而產生種種分科的學習活動。合科往往以簡括的分科，替代若干細碎的分科，而以一個分科連續居指導地位，終不免陷於一面性的陶冶。其所標榜之統一性、全體性，如果舍棄分科的思維方式，無從獲取。惟科目是否必如現行如此之多，係另一問題，殊有研究餘地。

以上批評，固不免有為分科張目之嫌，其立論與宣傳合科者之攻擊分科缺點，針鋒相對。然而此可見種種合科，在原理上、事實上，構成其綜合教學之作用，可以歸納為下三點：

（一）合科範圍只占有相當的限度。

（二）合科教學不能完全舍棄分科學習過程與方式，且有時必須參一部分之分科課程。

（三）混合全部課程達到其統一性、全體性的理念，未有實現；將來能否實現，頗成問題。

試再述專家對於設計法之批評：

（1）對於自然組成的主張之批評　此可謂為工具學習的方法，申言之，即知識不為學習的目的，而為對於目的的工具。惟其效能限於目前活動的應用，例如從小商店、小銀行的設計所得的數目知識，不足給兒童必需的算術；從戲劇設計所得的歷史事實，不能替代系統的歷史研究是也。

（2）對於中心單元的主張之批評　此亦可稱生活設計，但至於高級組織知識的教材，即易變知識為目的，一切組織教材上之缺憾，將盡復現於組織之中。

（3）對於志願活動的主張之批評　此以課程須由兒童自己決定，能否進於論理組織，殊成疑問。一任自然，結果將成為盧梭（Rousseau）

自然主義之應聲，不成爲積極的教育方案。

設計法由心理學習的立場建設活動課程，故批評論點，與論合科者稍異其趣；但於課程組織，亦有相互印證及相輔支持之處。由上之論點，可以得到三個注意點：

（一）由設計法而表現綜合教學之作用，不能包括課程全部。

（二）課程專重混合，容易陷於形式，其類及於瑣屑支離之教材，流弊不減於分科。

（三）活動課程不受預定計畫書之控制，將散漫浮泛，無所歸宿。

綜上所言，對於合科應取途徑，已有明確的啓示。茲於確定本實驗以前，提出四個要點：

（一）合科領域不限於混合全部課程爲一體，惟當審量所有科目，何者確有合科必要；並擔任合科者於其事實所許，在何項單元活動中得到混合最多科目之適當時機。

（二）合科不在以事實集合或性質關聯爲統合中心，而在衡量學習途徑，何者必須合科，而後學習更有效而且經濟，可以補救從前純粹分科之缺憾。

（三）所謂學習過程與方式，必須求之分科之中者，究竟非合科失敗之致命傷。因過程與方式所含異點，皆不外理解、實演、練習三種：此三種在分科中只有各自成分之差，無唯一獨占之性。如何使認識與陶冶，得達適當學習，與分合之適當與否有相關度，並非分合之單純問題。

（四）全體統一之作用，雖非全繫於全部課程之混合，但有適當的較大規模之混合，究屬有益。

因此，本實驗課程之確立，根據於種種體驗而來，以合科與特殊練習兩大部分對立而配置。合科係以國語、常識混合教學，於開始兩學期中，進行單元活動；其後則以自由閱讀爲主。特殊練習分爲算術、手工、圖畫、唱歌、體育等，分科教學。

全部課程對立配置，但單元活動與特殊練習各科目，常有互相聯係之處。

（一）在單元活動進程中，自然的涉及特殊練習科目之學習，仍當分隸於單元進程中學習之。其應注意者有三點：

（1）不爲勉強牽合，傷害教材的固有價值。

（2）因擔任合科教師能力問題，不使全部課程由一人獨擔，以免喪失科目獨立的價值。其必須專科教師分擔者，惟取互相聯絡態度，同時各進行其適當的學習。

（3）唱遊在特殊練習科目中，業經習之已熟者，在單元每節活動中，常以一二分鐘取爲調節活動。有時擔任單元活動之教師，因習慣訓練，或進程動作，最適用某種唱歌之節奏，或某項運動姿勢之訓練，亦得商之專科教師，特別進行某種學習。

（二）在特殊練習科目中，因年級異趣。如算術在第一學期完全包含於單元活動以內，培養數之觀念；至二學期始稍定獨立練習時間，以後逐漸加多。圖書、手工略與算術同趣，惟唱遊自第一學期始，勿論是否由專科教師擔任，必有特定時間。國語之音符、習字、作文等；關於基本練習，以及常識之試驗教材，亦準此例。

三、合科所循之途徑（合科與自學）

由前之論，合科作用，在從學習途徑上，求其更有效而且經濟，此當從兩方面觀察之。

（一）合科本身方面，即課程或教材，確因孤立而加多障礙或生缺陷者，自不得不求適當之混合。

（二）合科進程方面，已往教學缺點，莫大於各種教法，蔽於授課式之傳統習慣。一則教過多而學過少；二則學生全處於被動地位，即啓發式亦然。所以教育改造，在進而求如何以自學；且有一定程式完成其功用。

二者在教學中關係頗密，非可分途以求也。因此體驗人類知能之學習，確有兩條主幹路綫：

（一）必由文字介紹，且在文字上加以練習，此亦可稍爲讀書式的作業。

（二）不限於文字介紹，且無需在文字上加以練習，此亦可稱爲非讀書式的作業。

後者大抵屬於技能科目，在設計教學經過中，混合全部學科爲單元活動，往往有不自然的學習及另須特定時間學習者，極爲明顯，自需以保存分科面目爲較當。前者爲讀書式的作業，即國語、常識兩科目。常識包含自然、社會，他科目含有知識成分者亦屬之。試就此兩科目加體驗，約有如下數點：

（一）兩科目占全部課程時間最多。

（二）作業成績惟此兩科目與算術便於考驗。

（三）兩科目在基本學習中，最占重要地位。

（四）兩科目致用較廣，任何科目構成具體教材，從原料而言，無一不取定于自然與社會兩方面；從所得知能而言，無一不藉助於國語工具之運用。即如算術之命題練習，因文字的認識與理解，發生扞格，亦爲常見之事。

（五）兩科目性質不同，學習進程却有相互關係。因爲文字所表出觀念，必由常識而取得。而常識含有空間成分者，多須尋求於文字記載，且其心得又需以文字整理之。

近代教育趨勢，統合文字工具與知識材料爲一。設計法即着重此點，德可樂利（Decroly）教育法益闡明其義，由工具給與思想進程之用，更由思想進程而培養其工具；視蒙台梭利（Montessori）教育法只知從手工與遊戲給予教材的具體的方法，缺乏實際生活接觸機會，已不可同日而語矣。

本實驗課程以國語、常識合科，從表面而觀，似不及德氏建築於課程全體之上。若從實際觀，所謂混合各學科爲一體，仍止於表面已耳；此由前述抨擊合科論點，已可概見。試提取各科目知識部分，所謂常識，比原來常識科的領域較大，此外即無何知識材料，不過將屬於技能者劃爲分科學習，不蒙課程全體之名，而且與事實切合。又簡易小學、短期小學，以國語包含常識爲一個科目，與本方案以國語、常識合科，根本見地不同。彼以國語課文，多含常識成分，科目減少而學習愈增困難。此則求學習便利，而取各種混合途徑，達到知識與工具之統一的企圖。不惟此也，合科依學習途徑而定，領域分明，則自學步驟可以確立一定程式。因爲由工具給予思想進程之用，更由思想進程而培養其工具，僅爲統一原則，步驟不得不各殊其用。所以本方案分三個步驟：第一步驟，自學初步準備；第二步驟，培養自學使用工具的能力；第三步驟，完成自學功用，分詳各篇。茲惟就學習途徑，撮其旨要於篇首。

（一）由接觸環境事務及其當前活動取得常識觀念，進而抽習其文字，是爲第一、第二兩步驟所循途徑。其過程分取得知識、練習文字兩個階段：取得知識階段從觀察環境事物引起感覺，尋求經驗，進而依進程與能力，作空間或時間推廣，用聯想以充實其所未逮。練習文字階段根據由取得知識之觀念，抽提主要文字，一方由文字認識而使觀念再生，無須藉助於講解；一方用種種方法變換練習，培養自學的基本工具。

（二）可由書本上取得知識者，分段選取非教科書體之讀物，達到課程標準，而數量總額十數倍乎通常課本，藉徑於文字工具之運用而理解之，是爲第三步驟所循途徑。其過程分三個階段：第一，閱讀階段，在文字之認識與了解，以記生字難語及查得音義爲表見成績；第二，閱讀階段，以答題及摘要爲表見的成績；第三，閱讀階段爲表述準備，或附隨練習工作。每經一個階段，皆能獲取進一步的心得，教者惟從所表見成績而考察，而讀者自然分步練習也。

茲更就上之所言，加以說明。

1. 學習步驟，前兩個步驟取途於單元活動，或以爲同於設計法；最後步驟取途於自由閱讀，或以爲同於道爾頓制。非也。普通小學低中級採設計法，高級採道爾頓制，講教學法者率持此論。試詢以二者銜接，貫徹如何目的？前者對後者有何準備？吾知其必無辭以對。本方案培養自學能力之途徑，多方貫澈其目的。單元活動之結果，係爲自由閱讀之準備；自由閱讀之進程，又係開展單元活動已成之功用。形式雖似，途徑已殊其用。況於進行之方，更有大不同者在耶。

2. 學習途徑，前兩個步驟之進行單元活動，一循直觀教學、事物教學之方式，從感官獲得的知識爲出發點。此在歐洲自有教學法以來，已發現其真理，日益進步。吾國小學，幾乎全相牴牾，行政方面、社會方面之供給亦然，然其理論則公認其顛撲不破矣，可不深論。惟進而取途于自由閱讀，有待說明者，則以人類進步的學習，應反前者之道而行之，促進其思考的培養，概念的發展，以及其符號的應用，此三者同時進行，所以能解決學習思考方法的問題，關鍵即在於此。此種修養成功，學習即由被動的接受，轉變爲創造的學習，無須藉助於環境或外來刺激，亦可進行其完整體系的學習。進步的學習而以讀書爲主要課程者，意在斯乎。無如一般小學之學習，應取給於環境事物刺激，而依賴課本授課。其進也，仍囿於知覺領域，而着重於純粹印象及記憶，不能盡量運用文字工具，而理解，而類化，以進於觀念學習的創造階段，此則不無遺憾矣。

3. 學習過程，爲控制學習之軌範。從前五段教順，係授課式下產物，自不適用。設計法分目的、計畫、結果三段，益以欣賞、建造、研究、練習四式，仍不免陷於形式。蓋單元活動之教材，非如科目孤立，且遇過程中連類引出問題，亦須附帶解決，必限於某單元採某式，勢易扞格。又其整計畫中常有分計畫，因之實施與討論批評等，須隨分次計畫，相間而行，決不限於某式在某一次或某一時間內行之。本方案依據自學步驟之途徑，分立過程，在單元活動則矯正設計法之失，參以德可樂利所立規範，創訂分明程序。至自由閱讀則鑒於道爾頓制僅立功課綱要，別無學習過程，因從自學立場，表出活動必然的進程，庶足以控制其自動學習。

作者創立之合科教學法，略如上論，惟尚須聲叙者有二點：

1. 合國語、常識的課程，取途於自學路綫，而稱爲讀書式的學習，並非偏重讀書教育。特以文字爲一切學習之工具，初步不得不植立其基礎，而文字又不便於孤立學習，更不得不結合常識，使由真實情境中取得明確觀念，斯學習可以事半功倍。如從表面觀之，則開始學習，絕對不憑藉書本而識字。所以然者，一從書本識字，便難學而且乏趣味。故本實驗課程，雖以讀書數量為最大企圖，而學習途徑，一反書本教學之傳統方法。雖以運用文字工具為推進自學之原動力，而學習內容，並非以認識或理解文字為主要功用。所以進於自由閱讀，即有許多知識，須取資於觀察、調查、實演，或藉助於試驗，而後自學功用可以完成。

2. 國語常識之合為一種課程，非有兩種教材混合之謂，更無課本可以混合編制。吾人當知二科所以結合，由於文字所代表之意義，皆為知識所付與；常識之取得與運用，必藉語言文字為工具。二者結合，當於學習程序中求之。非國語可以包括常識而成為獨立科目也。若以國語課文為求常識，或依常識目標編國語課文，作為混合課程，在實質上各喪失其固有價值，在學習上各增益其繁難，不僅兩無所得，甚至兩相妨礙。蓋教學而以課本為唯一工具，效率已減；益以混合編制，害又甚焉。所以混合課程與混合課本，不能併為一談。其以編制混合課本為依據綜合教學原理者，實屬誤解。果如其說，則往時學校未設自然、社會科目以前，課本原包含一切常識成分，亦可謂其適合綜合教學原理矣，寧不可哂耶。雖常識讀物，吾人甚希望其能用藝術描寫，具有文學意味，此特為讀者易讀樂讀起見，非謂讀此即盡國語學習之功用也。其有稱用混合課本比普通課本成績較優者，亦為課本與課本之比較，非綜合教學與分科教學之比較也。孔子曰："惡紫之奪朱也，惡鄭聲之亂雅樂也。"用混合課本而成績即優，亦猶色之紫，樂之鄭聲也。況所謂優者，並無純一因素可以證驗乎！毫釐之失，謬以千里，此特其一端耳。

第四章　餘論

總論至此結束，以下各篇，分論創立方法，全為經驗有得之言，多係一般學者所未論及，或與之不無異同，亦有相反意見。惟望讀吾書者對於下列各問題，加以反省或審慮，再玩味各篇，或有得也。

（一）讀者試從平日所習聞諸師者，或從中西教育書籍所曾經閱讀者而思之。

（1）所指示之原理與方法，在日前需要方面，能用以解決實際問題者，有何明確的介紹。

（2）僅有理論而無精密方法之教育主張，或任舉幾個實例，在實施上究竟發生如何影響。

（3）曾否有一種教學方法，從一定原則或一貫學理，產生有系統的整套方式，供給高、中、低級之應用。

（二）讀者試從實際教學方面，就已往教學法之實施而體驗之。

（1）普通教學，是否由其每個進程方面，均能產生刺激反應之特徵。

（2）在一般教學之下，是否能在每個進程中，使兒童能計畫自己作業的成功，發現自己作業的錯誤，並且均有明確的證明。

（3）心理學所發現各個現象，在教學活動中，則從某方面或若干部分綜合而表見。假使學習心理原則，不經實際教學之調整，是否即能應用。

吾國今日教育，有需乎實驗以資改進者正自不少。惟必須注意者，從整體課程言，苟無特殊教學方法，異乎已往所實施，是否能貢獻有效結果，不難臆斷。從部分事項言，如其工作內容，缺乏精深研究，即使能依科學方法，表出其詳密之統計數字，恐亦虛有形式。故茲所研究，先其大者要者，確立體系，至於逐一精核，有俟來日，竊不欲專務科學方法之形式也。

第二篇　單元活動教材

第一章　研究範圍

　　通常研究教材，大率喜就教材之內容與旨要，多所論列，至如何由其教材以教學，殊鮮爲系統研究者。其實內容與旨要，部定課程標準即可作爲依據。作者置此不論，非忽視也。特以對於教材之特殊主張，在課程標準中，儘有伸縮取舍餘地。正可不必多爲泛論，反滋糾紛。不如進一步從如何由其教材以教學而研究之，較切實際。準此教學進程不同，即當依進程而分期研究教材。本篇所言，屬於初期實驗，故教材亦以單元活動爲研究對象。

　　於此對於單元如何構成，先有了解必要。授課式全部教材，分若干課，每課爲文。課文組成之體系，不盡具體而且獨立也。設計教學每個設計，皆爲一個單元。由設計定義，即可想見單元應如何而構成。不過談設計者每根據其活動理想而下定義，極力標榜大單元功用，以致流行之單元設計，無其功用而存其形式。夫大單元功用，莫備於馬克馬利（C. A. McMurry）之說。要其論列，皆設計之標准意義，無與於單元大小也。蓋設計單元，異於授課式分課者，緣於非科目之分類組織，而建築於具體事物的問題之上。固有綜合各科之可能，然不限於必綜合各科始成爲設計。其綜合各科之範圍，亦非限於單元愈大，包含科目始愈多也。

　　本實驗課程，進行活動單元之用有二：其一，配置整體課程，初期活動用之。其二，補充讀書課程，進於自由閱讀時用之。以下所論，皆屬於初期活動。

第二章　關於常識教材

一、教材選擇與組織之根本改造

　　此所論列，雖止於常識方面，但其選排實質材料而構成單元，實具有整體性。因爲文字係由此中抽提，且須在當時活動，業已經過取得常識之步驟，而後可以確定應習之文字教材。非如混合課本由課文而表見，無當於在生活中學習之旨也。故其活動單元，與設計教學同其意義。惟從設計教學中所感到種種缺陷，不得不另尋途徑。

　　（一）須使全學期各個單元教材，分則各自獨立，適應當時情境而活動；合則不需論理的排列，自成系統。分科教材，固失於割裂與固定；然其科目本身，系統完整，程序分明。設計教材能矯正其失，而不易保持其優點。如何能顧此而不失彼，此不能不考慮者一。

　　（二）須使教材由兒童自己發見，而後學習有真正興趣。課本違反此旨勿論矣。即如設計教學，開始對於各單元的全部教材如何預定問題，即爲不易解決之事。進至各個單元活動，以計畫討論爲兒童本位之表見者，亦往往流於形式。蓋教學與集會異其性質，非可取決於多數者。又其團體學習，重在由交換而取得互助之益，與分工合作異趣。談教育者頗重視自發活動，終之僅成理論。蓋誤認自發活動在教材提供以後，而不解教材之搜集與選擇，實爲產生自發活動之源。然而自發活動之源，又不在教材本身，而在如何立於教師控制之下，使兒童各個集中於同一目的，各自發見，此不能深究者一。

　　（三）須使教者在廢除課本之下，不感到給予教材的困難，即成績低微，亦比用課本較愈。直觀教學僅有教學原則，無教材統制。設計教材止於各個單元本身完整，而全部教材難尋一個自然系統的方向。現行的合科教材，惟以企圖綜合爲目的，而生活需要範圍，仍無邊際。德可樂利由生活分類列題，似有明顯範圍；然因受中心問題之束縛，仍不免設計所遭遇之困難，又其範圍係從人生需要而分配，非太廣泛，即易空乏或生澀。凡此皆易使教育者對於供給教材，感到困難；或者教者能力稍遜，即最易失敗，此不可不體驗者又一。

更有一個事實，為吾人當深省者，即小學教材，標榜尚實用，或生活化，或鄉土觀等，大率質變形式變，而學習途徑不變，在實際上成為換湯不換藥之教法。所以然者，其根本仍在學習途徑，不專繫於教材本身，而繫於如何搜集與選擇。所謂教材如何使兒童自己發見，即教法改造問題，亦即教材改造問題。不過認清學習途徑之方向，仍屬最先而且最要。欲達到此種企圖，不在指示目的，而在使兒童在學習中接觸一般生活，了解何者為生活，尤其是社會生活。生活係於生物自身與其所處環境，前者有關於個人活動，後者有關於民族活動。學校教育，如為適應新時代生活準備，學習途徑即當於此中求之。

二、四個大單元劃分之旨趣

本方案合科，為適應新時代生活準備起見，建築於國語、常識二者混合之上，目的即在使活動單元簡單化，又不失其整體性。為達到前章三項企圖起見，首先注意者，即為單元如何構成。此在設計單元為問題，即與課本之題目同其立場。本方案不先討論問題或題目之產生，而先規定產生之一定領域，近似設計所稱大單元。但非由單一興趣中心原則而構成，而係從整個環境，劃分若干方面，各自容納多方興趣中心的小單元教材，便於教者為有目的之控制。計分為四個領域，即我的學校、我的身體、我的家庭、我的鄉土（城市、鄉村均可通用）是也。再由此四大領域，依場所或事情，分成若干小單元。在第一學年中，前後兩學期，均依同領域循環一次。前期排列小單元未及學習者，得於後期習之，又得擴充同單元之範圍而習之。

吾人當知兒童所以必須由學校而學習者，以學校能為兒童作現代社會生活準備，使其在生活中學習。不過何者為現代社會生活的標准，頗難得到一致的取決。標准不定或強定，則所謂生活標准，往往由主觀見解而定,非鑿枘不相入,即削足而就屨。故教育之學非所用,不限於課程不切實用也,即確爲實用課程亦然。

(一)學校教育必爲團體學習,各個之性質興趣,難以強同,宜於彼者未必宜於此。

(二)初小爲最基本之普通教育,即論實用,途亦甚廣。若言基本,何者爲準。所以理論雖易一致,而實際便多紛歧。

上所論者猶爲教材本身問題,再從學習方面加以體驗,兒童如何自己發見教材,必須每個小單元,皆具多方興趣而後可。此多方興趣之教材,必存在於一定領域,爲兒童耳目所及,從許多事物中,即入於固有經驗,或特殊興趣所引起反應而發見者,均在教者控制範圍之下,然後各個發見,均集中於同一目的,成爲全體需要之教材。不惟此也,教材之質與量,更須依其當時了解之進展,逐漸增進,非以一次提供爲已足,而提供者亦非限其皆需學習也。兒童對於提供之教材,固有不甚了解者而求其了解;亦有非所了解,因覺其可能了解而亦必使之了解。此於開始在誘致其集注於何種教材,是爲觀察過程取得之教材。其後則由教材本身之内含與其關係,整理各個心得,或加以啓示,補充其未逮,是爲聯想過程取得之教材。

因此本方案分領域取得教材,有三個主要之點:

(一)此四大領域所有教材,係教材出發點。吾知必有人疑國家、世界兩部分,似非四大領域所能包舉者。要知小學教材,從論理分類,僅爲教者估量取材之事,學習時如依此排列,便違反學習心理。何也?直觀教學,爲初學不易原則;充類至盡,爲思想發展必循途徑。如果全依論理排列教材,分期授課,勢必至直觀所及,可引申至於國家、世界者反而自畫;而國家、世界情況,藉助於直觀事物之了解而類化者,則又闕如。惟依環境劃分選取教材領域,則出發點有明確根據:其一,環境事物,如衣食住等,無一不可依其可能而向空間時間進展。其二,國家、世界情況,可依當前事實,取得一種基本觀念,由已知以及於未知,不涉抽象,亦非不着邊際,斯情緒易於激發。如升旗、紀念節日,以及外人居留者所享權力與外貨充斥的情實,皆爲最好的例證。如此則採取之生活需要,具有適當範圍,尋求之基本知能,亦得到正確標准。

(二)兒童取得之教材,適應其能力與興趣。吾人當知教者提供之完整教材,勿論如何體察學習心理,終有需乎強注。惟此環境占有之大自然、大社會的事物,一入於眼簾,自與其固有經驗相結合,發生適當反應。教者但須指引路綫,則反應之來,即受其目的控制,各以其已知者進而求知。夫人類生活之源與其活動進展,莫不取資于自然與社會。自前代經驗,藉文字而傳授。學校教育竟舍去本身所接觸原料,一一求之於書;鄙棄日常生活不顧,而專事記誦。以致教育與實際生活日離,去平民需要日遠。在功用上絕對不能爲生活標准,在學習上時時妨害兒童身心。顧竟習非成是,迷不知返,亦大可哀矣。

(三)依四大領域所包含之場所或事情,分成小單元,不可不有一種控制學習之理念。茲仍避去抽象論點,而示以極分明之指導路綫。第一,當知教材的自然、社會兩個來源,從自然表出者爲物,從社會表出者爲事。物則意義純由其本身而構成。事則內容含有人工成分。凡成爲教材,必須具有社會意義。社會構成,非由物之關係,即由事之關係;而事之產生,又往往與物爲緣。教者於其預計中,曉然何者爲事物混合體,何者爲事物單純性,自知其所以指導矣。第二,當知在場所或事情之規定,目的在生活體驗或爲問題解決。生活體驗有人類需要與當前活動兩種,人類需要之體驗,在如何而了解,當前活動之體驗,在如何而實行。至於問題解決,惟限於指定事情一方面,其活動係做某事或做某物,抑對某事或對某物而研究之,則視實際而定。由所認定目標,尋求活動場所或事情,自有歸宿。第三,當知場所或事情之指定,爲了解而學習,抑爲欣賞而學習。爲了解而學習,如人類需要之體驗是。爲欣賞而學習,則有入手欣賞或結束於欣賞之分。結束於欣賞,必其由了解進於適當情境中引起學習者之熱枕,惟做某事或做某物較易達到企圖。入手欣賞,則爲事物本身之固有價值,或屬於美感,或屬於娛樂,極爲顯然。因供給學習的教材之性質不同,則所以進行學習者,不得不分別事項,各示以自由活動之路綫。綜此三點，利用環境事物，構成單元活動，自不致漫無準的矣。

三、四大單元所包含之項目

兹就四大領域，分列項目，示以取材方向，便於組織活動單元知所取舍，非謂此即構成小單元之題目也。

我的學校

（一）入學

（1）從遊行校內外時發見在校應知事項。例如飲茶、盥洗、大小便各場所作用以及往來留心的事項。

（2）從新結團體中所發見應注意之動作。例如由喧嘩、紛擾、無次序所發生之妨害，與由個人言動引起大衆愉快之動作等。

（3）關於開課前應作事項，例如排隊、排座、貼名條、介紹同學等。

右如組成活動單元，宜省去文字練習過程，注重習慣訓練。但宜與遊戲活動參互行之。

（二）教室內

（1）各種用具及其布置使用情事。

（2）在教室內活動之一般規則，此以參觀高年級上下課與作業，或由當時開始活動，隨時提醒。

（3）關於以上之挂圖，此係補充前兩目不足，不可開始用爲觀察材料。

（三）校內各場所　此是否分別場所作各個活動，應視本校設置而定。

（四）學校四周有關於接近之事物

（1）本校之校外設備，如運動場、農場等。

（2）四周關於往來或飲食方面危險；與公共保護事物；以及住戶與營業，或原有設置，足以影響於兒童生活等。

（3）日常習見之風景人物等。

（五）校中可以省識之自然現象

（1）屬於天象者，如陰晴寒暖風日雨雪虹電等，以及風雨計、寒暑計等設備。

（2）屬於生物者，如四季草木之生長、茂盛、凋落等。

此爲偶發或日常一般的自然現象，除最重要者得成小單元外，大部分可於朝晚會時指示觀察，而以適當機會，就平時所見者集於正課內整理之。

（六）學校集會及紀念中有關事項　定期集會，如朝會、晚會、紀念週等。臨時集會，如遊藝會、懇親會、運動會等。紀念，除本地本校特有紀念外，國家紀念日依規定實施，此於培養民族意識與國家觀念，選擇適當教材，最重要而且方便。惟兒童由入學至畢業，每個紀念日皆經過數次，實爲培養民族與國家觀念之最好機會，應將先後經過，作一種學習進程的規畫，藉此取得近代史的知識。故其舉行紀念，當如下之分別：

（1）每學期指定二三個紀念日作單元活動，分期排列。最重要者並得循環一次，前後互相照應。此當爲整體規定，分期編入兒童活動中，俾便實施。

（2）非該國兒童本期指定之紀念日單元活動，惟覽全校公同舉行儀式。

我的身體

（七）身體各部分的名稱及動作

（1）構成的表象。成分如皮肉血骨之類，部分如頭腦腰腿之類。

（2）五官的作用。

（3）關於以上圖型以及重量、長度、視力、聽力、跑步、觸覺等練習。

（八）我的食物

（1）日常生活的食物。

（2）食物的來源及其製作。

（3）飲食的關係與其進化。

（4）關於以上的味覺辨認。

（九）我的衣服

（1）衣服的各種類及各部分。

（2）通用的衣料及其來源。

（3）衣服的縫紉與洗濯。

（十）保健

（1）關於衛生事項。

（2）關於運動事項。

（3）關於整潔事項。

（4）關於娛樂事項。

（5）以上有關類型。

我的家庭

（十一）住處

（1）住宅所在地點及其建置。

（2）往來學校的路綫。

（十二）稱呼與禮儀

（1）親屬戚屬各種稱呼與其關係。

（2）對長輩、同輩、幼輩之禮節。

（十三）生活需要

（1）工作及其用具。

（2）日常衣食住及燃料。

（3）家中日用什物。

（4）飼養與種植。

（5）產業。

我的鄉土

（十四）村莊或街市

（1）鎮保及其里巷。

（2）城村、山水、平原及其形勢。

（3）職業及其生活情狀。

（4）婚喪嫁娶的狀況。

（十五）田園或廠店

（1）蔬菜栽培與收穫。

（2）農產、種植、收穫與其製造。

（3）主要生活之商店與其品物。

（4）地方重要手工業與工廠狀況。

（5）本地商場流行之外國商品。

（十六）物產

（1）地方有益或有害的動植物。

（2）地方特殊物產。

（3）地方主要產品。

（4）地方主要需要而最缺乏的產品。

（5）非本地種之產物（農產最要）

（十七）交通

（1）本地與他處往來要道。

（2）郵電。

（3）汽車道、鐵路、河道、航空等交通。

（4）各種車馬船飛機等。

（十八）名勝古蹟

（1）建築。

（2）金石雕刻。

（3）風景。

（4）名人紀念。

（5）以上有關寫真片與刊物。

右須以每個場所為單位，抽提上列各目教材。

（十九）公共機關

（1）屬於政治方面。例如官署、自治機關等。
　　（2）屬於文化方面。例如博物館、圖書館等。
　　（3）屬於軍事方面。例如軍營、兵工廠等。
　　（4）屬於公共娛樂方面。例如公園、球場等。
　　（5）屬於信奉方面。例如教會、祠堂等。
　　右在第一學期中，惟娛樂一目較適於活動，餘宜斟酌。
（二十）外方人居留及往來
　　（1）外國人。
　　（2）非本地籍貫人。
　　（3）以上各種人之生活及與本地關係。

四、依據項目選列教材之用法

　　上四大單元領域所屬，項二十，目六十三，在開始一個學期依此構成單元，選配教材必不缺乏。至教材實質為何，一依環境所有而覓取，自可成為一套活課本，視編課本者標榜便於通用，以及倡導鄉土教材者而用課文編制，其得失難易可以曉然。茲就用法列舉應注意各點：

　　（一）項目宜活用，有可合一項各目成為一個小單元者，例如（十一）之（1）（2）是。有本目應與他目併合而成小單元者，例如二之（3）是。有一目可分成數個小單元者，例如九之各目是。有可併數目為一個小單元者，例如（八）之（1）（2）是。有兩項之目可以相互結合者，例如（十四）（十五）兩項之目是。又依環境所有增刪各目，亦無不可。惟目可出入而項不可隨意省略，斯經一個學期之學習，對環境全部，可識大概。如因教學時間所限或有某項未列單元，當於後學期完成之。

　　（二）大體程序，自應由學校，而身體，而家庭，而鄉土。然非每一大單元所屬各小單元，全經學習，然後進行另一大單元之小單元活動，各大單元亦可參互活動，即項內之目亦然。此有兩個原則：其一由活動性質相近或有聯屬關係，彼此宜於接連進行者，例如學校之（四）與鄉土之（十五）（十六）是。其一因活動進程關於某項目之活動，性質較複難或須深究者，不宜進行過早，得稍爲延遲，而另作他大單元之項目活動，例如學校之（五）（六）兩項是。惟項目本身具有構成小單元之必然程序，必須接連進行，且不可攙越者，則宜依次第爲之，例如學校之（二）（三）（四）各項是。其無此必然程序者，儘可依學習情景爲之，無一定順序可言。又同項目之內容，亦可抽出一部分，於較後時期，構成單元，例如寒暑計、晴雨計等，本包含於學校之（二）（三）兩項內，但因活動含有科學試驗性質，可自成一個小單元，不妨進行稍遲也。

（三）在取得常識教材時，宜依當時確定活動場所或事情，具有組織設計單元之整體活動的意義。活動以場所爲範圍者，必須由此活動過程，對場所本身之表見取得完整概念，對所有之主要事物取得具體觀念，使從事物本身與其環境，具有如何關係，與社會生活發生如何影響，能在當前活動上得到一種深切了解與體會是也。活動以事情爲目標者，必須對於事情之本身具有程序與其關係，能由活動中增加一種新經驗，或取得有利人生之理解，不僅止於記述已也。此外尚有散置物品，類集而作一種單元活動者，則宜依其係屬或其功用，爲同性質的集合，而不可散亂無序。但此祇宜補充前列項目構成單元之不足，非項目依此構成單元也。本方案構成單元不取目的爲中心，亦不限於單元爲一個問題之解決，而認定以場所或事情爲構成單元之活動者，意在矯正從前陷於形式之弊，使每個單元具有多方興趣中心，較便於初學活動。雖避免中心目的之形式，而不可完全泪沒其意義。在本實驗經過，教者因習於傳統的形式教法，每有對於取得常識，專摘取其爲文字練習之準備，而忽視此過程構成單元之整體性，斯則本末倒置矣。茲特鄭重言及，實施者其知所注意乎。

（四）提供常識教材之程序，此所謂提供者，非如通常授課，教者以業經編就教材提供之，而係就認定活動的場所或事情，指示兒童自覓教材的方向與其集注的條件。在觀察過程中完全從直接經驗而領受，在聯想過程中在由補充與整理而增加教材，此時亦可藉助於圖型或含有感覺觸覺之體驗。不過觀察與聯想非截然劃分，有時還須爲具體與抽象之發表與搜集工作，但不爲文字練習耳。尤其聯想過程中，有須用兩種學習形式而取得教材者，即其一，爲比較與綜合，此又有三個方面：（1）個人經驗與活動之結合；（2）各個心得之交換；（3）教者補充。其二，爲推理與應用：（1）從本身方面之意義與功用求之；（2）從關係方面之影響求之。此本舊時五段式進程，茲惟取其意義，完成認識與理解任何事物之學習，非如其分割時間以進行也。而且由此進程作活動進一步的取得教材依據，亦無陷於形式之可慮。

（五）關於必須依時令或期限而取得之教材，此在偶發或日常表見之教材，前已論及。茲就比較具有獨立單元性質之教材而言。從時令的教材言，（1）時機已屆，必須學習者當即進行。（2）同一教材，因時令不同而表見其特殊狀況；或在一定時令中只表見其一部分之程序，均以當時所見及者爲主。非當時所見者，過去事實，惟就足以引起新經驗之表出者使加追憶；未來事實，則於以後繼續體驗，暫不推究。凡分時令而理解之事實，必須分期體驗。從期限的教材言，紀念節日占最重要地位。凡類此之教材，必須審量本團可能學習的活動，爲適當的配置，不限於某定期單元教材，必須應有盡有而學習，惟每一學期總當有若干單元之適當活動耳。

第三章　關於文字教材

一、文字教材應檢討的問題

最宜檢討者，爲已往教材上關於文字各種問題，即通常所謂通用字或基本字、生字多少、筆畫繁簡、識字數量、復見次數等是，茲逐一分別略論之。

通用字與基本字，在教育辭典上僅僅用語不同，意義無別。除基本字稍有從字之構成定選字標准外，大體皆爲識字數量最低限度起見。其選字方法不外主觀客觀兩種：主觀係各依自己見解選定應當認識之字，往往數人同一立場而選字，其中一部分字出入懸殊。客觀係選定若干讀物，統計每字出現次數，此為今人號稱科學方法選字者也。然因讀物作者立場與其意旨，屢用之詞，不一定為常用字；又因各種讀物內容不同，同性質的讀物，未取多種，用字出入太甚，因此常有一部分文字，不易定其何字最為需要。而且通用因人因時因地因事，需要各不盡同，彼認為必要者，此則以為毫無關係。如果用上之方法備字典選用，自無不可。若以作課本選字，並依年級而分等次，實屬漫無標准。

　　生字筆畫等之編配，純為授課式下編輯教科書體的課本而定。因為受生字限制，課文多為單調，意味索然。至於開始課文，專取簡筆之字，不易為文；偶本此旨，二三課即自亂其例，蓋亦無可如何者也。艾險舟君所發見識字心理原則，如果開始識字，不應限於讀寫同時並進，原則即生疑問。據本實驗多次經過，認識難易，與筆畫繁簡無關。

　　認字數量，日本文部省對於小學應認漢字，曾有規定。彼以漢字濟假名使用之窮，其需要原可大體估定，吾國不同其例。拼音字詞即為字，字形又屬於極少數之聲母而結合，故字多不以為繁。漢字則詞從字義而出，字兼數義，形又各自獨立，惟依部首與音系，可以確定數量。依詞選字，範圍頗難確定。若依文字本身構造作初學程序，又與學習心理不相容，而且勢不可能。

　　復見次數，係全部課文每字屢用平均數，在討論課本者亦認為一個最要問題，作者十餘年前編輯課本亦重視之。趙欲仁君《小學國語科教學法》作此項統計，曾以拙編占最多次數。其實所謂復見次數，並非每字確有如此次數，而係各個字綜合之平均數，其中亦有若干字在他課並未復見，或復見而次數極少者。此於分布練習，既有部分缺陷，而且因為注意字之復見，不免有意插入無意味之課文，此惟編輯課本確有深切經驗之人所得了解者也。

二、文字教材之旨趣

　　本實驗對於初期課本，深悉以往編輯種種困難與缺陷，予開始學習文字以種種弊害，故一掃而空，重開有效途徑。其與已往教學異趣者，如下所述：

（一）課本授讀，從文字入手，即不然，亦由課文求活動，非由真實情境給予工具之需要，惟附益以動機引起與應用練習，兒童終不感覺其如何需要。所以教材上文字意義，必藉助於多方講解。而兒童熟習，則除講讀別無途徑。用力勞而實效少者，職此之故。此則提授文字，於當前活動中，對實質業已澈底了解。由此產生之練習，雖止於符號辨認，而實質所含觀念緣以再現。變機械學習爲有意義的體會，不必依賴文字組爲美文，始引起其興味，則一切學習興趣，皆無待外鑠。教者取材便，學者進程亦自速矣。

（二）設計關於文字教材，每個單元，竟有編成課文讀之者，此與讀課本無殊，而損失更甚，實爲一種最大錯誤，可不論。若從設計原理求之，學習屬於進程者，只有學習機會，無教材規定可言。學習屬於中心目標者，則爲應文字上某種特別需要，進行其獨立單元設計。其在系統上有需要機械練習，如作寫者，則另定特別練習時間行之。因爲文字學習析爲多方面活動，教者稍不經心，或能力稍遜，即影響於兒童學習。此則文字學習，在單元活動中，占有一定程序與時間。所謂獨立設計，所謂特別練習，均無需節外生枝，此本方案在單元活動，能保持科目制之優點也。

三、辨明文字教材實驗之疑點

本實驗文字教材，係從單元整個活動中，抽取部分詞語習之。僅從表面衡量，必發生二個疑問，不可不辨。

（一）從單元之整個活動，割裂其部分詞語習之，似乎不成爲完整的學習過程。要知本方案之學習過程，分割爲兩大階段，正爲學習便利起見，二者相因而不必合軌。何也？相因者其關係，故抽習文字，必屬於當時已取得之知識的觀念。合軌者其形式，故所有取得之知識，不陷於一一組成文字而誦習。在包含常識爲國語課本者，常識成分，具由課文而表出，因之所表出者常成爲概要形式。愈成概要，常識愈不具體，文字愈難學習。所以本方案力矯其弊，由知識取得以後，關於工具方面，惟進行其可能的認識與應用，與離開活動之孤立的識字不同，其見爲部分者，爲質與量之考慮，非無意義之割裂也。

（二）詞語孤立，似不如課文具有首尾，且由文字間流露意味可以激引情緒。夫所謂首尾必具者，必其原原本本之事實，缺一即使聞者不快。若僅爲構成文章形式，並無若何內容可以欣賞。雖具首尾，亦無甚價值可言。至於由文字間表出情緒，亦必爲有文學價值之文如一般教科書體的課文，殊難數見。而況開始入學所讀課本，每課之文，大半寥寥數語。雖聖手爲之，無能爲役。然而因課文構成，必具文章形式。於是本非必要之語，與不易分析解剖之字，亦不得不用，重予教學上以非常困難。世俗蔽於所習，漠然不省。或謂從讀課文識字，可使先得整體觀念，並詞語之個別認識，亦具有聯想作用，此惟與舊時看圖識字或認單字之教法相較則然，若本方案從取得知識中提授各個詞語，其整體概念與聯想作用，已於提授前取得之。進於練習，皆含有明確觀念，非止記誦已也。所以文字間激引情緒，惟當於正式讀書時取得之，在初識字期其如此，未免過早，且亦事實所難能也。

四、排列文字教材之原則

上之疑點已釋，其排列次第，除依活動單元程序而進外，更依下列五個原則求之。

（一）由實體進於表像　實體以具有形體之物爲物件，例如粉筆、痰盂等是；表象則僅可感覺而不可捉摸者，例如日月風雨等是。

（二）由活動工具進於生活材料　活動工具例如筆墨皮球斧頭等是；生活材料例如棉衣、白菜、瓦房等是。

（三）由形象進於動作　形象如前兩項所列皆是；動作例如拿粉筆、洗痰盂、起風、下雨等是。

（四）由本體進於附隨　本體爲事物之原質，簡言之即其本名也。附屬則有質、色、位、量之別，質如銅鐵、木石等；色如紅、黃、藍、黑等；位如上下左右等；量如斤兩尺寸或多少長短等。在進一步則可涉及功用與其關係，但此須已用短語時行之。

（五）由名字進於短語　名字即代表事物名稱之詞；短語則於主賓詞之中，參入其他品詞也，例如拔取麥來、這樣掃地等是。

在上舉原則外，尚有一種標示，在教學中與實際事物有同等重要者，惟用法與看口令不同。標示有標語、標名之別：標語須逐漸參入，有時僅於遇見時使認識之，並不加以練習，標名除專爲教學準備而設者外亦然。

本團教室內標語，即關於行動規律，亦須與當前活動相應。遇有規定必要時，因而在教學中示以文字。至習慣已經固定，即須撤除。其爲全校公同標語，除本團必須遵守者外，不限於逐一指示。校外揭布者，如當心汽車、此路不准通行之類，在因活動而觀察所及者，必須提授其文字。標名之用，非學校所有場所，而爲觀察所及者，如公安局所標街巷名，公共場所所標物名，以及商店字牌、住宅揭帖，應利用適當機會而指示。校內標出之牌籤或挂圖標題，當於適當活動單元中指示。此外並可於器具樹木上特爲指示之便，標其名而懸挂或揭貼之。

茲更就每個小單元練習過程關於文字教材之組織，應行注意各點，分別撮列於下：

（一）一個小單元活動，固由取得常識過程而進於文字練習過程。但前之過程的整體活動，僅爲一次觀察者，其練習過程有時可分爲二個以上活動。因爲一次之文字練習，獨立詞語不宜過多。開始惟用五六個詞語，經過四五個小單元後，逐漸增多，至多亦止於八個詞語左右。

（二）文字練習之配置進程，已如前所論列。大體開始一二月，只宜取有圖片或實物對照之詞語，而且圖片表印象，必須與詞語之觀念完全一致，無一個字可以增損。此後逐漸參入不必與圖片或實物對照之詞語。

（三）每次練習各個詞語，同字數者須有二個以上，以便得到比較的辨認。

（四）每經過一小單元後，教者應將所用之字統計，新字系以部首，復習字標明次數。此其用意，一方便於分月分期統計，一方可作繼續小單元之參考。

（五）凡提供之語，必生動流利，且近於兒童語。

（六）凡形似、義近、音近之字，一經取爲教材，應陸續彙列，以便指示兒童注意。但注意要點，祇於以新提供的文字，與已學習的文字相似而不同之點相比較，不可將一字的形義音一切不同之點，盡量舉出；且不可新授一字，揭出種種不同之點。

第三篇　第一期教學活動方法

第一章　準備

　　本篇各章，依據教學過程次第論及，分為取得常識、練習文字兩個階段。其分劃目的，在無實際活動即無常識可以取得；未由取得常識階段構成的觀念，即不得抽習其文字。凡以矯正五段式設計式陷於形式之弊，而適應學習心理進展程序，為最有效的具體活動，達到培養自學能力之企圖。因此關於準備，亦與通常所言異趣。

　　教學過程開始所以需要準備者，在確定兒童發生反應背景，預先為適當規畫，俾正式活動不致散漫無所歸宿。然而一般心理學或教學法論及準備，因拘守授課式規範，對於表現其統覺作用，往往引入迂曲之途。所謂統覺者，不外於融合舊經驗以領受新的學習，或供給以實在經驗。但是舊經驗如何而諗知，實在經驗如何而供給，頗成問題。舊經驗而用調查或臆斷之手段，殊不可靠；實在經驗而專賴供給，基本已誤。已往談教法者忽視實際，關於準備一層，專從融合舊經驗作預備，就新的學習內容，凡可用固有觀念而體會者，悉藉問答而提供之。此種提供，於新的學習固不無益，其實多為枉費時間。何也？新的學習，如可由固有觀念而引出，自用其舊經驗以體會；如其無之，雖提供亦復無益。即有時運用舊經驗而體會，有需教者提醒，亦必在新學習業經進行以後，視其反應如何啟示之。所以開始不供給真實情境，徒為散漫問答，無目的，無證驗，所謂融合舊經驗以領受新的學習之準備，不惟了無興趣，抑屬虛耗精力。本方案矯正其失，開始活動，必取環境之生活需要與當前活動，由其確定之場所或事情，使對實際所有刺激，各自反應而進行其新學習。更可因同輩熱烈反應之影響，或教者多方激誘，引起一致傾向。故其所有反應，出於真正的自發活動，各視本身有如何固有經驗，達到可能學習的如何程限。其有資於教師準備以供給者，在指示如何接受刺激之途徑，以及補充或擴大直接刺激所不及。至於實在經驗，必須本身於學習進程中取得之。

茲之準備，即根據上之旨趣，對於新教材由何場所或事情而產生者，供給兒童自學以種種方便，其主要事項如左所列。

（一）指示接受刺激之途徑，適應單元活動性質而定。

（二）補充或擴大之資料，與本單元之事物可作比較或證驗者。

（三）輔助刺激之工具，如圖書標本模型以及本方案教學用具。

（四）預計教案，作為指引與控制之參考。

於此當曉然於自發活動之誘起，在供給以真實情境，此真實情境即為動機之源。因為事物紛呈於前，與舊經驗相關聯者自然融合而類化；其為舊經驗所無者，如為新奇，亦必急於求知。彼用課本教學，上課之始，輔以實物或圖型，終為外爍也。又導輔自學之真義，非祇於直接指導與供給自習資料，施於教學進程之中。尤其兒童將開始學習之前，教者對於真實情境之場所或事情，必須經一番考察或體驗，預計如何適合兒童現在心理狀況，分別事項，規定旨要或問題，俾其據此集注事物，有所發見，構成基本觀念，為取得實在經驗之張本，正無事空泛的指示目的也。所以貫澈自學之旨，進行單元活動，必須準備充分而且適當，教學成敗關鍵，全繫於此，不可忽也。

第二章　取得常識

一、取得常識之根據

為實現無實際活動即無常識可以取得之目的，故創立過程，採德可樂利教法，從觀察聯想入手。惟先須認清者，本實驗課程係國語常識合科。其由合科組成單元，純從環境出發，而在分割四大領域內，取當前活動之教材，以確立自學準備的基礎。此自學準備，包含基本知識、基本工具、基本習慣三個要素。基本習慣，由統合知識與工具爲一之教學進程中而培養，基本工具則由基本知識中產生，而基本知識又完全建築於所接觸的環境事物之上，是爲學習經濟最大原因之一。

二、取得常識分割過程之意義

普通教學注重觀察，目的在與事物接觸，發生觀念，因而構成概念，此自爲不易原則，惟其進程止於以觀察開始，即德可樂利教育法猶然。本方案對於常識取得，必由聯想而得到一個相當的結束，且進而作認識文字之準備，使其觀念確立，無須在識字中再爲內容意義之解說。此係從學習經濟立場，體驗統合知識與工具爲一之途徑，而劃分過程。

三、觀察聯想之分合與其進行

（一）觀察

對當前之事物與現象，從興趣中誘起感覺經驗，而直接觀察；並得利用觸覺、嗅覺、味覺、運動、知覺，而認識事物與現象。

於此先當了解者，活動從觀察開始，在實際教學中，備具若何情境，茲析爲三：

（1）接觸事物純屬於當前直接觀察者。

（2）相當於當前直接觀察之事物。例如，不在教者領導下由兒童自己考察者，或曾經見過的事實，開始即由憶起而入者。例如"我的家庭"所包含小單元，即爲最顯明的事實。

（3）比直接觀察更作進一層的活動。例如"我的學校"中關於遊戲活動、試驗作業，或紀念開會等設計。

觀察目的，德氏有三個規定：

（1）使兒童習於注意四周現象，尋覓事實的原因，證實其結果。

（2）用具體方法，給兒童以關於生活的複雜觀念。

（3）研究各種代表生物的生活表現，使漸漸取得關於動植物與本身之普通進化觀念。

由此可知觀察非止於一看已也，如何使由觀察達到上之目的，不可不注意下之三個要點：

（1）當辨明所觀察之範圍，屬於場所或事情，二者又包含爲具體事物抑爲問題研究。屬於場所，在從多方興趣中確定集注之事物；屬於事情，在從中心問題尋求一切關係。其爲事則重意義與程序；其爲物則重成分與功用；其爲問題則重研究癥結。凡此當於將觀察時分別指示進程；正觀察中抓住其注意力，誘起問答，成自由發表意見。

（2）須使由所觀察之事物現象，與其思想結合，尋出各物的同點；各種程度上的異點；確定各種現象的連續；比較時間與空間上的關係。

（3）使從兒童各別反應而得到的異點，加以比較，使構成彼此相同意見；又憑藉構成歷程，而使推理，由此綜合工作，尋求一個彼此相同的結論。此雖涉及聯想，然必由觀察中構成如此材料，亦可謂產生此種觀念，而後不爲浮泛的觀察。

此外，尚可利用日常偶發事項，由教者隨時激引兒童觀察，可作正式單元活動之資助，或因便組成單元者，如德氏規定有四項：

（1）每早觀察校內發生的事物，如植物生長、花蕾開放、動物生死等。

（2）氣候變化，節序推移，以及日中時間、風雨、氣壓等。

（3）將收集之品物分類。

（4）飼養的動物生活與習慣。

上言者大抵屬於觀察本身，至進行觀察之兒童，因場所與事情，應施以適當組織，進行始見順利，尤爲教師不可忽視之事，此則當因時因地因事而體驗之也。

（二）聯想

此係業經觀察以後之活動表現，有時亦附隨觀察而引起作用。在實際教學中，約有三個情境：

（1）由所觀察之事物而類推者。此其分野最爲分明。凡可組成單元之事物，業經直接觀察以後，應學習之需要與可能，推及於與此接近之事物。或爲過去事物，即非過去，而爲現時所未見；或爲遠方異國之事物，即非遠方異國，而爲當前所未見。前者屬於時間方面，後者屬於空間方面，均可擴大領域或範圍而推廣。又有性質類似其所觀察之事物，或從體驗中而激引其回憶以相比較；或非目的集注之事物，連類而及，亦足以擴大其經驗範圍。

（2）補充觀察所不足者。最重要者有三：其一，現有的事實，有了解的必要，而兒童未及發見者。其二，因環境所限，事物所表現者，不足以盡其應取得之知識，而須藉助於圖書、新聞材料，或其他品物以供給之。其三，兒童對於觀察者，有未盡了解部分，而提醒其可憶起之經驗助其理解；或供給以實在經驗之啓示。

（3）進一層的體會。此亦有三：其一，由事物觀察上引起之興趣，而推究其必然性。例如，此物爲何具此形式，何以由此資料構成；此事何以具此程序，爲何備此事實。其二，由各種事物間而發見其相互關係。其三，由體驗事物因果，而了解行動的指導軌範，即人類生存、互助，與其義務，具存於事物間的關係之中。

由上觀之，可知所謂聯想者，係由觀察之刺激，引起反應而加以體驗，於此當注意兩個條件：

（1）第一步當引誘兒童搜集一切從舊經驗中能得的觀念，以體驗其觀察之事物，即舊時準備融合舊經驗領受新學習之謂。但此係供給實在情境，使依指示途徑而自行體驗，與先整理舊觀念，應用於新的學習，枉費無謂的時間不同。

（2）第二步當鼓勵兒童由反應引起之觀念，抽取所有知識上、道德上的結論，此即運用五段式比較推理總括之思想歷程，以構成綜合作用。惟不採授課式發展思想之形式階段，而由當前所有刺激，視其反應如何，加以指導，俾完整知識，在自發活動中，依思想發展之自然程序而取得。本過程所期成結果，即在於此。

(三) 進行旨趣

(1) 觀察與聯想，在活動中各有不同情境：如觀察 2 之全部活動，近似聯想；聯想 2 之一部分活動，近似觀察。如此分歧表見，本非常規，純由單元性質所需活動使然。不過分歧之中，仍有確定分野。即開始活動，逕從憶起之事實入手，必其此種事實之供給，等於觀察所得而組成的學習材料。補充教材而有需觀察，必其可以輔助或增益其類化作用。除此以外，別無不同途徑。惟活動情境雖有不同，有時亦有合數種情境而爲一種活動，此則在教者自省耳。

(2) 觀察與聯想，固自表現其不同作用。但實際活動，在上舉第一步之聯想即結合於觀察之中。第二步之聯想屬於獨立，但有時因求印象深切，亦可抽取要點，再作進一步的觀察。總之觀察聯想過程中，最後必以相當時間，整理其所得之知識。

(3) 由觀察聯想取得常識之觀念，固可作抽習文字的準備。但目的仍在取得如何常識，與常識如何取得，盡其觀察聯想之功用，非爲文字張本而作實物觀察也。如果教者以預計應習文字，作觀察事物的根據，不惟顛倒因果，抑且觀察止於廣泛認識，殊失取得常識過程之本義矣。不過發見當時情境中有何事實或語言，適於作文字材料者，不妨加重其保持觀念耳。又其事物內容，所需乎教者指導，在觀察前啓示途徑；觀察中提醒注意或答復問語，觀察後整理兒童心得，補充不足。決不可習於授課式態度，多由教者講說，阻抑其自發活動；或任其爲無目的之觀察，茫無所得。此皆普通教師常犯之弊，不得不鄭重聲明者也。

於此當知取得知識之過程，必須經過兩個歷程：

其一，以直接觀察爲起點，任何單元，必屬於環境接觸之事物，而且當前從事於實際證驗，然後提醒其回憶事實，或供給以可由空間時間推廣之知識。即偶有單元無需當時領導觀察，亦必爲兒童日常所有經驗，各自可以提供事實，備公同選取之資料，與直接觀察之各自發見者相等。如此則單元雖由教師預定，其教材基點，純由兒童各自發見，即有時藉助於問答,而目的在由此提供教材,非由此理解教材。較之課本藉助於實物圖型,不能構成教材整體真實性;與階段式預備問答,未有觀感而爲盲目回憶者,顯然不同其趣。

其二,以整理觀念爲歸宿,在五段式中,開始則引起舊觀念,中間則分析實質,最後則綜合比較,固爲思想歷程必有之順序,惟誤以單純之思想歷程,變爲複合課文之形式教學,反滋紛擾。茲以整理觀念,施諸兒童各自發見材料以後,爲統一知識與工具之關鍵所在。一方在使各自發見或提供之材料,以及教師補充材料,構成體系,攝入於全體兒童之心中。一方在使所見之事物印象,成爲所識之文字符號,具有觀念再生的作用。不過在實際教學中,觀念確立,不限於觀察聯想以後,然而將施文字練習以前,究不可不有一定時間,進行其觀念整理,雖此時間中有待於教師說明者較多,惟仍以確定事項,使兒童得爲簡明復述,然後提綱挈領,要言不煩,斯爲適當耳。

第三章 文字練習

一、練習旨趣

教學過程進至文字練習階段,所討論者自屬於初級國語教學法的問題。惟以一般教學錯誤,必先探求其源,而後本方案所確立新途徑,如何建設於四個改造目標之上,可以徵信。

一般研究國語教學者,大抵分爲形式、實質兩方面。此在國語業已成爲文章,所謂實質,爲其文章產生事實;所謂形式,爲其文章構成法則。各國國語讀本二年級以上課文,每每選入模範文若干篇,需此分析研究,猶可說也。若其開始學習,止於文字認識,尤其字各獨立之漢文,初讀之文,止於新字數個,詞以字見,事以詞見,其實質與形式,即無截然分界可言。何也?文字所表出者爲一種符號,符號所代表者爲事物之觀念。不了解其觀念,則不知符號之用;不識其符號,則觀念無由傳達。分而二之，符號所具者爲音與義，不解其義，何需其音。一言及義，即已侵入實質領域矣。若以實質所具，不祇字義，此亦惟名字則然。然名之內容，非可盡知也。其所欲知者，必其所誦習詞語，而資以理解或應用者，此則又涉及字義應省識之範圍矣。淺人不解，編纂教授書，對於字義注釋，非列舉非本文應有之義；即注以不完全之定義。如松爲木名，一爲數目名之類。對於實質注釋，非與字義之注釋無別，即紀錄過於廣泛。今之認真教學者，率爲如此廣泛貫注，重苦兒童，徒耗時間。近亦有人見及此類方法之劣，顧以毫無真實體驗之見解，遽期其大體自讀，抑何言之太易耶。

　　試推求所以致此之因，約有三點：

　　（一）國語與常識分科，或包括常識於國語中，仍循原來分科教學途徑，而不了解知識與工具相互爲用，則學習自易陷於形式之弊。

　　（二）不識字無以讀書，不先從識字方面培養基礎，而徑依讀書程式以求識字，隔閡自多。此固獨立漢字之特殊情形，然即用拼音字爲文，仍有先須識字之必要。

　　（三）字如何識，而且易識、多識、樂於識，此爲開始學習必要關鍵。以往用課本授課與單元活動中機會學習，以及若干零碎的有趣練習，決不能達其企圖。

　　本方案爲解決以上各點，故教學過程劃分兩個大階級。文字以練習行之者，則以提出詞語，從當時觀察聯想已得經驗而出，一切練習建築於觀念視覺之上。任何進程，具含有觀念再生作用，無須再爲意義說明。其所集注者，則爲既成觀念所表出之符號，如何由認識進於熟識。此種熟識，經多方練習而成功，而且無機械學習之嫌。以視課本之呆板講讀，單元活動之特定練習，皆可減除其習弊。

　　於此當知心理實驗所建立之讀法經濟一個原則，謂綜合法便於記憶，即由文而析句，由句而析單字，其說雖是，惟不可泥跡象而失本義。何也？所謂綜合者，即其整體觀念或全文大體之了解是也。因整體觀念已具，故任何分析，皆付與聯念而助其記憶。實則此種整體觀念，不存於文字本身而生於事實。兒童入學未久，字多未識，如何由文而取得觀念。哈代氏（Haidy）《杰克跳過蠟燭台》一課教式之妙，全在介紹歌詞時，先由表演而使自然體會意義，故唱讀時充滿興趣。如其止於讀文，與普通授讀無異矣。本方案練習過程，不由讀文而識字，而從觀察所取得之觀念提供詞語，不以孤立為嫌者，其意可深思矣。

練習以觀察聯想為根據，其由一次觀察聯想之所得，是否當依事項分類歸納而作二個練習過程，純視單元必須提取詞語之數量而定。

練習之程序與方式，在規定範圍內，絲毫不能凌越，而且不可增減。茲將練習過程之旨趣，揭其最要數點於下：

（一）本練習過程係緊接觀察聯想而來，且不取構成課文之枝節文字，故對於文字之解說與研討，全行減削。

（二）本練習過程包含舊法提示以下各個階段的功用，但不採論理分析之形式，而就所提供工具，依反應綜合之逐漸深廣的步驟，成為分明歷程，各由固定工作以表現自己發見之心得。此為學習符號最有效之關鍵，亦即認識漢字特殊方法。

（三）本練習過程分為數個進程，自開始至終結，無一個相同的方式，而皆有一定程序。並且同一進程之學習，經數分鐘必有變換，前後單元同一進程亦多取不同方式。此種變換，皆依一定條件而取捨，使任何進程皆附與以有興味之情境，莫不樂於反復練習。

（四）本練習通程，貫澈身心協調之旨，從各種練習方式上，表現其具體動作。在全體精神上，則教學與訓練合而為一。在獲取工具上，一方面結合練習與理解為一，隨進程而增益觀念視覺的明確之度，不流於機械動作；另一方面教材與兒童，藉教具輔助，在個別使用或動作中，與聯屬部分或整體發生相互作用。

二、練習程式

以下專論列第一期學習方法，據實驗經過，大約進行一學期四分之三的時間，最為相宜。

（一）對示

此爲第一步，標名對示者，因爲揭出詞語，係從觀察聯想之既得經驗，提取其便於對圖或實物或動作者示之，無須授讀。

開始一二月，專取有形有象之詞，略參表出動作之短語，如起立、坐下等。以後短語逐漸增加，語句亦逐漸加長，並參用無圖對照者，但以較少爲限。每次練習字牌，少則六個，多則八個。

每提出一個詞語，先挂圖片，隨取"這是什麽"或"這做什麽"口令片示之。兒童答對後，即挂字牌，隨取"怎樣讀"口令片示之。兒童讀無誤，或有誤，經過範示，然後循讀一二遍。所有字牌挂完，全部循讀一二遍。如圖一，即對示式中最簡略的一例。

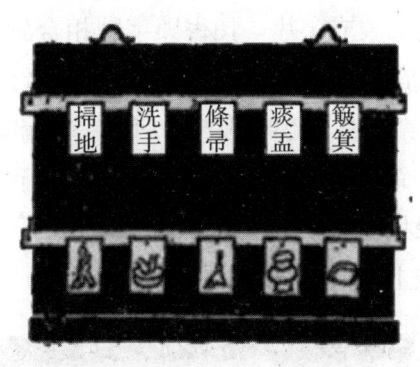

圖 一

當取示"這是什麽"或"這做甚麽"口令片時，必取兒童答語全合字牌詞語爲主。如有不合，教師須加矯正，有時亦可修改詞語。若短語不易用圖表示或有出入之字，此須在整理觀念時，預計觀察中有趣或重要詞語，可作文字練習用者，由談話或表述，相機予以準備，則對示揭出時，自能憶起。

無圖片或實物者，僅挂字牌，由教師示範而循讀。或詞語含有動作意義者，則以擬勢之動作演示。

説明：兒童初示文字，離開當前事物及其動作，而使認識事物及動作之符號，不易辨別，即辨別不盡了解其內容。舊式課本教學，所選之字與語句，勿論如何側重實用，決不能與兒童當前活動適應，即不易使兒童對所習符號感覺需要，發生興趣。徒斤斤於生字與筆畫多少，以及語句難易長短，爲形式上吹求，終成爲顧此失彼而且無法確定之主觀標准，又需加重機械練習以赴之。本方案文字練習之詞語，從觀察聯想所有經驗而出，益以圖形或動作之介紹，使符號成爲有意義的認識。由此進行識字，辨認確實，記憶容易，具有觀念再生作用。與舊式看圖辨字屬於破碎支離之認識，絕對異趣。

（二）查眉標

此爲第二步，在用以管領圖片，作字牌的指引，使注意移轉到符號與符號之間，此爲過渡於認識獨立符號之重要關鍵，亦即使用字牌勝於讀課本之最大功用。

（1）釘貼　用厚紙製成字片，預書與字牌相合詞語，於對示後，每次指定兒童二人，各給眉標一張，令對準相合字牌，釘貼於其下，亦即相合圖片之上方。如未預書字片，臨時板書，每書一眉標。即令全體齊讀。

（2）取置　此於釘貼眉標後，每個兒童輪次行之，先用順輪次，對準眉標挂上紙牌。後用逆輪次，對準眉標取下圖片。

（1）對準眉標挂上紙牌

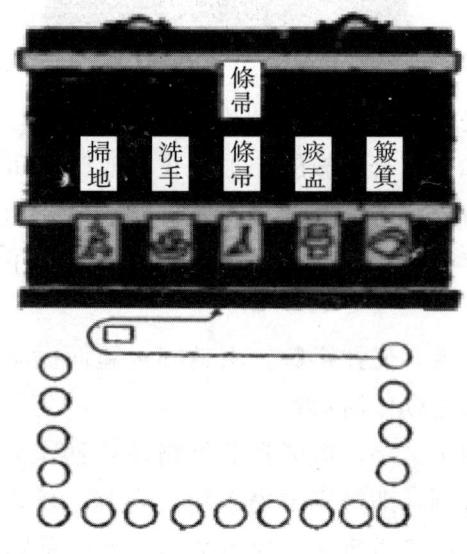

圖　二

對示完後，開始作查眉標的活動，教師取口令片"對準眉標挂上字牌"示之。取所有字牌，移立於教壇右側，如圖二之口，即其立處，其左下方首席即起立來教師前，領取一塊字牌，該生所領者爲條帚字牌，循眉標對至相合處，挂於架上，隨問全體對否，齊答對，該生即下。順次第二席隨起立前來，一如第一席動作，以後依次演至末席。每屆字牌挂至半數以上，教師即取下備他生領取之用。圖上圓圈表兒童坐席，綫條及箭頭表兒童進行路綫，以後準此。

（2）對準眉標取下圖片

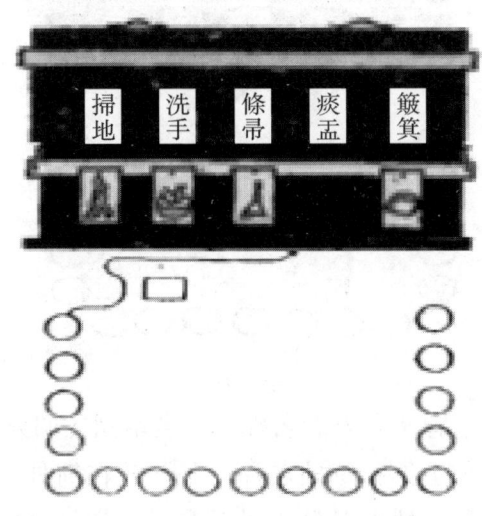

圖　三

順次對完，教師又取口令片"對準眉標取下圖片"示之，仍持所有字牌立於教壇右側，其右下末一席即起立來教師前，領取字牌一塊，該生所領者爲痰盂字牌，循眉標對至相合處，取下圖片示全體，隨問對否，齊答對，該生放下字牌與圖片，隨下，逆次第二席隨起立前來，一如末一席動作，以後依式演至首席。

（3）錯綜　取置完後，隨作錯綜活動。教師轉示口令片"閉着眼"隨故意將對準眉標之字牌，錯置數塊，即敲板一下，每次令二生前來改正，誤則重加改正，再誤則另令他生改正。如此改正，進行三五次即可，因此係一種檢驗，稍需時間，不必輪及全體也。開始二三單元，用指名式，以優生爲之。以後可用機會式，抽示名片爲之。有時在用機會式中，發現不注意之生，或覺某生遲鈍者，亦可特用指名式。通常以錯置字牌爲主，俟方法熟習，最後亦可錯置圖片，令其改正。惟字牌與圖片，不得同時錯置耳。

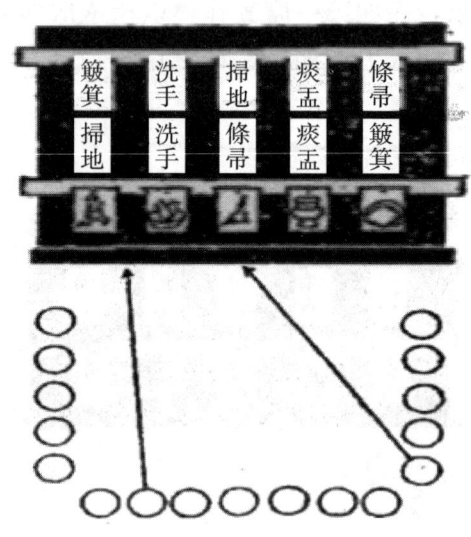

圖　四

抽名式用法，字牌架右方設名姓筒，裝本團各個兒童姓名片於筒內。抽出某名片，即由該生作。每抽名片一張，放在筒外，使各個兒童應機會而動作，隨時需留心抽出者是否爲己名，而歸結每次活動，每生皆有輪置機會，不致發生重複或遺漏之事，

說明：本步驟之旨趣，在使對圖認字之注意，移轉於符號與符號之間，由此進於離圖而亦得獨立讀其符號。何也？對圖識字，所注意者惟在圖與字對照，無與於字形辨認，一也；必經若干次對照，始能離圖而單識其符號，專用對示，無從覺察，二也；有此二者，教學便易浪費時間。以查眉標爲過渡，不惟可補救上之缺陷，而且藉字牌使用，任作一個活動，與同時提供之字，多可逐一查對，其功用過於舉一方三。蓋提授許多詞語，每個兒童，作兩個詞語的查對，一方因其必須查對，得到全部練習機會，即以部分而及於全部；一方可覺察其認識進至若何情境，

如不必一一查對，而逕能取置不誤，或少許遲回，即可證明對全部皆有相當熟習或相當認識也。

　　又此步驟專對字而不讀音者，因爲音讀之誤，有係對本字音讀不準，或增損其詞語之字而讀者；有由本單元各個詞語之整體的約略記憶，不問本字如何，而率爾爲其他詞語之音讀者。必須後者聯念之錯誤消失，而後前者之練習單純，恰得到本字的明確記憶。此以查對爲練習，不參音讀，斯集注更見確實。

　　凡進行練習，必於正學習中包含副學習之作用。其目的一方面在使身體得到調節，不感疲倦；一方在體會人類活動，具有相互關係，此關係即相妨相助之所由而生，常足以影響其學習。此爲練習開始，故取置以輪次行之，先用順次，後用逆次，意在變化也。計取置活動每分鐘約可作七八人，假定學生爲三十人，四分鐘可作完一個全輪次的活動。因爲輪次動作，全體成爲連鎖活動，爲時不及數分，獨立活動即輪諸其身。稍不注意，即礙秩序，故人人時時注意於己身之活動預備，並注意左右相關於己身之活動。由左右而體會人與人相接觸，具有如何關係，由全體連鎖而體會集團相互關係，於此已示其端倪。此在通常輪讀輪講，與閃爍片使用，決不能收如此副學習之功效也。

　　查眉標活動，如可全用實物，活動方式則又不同。此類單元本自有限，但學習效率更爲明顯而迅速，間或參用，頗足以增益學習興趣。構成此類單元，約有三種事實：

　　1. 校園花木或運動場用具。

　　2. 校內四周環列各室（門牌可臨時標題）。

　　3. 同種類物，可收集於教室內而陳列者，如各種蔬菜或各種玩具之類。

　　如上所列，任何小學，當可確立四五個小單元。其活動方式有兩種：

　　（1）在教室外活動者　如上之1、2是。其活動方域，教師就預定認識事物之詞語，分割場所往來路綫。開始活動，率領學生循路綫次第觀察或動作後，隨揭示眉標於其物上，一如對示式。次分給字牌，令尋覓相合眉標而立於其前,如式輪次或分組爲之。其後於取下眉標後,並用前式分給字牌而尋覓相合事物(即前揭眉標處)立於其前;或每一物各寫相當字牌若干塊,至少全體半數每人得領一塊,同時如式尋覓。如是則對讀亦可省略,逕發字片。

(2)在教室內活動者 教師將該單元所收集品物,陳列教室中。當率領兒童觀察時,即取眉標於置於相合品物之旁,一如對示式。次分給字牌,令對準眉標而作,約有三式:其一,分給字牌,令對準眉標而舉其物以示。其二,分給字牌,令對準眉標而取其物移至教壇前以示。其三,分給字牌並其相合之物,令對準眉標還置原處。其後撤去眉標,一如上之三式,作舉示、移取、還原三種活動。

(三)對讀

此爲第三步,因眉標指引,對各個詞語之字形,已有相當熟識,自當進一步離開圖形而單示符號,並習音讀。茲先列舉對讀方式。

1. 利用眉標進行對讀 此祇爲加多變化方式,不爲指引作用,與圖片各自獨立。

(1)每人分給字牌一塊,令對準眉標讀之。

(2)每人分給字牌一塊,令對準眉標挂上讀之。

(3)每人分給圖片一塊,令對準眉標取下字牌。

(4)每人分給圖片一塊,令對準眉標挂上。

(5)每人分給字牌一塊,令對準眉標取下圖片。

(6)每人分給字牌一塊,教師任指一眉標,持相合字牌者即前來挂於所指眉標之上並讀之。

(7)每人分給圖片一塊,教師任指一眉標,持相合圖片者即前來挂於所指眉標之下。

(8)每人分給字牌圖片一塊,教師任指一眉標,持相合圖片或字牌者,齊來挂於所指眉標之上或下並令讀之。

(9)將字牌圖片散列字架前,教師任指一眉標,令兩生前來,一找相合圖片,一找相合字牌,同挂架上,並合讀之。

（10）每人分給字牌圖片一塊，教師任讀一字牌之詞語，持此牌者即前來撤去眉標。

2. 撤去眉標以後的活動

（11）教師取下字牌閃爍示之，令全體齊讀。

（12）教師任取一字牌之詞語，令來持教鞭指出架上相合之字牌。

（13）教師任讀一字牌之詞語，令來取下相合字牌，放在架前。

（14）教師任讀一字牌之詞語，令來取架前散列之相合字牌，挂在架上。

（15）每人分給字牌一塊，教師任讀一字牌詞語，持此牌即至教師前舉示。

（16）每人分給字牌一塊，令到教師前舉所持者，讀出音來。

（17）每人分給字牌一塊，令來取下相合圖片。

（18）每人分給字牌一塊，令來覓取相合圖片挂上。

（19）每人分給圖片一塊，令來取下相合字牌，放在架前。

（20）每人分給圖片一塊，令來覓取相合字牌挂上。

（21）每人分給字牌一塊，教師任指一圖片，持相合字牌者即來挂於所指圖片之上。

（22）每人分給圖片一塊，教師任指一字牌，持相合圖片者，即來挂於所指字牌之下。

上列二十二式，屬1項者十式，屬2項者十二式，每一個練習過程，祇取數式行之可也。即任在1項或2項中取數項行之亦可。其應注意略論如左：

1. 關於字牌或圖片之挂上或取下，應於其方式變換時恰相銜接，即挂上爲取下準備，取下爲挂上準備，皆由兒童活動之程序而出。此事雖微，每次全體挂取時數，省去教師一次動作，即兒童多練習一次，綜計全學期各節應有時數，當不甚少。

2. 每個練習過程，在上列各式中，選用數式，必有一半兼用音讀。如各式皆已熟習，分組活動時，每組各用不同方式；以及前後練習過程，不全用同一方式，斯練習興趣自較濃厚。

3. 因查眉標係取全體輪次活動，本進程占練習時間較多，依字牌分爲數組，宜以下列三個活動狀態爲主。

（1）分給字牌或圖片後，教師用抽名式，令來對讀，如此則領取字牌或圖片者，必時時注意是否抽出己名，如此則每次雖只有一人活動，而全體每次皆須準備活動。如（1）（2）（3）（4）（5）（16）（17）（18）（19）（20）均適用之，計一分鐘可作八人。

（2）分給字牌或圖片後，教師指定動作，令來對讀。如此領取字牌或圖片者，對於任何指定，必顧視自己所持者是否與其相合，因之以一個詞語，得與所有詞語相對照，不惟字形觀念益形明確，而且由部分省識得到全部練習。如（6）（7）（8）（9）（10）（12）（13）（14）（15）（21）（22）均適用之，計一分鐘亦可作八人。

（3）加倍同詞語字牌，於分給以後，教師持示一圖片或讀一詞語，凡持相合字牌者，皆來至教師前舉示，動作較（1）（2）兩式更速。此於分組之最後若干人不能成組時，亦可酌用此法附於末組，爲同樣動作。

（4）凡兒童來至教壇前對讀，其往來路綫，必靠左邊走，成爲繞圈狀，第一，此回彼來，不相擾越，秩序自整。第二，步行稍爲迂回，則繼續前來者與作畢回去者，不致發生妨礙情事，而且身體因此亦得相當調節，坐席姿勢易於整理。

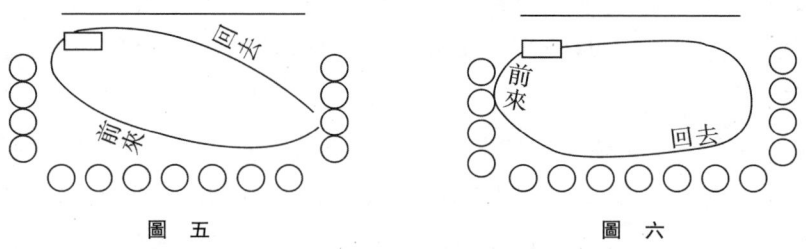

圖　五　　　　　　　　　圖　六

説明：本練習爲符號獨立練習之開始，注重音讀。惟鑒於向來口耳誦習之形式，故由對字而讀音，使感應結成爲音與形之結合，容易保持其記憶，而不同於無所依□之反復練習。慮其流於機械也，多方變換方式使不厭倦。慮分別作業易致多數空間也，藉教具之助，務使多數人在同時得到相當練習。慮練習時間過久也，不斷的給以獨立活動的機會，使身體得到調節，減削其騷擾與疲乏。

（四）對演

此於對讀同屬第三步，視詞語有無動作表演而定，參入對讀中練習之。活動分爲兩個方式：

（1）教者擬勢，持相合字牌者舉示而讀之。

（2）教者持示字牌，全體如式表演。

經過以上練習步驟，教者如發現本單元何種詞語，多數人時有錯誤；或某某兒童，對本單元詞語時常錯誤，即應在發字牌前，以五分鐘左右，抽出應練習者用字牌閃爍，加以特別練習。有時亦可就詞中含有相同之字，與音近形似之字，抽出練習，並稍加說明。

（五）發字片

以上經過，在整體練習之初步已完。此爲第四步，非學習最後結束，而係考驗各個兒童熟習全部教材的情狀，且以此替代課本便於家屬考查。字片用新聞紙製印，長約一寸六分，寬約一寸。以本單元對示詞語若干，印成若干不同字片；每種應發字片數與本團人數等。

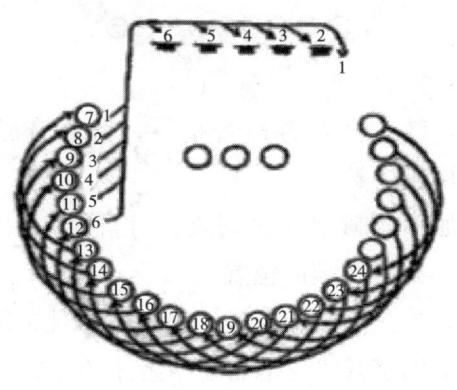

圖 七

如圖，發字片者上面橫列字架，下面環坐者爲兒童席。此係字片五個發給二十四個兒童者，從右首起立六席，最首一席行至最後字架之右方，爲領字片者，餘五人依次行至字架後方爲管字片者，以下依序推進六席，俟推進之席坐定，管字片者依序讀所管領字片之詞語無誤，則首席向字架前逐一讀各個字片，讀對者由管片席給予字片一張，誤則搖手，領字片者即去讀下首字片。

如圖，1席讀畢，領得所識字片，前去坐於新移動之原二十四席上；同時管字片之2席爲領字片者，移至架上左方，3至6席依序左移而管字片，其右方空出管字片一席，即由第七席前往補充，環坐兒童依序推進一席而坐，管字片與領字片如前式。以下每一席領畢，方式皆同，至全體領畢而止。如字片在八個以內，人數不超過三十人，三十分鐘可以完畢。此當注意者：

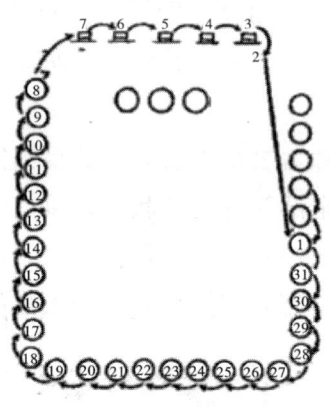

圖　八

（1）發字片時，教者惟在旁監督指導，留心音讀，注視管領情狀，並巡視兒童坐席，矯正姿勢。

（2）管字片者如不認識字片之詞語，可自向左右請教；讀誤時，由全體同學能正讀者一人與之調換位置。

（3）在距離字架前三尺處，特設空坐三席，凡未能領得全份字片者，先坐此席，注意以下領字片者之音讀。俟空位坐滿，再有他同學須坐此席，即依序騰出空位，而移坐於緊靠圜坐之最末一席。

（4）在全體領得字片過半數以後，教者如覺得管字片者之經過多有錯誤，可令兒童暫停動作，而指定領全數字片者若干人管理以下所發字片，以後圍坐席惟輪次來領字片，不管字片。

（5）全體均已領得字片，教者即查問未領全份字片者，令其順序前來讀領未發之字片。如讀仍有誤，則指定優生數人於課外導讀，再向教者補領。

（6）發字片不限於與對讀對演之時數緊相連接，以隔日為最適合分布學習之旨。不過在此一個學習中間，不宜參入其他單元活動，混淆觀念，而以習兒歌或故事畫為宜。

（7）字片全發後，應令兒童各取字盒，將新領字片，單放一處，以備下次練習。如對字片在同節中接續練習，則整理當在對字片以後。

說明：發字片以前練習，對於各個詞語之分別認識，多含有機會練習之義。至此則每人對於全部教材，藉管領各個字片而逐一練習。因為領取者限於已習熟之字片，人人思得全分，足以促進其努力。其一，他人唱讀時，反復全部之機會極多。其二，少數尚未熟習，又得在特設坐席中復習之。至於領得字片以後，每人皆有一分自習工具，便於以後全體在同時中作各別練習。

（六）對字片

此為第五步，係利用所發字片作齊一活動，由正確而趨於迅速，方式如下：

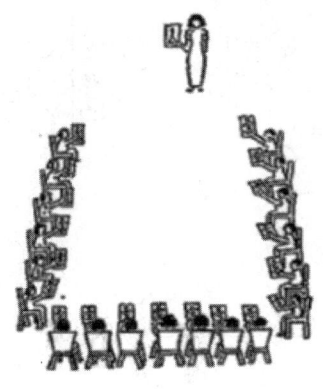

圖　九

如圖條表示，1之活動，2、3可以類推。

（1）教者任示一字牌，兒童皆取相合的字片，舉而讀之。

（2）教者不舉示字牌，而任讀一字牌所有詞語，兒童皆取相合字片舉而對照。

（3）教者任示一圖片或擬勢，兒童皆取相合字片，舉而讀之。

此當注意有三：

1. 在開始活動前，令各兒童迅檢齊新領字片，持於手中。

2. 兒童每舉起一個字片或讀時，教者應巡視其對否。

3. 教者對兒童從盒中取出字片與收放字片於字盒中，除字盒應放在一定位置以便取放外，更須注意其取放之秩序與速度。

（七）補充練習

分爲兩種：參入第三步以下之練習中行之，亦可通用於第五步以後，從事複習。

（1）比賽

用字牌圖片進行練習　一組取字牌，一組取圖片，相對而立，餘爲公正人。用時，持字牌者順序舉出字牌，每一字牌舉出，對方持相合圖片者舉以對照，無圖片則對字牌讀之。做畢，兩組交換爲之，誤少者勝，

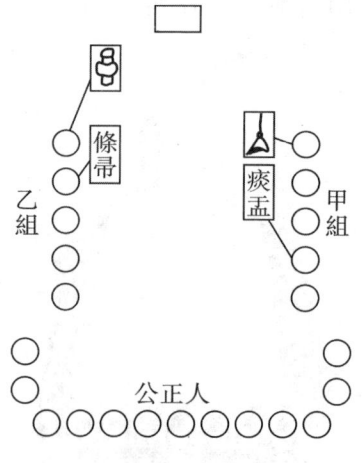

圖　十

如圖，兩組各五人，甲組第一人舉條帚圖片，乙組第二人持相合字牌對照，乙組第一舉出痰盂圖片，甲組第四人持相合牌對照。以下類推。

對方向勝方鼓掌，公正人和之。兩組比賽畢，再與公正人互換位置，至全體輪完爲止。或者字牌與圖片交錯，分爲兩組，各照所取者爲何，同上式動作，一次做畢，不必交換。如專用字牌，則一組持字牌舉示，另一組照讀。讀畢與對方交換爲之。

　　用字片比賽，不用公正人，將全圖分甲乙兩組對立，每人持新領字片全份，甲組任舉一字片，乙組照讀後，隨舉一字片，甲組照讀。如此順序至末一人爲止，誤少者勝，對方向勝方鼓掌。如此賽甚速，得從頭再起，如式更換字片行之。

　　字牌字片均適用之比賽　預備同樣而不同次序的字片兩份，放在教室前，兒童分兩行對立，每行每人依序往取字片一張讀之，讀誤者，由其次席代讀，次席不能讀，再次席代讀，已代讀則不再讀，讀最多之組爲勝。

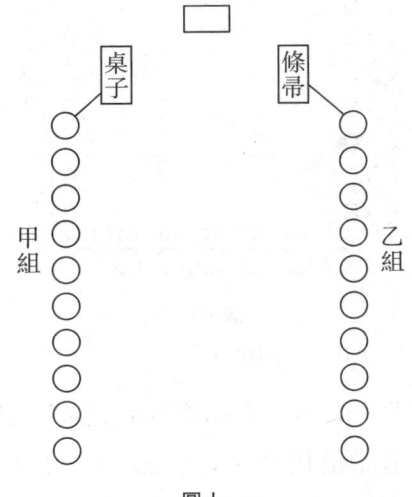

圖十一

　　如圖，甲組第一舉桌子字片，乙組第一照讀，乙組第一舉條帚字片，甲組第一人照讀。以下類推。

　　又法，同上預備字片兩份，反置兒童坐前，兩組兒童每人依次揭轉讀之，讀對者持取，誤者仍置坐前，以誤少者爲勝。

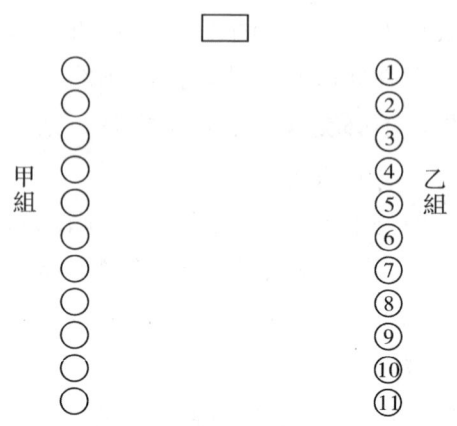

圖十二

如圖，每組出席十一人，乙組第三代第二席讀，第八席代第七席讀，第十一席代十席九席讀，讀得之片爲七個。

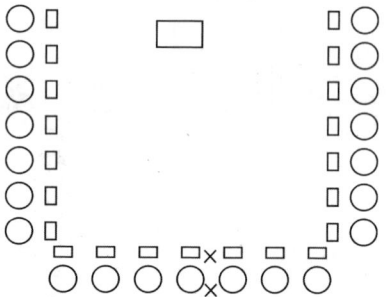

圖十三

如圖，○兒童坐席，□字片，×兩組分界。

又法，在黑板上畫一圓周，畫滿應練習之字，或在地上排滿一圓周之字片，兒童兩人背道讀沿周之字，誰先到平分點及無誤或少誤者勝。此須在他種方式比賽後，或較難識之字，就兩組中各選取最優者數人讀之。

以上分組比賽，凡就全體分兩組，如有奇數之一人，即選一優生隨同教師作巡視人。

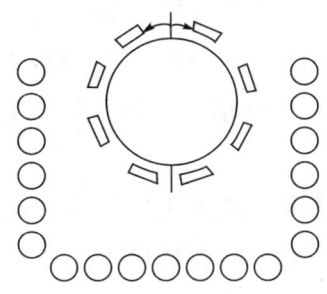

圖十四

如圖，中間直綫爲平分點，爲兒童背道之路線，□爲字片，○爲環坐兒童席。

（2）猜字　將對示的各個字牌挂於架上，每猜一字，依坐次兩兒童或左右席各一人，行至教壇前，一兒童背立，另一兒童用教鞭指定一字牌下方，輕敲黑板後，背立者返身猜之，並向衆宣讀，至猜中而止，一次即猜中者全體鼓掌。

（3）搶字　將字牌散置架前，教者任挂一圖片，依坐次指令兩兒童同時以輕速之步跑來，覓相合字牌對準圖片挂於其上，由同學訂正。或者指令照字牌而覓圖片挂上亦同。

在第五步以後之練習。

用作單字辨認者，此當在入學兩三月以後行之。

（1）圈字　每一字有三次練習，最先將新識各字書於黑板上，每書一字，令全體齊讀。次於書畢後，教者每讀一次，指令一人圈之，先圈語或詞（二字以上），次圈單字。圈完後，教者每讀一次，指令一人抹去，至抹完爲止。

（2）露字　此在第一學期中兒歌故事畫所用文字，皆成語句，最爲適用。用法以木板製成露字板，中鑿活方孔，能露一字或兩三個字，亦可用厚紙片爲之。練習時在黑板上或揭貼上所書文字，露孔指認。

用作綜合練習者。

（1）閃爍練習　此惟取其多而速，用字牌作五分鐘以內的練習。

（2）換名片　每個兒童預備空片數張，取看過新聞紙的邊條爲之，書自己姓名於上，不能書者由教師代書。演習時，先説明社交上交換名片意義及其儀式與用語，再決定分排或分行交換之組織。交換者自唱自己姓名，遞於被交換者視之。此於兒童入學不久，藉識鄰坐姓名，並於其坐位所貼姓名條相對，較爲相宜，如利用來賓或其他用名片時引起，尤爲相宜。

（3）請客　此須就已習字片可用於請客者，如"我的家庭"單元學習之後。演時以談話式問家中請客情形，並補充說明其一切事宜。隨選定作主人者。繼提議請何客，從種種方面引起之，如學校、家庭、親戚、鄰舍、社會各方面，依所欲請者，就預備之字牌或字片提出。但皆用通名，不用專名，即稱伯叔，不稱某伯某叔是。每揭挂一片，即唱其名稱。次提議請誰招待，以請客所分之類，每人招待一類，招待者前來，照字片唱呼自己所招待之客。再次提議在何處請客，就字片所有者提出。又次提議如何招待，即將需用器具飲食等字片，一一提出並唱呼之。更次提議送客，招待分別說明送某類之客，由教者令全體齊讀。每讀一片，即撤消其名片。撤畢，招待員歸坐。最後收拾什物，請客者每取一片，全體齊讀後，分別繳還，請客者歸坐。

（4）開商店　此可分兩個方式：其一，教者自爲店主，將所預備圖片，挂於架上，令全體隨意買之。買者魚貫而進，須持與圖片相合之字片而指買，對者即取給之。架上圖片將盡，另以所預備者補充，經數次補充，懸示停止交易，收回圖片，各兒童一一換取自己字片入坐。其二，以兒童數人爲販賣者，教者預取已用圖片，分若干類別，如農具、文具、糧食、衣服、木器、金器等，各置一束。演時將類別書示並說明之，每排或每行選一人爲販賣者，各持所欲買圖片之字片指買，對者給之。販賣者分赴本行或本排轉賣，手續亦同。經販賣若干時間，亦懸示停止交易，收回圖片。各販賣者依序至教師前，取自己原買圖片之字片，逐件唱呼調換，每交還圖片一張，販賣者即給還字片一張，並自向教師取字片一張。

（5）遊園　此須先以談話式或其他動機，決定遊覽何場所之事物，或屬實際所有，或係假設，如動物園、植物園、玩具廠、工廠、花園、菜園、田野等，皆可從便。次決定經過路綫，再次詢問該項之各部分事物及一切狀況。在此兩個步驟中，凡可連類而及所有標語者，均須持取已習字片所有者使之誦習，並提問其注意事項。步驟有四：其一討論計畫，每決定一片，全體齊讀。其二陳列，分項選定擔任職務之人，陳列後，舉示所陳列者向衆讀之。其三遊行，由領隊者分項向本隊指字片讀之，他循聲而讀。其四收拾，管陳列者各收一字片，舉示由全體齊讀。

（6）送信　取練習中所用字片，選二三位兒童作郵差，各持書包，內分送信、收信爲兩處，分別行排送交各兒童，收信者即起立向衆讀所得字片之文字，誤者全體訂正，讀後仍交還郵差，放在收信處。

本實驗學校教室外遊戲，含文字練習意味者，方式頗多，茲不備舉。惟練習中，因種種特殊情事，須暫停一二分鐘的學習，專從事於調節活動，莫要於演唱習熟之歌，振起精神。有時教師在教學中間，因供給活動教材，稍需布置，亦以指定唱歌，免致發生鬆懈情事。本區實驗小學低級作業，每節皆於正式活動中插入一次或二次唱歌，爲效甚大，附誌於此。

第四章　輔助練習活動的兩種工具

一、看口令

此所謂口令，即教師提醒兒童或囑咐兒童之語言，意義極切要，形式極簡明，語氣又極鄭重者也。其曰看口令者，不用口說而以文字揭示之也。

通常命令兒童，大率以言語詔示。在進行教學時，指導動作程序，亦帶有命令語氣。往往教室秩序紊亂，由於教師語言過多；兒童舉動失措，由於教師語言不明。其實關於動作程序之指導，本有一定軌範。苟加以特殊訓練，遇有通用事項，一經暗示，自能遵行。因此易以標示，開始施以特殊訓練，除關於必要解說外，皆不用語言啓示其動作，則教室可於充滿沉靜空氣之中，時常呈現活潑動狀。蓋言詔示，習爲故常，一聽即逝。變口語爲標示，易於激引注視，留住印象，而耳係預行準備之語，簡明有力，足以消滅無謂反應，影響學習心理，爲效至大。

抑口令而有取於看者，尚有更重要兩點：其一，爲減除教師的無謂語言起見，因爲練習本純屬兒童活動，是否合於軌範，惟各自體驗而後有效。易以標示，則教師減少一次言語，兒童可增加一次體驗。其二，與訓練習慣有密切關係，習慣所重者爲開始訓練，此後，則循自然。惟口令之法，始成實施的必然途徑，所以覘教師實驗本方案如何，即由其使用口令片之能力而定。

原則：

（一）口令必足以指示一般動作者，即屬於個人，亦必通用於時常發生之動作。

（二）口令所含之字，必其品詞中之同動詞、助詞、副詞、介詞等，必爲兒童通常需用者。

性質：

（一）通用口令　屬於秩序方面用語，此當置於口令箱中，因應教師臨時發生情事而使用。

（二）各種教式的程序中需要口令　此插入命令筒中，隨教學方式於其將進行活動時，教師分別持示。

（三）機會學習中需要口令　此爲調節固定程式中所插入之口令，用時甚短，插入命令筒中，由兒童抽示。

形式：

用磅字製成，一、三之口令片，長寬均有定式，即以口令箱能容爲度；二之口令片寬約二寸五分，長八寸至一尺五寸。

步驟：

第一步——凡初次用某種口令，先書示使讀，隨説明其應有的動作並示範，最後照口令試演。

第二步——第二次用時，持片以示，如兒童有未熟習者，當再加演習。

第三步——經過第二次演習，以後再需如此動作，必以看口令為主。

注意條件：

（一）必須兒童在學習活動中，當時確需引導其活動，或消滅其喧擾者。

（二）揭示應有一定地點，口令箱設於黑板左方上角，命令筒在箱左側之下。通用口令在箱內揭示，其他口令片取出後，適應當時活動於適當地點示之。

（三）每一節教學時間，凡未經熟習之口令，不宜同時用至二個以上。

口令撮要：

通用口令——起立，坐下，舉手，鞠躬，停，做，靜，報數，不要說話，看誰坐的最好，起來唱歌。

教學程序中口令——這是什麼，這做什麼，怎樣讀，齊讀，釘上，挂上，取下，對準，拿來，還原，閉着眼，看我做，分組，合讀，繞圈走，抽着誰誰來做，比賽，圈，抹，猜，看着手裏的字牌，從左首起，從右首起等。此在實施時，須與活動事項聯屬成語。

機會學習中口令——請左邊同學來答，請右邊同學來答，請中間同學來答，請一位男同學來答，請一位女同學來答，請一位大的同學來答，請一位小的同學來答，自己找答案等。此在實施時，得依此旨趣，稍予變更。

二、練習用具

製作原則：

（一）富於活動變化的興趣。

（二）用途廣。

（三）製作經濟。

種類：

（一）字牌

（二）口令箱

（一）字牌

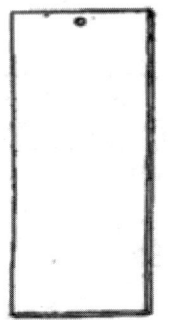

圖十五

用三分板製成，塗以油漆，用時書寫，用過即拭。長九寸，寬三寸。約需二十塊，每塊價一角。

（二）口令箱

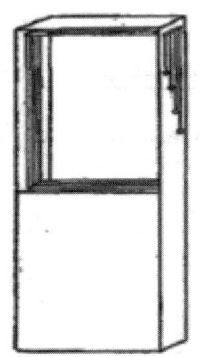

圖十六

內裝通用口令片，左側有扣環，可以開放。一具價二元。

（三）字架　有兩種

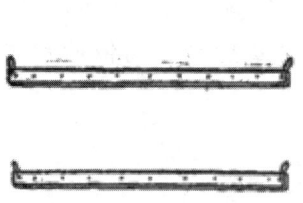

圖十七

以厚五六分、長五六尺木條製成，兩側有鈎，嵌於黑板上，條上有釘八九個，係挂字牌與圖片之用。兩條價四角。

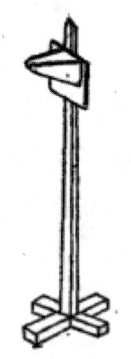

圖十八

此作發字片之用，以木製成，邊緣外方有釘悬字牌，內方有小匣置字片，約需十具。架高三尺九寸，計寬一尺，每具價六角。

（四）命令筒及指名筒

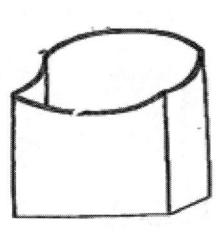

圖十九　命令筒

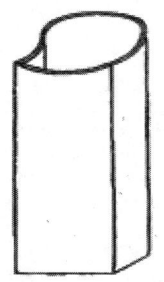

圖二十　指名筒

筒爲木匣式，置命令片者一具，高一尺二寸，深四寸四，格各空二寸六分，價五角。置姓名片式更簡，寬四寸八分，長八寸七分，深二寸二分，一具價五角。

（五）指引尺

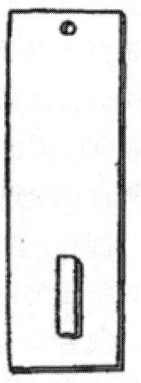

圖二十一

以木板製成，寬二寸九分，長一尺，有柄可持，一具價二角。持讀詞語時用之。

以上需用紙製成之片，以及第二期用者，不具列。

第四篇　習慣訓練

第一章　初步的公民訓練

　　習慣訓練爲公民訓練之初步，茲之研究，略於內容與旨趣，而側重實施，與第二篇研究教材同一意義。固由部定標准，條目頗詳，本留實施者伸縮餘地。抑以依標准而實施，與如何實施而始達標准，參照原定實施方法，在初步訓練未有完整規劃與分明途轍，不惟對此標准不容有何討論；即使自定標准，恐仍成爲紙上空談。蓋課程屬於訓練方面，僅僅見爲當行與能行，尚未足以解決實施問題也。學者論斷與其製定課程，惟從當行與能行二方面發揮意見；或者抽舉幾個實施成式，便視爲不易原則。而實施者是否依照標准試行，以及試行會有如何明效，因其不似他種科目，有一定限度可求。所以言論雖甚重視，實際反若淡忘，或專務表面，此公民訓練終於無甚效率可言也。

　　討論實施，首當了解公民教育與全部課程之關係。茲當問者，小學設各種科目，是否即爲公民預備課程。如其然也，則公民訓練即分係於各科課程以內。使因教學之便，特設公民課程，其獨立與分係之間，屬於公民內容，抑屬於訓練方式，或者別有原因，亦當劃清界限，確立事項，或者明示其相互關係。僅僅規定公民課程，在實施上殊成問題。且慮條目愈多，實施無從下手。若勉強實施，不擇手段，或竟發生相反結果。蓋公民訓練，僅尚形式，亦可由壓迫而收目前之效；惟表面極其循規蹈矩，而內心重感煩苦，則稍縱即逝矣。今之各種訓練，成爲如斯結果者，比比然也。

　　公民預備，本包含全部課程學習而言。固然公民課程，無不可獨立編制之理。惟其實施關鍵，在與他種課程相互關係，構成分明程序。因此公民訓練，在初步應如何訓練，與如何始為其基本訓練，先有了解必要。今試從根本問題討論之，大抵論及公民訓練，莫不注意於國家觀念與民族意識。於此涉及兩個問點：其一，此種觀念與意識，是否當在環境事物有相當認識後，纔可引起。其二，此種觀念與意識，必需貫注知識，激引情緒。假使缺乏道德素養，即可一時動其情感，而外物或足以搖撼之，此在成人不鮮其例。故真正愛國心，不在徒事憤激，而在對於義理辨之甚明。所以公民訓練的根本問題，仍在先求盡人之性。蓋國民性非離人性而獨立，必於人類普遍應有性已立其基，斯應付新時代，不致流於偏激，或固蔽不化。並且人類生存，勿論種族或團體，皆以個體為起點。由個體盡人之性，即為教育本義，亦即學習生活之終極目標也。

訓練之施，非可憑藉記誦也。因此公民訓練初步，含有二義：其一，必適應兒童生活。其二，必表見於具體行為。結合二者成為公民訓練，則由盡人之性入手，目的即在培養公民道德。吾人當知道德之起，由於人與人相接觸。接觸範圍愈大，斯道德內容亦愈廣，接觸情形愈複雜，斯道德表見亦多方。大者複雜者，皆可由小者簡單者擴而充之者也。所謂道德，即其與環境發生關係之個人行為，道德觀念即社會意義，道德動作即社會行為。試推究社會所以構成，非由物之關係，即由事之關係；而事之產生，又往往與物為緣。一切知識，從事物本身而產生；一切道德，則從人與人及人與事物間種種關係而產生。以往教學，對於事物本身，可謂竭力至慮。獨於人與事物間關係，率多忽視。因之教育失其理性，而道德亦流於玄虛。

所謂道德從人與事物間關係而產生者，即無事物不生人與人之關係；無人與人之關係，事物不生如何變化，即變化而亦無何影響。自有人與人之關係，人與事物間關係便日益紛繁而且重要，社會組織以起。維持此種組織，從外形而視為不可違反者曰法規，從內心而各自順應者曰道德。蓋社會不祇一我，事之為我所為，與物之為我所需，社會賴我，我亦賴社會，此在他人亦然。所謂自我的人格、興趣、願望等，即字在於人與人、人與事物間關係之中。於是為不爭而有禮，為合宜而有義，為不苟取而有廉，為當為與不當為而有恥，先哲所謂禮義廉恥，國之四維者也。

因為已往教學，惟從事物本身求知識，忽視人與事物間關係，故知識與道德分離學習，成為今日學習課程。及於窮極思反，而又昧其本來：非視道德過高，即置道德不顧；以致愈談道德，愈近玄虛，顏習齋所謂道不遠人，宋儒遠人以為道也。其實道德即在人與人關係、人與事物間關係中求之。苟知其旨，任何學習，皆不可離；尤其兒童初步學習，更宜使之體會。何也？初步學習，本建築於事物教學之上。惟言事物教學者專從知識立論，遂失其旨。流極而專事記誦，並事物教學亦去實際生活日遠，此則可為浩歎者也。試舉顯見之例，如秩序、清潔、正確、敏捷四種德性，有一不具，學習即生缺陷。秩序，禮之本也。正確，義之本也。清潔近於廉，敏捷近於恥。此四德性如植其基，皆可充類致用。然而學校教育即重視此種德性而實效不顯者，則以實施訓練，取得知識為一事，陶鑄德性又為一事，二者截然分離，且皆不盡從實際生活體驗而出。於是關於訓練方面，管理所規定者不容違反，管理所不及則秩序蕩然。因施檢查則注意清潔，非檢查所及，任何污穢若無所覺。並且四者分離訓練，正確者未必敏捷，敏捷者未必正確，即此片面動作，往往不協自然。然而欲期教學與訓練結合一致，在書本授課式之下，兒童純處於被動地位，大部分課程缺乏身體活動，固無自而達此企圖也。

於此當曉然於訓教合一，不從課程與教法謀改造，使訓育得以結合全部課程而實施，而專從訓練課程，或訓育的孤立設施，求解決公民教育問題，必無效也。試為分析，約有二個要點：

（1）任何一種德性，每與其他德性有相互聯屬之點，非可專憑某事項而養成某種德性也。蓋德性成為專名，原起於詞語之構成，雖其專名自有特性，培養時亦有專注之點。然非與其他德性完全絕緣，與事物專名之涵義，專由一種事物而具體表見者殊不相同。如果其他有聯屬之德性，不一致培養，而以某一情境得到成功，即謂完成其德性，未為可也。

尤慮偏重某種訓練，發生弊端。例如清潔成爲癖性，即害道德，其明證也。重禮而流於虛文，尚義而超於獨斷，皆由忽視聯屬關係，偏重形式所致。

（2）任何一種習慣之成立，所含道德成分，非盡專屬某種德性。例如取置一物，其動作甚平常耳。如加推究，取之有儀，禮也。取之合度，義也。不苟取，廉也。取所當取，恥也。雖遇事成立習慣，非盡含有多種德性，亦有專屬某種德性範圍以內。總之某種習慣必非與某種德性完全一致，僅其動作中所含道德成分更重某特性耳。其以德性加諸習慣之上，如清潔習慣、儉樸習慣等，則爲預期目標，或歸納評點，成爲概括之詞者也。至其實施時，惟當就所遭遇情境與其進程，分別提出注意事項，習慣即隨應付情境而成立。若某情境需如何習慣或若干習慣而應付，則視活動情形而定。

訓教合一之實施，在實質方面爲課程混合，在學習方面則爲身心協調。質言之，課程混合之工作，必由身心協調之配置而實現，始有明效。其原因亦有二點：

（1）訓不僅證驗於行爲，必須兒童有行爲表見，而後適於施訓。且其行爲尤須出發於自動，而後矯治與改進，在施訓時能扼其要點。

（2）訓練之施，有需乎機械練習。必練習藉助於身體活動，由有計劃之活動得到成功，而後身心適當調節，得以促進其努力。

吾人當知有機體系之活動，與中樞神經系相聯結，雖不完全受有意的控制之干涉，但使身體有規律的活動，漸至泰然自得，自易使氣質結合於理智，向正當之途發展。所以體系失其常態，已成的經驗亦減損效用。而由感覺所起之運動，又常影響於體系生活。人與人的關係及人與事物間的關係，必在活動中發見，皆給予體系生活以一種感應者也。自教學偏重吸取知識，不從人與人及人與事物間體驗其關係，因之體系生活在學習時置而不顧。即有運動作業，亦無裨於身心協調也。所以訓練在形式上一時或見有效，如其加重體系生活以反感，便貽不易消滅的創痕，此則可深長思者也。

第二章　習慣養成

論公民訓練而推本於習慣養成，此於初步已得到一個解決。若論及實施，則習慣如何養成，與公民如何訓練，成爲同樣問題。其問題不在條目之當行與能行，因此仍未足解決實施也。欲解決實施問題，仍當先從習慣本身作用研究之。蓋初步公民訓練所以宜從習慣養成入手者，不外前章所擧之二個含義，適應兒童生活而且表現於具體行爲。不過習慣在生活中成爲如何情狀，與行爲有何同異，正有必須了解之處。

（1）當知習慣爲機械之物，從身體上動作而表現者也，兒童學習，大抵以仿效動作爲能事，亦惟有動作始足引致其心情。通常稱習慣皆指固定反應而言，即以其顯而易見也。

（2）習慣因激刺與反應之感應結而生，品性中之單位原質也。清潔爲品性中一方面之表現，關於清潔部分應付事物之種種動作，凡屬具體皆爲一種習慣，而具體的全性中又可分析若干小部分以成習慣。例如洒掃一事，如何洒水，如何持掃帚，如何掃地，如何收拾垃圾，皆有分別訓練之必要。品性由種種應用的習慣，結合之組織之而成，行爲則有兩方面，其一爲仿行的動作，其一爲應用的動作。欲使行爲化成習慣，習慣深入品性，則正確練習尚矣。

於此當分辨者，即習慣有兩方面觀，一方適於保存過去，一方又阻礙創造，故盧梭有不養成任何習慣爲習慣之說。必也視此爲一種預備手段，在技術取得，具有永續的同一性；其對於新的生活或動作，無內心反抗，而有安於同一生活的可能性。例如入學之初，關於敬禮或坐下，始在命令語下呼一、二、三；漸至僅呼命令語；其後例行之事，按時即作，並命令語而省之，即協斯旨也。其實固定反應，如言容動止以及思想感情之應用，皆包括於習慣之中，此可分兩種功用而言。

（1）爲養成關於動作方面的習慣，此由筋肉運動之協合作用而成，技術訓練屬之，如前所指之洒水掃地能爲適合的動作是也。

（2）為養成關於觀念方面的習慣，此不必由直接運動表現，而在腦中建設新的結合，意識活動屬之。例如見到某處即需灑掃，或只需掃地而不必灑水是也。

此二者非截然分離，實則互相為用。所以訓練習慣，固有需於表面行為，而不可專從表面行為訓練之，否則行為成為成例，不足以應用也。尤其行為必有意義，原理屬於解釋日常生活，非僅屬於空疏書本的學問，自較應用為先。當其初步訓練，必須由活動中使體驗人與人的關係及人與事物間的關係。遇何學習，皆能覺到己所當為，以及進程中發生相妨、相助、損毀、遲滯等，皆足以影響其學習。而己知所以不得不為正當的學習者，亦因人與人的關係而然。因此訓練習慣，不從一種具體事物的學習進程之中循序練習，即成為無意義的學習，自覺其單調寡味者也。

第三章　實施訓練的根本辦法

自治之施，通常在小學三年級以上，暫不深論。茲言訓練習慣，亦可謂為自治準備之訓練。如何而施訓練，通常大抵注重於中心訓練。使此中心訓練而統合於單元活動，則訓練方面無中心可言。如其對訓練習慣，單獨立一中心，勿論如何聯絡單元，而另有特殊集注的目的，在學習中同時有兩個中心目標，是否適宜。今所討論者尚不在此，最宜辨明之點，則在習慣與德性並非一物。德性非一種習慣可以形成，如其集中於一定期限的，專培養屬於某德性種種習慣，事實上殊不可能。習慣則以反復練習完成其功用，反復與中心不同，必須間隔而行，且不能整日專作某種習慣的練習。其可施中心訓練者，惟有發見特別情事，或特定一種目標，期於一定時日內，從多方措施養成習慣。不過如此訓練，日日為之，不惟措施不易完善，抑且事情難盡切合。如果列舉全部條目，一如其他科目程序，分周配置，未有不陷於形式者也。

每個習慣為一單位，不宜為一單元。習慣成為一種具體動作，單元則由具體事物構成者也。每個單元常含有若干單位習慣，每單位的動作有可分成若干步驟者,如基本運動每種運動常分爲第一動作、第二動作或至四五動作。凡具體動作可分步驟者必須加以反復練習,由其熟習與否,即可判其習慣成立與否。其動作無分明步驟者,等於意識活動,雖亦表見於動作,但必俟發生此種事情而證驗之,而不易定時練習;且其習慣固定雖由漸致,然易反覆無常,必經長期間多次證明而後有效,如準時到校,不擾言是。從習慣發生之情境而分,有散見於日常生活之中,有配置於工作程序以內。散見者無定,配置者有定。從習慣表見之形態而分,有一個事情即爲一個習慣單位,或者即爲一個動作;有一個事情包含若干單位習慣,或者每單位習慣包含若干動作,事情與習慣一致者動作簡,愈簡或愈難行。事情成爲複合習慣者動作繁,愈繁者愈有常規。例如開會,有守時間到會的習慣,有會場秩序的習慣,秩序則分若干事項構成具體動作。守時間爲最簡單的動作,秩序則爲較繁的動作也。準此以求,習慣構成之方式不同,斯訓練實施之手續不能一例。不但此也,人類日常生活,勿論如何簡約,一日之間,所需乎習慣應用者,正不只一種單獨習慣,學習生活何莫不然。訓練之方,雖可分別程序,然不限於某習慣養成後,再訓練另一種習慣。則以一種事情之了解,每需多種習慣而應用。而習慣養成,除有常規者可以短時間反復,植立相當基礎,其餘常需數週或數月而後安之若素。每有甲習慣訓練在先而養成在乙習慣之後,蓋訓練爲一事,養成又爲一事,未可混爲一談也。

近有學校依據部定標准條目,每目分析若干小目並訂實施方法,視他校增損標准自製綱要者有別,致力可謂勤矣,即於實施亦可參考。惟實施上尚有其根本問題,先須解決。此問題不係於訓練之爲個別爲團體,而在時間獨立與適應情境。部定標准説明個別訓練在平時,團體訓練每日以十分鐘爲準。所謂平時,指團體訓練以外的時間而言,抑指一切授課以外的時間而言。如指團體訓練以外的時間,此各個條目,如何結合於各種學習活動以內,始能實施其個別訓練。如指一切授課以外的時間,則教師與兒童頗少接觸,其個別訓練將成爲偶然之事。通常科目授課,尚宜依授課時數,預計學習分量。公民課程如非獨立訓練,如何使各個條目見諸實施。如爲獨立訓練，每個條目，究需若干時數練習而後有效。所以公民訓練或習慣養成，不從小學全部課程求實施之方，專爲訓練條目而分析內容，論列方法，終無當於實際也。

余嘗反復研究公民訓練的實施問題，惟克伯屈（Kilpatrick）"副學習"一說，確立明確途徑，習慣訓練尤以循此途徑爲最當。克氏所下定義，指概括的理想與態度而言，培養必需相當時日，逐步經驗，方能永久保持。其顯著者，爲個人對教師、對同學、對課程、對自己，表見自信謙遜種種態度，他如清潔正確等，亦其重要者。又論標准聯結，稱附於"正學習"的反應曰感情共鳴，常成爲旁邊的反應，在一事物之四周造成者也。且申言之曰：態度爲全活動的一部，即可以生長的一部；充分生長後，足以決定一人作事方針，是爲中心事物之附屬的反應。又曰：在兒童志願活動勝利時，對於成功各節，必養成適當態度。至其論道德教育，亦可謂爲公民教育，全屬於副學習的問題。從教學法原理而言，克氏獨到之見，可謂精矣，不過進於實施，殊有待於教者親自體驗，進而求具體程序，現在一般風習競趨形式，如此理想，殊難實現。余於三四年前著《小學低年級綜合課程論》，最後一章，曾論及作業方面的副學習，雖仍簡略，但已具體，茲附錄於此。

學習生活中人與人之關係，不外於對先生，對本級同學，對他級同學，對校工，對來賓，以及合作之組織與集會團體。其主要關係：一、意見之接受與供給，二、責任之共同與別個，三、動作之協助與妨害，四、組織與工作之分合，五、禮貌之適當與否。

學習生活中人與物之關係，從所有方面觀，有私與公之別；從用途方面觀，有工具、材料、玩具之別；從處置方面觀，有觀覽、看護、布置、分給、取用、收藏之別。

此其大較，茲之所言，仍不外是。關於正學習之教材與教法，根據無活動即無學習與學習必由自發活動之旨，業經有系統的證驗，具見前第二章第三章。其進行程式，無一動作無一步驟不有明確途徑，給予副學習推進的機會。苟知其旨，正學習之成功，即副學習之成功，亦即公民訓練初步基礎之確立。反言之，副學習無適當措置與訓練，正學習即生阻礙，公民訓練亦無由各種科目結合也。由此可知正學習不改善，副學習即難協調而進。而改善正學習，如不知其中含有副學習之程序，則課程、教材、教法等，將爲傳統觀念所拘束，公民訓練即無可言也，

抑有進者，副學習不限於對正式作業而言，其與正式作業並論者，則以兒童在校，正式作業爲時甚久，舍此不求，效必微末耳。故習慣訓練或公民道德，根本上皆須成爲副學習，而後便於實施。明言之，即習慣訓練或公民道德，必須適應真實情境，由具體事物學習進程以內，取得學習機會，此種機會，非突如其來，而在教者就兒童全部學習，爲整體預計。更從實際言之，除正式作業外，關於遊息方面，自不能如正式作業成爲有組織的課程；然未始不可因學校之布置與計劃，使兒童任何自由活動，間接而在其控制之下。此外，如特定目標或臨時偶發事項，有需乎訓練習慣者，即不結合於正式作業，而以特定時間行之，亦補救學習缺略之一道也。蓋道德產生於人與人及人與事物的關係，無此關係，即無道德可言，亦不必成立若何習慣。學習生活不發見如此關係，訓練習慣即無自而實施，所以學習反應仍當於實際反應中求之也。此與認識文字，宜從事物觀察構成觀念，不宜空講意義；實用知識宜從真實情境親自體驗，不宜專習書本，同一理由，無如一般學校皆違反此旨也。

綜上所論，副學習爲習慣訓練的特質，在學習律別無途徑，其異點則爲與正學習是否同樣練習耳。所以開始學習，成爲主要問題。惟此係包括一切動作而言，不僅指入學之始，某課之始，某事之始也。凡各種方法之始，各種動作之始，以及各別作業進程中或遭遇事實，發生一個新的情境，有涉及副學習者均是。不過新的正學習，不一定有新的副學習，或者只有一部分新的副學習，此在活動單元所表見者，其事甚明。非新的正學習，因兒童經驗變遷，或偶發事項，往往有發生新的副學習之事情，此如紀念周、紀念節日、遊藝會、懇親會等，每隔若干時日，復演一次，皆有增進新知識與新習慣之必要。因此解決副學習的開始學習問題，先須認清其在具體事物間關係的占有性。

（1）副學習為正學習的單元所專有者，必為某單元活動所需之特別技術，此自當與正學習同樣練習，即副學習純熟之時，正學習亦達到純熟地位。例如摸瞎遊戲，關於扮瞎子與其摸法，所需技術，即與整體活動完全一致，又為其活動之特性是。

（2）副學習非屬於一種正學習所專有者，必為許多單元活動所應用。雖因事物各別特性，其中或不無異點；然學習中應持態度與其進行程序，大體無殊。但其在正學習的進程中，未有此種經驗，則以預備方式行之；已有此種經驗，則以應用方式行之，與正學習不為一致的訓習。例如紙工之剪貼摺疊，生物之採集保存是。

（3）副學習專為正學習的準備者，其構成動作，為事物本身間關係，亦無關於學習本身，惟進行學習的步驟上，必須藉助於此種動作，有需乎特殊練習，例如舉手、報數、排坐、查視等是。

由上列占有性，自兒童入學以後，教者但從新定的作業，與新設的環境，注意其實際活動，是否需要新的習慣，或發見新的習慣，不難體驗而得。由此實施訓練，不可不注意以下之點：

（1）副學習成為預備的，即為一種新習慣之成立，其與正學習結合時，必須在活動之前提出練習，使正學習得資以進行。

（2）副學習成為應用的，則視應用為整體的，為部分的，或者增入新部分的。如不增入新的部分，自無需加以練習，惟視其態度如何，且能否由正確而進於敏捷。如增入新的部分，當依深廣或變換之度，使其有所體驗。

（3）副學習除屬於特別技術外，大抵皆成為應用的習慣，具有共用性者，在含有成立新習慣的單元活動，關於習慣開始訓練必經多次練習，始能應用，往往因此停滯正學習的時間，僅就一個單元相較，自不如通常專求知識之速。若就全部課程而言，一個單元中所有學習，可供許多單元活動之應用，歸結仍屬經濟。其始基正確，無需遇事矯正，則一經學習，便成為有用習慣矣。

第四章　實施訓練類別及其程序

前三章所論，與實施訓練之旨要，已見其概，茲進而論其類別與程序，約分三大類：

一、與作業相結合者

此又分為五類：

（一）合科

本方案以此為養成習慣的中心工作，其一，占全部作業的大部分時間，訓練的機會特多。其二，一般學校國語常識教學率為靜的學習，此而根本改造，其他課程非靜的作業，自易推進。現經屢次實驗，業有具體規定，附錄本章末，茲分為三部分撮述旨要：

1. 取得常識——從觀察、聯想兩方面培養基礎習慣之活動。

2. 文字練習——從行使教具，運用官能，結合身體活動，使集中注意於所培養之習慣。

3. 調節活動——振起疲乏與渙散的心情，以保持其律動習慣。

（二）特殊練習

第一學期作業，合科以外，惟唱歌與遊戲有特定時間從事基本練習。其一，此項課程有提出練習之必要；其二，合科教師無專科技能者，得藉專科教師特別訓練，而利用於合科中作調節活動。兒童初入學時，遊唱最適於養成律動習慣。例如，唱歌之拍節的練習，聲音高低長短快慢輕重的聽辨，各種韻律的活動，使感覺動作叶於節奏；遊戲之競賽與準備動作，使爭勝或操練，皆成為紀律活動。如果教者本涵養情緒與訓練精氣之旨，以此為訓育基本，則一種學習成功，即為一種良好習慣之成立，可以發生轉移作用。無如一般學校未體斯旨，惟在兒童能作幾種遊戲，能唱幾個歌，致遊唱課等於知識記誦，毫無與於習慣培養。試玩味古者樂以和衆、射以觀德之言，其去古意抑已遠矣。此項基本習慣，依部定標準低年級作業要項，即可分類規定，不具論。

（三）集會

此在合科取得常識過程中，本屬於一部分之單元活動。茲分別列舉者，則以集會在學習生活中具有一種特殊形式，有單獨訓練習慣之必要。兒童由學校集會得到訓練，通常有三種：其一為例會，如朝會、週會等；其二為紀念節日，皆有定期；其三不定期會，如遊藝會、懇親會等。後二種在初期兒童，以參觀他級同學工作為主，並遵守秩序而參與集會。惟吾人重有感於集會之重要，學校惟務形式而缺乏敬意，例行者成為具文，特舉者流於誇飾，其引致觀聽，不表見其恪恭雍穆之氣象，即使屏氣斂容，亦無與於內心培養也。初入學之兒童，由集會所詔示者，初不在習知何事，而在由教者與高級同學之儀容，取得觀感，潛移默化。所以當集會之時，全體教師必須人人在時間上、秩序上、任務上、動作上、言語上，無一事一時，稍以苟且之心出之，其餘一切自迎刃而解矣。

（四）遊覽

此非僅指遠足旅行而言，凡單元活動，須在校外之一定場所與其事物從事觀察皆包括其中。其於養成習慣約有三點：

1. 團體生活　校內具有常規，出外遊覽，必須成分小組、配置用具、分擔任務，始便於進行工作，在準備上、考察上、整理上均有其同個別之任務，此於組織生活初步奠定基礎最為切要。

2. 社會規律　社會遭遇，非若校內環境之固定，在所見所聞所接觸種種方面，何者必須明了，何者必須避免，無在非增進經驗的資料。苟每出而有所得，自足以應付環境矣。

3. 作事程序　遊覽有最明顯的三個程序，即出發前準備、實地考察、整理研究是也。三者措置悉當，各盡其能，即完成其學習功用。

（五）服務

此不限於單元規定之範圍，或為日常例事，或為偶發事項，皆足以培養其服務觀念。初學年最要服務，約有三點：其一考勤，其二整潔，其三扶助。或分組配置，或輪次擔任，得適應情事而定。

二、不在作業時間的範圍者

分為縱的、橫的兩方面討論之。

（一）縱的方面

從生活時間而言，不在作業時間的範圍，可分為到校回家的時間，與在校遊息的時間。前者受教師控制之事較少，不具論。後者時間，雖比作業時間為少，而關係甚大。因為主要習慣，雖需與作業結合而養成。但不屬於技術之習慣，在正當學習時，不易發見真實情形，常於完全自由行動中，流露於不自覺。如何使兒童完全自由行動，攝入於控制之中，並作為個別訓練的依據，當注意於以下條件。

1. 布置教室以外的適宜環境，並供給多種活動工具，使兒童遊息時，得以充分使用。任何自由行動，自不越乎教育設施範圍以外。

2. 關於遊息時活動工具，每有一新的設施，必多方詔示；遇有臨時發見特殊情事，不斷的給予訓練機會，使兒童有不協規律即不得任意活動，逐漸達到無入而不自得之境。

3. 兒童遊息時，必有值日教師時常巡視，其職責不在發生事故而處理之，而在擇適宜時機，指導其作正當活動。尤其入學至始，低團教師常以不正式的作業，率領兒童在教室外作種種遊戲，使其離開教師，亦能自相組織，從事活動。

4. 從遊息時發見特殊情形，應分別加以個別訓練。如為公同皆須注重者，則於朝會中或特殊練習時行之。

（二）橫的方面

從活動表見方面而言，約可分為己身、對人、對物、對事四類。己身如容貌、姿勢、服裝、步履、言語等，均有適當規定。對人有如對先生、對同學、對校工、對來賓等禮節與態度，尤其同學間相讓相助相節制，表見其正當態度。對物如自己之物，上課前後應如何取置；公共之物，應如何交互使用並保護之。對事最重要者為時間，如上學、上課等不得遲誤。此在部定標准不少規定，依此類別，提出具體事項，逐漸揭示，並從多方面促其實施，庶有明效。

茲附錄本實驗區小學第一學期習慣標準，藉便參考。

一、起

（一）起來的姿勢——左脚向右脚靠攏，成四十五度，同時兩手放下，不得有聲。

（二）立的姿勢——身軀挺直，兩手下垂，眼平視。

二、坐

（三）坐下的姿勢——左脚從右脚移開，同時兩手放於大腿上輕輕坐下，不得有聲。

（四）坐的姿勢——脚跟脚趾同樣相距七寸，大腿與小腿垂直成九十度。

三、舉手

（五）舉何手——左手。

（六）舉的姿勢——左手向左前方仰直，指並攏，手心向外，手臂與身體斜度成一百一十度鈍角形，不得有聲。

（七）放下的姿勢——左手輕輕放下，不得有聲。

四、看

（八）先生及同學做的時候看的態度——學生坐半圓形，中間的學生向做的中心處凝視，兩旁的學生向左右轉，注視先生或同學做。

（九）由閉眼而睜眼的姿勢——閉眼時，頭稍向前略垂，二目合攏。睜眼時頭部還原，二目睜開。

（十）對照時看的姿勢——看到和自己所持者相合的命題，迅速前往，視適宜情形，放在原題下面或右首。

（一一）看口令及命令片的姿勢——聽到將發令的敲聲，眼睛注意教者所持命令或口令片，細心看上邊的文字。

（一二）看自己所拿東西的姿勢——端坐，兩手持字片兩下角，頭稍前垂，注視字片，對於其他物品看法，亦照拿的辦法可酌為變換。

（一三）看圖的態度——學生走到黑板前，二足可稍離開，向挂圖注視。

五、聽

（一四）先生及同學說話的時候聽的態度——端坐或直立，眼睛注視說話的人。

（一五）先生及同學音讀時候聽的態度——眼睛注視所讀文字，傾聽讀音與文字是否符合。

（一六）聽呼名時候的態度——靜坐或直立，兩目注視呼名的人。

（一七）聽敲聲的態度——注意敲聲發生的處所，依照命令而動作。如聞閉眼口令或看到閉眼口令片時，閉着眼睛，向發聲處傾聽，聞響聲後，即速睜長眼睛，找視發音之處。

六、說話

（一八）問的姿勢——問時先舉手，得教師或其他人許可後，起立，眼睛注視要問的人，然後說出要說的話，個人在大衆前問時，左手向後背，右手向上方斜舉，手心向外。

（一九）答的姿勢——眼看問話的人，立正應答。

（二〇）請批評的態度——立正，眼睛注視全體，態度和藹，言語誠摯而溫和。左手向後背，右手尚右方斜垂，手心向外。

（二一）請指示的態度——立正，向指示的人行二十五度鞠躬禮，請其指示。

（二二）訂誤的態度——先舉手，等教者或同學呼名，再起立說出錯誤之點，說話要誠懇和氣。

（二三）講述的姿勢——立正向大衆鞠躬，左脚移開約七八寸，眼睛注視全體，然後說話，身體勿過呆板，亦不可多動盪，應該順勢稍有動作。

（二四）合擬勢語的姿勢——依語句內容做出各種動作。

（二五）聽命令的姿勢——靜坐或立正聽命令。

（二六）報告的姿勢——立正，很鄭重的向聽話的人報告。

（二七）在坐席談話的姿勢——得到談話允許之後，從座位起立；對先生說話，目視先生；對同學說話，則目視同學。

（二八）在講台前說話的姿勢——面向全體立正，眼睛輪視全體，隨說話內容改變姿勢。

七、出入

（二九）一齊行動的姿勢——身體挺直，兩手下垂，動作輕快，並要注意行列的整齊，以不妨礙別人為宜。

（三〇）單獨行動的姿勢——走路時腳之距離，應在七寸內，與一齊行動的姿勢同。

八、敬禮

（三一）教室外對先生的敬禮——戴帽子，行幼童軍禮；立正，舉右手的中指和食指成叉形，舉到右肩前的帽邊，眼睛平視致敬的人。不戴帽子，行鞠躬禮：立正，上身前俯，下身成四十五度狀，眼睛隨頭部俯視。

（三二）教室內對來客的敬禮及程序——依口令片指示，起立，向某方面轉（轉方向要一致），立定，鞠躬，禮畢，還原，坐下。口令片上一寫客人來，一寫向□轉敬禮。

（三三）賀勝者的敬禮——鼓掌。

（三四）紀念週的敬禮——三鞠躬。

（三五）升降旗的敬禮——戴帽者行幼童軍禮（不戴帽者只行注目禮，目光隨國旗上下至旗止而止）。

（三六）開學的敬禮——向總理遺像及黨國旗行三鞠躬禮，向先生行一鞠躬禮，同學相向行一鞠躬禮，向家長及來客行一鞠躬禮。

（三七）上學放學的敬禮——朝會時全體行一鞠躬禮。放學時全體向先生行一鞠躬禮。

（三八）回家的敬禮——向父母長輩招呼，行鞠躬禮。

九、繞圈走

（三九）一組同行的姿勢——一齊向左轉，由左端第一人領導，先起左足，步伐整齊，腳步距離均勻相隨，自左向右，由左邊各歸原位，走的時候，要注意行列的整齊（兩人距離以後邊人兩手伸直，指尖轉達前邊後背爲限）。

（四〇）個人行走的姿勢——和一齊行走的姿勢同。

（四一）路綫——自左向右。

（四二）步法——常步走，遇必要時，可輕跑。

十、拿字牌

（四三）坐時拿的姿勢——兩手拿着字牌的兩邊，字牌和大腿成鈍角形。

（四四）行時拿的姿勢——右手拿着字牌的右邊，字向內。

（四五）舉示時拿的姿勢——右手拿着字牌右下角，舉在耳旁，舉讀時雙手舉字牌在頭右邊，左手拿着字牌的左上角，右手拿着字牌的右下角，正面對着全體。

（四六）相互對照時的姿勢——立在左邊的人，和舉字牌的姿勢一樣，將圖片舉在右邊，立在右邊的人，照樣把字牌舉在左邊，拿字牌左邊人用右手持字牌左上邊，右邊人用左手持字牌的右上邊。

（四七）移動時的姿勢——立在字牌的左邊，用右手移動字牌，身體側面向外，總使全體都能看見字牌爲宜。

（四八）尋找時姿勢——兩手下垂，上身前俯，以目尋找，找到了，再用手去拿。

一一、對準

（四九）初對時尋找的姿勢——手持字牌立在黑板的左前方，以目尋找或以字牌遍向眉標對尋之。

（五〇）對到時的姿勢——立在板書文字的左邊，用右手拿字牌，放在板書字的左旁。

（五一）對準後的態度——以右手持字牌，面向全體，身體側向外，以懇學和藹的態度，請大家訂正。

一二、音讀

（五二）讀詞的音調及高度——口齒要清楚，讀一個詞，聲音要連貫（不許一字一停）。音的高低，以全體能聽清楚為合宜（不可過高或過低）。

（五三）讀語句的音調及高度——讀語的音也要連貫，音調的高低，可隨語句內容而變化，總以全體能聽清楚為合適。

（五四）讀歌詞的音調及高度——凡語中含有節奏韻的字，高低可隨歌詞內容而變化。

（五五）□聲讀的高度及態度——應模仿范讀者高度及態度。

（五六）齊讀的高度及態度——讀音要平而緩，快慢要和大家一致。

（五七）合讀的高度及態度——同前。

（五八）單讀的高度及態度——聲音要響亮些，要顧及全體的視聽。

（五九）管字片的程序及姿勢——立在字片架的後面，以右手舉起一張字片，左手下垂，同時讀音請大家訂正（管字片者要正對字片架，不得侵佔他人的位置）。

一三、發字片

（六〇）領字片的程序及姿勢——側立於字片架的左前方，讀字牌，讀對時以右手取管字片者手中的字片。

（六一）移位的姿勢——和起來姿勢一樣，起立，向左走一步，再同坐下的姿勢一樣坐下去，輪到管字片的人，速跑至字片架前管理字片，輪到領字片的人，速離開字片架，去站在末一個字片架左邊。

（六二）字盒的取放——取字盒，從較大兒童起，相離各一尺半遠近，各以雙手捧字盒歸坐。放字盒，從較小之兒童起，各將字盒有名字的一頭對着身體放下去，恰是名字朝外，不得有聲。

（六三）字片保存的程序——每個小單元的字片，用一窄紙條束着，再合每大單元中之各小束，用紙條束在一起。

一四、舉字片

（六四）準備的事項——輕輕將字盒掀開，將先生所說的字片取出來。

（六五）尋找的姿勢——以左手拿字片，以右手尋找，找出來第一張不是所要找的字片，則將該字片放在一束字片的下麵，如是直至找着爲止。

（六六）舉的姿勢——找着的字片，以右手舉起來，字片高與胸齊，正面向外。

（六七）檢查的姿勢——互相以目巡視，見有誤者則向先生報告。

一五、比賽

（六八）分組比賽的態度——要遵守共同的規約，對於本組比賽的一組要和氣。

（六九）個別比賽的態度——要守規約，失敗不懊惱，得勝者不驕傲。

（七〇）競爭的態度——要敏捷正確不慌張。

（七一）決勝時態度——一點不露驕傲的態度。

（七二）搶片的規律——要守規律，不使發出聲響，不與人爭奪。

十六、用引讀尺

（七三）拿的姿勢——以右手拿着尺的左下邊，身體側立。

（七四）放的地位及姿勢——以右手拿引讀尺放在文字左旁，身體側立。

（七五）移的上下地位及姿勢——引讀尺要對準所讀文字，如字句長時，應由上向下，隨語句連貫及分離間移動。

十七、觀察

（七六）要認清指定的範圍，細心觀察。

（七七）他同學所說的話，為自己未看到的，要留心去聽。

（七八）分級工作，要在組長領導下做工作，並知道怎樣才能做組長。

（七九）為觀察特訂的規則，要逐一了解其意義並知道實行。

右列舉習慣標准，經低團教師多次實施，復特定時間，由指導部幹事李東旭率同教師集合兒童依式逐一試作，加以修正，現在教學中所訓練者以此為據，附誌於此。

最經濟的合科教學法

1940年4月，本書由湖北省教育廳國民教育幹部人員教學講習班印行。據此整理。

目　　錄

第一編　概論·· 1551
　第一章　先從自己所學所教者加一番大體思考·············· 1551
　第二章　檢討以往教學的種種經過······························· 1552
　第三章　改造小學教育的根本體驗······························· 1554
　第四章　綜合課程的研究·· 1558
　　第一節　關於綜合課程的檢討·································· 1558
　　第二節　解決課程混合的途徑·································· 1562
　第五章　實驗經過·· 1567
　　第一節　開封教育實驗區的實驗······························ 1567
　　第二節　卡片教學··· 1571
　　第三節　有關本法之參究資料·································· 1572
　　第四節　附及問題··· 1573

第二編　單元活動·· 1574
　第一章　單元教材·· 1574
　　第一節　研究範圍··· 1574
　　第二節　單元構成的旨要·· 1576
　　第三節　單元概要··· 1580
　　第四節　構成單元教材之準備·································· 1599
　第二章　單元教學程式··· 1611
　　第一節　教學旨要··· 1611
　　第二節　學習過程··· 1614
　第三章　前期教學程式（第一步驟）·························· 1619
　　第一節　單元文字··· 1619

  第二節 練習旨要……………………………………………1623
  第三節 進程及其方式………………………………………1628
 第四章 后期教學程式（第二步驟）…………………………1646
  第一節 与第一步驟的同異點………………………………1646
  第二節 進程及其方式………………………………………1647

第三編 自由閱讀的教學……………………………………………1661
 第一章 旨要………………………………………………………1661
  第一節 自由閱讀之新意義…………………………………1661
  第二節 讀文與讀書之別……………………………………1662
  第三節 從第二學年起開始自由閱讀……………………1664
 第二章 正式閱讀的準備………………………………………1666
  第一節 試讀教材……………………………………………1666
  第二節 檢字示例……………………………………………1667
  第三節 開始示範……………………………………………1671
 第三章 讀物………………………………………………………1673
  第一節 旨要…………………………………………………1673
  第二節 兒童文學……………………………………………1675
 第四章 進程………………………………………………………1691
  第一節 閱讀興趣……………………………………………1691
  第二節 讀物目標……………………………………………1695
  第三節 分配讀物的進程……………………………………1696
 第五章 學習過程…………………………………………………1701
 第六章 學習指引…………………………………………………1706
 第七章 選文示範…………………………………………………1720
  第一節 讀物的外形…………………………………………1720
  第二節 示範…………………………………………………1722
  第三節 選文讀………………………………………………1723
 第八章 指導………………………………………………………1724

第一節　指導的一般方式……………………………………1724
　　第二節　直接指導……………………………………………1725
　第九章　實驗效率……………………………………………1727
　第十章　表式應用……………………………………………1728
　　第一節　預計概要……………………………………………1728
　　第二節　各種表式……………………………………………1730
　　第三節　各表用法說明………………………………………1735
　　第四節　閱讀反應記載表說明………………………………1738
第四編　輔助與補充的活動…………………………………1744
　第一章　看口令………………………………………………1744
　第二章　調節活動……………………………………………1745
　　第一節　旨要…………………………………………………1745
　　第二節　讀兒歌………………………………………………1746
　　第三節　讀故事書……………………………………………1749
　第三章　習慣訓練……………………………………………1758
　　第一節　初步的公民訓練……………………………………1758
　　第二節　習慣養成……………………………………………1761
　　第三節　實施的基本條件……………………………………1763
　　第四節　實施訓練類別及其程序……………………………1767
　第四章　基本練習……………………………………………1776
　　第一節　筆順基本練習法（習字基本第一種）……………1776
　　第二節　筆畫基本練習法（習字基本第二種）……………1780
　第五章　自由閱讀中之作文練習……………………………1784
　　第一節　旨要…………………………………………………1784
　　第二節　正式作文練習………………………………………1786
　　第三節　補充練習……………………………………………1790
　　第四節　作品示例……………………………………………1791
附錄　基本單元活動綱要………………………………………1796

第一編　概論

第一章　先從自己所學所教者加一番大體思考

一、試從平日所習聞諸師者，或從中西教育書籍所曾經閱讀者思之：

1. 所指示之原理或方法，在實際需要方面，能解決自己的目前問題，或運用而見明效者，究竟何者可以證明。

2. 僅有籠統理論，而無精密方法之教育主張，或僅舉幾個式例，在實施上究竟發生如何影響。

3. 是否有一種教學方法，從一定原則，或一貫學理，產生有系統的整套方式，供給低中高各級之應用。

二、試從實際教學方面，就已往所用方法而體驗之：

1. 通常教學，是否在過程中每個階段，均得發見其刺激反應之特徵。與接受刺激而發爲反應者，在不同情境下之種種變化。

2. 在一般教學之下，是否能在每一進程中，使兒童計劃自己作業的成功，發見自己作業的錯誤，并且均有明確的證明。

3. 心理學所發見各個現象，在教學活動中，則從某方面或若干部分，綜合而表見，假使學習心理之原則，不經實際教學的調整，是否即能應用。

因此，從整體課程言，苟無特殊教學方法，異乎已往所實施，是否能取得有效的結果，殊成疑問。從部分事項言，如其工作內容，缺乏精深研究，即使依科學方法表出精密之統計數字，恐亦虛有形式。

第二章　檢討以往教學的種種經過

語云，"前事不忘，後事之師。"必了解過去所缺陷者為何，而後可確定改造趨向，並其所達到企圖，茲分別撮舉要點：

一、啓發式——啓發本需乎問答，而流弊則認有回答即為啓發。在預備與應用兩段中，問答多屬廢話，尤其預備段等于猜謎之問答，從耗時間。又在如何情事下，才需要啓發，亦需考慮。

二、自學輔導法——理論極是，惟各步驟應有工作，專在默讀默寫下討生活，培養自學能力殊有未盡，且減少授課時間亦成虛語。

三、分團教學——吾國過去所施者，多為複式教學之變相，非適應個性而分團，升降尤影響心理。尤其依個別達到各科不同進度之分組，授課時間極難支配。

四、設計教學——科目雖能打破，然混合流于形式，現實生活多成空虛，系統知識常需補救，而且分工作業，易為優生獨占。

五、道爾頓制——年級雖能打破，然用普通課本分配作業，工作難生與趣，而且作業室同時開放，如教師擔任鐘點多少不等，指導即成問題。

六、單級教學——復式教學由此推演而出，止于以不出聲之自習資料，與直接授課，相間分配，不能完成自學功用。而且自習係從每一授課鐘點內分割若干次，極易流於形式。

七、二部制——此僅屬一種編制，以之調節單級教學，或班級較多，加收四分之一以下的學生為必要。

八、導生制——小先生制同，此制來源甚古，近來擴大組織，在兒童活動某部分內當然有益，如其視傳習為兒童唯一活動，而忽視其本身學習，不無缺點。

九、小問題實驗——此類實驗，本為改進教學必循途徑，惟係就某種事項，改變其中某一因子之學習程式或內容，比較其最後所得結果。于此有兩個問題，值得注意：其一，在吾國整個教育需要改造時，僅僅枝節爲之，不易影響全部。其二，國內種種實驗，根本體系上多未深究，僅從片面求浮泛之效率，不無遺憾。

至于蒙特梭利教學法、文納特卡教學法、德可樂利教育法，均有取捨必要，惟國內未有相當試驗，暫不論及。

此外，在教學某一方面，應當深省者，尚有數事。

一、班級教學——不問兒童資性如何，皆行一齊教學，優者抑之不使前進，劣者則強其難能，是謂兩失。

二、分科教學——明明具有整體性之事物，或者有相互連屬關係，因分科之故，不得不割裂之，或削減之；以致所得知識多成斷片，而且學習時受牽掣，亦覺寡味。

三、課本——現行課本爲教學改進最大障礙物，惟不在根本廢除，而在編輯與使用方法之改變。蓋其主要原因，係從班級制與授課式之下產生一種教科書體，過重授課形式，反不及現有課外讀物，較便於兒童自讀或自習之用。尤其常識課本，等於認讀文字；國語讀本，常識成分太重，缺乏文學意味。如果教學長此停滯于授課式之下，課本之習非成是，固無足怪。

四、訓教分離——分離之弊，已爲國人所公認，并盛倡訓教合一。惟不了解教訓分離，由于傳統教學教式，不含訓練程序；與夫初期教學，非由活動而產生，以培養其學習中基本習慣，而誤認訓之功用爲純粹道德，必須含有道德意義；或者離開學科而另定訓練目標，實施其精神訓練，以企圖達到標准，如此將愈求合一，愈益分離矣。

五、隔離現實生活——此亦國人所同感，如生產教育、生活教育、民生教育、鄉土教育等，不少宏論。然而如何實施，且如何由國民教育培植其基礎，決非僅僅規定何種章則，提倡何種設備，即能遂其企圖，試觀已往的實用教育，訂立各科課程綱要，終成具文；設計教學自較切近現實生活，效果亦未顯見；學校園手工室間有完美設備，影響如何；鄉土教材亦有盡量補充，效率如何。總之目的雖明，整體不能貫澈，取途遂不得其方，未有不徒勞罔功者也。

六、課外作業——在最初實施時，藉以補助正課，預習更成一般教學風氣。然而在大多數的家庭中，是否適合，已成問題。今則流弊百出，多爲蒙飾行政官署之具，學生重感煩苦，教師藉口減少正課時數，即有勤加訂正，亦得不償失。

七、讀講——此亦非廢除之，而在有所取舍與改進。從來教學，除技能科外，勿論提示練習，幾于以讀講爲唯一途徑。即授受知識，純用口耳，其用目不過表現於默讀默寫中，用心亦僅督促之辭。讀講中如有錯誤，教者頗難一一顧及，兒童則茫然不覺。至需若干遍數而熟習，心理學所實驗者，實際上無從應用。尤其教者一齊講解，難稱乎各個要求而適如其度。讀用齊讀或分組讀，隨讀多爲盲從。用于個別讀，聽者是否集中注意，無可證驗。復述回講，與個別讀同。所以，此種教學過程，發生兩種現象：其一，全課在進程內，必有一部份課業浪費時間；其二，全體在同時間內，必有大部份兒童浪費時間。

總上所論，約可歸納爲三點：

（一）效率低微；

（二）學生煩苦；

（三）浪費時間。

第三章　改進小學教育的根本體驗

上所論列缺點，事實顯然。求其癥結，第一，當求所介紹之方法本身是否尚有問題，或者實施稍入歧途；第二，當求吾國教育本身是否有特殊情事先須解決。思之，思之，發見如下二個問題：

一、中西工具異趣——語言文字本非教育的唯一課程，但入學之始，却爲學程中基本工具。一切學者，既須藉助語言文字而理解而練習；而語言文字，又不能離開事物而孤立學習；如因攙入文字，加重學習繁難，阻礙學習進行，即在通常語文學習上，亦當有此審慮。吾國小學一般成績，日益低下，即號稱優良者，如讀書數量、作寫能力，比較外國小學成績，大有遜色。近來談國民教育者，頗多歸咎于漢字難學，關于漢字存廢問題，此不詳論，惟專從學習方面立言，有必須注意之點：拙著《異哉中國文字拉丁化》可參考。

1. 任何一種學習，不宜專取某一部分的內容，或某一階段的進程，遽行判定全體價值。假使學習經過一學年以上，漢字比拼音字的功用究竟如何，有待證驗。

2. 在漢字未廢除前，是否不須從漢字本身，求適當學習的途徑。

3. 漢字音讀，必須逐字口授，此已有音符補救。

4. 字改造而語言仍舊，漢字因各個獨立，故詞皆從字而出，即字爲語源也。廢獨立之字，在閱讀上將增加解釋意義之繁難，而且給予進修上莫大障礙。

尤有一事應深加體驗者，試回憶未改學校以前，苟非教學如今日極不堪之私塾，則聰穎子弟，入學二三年，讀書及作寫，頗有超過今日高小畢業生者，普通亦比初小四年畢業者較優。論者必謂古代教育，以讀書識字爲唯一課程，故此類成績特優。其實今日一般小學，非國語課程亦多無異于國語教學，大半除讀書識字外，別無若何表見。以此知增進讀書數量與如何由識字以進于讀書，實爲小學先決問題。在中國古代個別授讀，彼此不相牽掣，進步自各適其度。在以拼音字爲工具之一，字母認識以後，稍習拼讀，即可進讀較長課文，并綴語句爲文。今則讀本與教法，壹意襲取欧美形式，塗諸私塾授課積習之上，精神兩失，而不揣工具構造不同，所以殊途同歸者別有妙用。不此之審，即令文字改造，而根本問題不得解決，教育不終于失敗者鮮矣。

二、中西社會經濟懸殊——吾國小學勿論关于天才方面，低能兒教育，以及特別教室、手工場、學校園、圖書館等，極少完美設置，即如勞動作業、自然作業與學生課本等，多數小學猶成問題。必依設施標准（部已製訂，未頒布），而後成爲小學，僅能以極少數小學作點綴品。若如短期小學止于使用課本，又似乎去國民教育目的太遠。蓋教育能否達其目的，視乎教學效率如何，其他設備，抑其次也。不過有效教學，必有□□活動設置，尤其習練更藉助於活動工具，其中實有必不可缺乏者。惟各國教育上設施與其教育家形成之理想，實與產業發達之社會并進。加重經濟負擔，非其唯一顧慮。即如種種花樣翻新之練習材料，物質所耗，與精神所獲，是否相當，頗可考慮。吾國以往試行新法失敗，設置不周，實占主要原因。所以目前迫切問題，在不需過耗物質之中，求基本有效教學法；更由其成功之實驗，其於推行盡利，再加完善。如其徒務外形，專事仿襲，是之謂舍本逐末。

綜上所論，吾國目前所急需之新教學方法，當注意以下條件。

1. 必須在整體上表見進步而且可靠的效率——例如讀課本，開始從識音符入手，或逕授漢字音讀，經二三個月或一學期再授音符，比較讀書能力，當然前者占優勝。若比較對漢字辨別力，後者又占優勝。二者以何為最有效率，則須從整體上考察之。再如大字、小字的練習比較，朗讀、默讀的練習比較，專從片面體驗，其結果是否可靠。又如主張背誦在熟讀上耗大量時間，以及兒童每組總數超過五十人，教者難為各別的適當指導，是否為進步的效率。總之，預存成見而襲科學方法的形式，與無學習心理的根據而標榜新興方法，皆值得吾人深省者也。

2. 必須學習經濟——此非僅從課程某部分的學習求之，而須從某種課程全部學習求之。固然，課程全部的學習經濟，有需乎各部分學習經濟之取得；或者課程各部的學習經濟之結合，亦可為全部學習經濟之成因。不過任何部分的學習，不從課程全部而體驗之，以及不循課程整體一貫之方針，而枝節求部分的學習經濟，則各部分學習程式，在全部是否能融合無間，每成問題。如識字止於認識記憶而不問理解如何；又如初學寫字，僅求依式照寫，不問執筆與筆畫形勢。是所謂節省時數者，非拋棄一部分學習於不顧，即此方所節省者移增於他方，非真正節省也。況學習經濟係教材與教法結合，有質轉為量與量轉為質之變化，不審此旨，學習必限於形式。本實驗方案所以從課程全部體驗者，固在求學習之真正經濟。然與目前國民基本教育之推進，尤有迫切需要。一則能於較短期限內完成普及，二則分割課程進度為若干階段，於取得工具之能力，具有適當標準也。

3. 必適應受教材複雜情事——此當注意者有數點：

（1）短期小學如不廢除，亦須短小與初小課程，彼此融合一致。

（2）農村散處，必須年齡與程度參差者，多能合班上課（但開始一學期例外），無分設各種課程與單級教學所發生之缺憾。

（3）窮苦子弟偶因家事曠課，或者中途休學，隨時插班，減少特別補習之困難，而又不妨照常上課兒童之進修。

（4）家庭不便課外作業者，僅以學校正課所習，無妨其循序而進。

（5）質性智愚不等，各能得達可能的學習。

4. 為一般財力所能勝——何為一般財力，殊不易言，因為國內大多數小學，任何設備無之，此就大體言，約有兩點：

（1）國內小學通常已具完整規模且有相當設備所需之費，並不以都市侈稱優良學校者為標準。

（2）教學當前必需之設置，此又有三點須說明者，其一，普通小學號稱設備較完善者，並不一定與當前教學相應。其二，設計單元之活動以及新花樣練習，往往專為一次教學所需，耗費過鉅，得失不足相償。其三，所有設置，須統全部與前後各期以及與各班關係而估計。如依普通學校分月平均支出，必生窒礙也。

5. 為一般教師所能做——大抵一種新興教學，必需優良教師為之。教師優良，誠足使任何教學法愈顯實效，然使一般教師不能依式為之，則推行便生困難。本方案特別顧及此點，詳訂程式，頗便仿行，不過過去教學法供給實際教學技術之用者極少論到。而一般流行教法，大抵為敷衍提授教科書之具，教師只在照本宣科，毫無體驗。在師範學校學習者止於空泛理論，在學校所參觀者止於傳統形式。一旦改變趨向從事新法，毫不給以訓練，固亦無術也。

6. 必須有一種系統分明的詳密程式以推衍其教學技術——此與 5 有密切聯繫。凡一種新興教法，為普通教師所不能做者，大抵因其提供程式，只於綱領說明，未表出逐步推進所各需之技術，亦可云前後學習動作無若何變化，全在教者學者以意推衍，如此自然莫名其妙。所以然者，過去教學法所闡明者，大抵多屬理論，或者略及散碎方式，偶舉例子。至理論如何應用，散碎方式如何湊成系統，未作進一步的體驗。要知教學法能在學術上占有地位者，必須歸宿於術之表出，然而事實上每成為無技之學。其所謂術者，苟未彙成系統，猶散沙耳。即不能使由學而演為術，或由術而推本於學。國內學者所介紹之練習新法，以及各科雜列方式，皆此類也。譬如治病，不明病症，不識藥性，不知配方，雖藥劑雜陳，無所用也。

7. 必須兒童學習快樂而且質量適如其分——過去教學，因為完全建築在授課方式之上，難得到兒童願學與適如分量的活動。任如何從心理方面求新方法，均屬外爍。所以傳統教學觀念如不根本改變，而一意從提授教科書討生活，不必談教育改造也。

總之，教育學心理學所給予吾人的原理，全在吾人據此而尋求途徑，其新興各種教學方法，又全在吾人之善於取捨運用。然而吾國傳統關於教學方面之傳習，在學上不審如何求方法以變通盡利，在術上又往往忘其所學之原理，習非成是，窮不知反，作者提及根本體驗，所以示其鵠也。

德可樂利教育法的導言所引浮利亞在《改革學校》一書的說明，有一段話。可作反省。其言曰："讀者啊，今后你如果遇見這些箱子——舊式學校，你必須鑽進去，把坐在這裏面的教師，用力搖動。告訴他，現在是新的時代，他還繼續他的時代錯誤。若不立刻改變方向，就須離開這裏。這樣，你或者於他有益，勿論如何，這總是有益於今日的千萬兒童，因為他們正在興奮着，渴望着生存。

第四章　綜合課程的研究

第一節　關於綜合課程的檢討

一、綜合教學之旨趣——現代新式小學教育，由其兒童中心的思潮與其反抗理智主義的運動，大抵傾向於綜合教學。其達此企圖，美所倡導者爲設計法，德奧所倡導者爲合科。二者目的雖同，取途稍殊，即其理論的根據與概念之規定，亦同樣有歧出之處。就大體言之，設計法約有三種：1. 自然進行程序之完成，具有問題的活動；2. 中心問題之具體成功；3. 志願活動。合科約有五種：1. 以一學科或教材具有特殊價值的領域爲中心；2. 分割領導學科，結合他科目中有聯屬關係的教材爲領域；3. 以生物界共同生活體爲統合關鍵；4. 由共同生活體而構成集合作業；5. 整體課程，由統合理想而支配。要其根本不同之點，設計法原本于學習心理，以應用於真實生活之途徑，爲研究基點；合科探討生活需要，以學科或教材之混合爲研究基點。雖歸宿不無相似之處，而支配課程與進行程序，不無異趣。

所以綜合教學共同目標，除排除教材孤立并切近實際生活外，當有如下三個觀點：

1. 以往教學在分離授課所引起之障礙或虛耗的事實，得由如何合科而解除之者。

2. 矯正班級教學抹煞個性之極弊，視如何分科，在作業上可以得到一種調協作用或便利指導者。

3. 全體精神之統一，在合教學與訓練爲一，最低限度必須有一種課程占全課程大部份時間，由其學習程序中，建立訓練習慣的基礎。

二、合科與設計法之檢討——上之三個觀點，即各國新式學校似尚未盡計及，惟以如何得到大規模的綜合爲職志。因而愈求極端的綜合，自身愈啓罅隙。反對者惟□綜合與分離之形式方面，爲雄辨的批評，亦多迷惑之辭。所以任何一種合科或設計教學，是否全爲分科不能及，抑乃含有分科存在之缺陷，有待考慮。故茲先就反對論點，加以檢討。

反對合科之論點。

1. 就各種合科分別詰分者

（1）對中心統合之批評——合科以新組織的教材，替代前此分科的體系，而僅取科目交互關係爲中心統合，兩者目標無甚差異，合科便無嚴密的意義。

（2）對分類合併科目之批評——只於反對分科過多，並非完全否認分科，是以合科代替分科，根本不能成立。

（3）對以生活體爲合科根據之批評——此之組織教材，在依事實與範圍而定，仍不免達到另一分科的狀態。

（4）對以統合理想爲合科根據之批評——此仍不脫中心統合之圈套，對教材配置，并無若何新的本質。且其教學活動，從一個中心點向種種方面移動，不免專從單純的直觀，或純任聯想的意識之推移而進，殊不能達到全體統一作用之企圖。

2. 論理上推究合科教學而詰難者。

（1）由認識方面立論——認識意志超越於知覺以上，僅有表象之專屬感覺的直觀結合，或專屬聯想的結合，決不得謂之認識。蓋生活上各種內容，不經過有力的思維。結合爲一個全體的意思，究缺乏統一的意義。此種有力的思維，非依據分科的思維過程方法行之不可。甚有主張小學低級，須採用完全的合科教學，并將種種練習，包括在合科教學以內而處理，實屬誤解。因爲讀寫算等練習，低級頗爲重要，須採一定的程序并指定特別時間行之，此在原理上與合科教學殊不相容。

（2）在陶冶方面立論——任何一個問題學習，融合種種分科活動爲一體，在實際上絕不可能。因學兒童學習某問題時，不能不依據問題決解之根本形式，給予一定方向，因而產生種種分科的學習活動。合科往往以簡括的分科，替代若干細碎的分科，而以一個分科連續居領導地位，終不免陷於一面性陶冶。其所標榜之統一性，如果捨棄分科的思維方式，無從獲取。惟科目是否必如現行之多，係另一問題，殊有研究餘地。

以上批評，固不免有爲分科張目之嫌，其立論與宣傳合科者攻擊分科缺點，針鋒相對。然由此可見種種合科，在原理上，事實上，構成其綜合教學之作用，可以歸納如下三點：

1. 合科範圍只占有相當的限度。
2. 合科教學不能完全捨棄分科學習過程與方式，且有時必須參以一部份之分科課程。

3. 混合全部課程達到其統一性、全體性的理想，未有實現，將來能否實現，猶成問題。

反對設計法之論點。

1. 對自然組成的主張之批評——此可稱為工具學習的方法，申言之，即知識不為學習的目的，而為對於目的的工具。惟其效能限於目前活動的應用，例如，從小商店、小銀行設計所得的數目知識，不能完成兒童必需的算術；從戲劇設計所得的歷史事實，不能替代系統的歷史研究是也。

2. 對中心單元的主張之批評——此亦可稱生活設計，但至于高級組織知識的教材，即易變知識為目的，一切組織教材上之缺憾，將盡復現于新組織之中。

3. 對志願活動的主張之批評——此以課程須由兒童自己決定，能否進于理論組織，殊成疑問。一任自然，結果將成為盧梭自然主義之應聲，不成為積極的教育方案。

設計法由心理學習的立場，建設活動課程，故批評論點與論合科者稍異其趣。但於課程組織，亦有相互印證及相輔支持之處。由所批評可以得到三個觀點：

1. 由設計法而表見綜合教學之作用，不能包括課程全部。

2. 課程專重混合，容易限于形式，其類及于瑣屑支離之教材，流弊不減于分科。

3. 活動課程不受預定計劃之控制，將散漫浮泛，無所歸宿。

綜上所言，對于綜合全部教學應取途徑，已有明確啓示者。可得到如下之結論。

1. 綜合領域，不限于混合全部課程為一體。惟當審查所有科目，何者確有合併的必要。

2. 綜合領域，不在以事實集合或性質關聯為合科中心，而在衡量學習途徑，何者必須統一，而後學習更有效而且經濟，所以補救從前純粹分科之缺憾。

3. 所謂學習過程與程式，必須求之分科中者，究竟非合科失敗之致命傷。因爲過程與方式不同，不外理解、實演、練習三種。此三種在分科中只有各自成分之差，無唯一獨占之性，如何使認識與陶冶，得到適當學習，與分合之適當與否，有相當關度，并非合之單純問題。

4. 全體統一之作用，雖非全係于全部課程之混合，但有適當的較大規模之混合，究屬有益。

第二節　解決課程混合的途徑

一、混合課的領域——由前之論，綜合教學的作用，在從學習途徑上，求其更有效而且經濟，可從兩方面觀之。

1. 綜合教學本身方面，即課程或教材，確因孤立而加多障礙或生缺陷者，自不得不求適當混合。

2. 綜合教學進程方面，已往缺點，莫大于各種教法，蔽于授課式之傳統習慣，一則教過多而學過少，二則學生純處于被動地位，即啓發式亦然。所以改造目的，在進而求如何可以自學，且有一定程式完成其功用。

二者在教學中關係頗密，非可分途以求也。因此體驗人類知能之學習，確有兩條主幹路綫。

1. 必由文字介紹且由文字加以練習，此亦可稱爲讀書式的作業。

2. 不限于文字介紹，且無須由文字加以練習，此亦可稱爲非讀書式的作業。

後者大抵屬于技能科目，在設計教學經過中，混合全部學科爲單元活動，往往有不自然的學習及須特定時間學習者，極爲明顯，自須保存分科教學的本來面目。前者爲讀書式的作業，即國語、常識兩科目，常識包含自然、社會，他科目含有知識成份者亦屬之（參考拙著《小學低年級綜合課程》教材篇）。試分析此兩科目，約有如下數點：

1. 兩科目占全部課程時間最多。

2. 作業成績惟此兩科目與算術便於考驗。

3. 兩科目在基本學習中，最占重要地位。

4. 兩科目致用較廣——任何科目構成具體教材，從原料言，無一不取資於自然與社會兩方面；從所得知能言，無一不藉助于國語工具之運用。即如算術命題練習，因文字之認識與理解，發生扞格，亦所常見。

5. 兩科目性質不同，學習過程却有相互關係——因爲文字所表出觀念，必由常識而取得；而常識含有時間或空間成分者，多需尋求於文字記載，且其心得又時需以文字整合之。

近代教育趨勢，統合文字工具與知識材料爲一，設計法則看重此點，德可樂利教育法更闡明其義，由工具給予思想進程之用，更由思想進程而培養其工具，視蒙特梭利教育法只知從手工與遊戲，給予教材的具體方法，而缺乏實際生活接觸的機會，已不可同日語矣。

因此本實驗課程，先着手於国語常識之合科教學。其取名合科者，由其外形定名，亦以課程對立配置，此名較爲切合。初非實驗途徑，取德奧合科，而舍美之設計法也。又簡易小學、短期小學等，以國語包含常識爲一個科目，與本課程之國語、常識合科，根本見地不同。彼以國語課文包含常識成分，科目減少而學習將愈增困難；此則求學習便利，而尋取混合途徑，達到工具與知識之統一的企圖。即以常識論——并各科目之知識部分，亦得提出，較常識科目領域較大，此不得不聲明者也。

二、合科進行的步驟——合科既依學習途徑而定，進行自有必然的步驟，非只形式混合已也。此種步驟，仍建筑於學習心理普遍原則之上。

1. 直觀教學、事物教學、感官練習等，爲小學低級學習必循軌道，此惟合科易於控制繁碎材料，而得到適當的取舍。

2. 進一步的學習，不永滯於知覺領域，而漸達於觀念學習的創造階段。

3. 上之兩個階段，非限於一個教學過程之分段，尤顯著於學習期限之分割。惟其然也，故初期學習，重在從具體事物之觀感，取得印象及記憶，確立進步學習基礎，亦可謂之準備學習。及基礎已立，凡新的學習，皆得自己運用已有經驗而理解之、類化之，使思考的培養、概念的發展、符號的應用，結合一致而進行。

4. 應用上之原則，達到統一工具與知識的企圖。故初步的學習，以取得工具爲主。而工具取得，又必須由事物接觸所構成之觀念以認識之。進步的學習，則在開拓自學的能力，由使用工具以取得新知識并培養其工具爲主。

因此本實驗課程，分爲三個步驟：

第一步驟——自學初步工具及習慣的準備

第二步驟——培養使用自學工具的能力

第三步驟——完成自學功用

三、達到步驟進行之途徑 第一第二兩個步驟，取途于單元活動，一循直觀教學、事物教學之原則，從感官獲得知識爲出發點。第一步驟所注重者，在使兒童對於文字本身，在大體上得到明確印象，易識而且多識，但與舊時專識字之程式不同。第二步驟由完成初步的全部單元活動，繼續識字進而側重分析，并各種自學工具之基本習練。於此當注意者如下。

1. 單元配置（開始一個學年）——構成單元命題，依以下實施，可以避免設計式之缺陷而取其優點。

（1）依環境分布活動，使進而由時間、空間所擴充之教材，均得由一個明確出發點而類化之。

（2）依據部定課程標準，爲完整的規畫，使一年間的學習，對於初步應具的知能，建立基礎。

（3）凡具有時間性者，均適應之而作活動，使一切當前活動，均在教者控制目的之下。

2. 學習過程——分兩個階段，開始取得知識，必由當前活動而取得，使易於得到明確的經驗。次練習文字，必由所得知識構成觀念而抽提，使符號認識，依據於自己的觀念再生，無須多費講解。此看似兩截，實則打成一片，由其合可以完成整體活動；由其分則活動便於控制，而且各部分亦便於充分活動，打破從前各種形式過程之弊。

2. 藉助於活動工具

（1）使知能取得，皆由訓練習慣而來，身心得到協調的作用。

（2）成功與錯誤，均有明確的證驗。

（3）可使多數人同時活動。

（4）便於多方變化，且有分明程序，使練習與理解融合一致，并不流於機械記憶。

（5）便於互相比較，得到正確的辨認，并且時常以小部分的練習，得到大部分的認識。

第三步驟取途於自由閱讀，進步的學習由被動的接受，變為創造的學習，不限於藉助環境或外來刺□。而且由空間時間擴充之知識，大抵由書本上取得而來，如兒童自己使用文字工具而理解之，不惟適如其度，而且確實而迅速。欲使此種企圖完善，必須注意以下條件。

1. 須有分明進程之讀物，且便於自修者。

2. 須有分明學習過程表見其具體工作。

3. 須有輔助自學工具，足以引導自修，減少問題。

4. 須有適宜指導，在教師不嫌繁碎，在學生恰如所要求者相應。

（?）此當聲明者尚有三點：

1. 進行途徑之形式——前兩步驟取途於單元活動，或以為同於設計法；最后步驟取途於自由閱讀，或以為同於道爾頓制，非也。吾國小學率稱低級用設計法，高級用道爾頓制。試詢以二者銜接，貫澈如何目的；前者對后者有何準備，大抵無辭以對。本實驗方案以培養自學能力為主，多方貫澈其目的，係對班級制、科目制、書本授課式以及復式教學、分團教學與設計法、道爾頓制所形成之弊，求一個總解決；并舍短用長，更進而求其積極有效，易於實施。故單元活動之結果，係為自由閱讀之準備；自由閱讀之進程，又係開展單元活動已成結果之功用。即形式相同，途徑已殊其用。關於學習活動，與設計法、道爾頓制出入之點，由上之說明已可概見。最要者，即進於自由閱讀，各個以自己興趣與能力，取得適當進度，超過於分團優點而無其缺陷。整體學習立於自學基礎之上，彼此不相牽掣，又不慮同時衝突，無取乎舊式教學。其認爲問題者，惟在一年級，然以分團論，初年無分團的必要。以複式論，則一學年與其他學年同等編配，所有自習作業時間，根本成爲虛設，故日本進來單級班，每以二部制調節之。欲使兒童早逮於自學地位，一學年兒童更非獨立學習不可。如不得已，對一年級生用二部編制，固亦甚當也。

2. 自學路綫中的讀書式學習——此非偏重讀書教育，特以文字爲一切學習之工具，初步不得不植立其基礎，而文字又不便於孤立學習，更不得不結合常識，使由真實情境中取得明確觀念，□學習可以事半功倍。如從表面觀之，則開始學習，絕對不憑藉書本而識字。所以然者，一從書本識字，便難學而且乏趣味。故本實驗課程，雖以增進讀書量爲最大企圖，而學習途徑，一反書本教學之傳統方法。雖以運用文字工具爲推進自學原動力，而學習內容，并非以認識或理解文字爲唯一功用。所以進於自由閱讀，即有許多知識，須取資於觀察、調查、實演，或藉助於試驗，而后自學功用，可以完成。

3. 混合之歧途——國語常識之合科，非有兩種教材混合之謂，更無課本可以混合編制。故自由閱讀中，國語文學與常識，儘可分編讀物，仍得進行其綜合教學。吾人當知二科所以結合，由於文字所代表意義，皆爲知識所付與；常識之取得與應用，必藉語言文字爲工具。二者結合，當於學習程序中求之，非國語可以包括常識而成爲一獨立科目也。若以讀國語課文爲求常識，或依常識目標編國語課文，作爲混合課程，在實質上各喪失其固有價值，在學習上各增益其繁難，不僅兩無所得，甚至兩相妨礙。蓋教學而以課本爲唯一工具，效率已減，益爲混合編制，害又甚焉。所以混合課程與混合課本，不能併爲一談，雖常識讀物，吾人甚希望其能用藝術描寫，具有文學意味，此特爲讀者樂讀起見，非謂讀此即盡學習國語之功用也。其有稱用混合課本比普通課本成績較優者，亦課本與課本之比較，非綜合教學與分科教學之比較也。

第五章 實驗經過

第一節 開封教育實驗区的实验

民國二十三年十月開始試行於大花園小學，地點在開封城東門外三里地一個貧苦農村。次年推行於杏花園小學，地點在城內一個小手工業中心處。

一、目標——有三個要項：

1. 感覺過去傳統教法之陋劣與試行各種新法之未顯實效，欲減除其缺陷而保持其優點，並推闡未達到目的之一切問題與其原理，期於有系統的具體表現。

2. 感覺國民基本教育之極宜普及，必須適應文化與產業落後之社會，及所有受教者複合情事，盡量取得方便，而消除其正則小學、短期小學分割鴻溝，成為平等的國民基礎教育。

3. 以一貫方針，推行一切新的學習程式，而歸宿於學習經濟。即小學規定年限，因入學情事，得以四分之三或四分之二的時數，修完部定課程標准，最低限度具有用教科書學習之同等程度。一方面可縮減年限或提高程度；一方面可以約束其實驗工作之效率。

二、對象——暫以兒童教育為研究起點。各班入學年齡，有全部相當整齊者，多數班次較有參差。程度則進到自由閱讀，因中途輟學與插班之故，頗不一致。

三、避免歧誤——有五個要點：

1. 不降低學習程度或減少學習分量。
2. 不選擇優生或減少被教名額。
3. 不用固定課本強迫貫注。
4. 不廢除假期或增加授課時數，亦不依賴課外作業。
5. 不延長學齡，造成變相失學者之教育。

四、實驗經過

1. 實驗班次——繼續修完五學期者三班，由單元活動進到自由閱讀一個學期二個學期者各二班，中途從事自由閱讀修完二個學期三個學期者四班，僅習完單元活動者四班，超過第五段閱讀進修一個學期二個學期者各一班，共實驗十七班。

2. 實驗作業時數——合科每週鐘點，即用部定國語、常識兩種課程規定之時數。

3. 課程配置——以常識與國語統稱合科課程。其他科目，如算術、遊唱（體遊樂歌）、勞作（手工圖畫）統稱練習課程。兩種課程分立配置，茲分揭旨趣於左。

（1）合科課程之單元活動，與練習課程各科目，常有互相聯繫之處。其自然涉及練習課程各科目之事項，仍隸之單元活動進程中學習之，但注意以下三點：

Ⅰ. 不為勉強牽合，傷害教材固有的價值。

Ⅱ. 因教師能力問題，不限於全部課程由合科教師一人獨擔，以免喪失科目獨立的價值。其為專科教師分擔者，惟取互相聯絡態度，同時各進行其適當學習。

Ⅲ. 唱遊在練習課程中已經熟習教材，可於單元活動時，取為調節活動，每節一二次，每次一二分鐘。有時擔任單元活動之教師，因習慣訓練或進程動作，最適用某種唱歌之節奏，或某項運動姿勢之訓練，亦得商之專科教師，特別提授。

勞作之作業事項，有可作為單元活動之主體教材者，有由單元活動而分割一部分工作在勞作時間內者，此惟適應當時活動情事而定。

（2）進於自由閱讀，每學期須有三四個活動單元，補書本上知識所不足，此項活動，大體採設計式。

（3）練習課程各種科目，因學級而異。如算術在第一學期則包含於單元活動以內，隨時培養數之觀念。至第二學期稍定獨立練習時間，以後逐期加多。勞作略與算術同趣。惟唱遊自第一學期始，勿論是否由專科教師擔任，必稍有特定時間進行其基本練習。

（4）國語之音符、標點符號、習字、作文等基本教材，以及常識之試驗教材，均須特殊練習，但皆包含於合科時間以內。音符在第一學期末進行，第二學期繼續練習。標點符號在第二學期開始辨識，以後繼續應用。筆順基本練習在第二學期之始用鉛筆寫，筆畫基本練習在第二學期中用毛筆寫。以上除標點符號外，開始均集中於一定期間練習。

習字於兩種基本練習繼續習完後，除附隨練習不計外，每週至少當有二次獨立練習。作文在第二學期結合于文字練習進行，至屆自由閱讀，除結合於讀書工作時間外，每週至少當有二次特定時間作文。

4. 二年半制——實驗目的為控制預計結果，所以假定為二年半者，一方面估計過去浪費時間實不下三分之一。一方從身心檢驗，兒童生理方面，八歲以後，身長、體重、細筋肉發達，一般較有顯明異徵，初小似乎必達到九歲為宜。再就心理方面而言，六七歲純為想像生活，八九歲漸注意現實生活，十歲以下對特殊情事發生興趣，亦喜探討科學常識。似此變動，由人事經驗之增進，心理亦稍受影響。所以年及九歲，如其進步較速，與十歲以下兒童同一學習，無甚軒輊。並且期限亦有伸縮餘地，即最優者僅修二年，已達標准，續學與否，可依其境遇而定。遲鈍者亦得延至三年。

錄《廉方教學法》關于教學檢驗一段：

（1）減除從來浪費時間，例如無實效的問答，循文通講，盲動復習，個別讀講中多數閒散是。

（2）有效的經濟時間，例如集中基本練習，減除散漫消耗；注重學習新習慣基本訓練，取得轉移作用；分布練習，多方變換方式；由部分得到全部的體會；各自盡量學習，不受牽掣是。

以上所舉，在學習過程中常有之，雖不易一一作精密檢驗，然大體殊可估計。如（1）之各項，在課本授課式下，整課時間約三分之二受其支配，大部分屬於浪費。如（2）之各項因有效而省時，亦約有十分之一二的時間。如此總計，似可減少過半數時數。惟常態學習，原含有優游意味。由教學而致於虛糜時間，固應在排除之列。若計虛糜時數，而增入應有的學習分量，又爲實際所不許。蓋連續學習時間以內，即不因教學方法招致空閒，而動息出乎自然，固有不斷的須停少許時間之情境者矣。況如所謂浪費，所謂經濟，主要原因由方法所構成，而教者能力，亦足以促成之，二者具有連屬關係，前者猶可限度，後者則出入無常，因此改造目的，止於正當態度與適合途徑，非有唯一限制之計算也。

再從學科方面言之，技能科暫置不論，算術集中於二個年學習，可以達到標准，爲一般所承認，部定課程標准中亦經言及。其占主要部分之國語、常識，一般教學，大抵浪費時數，試揭舉兩點：

（1）從前小學未改國文爲國語，教者翻文爲語，自不得不逐句逐字加以解釋。今誦習者全爲語體文，仍循此轍，不惟徒耗時間，且常因講解反不明了。此例不勝枚舉，民八曾爲文論列。近如部編教授書，釋父母兄弟姊妹同住一處爲家，是爲不是的反面，人是人民，小孩是幼年人，即其一例。

（2）文字教學離開真實情境，而授予事物觀念，或牽合常識成分，爲機械誦習；以及常識教學專從文字提示意義；或綜合教學，非依整體事物之自然程序而開展，惟憑藉課本授課，凡此皆虛耗精力與時間，兩失其真。

5. 實驗結果

單元活動兩學期——大花園小學前期第一團十六週，識五百六十八字；第六團十八週，識五百八十二字。後期第一團十八週，識六百九十八字；第六團十八週，識七百二十三字。杏花園小學第四團前期十七週，識五百六十五字。後期十八週，識六百九十八字。

每二三個單元完後，必舉行一次綜合復習，未盡者再經一二週後再復習一次。除開始綜合復習外，每舉行綜合復習，必將前次最後一個單元併入。每學期末將文字、常識分別舉行測驗。

自由閱讀三學期——第一學期讀書字數最少一萬四千，多至三萬八千。第二學期讀書字數最少二萬一千，多至十一萬。第三學期讀書字數最少四萬八千，多至二十七萬。綜三個學期讀書字數最少八萬一千，多至四十一萬八千。

常識達到標准，最低限度必占課程標准事項百分之六十以上。

每種讀物閱讀通過二三週後，用製定測驗片測驗，如有問題，再令復讀，或特別公開提授。每學期末，每兒童已讀讀物，仍用原復測驗片舉行測驗。

與普通教學成績比較——此當鄭重聲明者，本法實驗期間，不用等組比較成績。所以然者，等組比較，惟小問題實驗便於控制。如果整體學習與教材不同，學習事項先後次序彼此不盡同，对象又有單純與復合之別，即非通常等組比較程式可以適用。且有許多學習，須經較長期限，甚至需三四學期者，始得比較能力。因此本實驗工作比較用以下二種方式。

（1）提取各部分事項，分類舉行共同測驗，所測驗者往往有十餘個普通教學班，以所得結果，比較實驗班能力如何。

（2）自由閱讀至第二與第三期將終，限令若干日習完相當程度教科書若干冊，考核其閱讀效率與速度。

由二種考核結果，本實驗班進到第四學期之終，所習得質量與寫作能力，一般超過於普通教學班用教科書授課二學年者。進到第五學期之終，已有若干兒童超過普通教科書班用教科書授課四學年矣。

第二節　卡片教學

本法實驗時，並未定何名稱。有依所在學校稱名，如"大花園教學法"是；有依創作人稱名，如"廉方教學法"是；亦有依課表分配稱名，如"合科教學法"是。自二十七年教育部開辦實驗教育訓練班，命名"卡片識字教學法"，大概因本法在單元活動中有字牌、字片、口令片、四對牌、拼字板等用具；在自由閱讀中有指引片、測驗片等用具；此外還有種種練習片作特別練習。似此類乎卡片用具，固爲本法特點，不過本法功用，不全在此。外間多因命名形式，以外國流行之卡片練習相臆度，或未得其真相也。現在教育部分發學員所辦班次，皆用卡片教學法命名。其附於編委會所設之組，仍稱實驗教育教材編輯組，最近專從事兒童讀物編制工作，惟人少殊不易舉耳。

第三節　有關本法之參究資料

開封教育實驗區出版者：有《廉方教學法》，《改造小學國語課程方案》（第一期、第二期、第三期），《開封實驗教育》第一卷第一號、第二號、第三四號合刊、第二卷第一號，《二年半修完部定四年課程概要》，《實驗義務教育學校實驗計劃》，《國語算術課程綱要》，《筆順基本練習法》，《筆畫基本練習法》，《習字本》，以及教師參考資料——《相國寺》《龍亭》《禹王台》《岳飛與朱仙鎮》《端午》《新年》《兒童節》《"五九"國恥》《"九一八"國恥》《國慶》《總理逝世》《雲南起義》等，又有各段閱讀反應情形統計等。

二、教育部實驗教育教材組編制者，有《合科教學法講義》《卡片教學綱要》《修正筆順基本練習法》《修正筆畫基本練習法》《各表用法說明書》《小學常識課程標准與單元及讀物對照表》《讀物分配與常識課程對照表》《各段讀物目錄》《基本單元活動教案》《前後期單元詞語》《單元詞語用字與部頒字彙對照表》《卡片教學法說明要略》《合科教學法課程分配圖》《基本單元活動教學表解》《四大領域中基本單元教材運用圖》《自由閱讀讀物配置標准表》《調節活動教學法表解》《小學公民訓練實施法表解》《作文習字教學法表解》以及新編各種讀物學習指導片、常識讀物。

三、有關本法作品——《小學低年級綜合課程論》（中華書局出版）、《有趣的教育實驗》（黃炎培《斷腸集》一〇九——一二四）、《合科教學法》（《教與學月刊》第三卷第八期）、《卡片教學與三個研討問題》（《教育通訊》第二卷第五、六期）與《亡兒一民初稿》，作者稍加潤色耳。

第四節　附及問題

一、每教師能擔的上課人數——依單元活動與自由閱讀之教學經過，勿論教者能力如何，每班上課人數總以三十人左右，能各別盡其適當指導的責任。四十人左右亦可擔任，過此則感不便。此與談班級制者，所稱最有效率的教學之應有人數，殊甚相合。

二、每節分鐘——通常小學授課，率用三十分一節，此於排列課表，自較便利。惟兒童進到二年級，遇有內容較豐富的或需多方練習的教材，三十分鐘每不敷用。似乎進到二年級，合科每節仍以四十五分鐘爲宜。其有科目只需三十分鐘者亦可並行。此當注意者：其一，各科目授課分鐘不等，排課時必須設法調整。其二，每種功課與通常所列之課外作業，應結合於正式授課鐘點以內，酌加練習時數，而減少其處理課外作業與均擔監護所需之時數。此並非加重教與學之負擔，而係求教育有效驗之改進，亦大可研究之問題也。

第二編　單元活動

第一章　單元教材

第一節　研究範圍

一、根據——通常研究教材，大率喜就其內容與旨要，抽舉論列。至如何由其教材以教學，鮮爲系統研究，其實內容與旨要，部定課程標准，即可作爲依據。茲置此不論，非無視也。特以對於教材之特殊主張，在課程標准中，儘有伸縮餘地，正可不必多爲泛論，徒啓糾紛，不如進一步從如何由其教材以教學而研究之，較切實際。

二、單元構成之旨趣——分科授課式之全部教材，分若干課，每課組成篇章，易流於形式。設計教學每個設計，皆爲一個單元，由設計定義，即可想見單元應如何而構成。不過設計者每每根據其活動理想而下定義，極力標榜大單元之功用，以致流行之單元設計，無其功用而存其形式。其實所謂大單元功用，皆設計標准意義，不盡屬於單元大小問題。蓋設計單元，異於分科授課者，緣于非分科目之分類組織，而建築于具體事物問題之上，固有綜合各科之可能，然不限于必綜合各科始成爲設計；其綜合範圍，亦非限於單元愈大，包含科目始愈多也。

分科教材，固失于割裂與固定。然其科目本身，系統完整，程序分明。設計教材正能矯正其失，而不易保持其優點，此不能不考慮者也。

欲使兒童學習有真正興趣，必須由其自己發見教材。課本違反此旨勿論矣，設計教學開始對于各單元的全部教材如何預定問題，即爲不易解決之事。進至各個單元活動，以計劃討論爲兒童本位之表見者，亦往往流于形式。蓋教學與集会異其性質，非可取決于多數者。尤其團體學習，重在由交換而取得互助之益，與分工合作異趣。談教育者頗重視自發活動，終之僅成理論。蓋誤認自發活動，在教材提供以後，而不解教材之搜集與選擇，實爲産生自發活動之源。然而自發活動之源，又不在教材本身，而在如何立於教師控制之下，使兒童各個集中於同一目的，各自發見，此頗需深究者也。

在廢除課本之下教學，尤須使教者不感到供給教材的困難，即成績低微，亦須比用課本較愈。直觀教學僅爲教學原則，非教材統制。設計教材正於各個單元之本身完整，而全部教材難尋一個自然系統的方向。過去的合科教材，惟以企圖綜合爲目的，而生活需要範圍，仍無邊際。德可樂利由生活分類列題，似有明顯範圍；然因受中心問題之束縛，仍不免設計所遭遇的困難，又其範圍係從人生需要而分配，非太廣泛，即易空乏或生澀。凡此皆易使教者對於供給教材，感到困難，或者教者能力稍遜，教學即易失敗，此又不可不體驗者也。

更有一個事實，爲吾人當深省者，即小學教材，標榜尚實用，或生活化，或鄉土觀等，大率質變形式變，而學習途徑不變，在實際上成爲換湯不換藥之教法。所以然者，其根本仍在學習途徑，不專繫於教材本身，而繫於如何搜集與選擇。所謂教材如何使兒童自己發見，即教法改造問題，亦即教材改造問題。不過認清學習途徑之方向，仍屬最先而且最要。惟達到此種企圖，不在用空言指示目的，而在使兒童在學習中接觸一般生活，了解何者爲生活，尤其是社會生活。生活係於生物自身與所處環境，前者有關個人活動，後者有關民族活動。學校教育，如爲適應新時代生活之準備，當於此中求之。

三、知識與工具在單元中的整體性——單元命題，固屬於知識範圍，然文字内容不能離開知識而獨立，所謂筆劃繁簡，生字多少，以及通用字數量，并無一定標准可言，即強定標准，而先后分割程序，事實上亦復困難。但使經過當前活動，由取得常識所構成之觀念，而提抽應習詞語，在識字之始，并無取乎必與書寫結合，凡從前流行種種限制，一切不成問題。僅有實字中之動字靜字，與虛字，爲分配學習之注意條件，此則爲數有限，且須附屬於其他詞語而成文。如果單元分配得當，不難於一年分布學習中大體完成。至名字則因人因時因地不同，出入殊甚多也。

第二節　單元構成的旨要

一、開始學習的活動單元——本課程爲力謀知識與工具之統一，適合於學習進程，前兩期建築於單元活動之上；以後各期，以自由閱讀爲主，而以單元活動補充之，此種補充單元，每期間約二三個，其主要路綫有四：其一，適應紀念節日之活動，增進必須了解之史事；其二，因本地特殊事物之深切體驗加強其愛護鄉土的觀念；其三，從新聞所引起注意事件，使對目前大事能約略了解；其四，試驗作業，就各讀物內容含有理科成分者，分類歸納，每類給以一次之綜合試驗，俾得由此試驗，進而理解其同性質之讀物。茲所論列，專屬於前兩個單元活動，即開展自學之基本知識與工具，由此奠定其基礎。

關於單元之選定與配置，依下之四個原則構成之。

（一）單元之內含與配置，確立一個自然程序，處處便於活用，而必循一定軌道以進。

（二）全部單元，分則適應時機與需要，各自獨立，合則自成完整系統。

（三）依環境之大自然大社會，吸取工具而成爲活課本，得此索引，較選用任何固定課本，合適而且便利。

（四）打破以往的中心問題之論理組織，而適應真實情境，俾連繫於主要學習者，得有多種副學習。

二、分割四大領域——本方案之合科，爲適應新時代之生活準備起見，建築於國語、常識二者混合之上，幷使活動單元簡單化，而又不失其整體性。首先注意者，即爲單元之如何構成。此在設計單元爲問題，與課本之題目同其立場。茲不先討論問題或題目之產生，而先規定產生之一定領域，近似設計所稱之大單元。但非由單元興趣中心之原則而構成，而係從整個環境劃分若干方面，各自容納多方興趣中心的小單元教材，便於教者為有目的之控制，被教者亦易擇所趨向。計分為四大領域，即我的學校、我的身體、我的家庭、我的鄉土是也。再由四大領域，依其場所或事情，分成若干小單元。

吾人當知兒童所以必須由學校而學習者，以學校能為兒童作現代社會生活的準備，使其在生活中學習。不過何者為現代社會生活的標准，頗難得到一致的決定，標准不定或強定，所謂生活準備，純依主觀見解，非鑿枘不相入，即削足而就履。故教育之學非所用，不限於課程不切實用也，即確為實用課程亦然。

1. 學校教育必為團體學習，各個之性質與興趣，難以強同，宜於彼者未必宜於此。

2. 初小為基本之普通教育。即論實用，途亦甚廣。所以理論即趨一致，實際仍多紛歧。

上所論者猶為教材本身問題，再從學習方面加以體驗，兒童如何自己發見教材，必需每個小單元，皆具有多方興趣而後可。此多方興趣之教材，必存在於一定領域，為兒童耳目所及，從許多事物中，印入於固有經驗，或特殊興趣，引起反應而發見者，均在教者控制範圍之下，然後各個發見，始集中於同一目的，成為公同需要之教材。不惟此也，教材之質與量，更須依當時了解進度，逐漸增進，非以一次提供為已足，即提供者亦非限其皆需學習也。兒童對於提供之教材，固有不甚了解者求其了解，亦有非所了解，因覺其可能了解而亦必使了解。此於開始在誘致其集注於何項教材，是為觀察過程取得教材。其後則由教材本身之內含與其關係，整理各個心得，或加以啓示，補充未逮，是為聯想過程取得教材。

因此，分四大領域取得教材，其旨趣更有說明之必要。

1. 此四大領域所有教材，係教材之出發點。其不列國家、世界兩部分者，則以本活動單元，係以開始一個學年課程為限，并非小學全部課程。此開始一個學年的課程,必須兒童直接在環境所能取得之教材,即涉及國家、世界的事項,亦當由此四大領域爲出發依據。其一,環境事物,如衣食住行等,無一不可依其可能而向空間時間進展。其二,國家、世界之情況,可依當前事實,取得一種基本觀念,由已知以及未知,不涉抽象,亦非不着邊際,斯情緒易於激發。如升旗,紀念節日,以及外人居留者所享權利與外貨充斥的情實,皆爲最好教材。如此,則採取之生活需要,具有適當範圍,尋求之基本知能,亦得到明確標准。不然,則列舉國家、世界之事實,非兒童耳目所及,亦無自而領受也。要知小學教材,依論理分類,僅爲教者估量取材之事。如依此配置單元,則反障礙學習。何也?直觀教學,爲初不學易原則;充類至盡,爲思想發展必循途徑。彼依論理分年配置課程,如由鄉土以進于國家、世界者,勢必至直觀所及,可引申及于國家、世界者反而自畫;而國家、世界之情況,須藉助於直觀事物之了解而類化者,反而闕如。而況論理分類,初學年固亦從鄉土配置教材也。

2. 提供之完整教材,勿論如何體察學習心理,終有需乎强注。惟此環境占有之大自然、大社會的事物,一入于兒童眼簾,自與其固有經驗相結合,發生適當反應。教者但須指引路綫,則反應之來,即受其目的控制,各以已知者進而求知。夫人類生活之源與其活動進展,莫不取資於自然與社會。自前代經驗,藉文字而傳授。學校教育竟舍去本身接觸原料,一一求之于書,鄙棄日常生活不顧,而專事記誦。以致教育與實際生活日離,去平民需要日遠,在功用上不能爲生活準備,在學習上時時妨害兒童身心,亦大可悲矣。

2. 依四大領域所包含之場所與事情,分成小單元,不可不有一種控制學習之理念。茲仍避去抽象論點,示以較分明之指導路綫。第一,當知教材的自然、社會兩個來源,從自然表出者爲物,從社會表出者爲事。物則意義純由其本身而構成,事則内容含有人爲成分。凡成爲教材,必須具有社會意義。社會構成,非由物之關係,即由事之關係。而事之產生,又往往與物爲緣。教者預定計劃,曉然於何者爲事物之混合體,何者爲事物之單純性，自知所以指導矣。第二，當知場所或事情之區別，分爲生活體驗與問題解決。生活體驗，有人類需要與當前活動兩種：人類需要之體驗，在如何而了解；當前活動之體驗，在如何而實行。至於問題解決，非限於指定事情一方面，其活動係做某事或做某物抑對某事或對某物而研究之，則視實際情形而定。由所認定之目標，尋求活動之場所或事情，自有歸宿。第三，當知場所或事情之指定，係爲了解而學習，抑爲欣賞而學習，爲了解而學習，如人類需要之體驗是。爲欣賞而學習，則有入於欣賞或結束於欣賞之分。結束於欣賞，必其由了解進於適當情境中引起學習者之熱忱，惟做某事或做某物較易達到企圖。入於欣賞，則爲事物本身之固有價值，或屬于美感，或屬于娛樂，極爲明顯。因供給學習的教材之性質不同，則所以進行學習者，不得不分別事項，各示以自由活動之路綫。綜此三點，利用環境事物構成單元活動，自不致漫無準的矣。

三、規定各個單元——此爲實施者便利起見，分別規定單元，以資參考，實施時仍當有所取舍也。茲先將主要條件，分別列舉于左。

1. 由四大領域之場所或事情，分成若干小單元，前後兩學期，均依同領域而循環一次，並不限於以領域爲次序，先後可以相互錯綜，彼此亦得結合進行。其前期排列小單元末及學習者，得于後期習之；又得擴充同單元之範圍而習之。

2. 每進行一個單元，于其觀察經過中，因爲時間聯繫，或空間聯繫，在不妨礙中心問題之體驗下，有吸取散列教材之便。但使分割及于四周，分期及于四季，則一切固定事項，皆成爲活用教材，任何散列教材，皆可于確定單元以內完成之，無須另謀補充。

3. 暫定一年期內的單元五十六個，其中前期專用者十個，後期專用者十五個，前後期只作一次者十七個，兩期均用者十四個。最低限度必完成此五十六個單元，其中亦有兩個單元以上之大部份內容，可以結合者，但爲數有限。又有若干單元，一個單元可分爲二個以上獨立單元者，由教者因地制宜可也。

4. 每個單元分繫標准、用法、內容三項，標准係就所規定之單元活動，以一學年爲限，而文字教材又從實質教材而生，故列課程標准一、二年常識作業要項。惟須聲明者有二點：其一，以公民訓練之條目，因單元活動性質得以類及者，分別繫屬于用法與內容之下。其二，史地教材，較原列標准範圍較廣，運用亦較早，其他教材亦有稍及一二年以上作業要項者。用法係說明本單元應如何而進行活動與其配置。內容係說明取得常識之旨要、範圍、項目等，文字教材由內容之規定已可表見。

5. 規定單元，在實施時應注意者兩點：其一，因時間性之適應，必適當其時而進行，且以當時所有者爲主要活動。惟以入學始業有春季秋季之不同，如須在後期進行者，則質與量均較擴充。其二，因空間性之適應，有許多事物，或其事物內容，必以環境所有爲限。但本體無變更，而只有若干增損出入之點。

第三節　單元概要

各單元分兩部分。

四大領域中小單元含有時間性者

一、下了雨以後

標准——鄉土自然二。

用法——注重下雨所發生之自然現象的變化。進行時間宜接近雨後，一切可以回憶。並須於下雨時與雨後，引導省察其種種表現與變化。後期循環進行，須參考前期活動。以下準此。

內容——兼及風、雲、日、陰、晴、燥、溼、水道、地面等，有時可以及於雷、電、霞、霧、虹。

二、植樹

三、總理逝世紀念和植樹節。（二係前期用，三係後期用，前期作者後期可省）

標准——本國政治二，鄉土經濟七。

用法——春季始業，僅參加紀念典禮，活動練習集中植樹方面；秋季始業，則用總理逝世紀念和植樹節。

內容——關於植樹者，當時所植或林場所見樹木之名稱、生長狀態、大樹與樹苗的比較，以及植樹用具與植法。關於總理逝世紀念者，開會儀式與秩序、總理幼時故事、革命大事、逝世事略。

四、踏青（前後期只作一次）

標准——鄉土自然一、三，工作欣賞五，發表四。又三、四年鄉土自然二。

用法——以到田野遊覽為宜，事前預定遊覽地點，作旅行準備，並預習遊春一類歌詞。如係秋季始業，得製風箏等玩具。如在大都市，就近往公園一遊亦可。

內容——以指定地點及沿途所見，在預定範圍內，各自欣賞其景物，作為發表的主要資料。並及於沿途經過區域地形與重要處所，以及由時令表出之自然現象、服裝與一切動植物狀況，植物尤重發芽。其資以遊玩之用具與歌詞，亦得類及。

五、兒童節（前後期只作一次）

標准——本國政治二。

用法——春季始業，只於參加大會外兼習簡易歌詞；秋季始業，則參加各種活動。

內容——開會準備事物與歌詞，以及會場各種活動與贈品。

六、看看花草怎樣生長（兩期均用）

標准——鄉土自然三，又三四年鄉土自然二。

用法——必須在校園或原野，或盆栽物省察之，如僅在單元活動時，作一度觀察，殊無意義。應於進行前若干日，就環境或工作中，指定省察之物，指導逐日觀察，俟生長發達，繼續表現，有一定現象可以證驗時，即開始單元活動。春季始業，當在夏季進行，即前期末；秋季始業，當在春季舉行，即後期中。

內容——屬於主要者，某花草之形態、繁滋、栽培與其生長過程；屬於一般者，當時所見花草種類以及花草間之昆蟲。

七、夏天到了（前後期只作一次）

標准——鄉土自然一、三，自然環境一，生理三，社會六，算術二十八。又三、四年鄉土自然三，鄉土經濟四。

用法——預定旅行地點，到水邊或林下憩息，並預習消夏歌詞。捕蠅運動，亦可成立小單元，附於此單元活動後行之。

内容——從自然現象、動植物、服裝等比較踏青單元所見景物。從日課表午前入學午後放學時間與從前不同，以體驗晝夜長短。從寒暑表升降，使體驗氣候寒熱。更從蚊蠅、服色、飲食、時疫等使體驗衛生。

八、端午（前後期只作一次）

標准——鄉土文化一，社會六。

用法——節日或節後一二日進行活動，由兒童陳述家中過節或所見過節情事，爲說話資料。

内容——分飲食、裝飾、衛生與禁忌、娛樂四項，整理談話結果。秋季始業，得兼及龍舟競渡與弔屈原的愛國故事。

九、國恥紀念（後期）

標准——本國政治二。又三、四年本國政治三。

用法——春季始業，後期進行以九一八爲中心；秋季始業，後期進行以五七爲中心，於紀時念日前開始準備。或摘報紙紀載，或以學校籌備，在高團配置之下，集中於開會表見，並宜於會後有適當的結束活動。

内容——以中心事實爲主，兼及其他國恥事實。最適宜於用圖繪、照片表見受侵略慘狀，用地圖指示被侵略地方。如本地在最近期間被敵人占領，或被敵機轟炸者，更足以引起刺激。惟一方在兒童可能了解中，使略知我國被侵略之事實，一方仍宜取民族抵抗有價值之故事以振奮之。

十、田裏種的都是稻子（麥子）嗎（兩期均用）

標准——鄉土經濟一、二、八，及生活三、四、八。又三、四年鄉土經濟一、三、四。

用法——此項單元，兩期各有特殊表現，應於田間農苗正盛或農作收穫時前往觀察，並得搜集。惟資以覺察者，或先見種植情事，或先見收穫情事。前期只能以所見情事作教材，後期於觀察完畢後，合前期所見，由成苗以至成穗之生長與農作經過，略表出其程序。如地方主要產物爲玉蜀黍粟或落花生或白薯之類，則以此爲單元題目。

內容——屬於主要產物者，爲其品資、形態、生長或收穫情事。屬於附帶事項，有土地、工作、農具、莠種、雜草、害虫、益鳥、害鳥、水旱等。前後期所見，如係順序連續，並得推及於產頒、價值、交易運輸等事情；以及風日雨露之關係。其他產物之名稱狀態，在環境中所見者，亦當類及。

十一、這時候園裏有甚麼菜（兩期均用）

標准——生活七，兼生活三、四。又三、四年生活二，鄉土經濟四、八。

用法——到農場或民間菜園觀察，並得採集之。因季節不同，產物亦別，兩期均得成獨立單元，以與"花草怎樣生長"或"我家的生活"單元接近爲宜。如兩期均列此項單元可於冬季成立一個單元。

內容——菜的種類與生長、栽培、施肥、灌漑以及益蟲、害蟲與風日雨露霜雪旱之關係，並與家園所有菜場所見相比較。後期得及於販賣、價值等事情。

十二、絲和布怎樣成的（前後期只作一次）

標准——生活三、九，鄉土經濟七、一。又三、四年生活四。

用法——此單元成立須與"我穿的衣服"單元接近，因地方或季節而有不同的觀點：其一，蠶吐絲；其二，拾棉花；其三，工場或住户的紡織；其四，布店綢緞店。進行時以能就上之四種有二處觀察爲宜。若用於後期，得由兒童從家中攜來家用各種布塊，用搜集程式處理之。

內容——物之種類、名稱、式樣、來源、經過、用途、價值以及工作情況與用具，就參觀與搜集所及者爲教材。後期並得及於供給，行銷運輸等情。

十三、米和麵怎樣成的（前後期只作一次）

標准——生活八，鄉土經濟一、七。

用法——此項單元,與"絲和布怎樣成的"單元須分期進行,與"我吃的食物"單元宜接近。在農產收穫至於成米麵,自不易同時觀察其整體過程,至少必觀察其一部分。鄉村收穫後,隨處可由家事方面見到此項之一部分過程。城市上則可由糧食店、麵房觀察之。

內容——其一,米麵種類;其二,工作程序及其情況(如刈、打、掀、簸、篩、碾、磨);其三,農具及其用法。

十四、中秋(前後期只作一次)

標准——鄉土文化一。

用法——在陽曆九月間月圓前後進行,秋季始業,僅注意現象與景物;春季始業,並及月之圓缺與地球關係。觀察分爲兩方面:其一,領導在田野或園林觀察;其二,提出事項,令在夜間留賞景物。

內容——分三方面:其一,秋之自然現象(如露變霜),動植物(尤注意於候鳥、鳴蟲、落葉、菊花);其二,節日之食品、玩具、故事;其三,秋夜之月色、蟲聲,以及月之形狀與圓缺。

十五、國慶紀念(前後期只作一次)

標准——本國政治一、二、三,及社會三。

用法——秋季始業,僅注意于紀念意議與開會儀式及主要標語;春季始業,得利用圖片、照片、故事畫等,略及於民國建立與革命運動之事實。

內容——其一,紀念活動的工作及其開會程序;其二,各種圖繪照片所表出之事實;其三,本地紀念之建築與遺跡;其四,主要標語及講述。

十六、孔子生日(前後期只作一次)

標准——本國政治二。

用法——開會行禮時必供奉孔子肖像,秋季始業,僅注意參加儀式及其主要標語;春季始業,並注意講述事實。

內容——其一,紀念儀式;其二,瞻仰肖像及本地文廟;其三,標語及講述;其四,孔子軼事。

十七、怎樣過冬（前後期只作一次）

標准——鄉土自然二、三，自然環境一，生活十一，算術二十八。又三、四年生活六。

用法——一方從自然方面觀察，一方從日常生活上體驗，以在陽曆十一月下旬以後進行爲宜。

內容——屬於自然方面，注意于冰雪、候風、晝夜長短，使用寒暑表，以及動物蟄伏、草木枯落與長青樹、梅花等。屬于生活方面，以禦寒爲主旨，類及于暖具、燃料衣料等。

十八、過新年（前後期只作一次）

標准——鄉土文化一，工作發表三，勞工其他研究調查一。

用法——宜與樂歌工作等功課有相當連絡，在放假前數日進行，春季始業，並得繕製賀年片及簡單的賀函。

內容——民間過年的儀式、玩具、春聯、食品以及種種娛樂事情。

十九、入學（前期）二十、開學了（後期）

標准——生活四。

用法——初入學時，在由非正式作業之活動，進于學校生活之訓練。惟以集合式的談話與遊戲，激引其在校規律的觀念與秩序的動作，尤注意個別性格，多則一週，少亦二三日。第二期開學時，則就假中生活，與本期新增或變動的事項，以及特別注意的事情，進行學習過程。

內容——前期"入學"單元。應注意者約有三點：其一，從遊行校內發見應知事情。例如飲茶、盥洗、大小便、吐痰、放置用品，或有危險性等處所，以及往來留心事項。其二，從新成團體中所發見應注意之動作。例如就遊戲或談話中所發生之喧哗、紛擾、無次序之妨害，與由個人言動引起大家愉快的事情，以及介紹認識同路往來學校的伴侶等。其三，關于開課後應訓練事項，例如排隊排坐，出入教室、到校、放學、行禮、攜取書物、容止、服裝等。後期"開學了"單元，應注意者亦有三點：其一爲提問，由兒童報告假中生活狀況。其二爲查視，校中建築設備與教室布置之增置與變動，以及全校與本團師生班級人數之變動。

其三爲提示，關于普通習慣更求進步與特加訓練者；關于學習事項擴大範圍與新增者。

四大領域中小單元不含時間性者

● 學校一

二十一、我們的教室（前期）

標准——生活四，及三四年生活五、八，工作欣賞三。

用法——爲入學後正式作業開始之單元，關於學習過程之觀察與練習，應訓練的新習慣特多，每一個新習慣開始，當其正進行時，必加以示範説明。雖不必期于一個單元活動，即達到迅速與整齊地位；然須使其以誠實態度應用之，能有相當的正確爲度。因此各個新習慣的訓練所佔時數當較多。以後各單元活動，如過程含有新習慣者均取斯旨，特鄭重聲明於此。

内容——就房屋最惹目，或有關活動者，以及清潔用品、教學用品等名稱、品質、功用等，巡視談話，並演習其用法，兼及室内最急需的規律與切要的標語（此時標語宜簡短，凡標語揭示，必須使兒童認識，並爲目前必遵守，否則不備，如其事成過去，即揭去）。公民訓練標准"中國公民是有禮貌的"之（10），"中國公民是有規律的"之（3）（4）（5）（6）（7）（8）（9）（10）（11），"中國公民是清潔的"之（10）（20），可摘取主要詞語爲教材。

二十二、整理我們的教室（後期）

標准——生活四，社會六，工作裝置欣賞三，製作發表三，及三、四年住的製作運用九、十。

用法——在開學後進行，或隔若干日，或學期中間，依教學便利或前期預計而配定單元，須與工作課程所得相當聯絡，同時並舉行清潔大檢查。

内容——以洒掃、整理、布置、製作四項爲取得常識的中心：文字練習最適于參入含有具體動作之命令語，與臨時關于特別訓練之標語。公民訓練標准"中國公民是清潔的"之（13）（14），"中國公民是規律的"之（7），"中國公民是公益的"之（5）（6），可以參照。

二十三、看看校內各場所（兩期均用）

標准——自然環境二，生活四、十，及三、四年生活五。

用法——此接"二十一"或"二十二"單元，巡視時特別集注於本團活動有關之處所，爲培養規律觀念起見，參觀他團活動。場所是否分割觀察，文字練習是否分次，視本校內容而定，且大部分適於在教室外作活動練習。如後期循環一次，須參照"開學了"單元中"查視"一項，增進教材。

內容——其一，標示及標語，標示分門牌標示（例如第一作業室、飲茶處之類）與注意標示（例如隨手關門、此路不通之類），標語以全校一般適用爲主。其二，各處房屋建設位置及廣狹量度與主要材料。其三，各處所布置及同學活動情狀。其四，校內花木與當時可以省識之自然現象。

二十四、到教室外運動去吧（前期）

標准——社會四、五，唱遊十六至二十三。

用法——接"看看校內各場所"單元，就本校運動場的設備，指導其較近自由組織之活動，並互相監察，保持規律習慣，而歸宿於本單元所企求目的。文字練習，亦以在運動場進行爲宜。

內容——認識各種運動的名稱，並演習其用法與準備，動作之口令以及自由組織應保持之規律並其主要標語。如公民訓練標准"中國公民是快活的"之（3），"中國公民是有禮貌的"之（6），"中國公民是有規律的"之（1）（2）（3），"中國公民是勇敢的"之（2），"中國公民是擁護公理的"之（1）（2）（3），可以參照。

二十五、新添的運動和遊戲的器具（後期）

標准——（同前）

用法及內容——大體同前，惟集注於本期新添器具之運用，與前期未經熟習之運動，並未認識之文字。

二十六、我校的四方（兩期均用）

前期標准——自然環境二，生活十，生理三。

用法——接"到教室外運動去吧"單元，須領導兒童環繞學校外周而行。如因四周阻隔太廣，不便巡行，僅能在門前與校内觀望，則指示四鄰所在，環境住户生活，與本校有何影響；以及本校位置，所得于自然與社會賜者，能達至如何限度，必須使兒童了解。更宜任擇一二注目地點，至本校門，以步測記其步數，輔助其活動。如本校在校外有設備者，如運動場、學校團等，可分割另立單元。

内容——屬於通常的，如林木、房屋、道路、氣象等；屬于含危險性的，如小販賣零食、水溝、喧鬧處所車馬往來，垃圾工廠煙囱之類。屬於望遠的，如空曠原野或場所，或廣大建築，或高地之類。

後期標准——自然環境二，鄉土自然一，鄉土經濟三。

用法——令兒童各就往來路綫與其住處，以及四面可以望見之較重要地方，分別談叙其方向遠近與區域所在作一簡單地圖示之，作看地圖張本。

内容——四圍附近之街巷或村莊之名稱、距離、區域分割，以及自然地理上人事所表見之特點。

二十七、升旗（前期）

標准——本國政治一。

用法及内容——在入學三四週後，或參□"二十四""二十五"兩單元間亦可。宜與唱歌課程聯絡，在升旗前預習歌唱；升旗習儀式，並就曾經參加活動，稍稍提問，加以指導；升旗後就所演習者討論訂正，然後進行文字練習，並歌詞認識。

二十八、紀念週（前期）

標准——社會三，本國政治一。

用法及内容——接升旗單元，亦宜與樂歌聯絡，注意開會秩序、儀式及一切應守的規律。在紀念周前提問後須習歌詞，並就以前經過加以説明指導；紀念週開會時監視其動作；紀念週後討論訂正，因而及于朝會、晚會及其他集會；然後進行文字練習。

二十九、看看日曆和時鐘（前後期只作一次）

標准——生活四，算術四、二十六。

用法——在進行本單元前，指導兒童看日曆，並於上下課時指導看時鐘。至進行本單元時，持示日曆與時鐘。分別提問並説明其用法。前期宜在入學後二三月進行，如用于後期，則在開學之始月進行，並練習其數字數碼的書寫。

内容——日曆及時鐘的式樣、用法；年月日時刻分等之説明；日課表及其科目之認識，十個數字數碼之練習。上學放學，上下課的時間之遵守。如公民訓練標准"中國公民是守規律的"之（1）（2）（15），可增損爲教材。

三十、大家做游藝會（兩期均用）

標准——社會三、四。

用法——與工作遊唱課程聯絡，在本校舉行此種集會，附隨於高團而進行活動，後期循環進行，須考前期活動。惟此種集會，不限於遊藝一事，其他集會亦可，但此種集會每期以一個單元爲度。

内容——分擔工作與歌詞演習，以及開會進行節目。

● 身體二

三十一、查查身體（前期）

標准——生理一。

用法——分頭部及腹部與四肢兩個小單元，須入學一二月後進行。

此項單元，以兒童自身爲教材，進行易流於單調。在取得常識過程開始，屬於頭部者，可用四項三錯問答，即所指非所問，所答又非所指。四項者，眼睛、口、鼻孔、耳朵是。例如任呼一兒童前來，面向同學，問道"那是你的眼睛"，答者手指鼻子，口説這是我的耳朵或口，才爲對。屬於腹部者，可先取體操中口令活動，例如手左右伸上下伸，脚左右轉，腰下彎，全體照口令活動，如作課間操然，亦可仿蒙特梭利感覺訓練方式，以顏色紙排長短方圓木具測視覺；以聽筒測聽覺；以香臭測臭覺；以厚薄量輕重；審粗糙光滑測觸覺。

內容——實質輔以人體模型或標本示之，文字不專用名稱作詞片，須兼取含有活動有趣之動靜字爲語，例如大嘴、長脚、禿頭、摸摸鼻子、扯你的耳朵是。

三十二、怎樣保健身體（後期）

標准——生理一、二、三、四。

用法——春季始業，宜在冬季舉行；秋季始業，宜在夏季舉行。或者因學校舉行身體檢查之便，在開學不久時亦得進行。或於種痘，或在打防疫針期間進行——此惟都市則然。若鄉校無用具施行檢查，可就種種運動比賽行之。或依部定公民訓練標准"中國公民是強健的"條目擇其在當時可施檢查者，分別考詢並公判之。

內容——屬於身體缺陷與疾病；缺陷如聾啞盲近視癱瘓之類；疾病僅及其兒童常患之病，如病眼、牙病、咳嗽、瘡類、頭痛、腹痛、跌傷、火傷、刀傷、時疫之類，並及於普通療治藥品。屬於衛生者，如光綫、空氣、清潔、休息等。屬於運動者，如課間操、姿勢矯正、簡單球類遊戲之類。此外，注意公民訓練標准"中國公民是強健的"之（2）（15）（16）（17）（18）（19）（21）（22）（23）（24）（27）（28）。"中國公民是有禮貌的"之（7）（8）（12）。

三十三，比比高低和輕重（前期）

標准——生理一，算術一、二、六，及三、四年一、六。

用法——接近"查查身體"單元，比較時兼作計算練習，惟重量宜省去兩之計算。

內容——認識尺稱與用法，以及輕重高低長短肥瘦等文字，並練習數字。

三十四、看誰最清潔（兩期均用）

標准——生理一、四，社會四、六。

用法——前期以入學一二月後，指導兒童進行清潔檢查的組織，以及檢查事項與程序。後期接近"怎樣保健身體"單元，並得商定檢查規條。

内容——專集注於本身方面,以公民訓練標準"中國公民是清潔的"條目爲依據,分對己對人兩方面,對己如條目之 3,5,6,8,9,12;對人如條目之 2,18。前期僅摘取主要詞語,後期可摘上所舉者提示文字。

三十五、我吃的食物(前後期只作一次)

標准——生活七、八。

用法——須與"談談我家的生活"或"看誰最清潔"或"米和麵怎樣成的"單元相參照,並接連配置。進行時,由兒童談話開始報告最近期間食品,亦可搜集可攜帶之製成食品或原料,備臨時觀察。

內容——食品的名稱、功用、原料,以及應注意事項,如公民訓練標準"中國公民是健强的"之(1)(3)(4)(5)(6)(7)(8)(9)(10)(11)(12)(13),"中國公民是清潔的"之(4)(10)(11),"中國公民是有禮貌的"之(9)(23),可增損爲文字教材。

三十六、我穿的衣服(前後期只作一次)

標准——生活九,三、四年生活四。

用法——須與"談談我家的生活"或"看谁最清潔"或"絲和布怎樣成的"等單元相參照,並接連配置。進行時宜就兒童各在當時所穿衣服逐一指問之。

內容——日常衣服與其附屬物的名稱、功用、物料,以及應注意事項。如"中國公民是健强的"之(40),"中國公民是清潔的"之(14)(15),"中國公民是有禮貌的"之(5)(11)(12),"中國公民是節儉的"之(4),"中國公民是愛國愛群的"之(5),可增損爲文字教材。

三十七、我住的房屋(前後期只作一次)

標准——生活十,及三、四年生活五。

用法——須與"談談我家的生活"或"我們的教室"或"整理我們的教室"等單元相參照,並接連配置。進行時,由教師就建築不同(如樓房、平房、磚瓦房、草房之類)分類提問,然後每類指定一二兒童陳述概況。

内容——建築材料（磚瓦椽桷）外形、（樓、亭、牆、階、簾之類）與內部（客廳、廂房之類）等名稱、形式、作用；以及家宅與租典，合居與獨住等之事情。並其注意事項，如公民訓練標準"中國公民是強健的"之（21），"中國公民是清潔的"之（15）（20），"中國公民是快活的"之（6），"中國公民是有禮貌的"之（24），"中國公民是守規律的"之（2），"中國公民是重公益的"（6），"中國公民是生產的"之（4），"中國公民是勞動的"之（2）。

三十八、我們的用具（前後期只作一次）

標准——生活三，工作欣賞四，及三、四年八。

用法——集注於兒童用具，須與學校下各單元有關聯者對照，但不限於接連活動。進行時須視該小單元所準備用具，或其使用正在訓練或須繼續訓練者，特作此項單元活動。

內容——家具如坐、食、寢、放置等用具；文具如筆墨書包、手工用具。玩具等不分類別，以本校兒童所用爲主。以及應注意事項，如公民訓練標準"中國公民是敏捷的"之（1），"中國公民是誠實的"之（1）（2）（3），"中國公民是有禮貌的"之（13），"中國公民是守規律的"之（7）（8）（9）（14），"中國公民是重公益的"之（2）（3），"中國公民是節儉的"之（1）（5），"中國公民是勞動的"之（1），"中國公民是生產的"之（2），"中國公民是知恥的"之（1）。

● 家庭三

三十九、談談我家的人事（兩期均用）

標准——社會一

用法——前期入學二個月後，後期開學一個月後，由談話開始。

內容——前期專使了解父母兄弟祖孫叔姪姑嫂之稱呼與其禮節；後期則爲信仰（耶回道佛）、種族（滿回漢）家祭、家政、教養、職業等事情。以及應注意事項，如公民訓練標準"中國公民是仁愛的"之（1）（2），"中國公民是有禮貌的"之（1），"中國公民是服從的"之（1），"中國公民是守規律的"之（16）。

四十、我家的戚族和鄰里（後期）

標准——社會二

用法——接"我家的人事"或"我家的生活"單元，亦由談話開始。

內容——戚分父屬如姑表，母屬如舅姨，專使了解其稱呼與其關係。族在使了解同姓關係，鄰在使了解同一處的關係。並參考公民訓練"中國公民是有禮貌的"之（2）（17）（18）（27）。

四十一、談談我家的生活，（兩期均用）

標准——生活五、六、七、八、九、十、十一、十二，三、四年生活三。

用法——接"我家的人事"單元，須與身體方面、時令方面有關聯的單元相參照。惟內容頗繁，須由類別分次談話，並分別整理觀念。前期專重主要品物之名稱與功用，後期注重生活狀況。

內容——分爲（一）工作（農、工、商）及其用具；（二）家畜及園藝或門市；（三）食物與附屬物（油鹽糖醬醋之類）及其廚具；（四）衣服及縫紝；（五）房屋及家具，（六）燃料及飲水等。（一）（二）可合爲一次，（三）至（六）可合爲一次，亦可適應情境再分之。

● 鄉土四

四十二、往來這裏的幾條要道（前期）

標准——自然環境二，鄉土經濟三、四、九。

用法——在"我的姓名和住址"單元後進行，須就本校四周通道用具與往來情事，以及各道最易注目處所或目的物，與兒童談話，並預備一路綫圖揭示，或臨時在黑板上書示。並注意公民訓練標准"中國公民是敏捷的"之（4），"中國公民是守規律的"之（19）（21）。

內容——以四周路綫爲主，因而及於方向、地位、街市或里巷，以及本地所有路上標示（如禁止揭帖、當心汽車、此處不准通行之類）、交通工具（如車馬船飛機等）、重要處所與目的物。

四十三、這裏便利交通的有甚麼（兩期均用）

標准——鄉土經濟三、四、六、七。

用法——就日常所見交通事情,引起談話,進而率領兒童觀察附近之交通事業。其附近有特設此類局所,如郵政局、火車站、汽車站、輪渡等,當各爲獨立單元,於觀察後如式作一種演習活動,因而熟知內部一切事情,更切實而有興趣,但此宜於後期行之。若附近並無此類局所,僅就普通交通之運輸傳達事情,提示水陸空三種發達情況之圖片或照片,連類及之可也。

內容——分水陸空三種,就運輸、傳遞、管理三方面,摘取路綫,交通工具,往來營業概狀之主要事情,郵票、車票、收執、回執以及價目,亦得類及。並注意公民訓練標准"中國公民是敏捷的"之(4),"中國公民是仁愛的"之(6),"中國公民是有禮貌的"之(19)(22),"中國公民是守規律的"之(12),"中國公民是重公益的"之(6)。

四十四、到城裏(集上鄉間或田野)去看看(兩期均用)

標准——鄉土經濟九,鄉土政治一,鄉土文化一。

用法——用旅行方式,學校在鄉者往城市,在城者往鄉,在市者往城或鄉,視學校所在地情形而定。每期必有一次,時期不定,惟前期必在入學兩個月後。

內容——進行此單元目的,係使兒童於日常接觸事物外,由環境距離稍遠地方,擴充其聞見,無特殊目標,與因時令或目的物而旅行的單元不同。若與本地名勝古蹟或商場、工場、公所之單元相結合,或者與"踏青"、"夏天到了"之單元相結合,則前者附于本單元進行時,另成一個獨立單元,而以沿途所見普通事情屬于本單元,後期以無時令變化之自然地理人事建置屬于本單元。其本在鄉村而仍設一個"到田野去看看"單元,則重在田野一般事物或農忙之觀察,而非以主要農產物爲有,以視與"田裏種的都是稻子嗎"單元不同。所以內容以沿途所見的地形、地勢、區劃、建置、人口、風俗、生活等特徵爲主。

四十五、我的姓名和住址(前期)

標准——生活四,自然環境二。

用法及內容——此單元以介紹姓名及貼名條爲主,與其他單元學習過程不同，接在"我們的教室"後進行。教者將本園兒童姓名各預書一名籤，又將住址依同方向並同里巷者彙列一表，以便臨時取用。進行時令兒童依座次順序逐一報告，"我姓……叫……住在……"報告畢，即到教師前取自己名籤，持示向同學宣讀姓名並一鞠躬而退。名籤取畢，由教者說明貼名條之一切程序，然後指導貼之。貼畢，每五人順序為一組，互相詢問名姓，並指其條上文字讀示之。順序分組問答畢，再令每同里巷者為一組，每組每次同時起立，一如順序分組者之詢問讀示，同姓者亦依此式。經此進行，每個兒童對於序次與同姓同一里巷者之形貌與其名姓字，皆有相當認識矣。又進行並得就同名同里巷而數數。

四十六、我是何省何縣的人（後期）

標準——三、四年鄉土自然一

用法——就牌匾簽題有本省本縣字者，指示並認讀其字，進而以本地山用道路，或交易往來，與本縣或本省關係，能由本地表見事實，資以說明者，提作問答。同時並示本省本縣及本地簡單圖，指示本縣在省圖中地點，本地在縣圖中地點，並說明填寫籍貫，必填省縣原由，因而及所有關係之地理人物，即兒童原籍非本地，亦當了解現在住處在何省何縣。最後各給學籍表一紙，令照已填之表填寫，故本單元當在筆順基本練習後。

內容——實質已于用法中可以考見，文字練習除最後填學籍表外，尚有省縣及街巷里村坂灣鎮鄉一類專名，並主要物產，為前期所未及者，以及本地或附近之山川市鎮關隘交通路綫與本縣接連的重要地方，均得練習。

四十七、我國在地圖上的地位（後期）

標準——三四年本國自然環境一、二，世界大勢二。

用法——在"我是何省何縣的人"單元後，春季始業，可與國慶紀念相接；秋季始業，可與五七國恥紀念相接。進行時，可任取布告或刊物之末，記年月必書中華民國，提問其意義。同時懸示世界簡明地圖、中國簡明地圖，指示我國在世界地圖上地點，本省在中國地圖上地點，因而及于國界、省界與其重要事情。練習拼地圖法，最有興趣，且記憶容易而正確。

內容——世界水陸分布概狀，本國在地圖所占面積與人口種族分布及其氣候，本國沿邊形勢，與租借割讓地，被侵略地，接壤各國與本省鄰境。

四十八、這是住在本地的外國人（後期）

標准——三、四年本國政治十，世界大勢五。

用法——在"我國在地圖上的地位"後，就附近之外國商店，或公署，或學校，或教會等，有外國人或懸外國旗者，依所見外國人形狀、服裝、職業以及與本地人往來事情，先作提問，次即說明爲何國人，同時依懸示地圖，按其國家所在地點及其疆土，並說明該國與我國關係，因而略及各大強國疆土及其與我國關係。

內容——在本地見外國人一切事情，以及各大強國疆土與特點，並其與我國關係。

四十九、談談本地人生活（後期）

標准——生活五，社會五、六，鄉土一、八，鄉土政治一，鄉土文化一。

用法——在"我家的生活""我家的戚族和鄰里""到城裏去看看"以及"這是本地著名的土產"，"這是本地重要的工商業"等單元後，從以上各個單元所得到的概念，用談話式分項提問，而歸宿于一般生活情事。其本地臨時有特殊情事，如慶弔賽會之類，引起一般兒童注意者，亦可就所接觸事項，隨時特作一個小單元行之。

內容——分工作（種種不同職業勞動），風俗（分信奉、祭祀、慶弔、集會、禁忌等），生活事項（分衣、食、住等），尤其注意於土貨與外貨之行銷）三大類，談叙其主要事情。

五十一、飛機來了（前後期只作一次）

標准——社會七。

用法——就目前所見，或新聞紀載，或一般回憶事情，以及本地或本校防空設備，作爲談話資料，而輔以挂圖以及本地或本校防空，或實地觀察，並作演習。前期於入學兩三月後作，後期無定期，但均以適應時機爲主。

內容——分三部分：其一，飛機之種類、形式、飛行狀況及聲音。其二，防空之設施、逃避、救濟以及警號。其三，日機轟炸殘害我國人民之事實。

五十一、這是本地的名勝古蹟（兩期均用）

標准——鄉土文化二，及鄉土自然一。

用法——接"到城裏去看看"單元。視本地環境而定，如附近名勝古蹟頗多，又非集中一處，可分若干小獨立單元，分別前往觀覽。有時亦可在其他單元的旅行中特別提出活動。如無名勝古蹟可言，即不必作此類單元活動，而稍後集本地有價值之故事傳說，用談話式進行，摘取主要詞語練習之。

內容——分爲風景、險要、名人紀念、建築、金石雕刻等，以及關于文化設置之博物館、圖書館，關于利濟之用澤，關於公共娛樂之公園劇場，關於信奉之教堂祠廟等亦屬之。

五十二、這是本地著名土產（後期）

標准——鄉土經濟一、二。

用法——須在含有衣食住等成分的單元業經進行後，臨時往觀其出產地或買賣行，作爲本單元開始活動。如本地出產甚富，選取產量最大或需要最切之物產，成立若干小單元亦可。此不以農產爲限，工業出品亦然。

內容——物產的形態與生長情形，或質料與製作情形，以及來源、銷路、用途等。

五十三、這是本地重要的工商業（後期）

標准——鄉土經濟七及五。

用法——此亦視本地環境而定，商場工廠均有者可分立單元；商場工廠甚多者，可就主要或距離較近者作單元；如無商場或工廠，可就關係日常生活的較大商店一二處觀之。林牧漁農鹽等業務同。惟必須預定計劃，率領兒童往觀並調查，作爲活動根據。有時可與"五十二"結合爲一個單元，或與田裏菜園一類的單元結合。

內容——"五十二"的單元注重土產本身價值，此則注重業務經營及一般需要，並其通用紙幣、輔幣之認識與使用。凡日常生活之品物與供給需要，其中何者爲本地產物，或者爲外來品物，均須分辨，尤其來自外國者應特別提出。

五十四、講講鄉賢的故事（兩期均用）

標準——鄉土文化三。

用法及內容——此視鄉賢的故事內容如何，如其最適於想像生活，則前期入學一月後，即可作爲單元。其與他單元接連，則視其故事所激引情感，較接近某單元而定。如其鄉賢在本地留有紀念品物，最便於引起動機。若無紀念物可尋，或其事爲鄉人所時常傳述者，亦爲適當材料。又地方廟宇所供之神，雖不屬於鄉賢，其生平軼事，膾炙流俗人之口者，亦可採用。

五十五、這是管地方的公所（後期）

標準——鄉土政治二、三、四。

用法——在後期末，就兒童往來所經過之公署，與日常所見之員工，如巡警、消防隊、保甲長等；以及公所管理之事與一般住戶時常接觸者，作爲開始談話資料，因而取可能了解事項加以聲叙，使由此而類及行政與自治上之概狀。

內容——分兩部分：其一爲接觸者，公所所在地與其外表，以及主腦人的姓名與員工所作事情，並最近貼布關係地方之文告上主要詞語。其二爲類推者，統攝此公所上級機關，以及有關係管理地方之一切組織，如公安、消防、衛生、救濟等種種事情。

五十六、我們怎樣自衛（後期）

抗戰期間，各地方均有自衛設施，徵募亦遍及全國，兒童無不知之。可就當地情事，酌量構成單元活動。

第四節　構成單元教材之準備

活動單元以環境為出發點，如我的學校、我的身體、我的家族三大領域，各別構成若干單元，無需若何準備，均易建立活動。若我的鄉土，為環境、大自然、大社會之整個領域，必需學期之始，預作完整調查，而後此領域應需若干單元與每單元在常識與文字兩方面應有如何材料，皆可大體估計。本方案用活動單元以四大領域控制，自然具有取得基本知識基本文字之功用，非偶然也。如果環境調查，未有詳密計畫，切實進行。則全部單元之成立，對于實際需要之取捨，無正確標準可循。常見實施活動單元者，其一惟依主觀見解，構成體系；其二隨時規定單元，毫無整體規畫。前者名為單元活動，實與編教科書分成各課之提供學習，初無二致。後者即使適應當時活動，而散漫無所歸宿，缺陷亦多。茲舉開封教育實驗區杏花園實驗小學調查報告示例，雖調查限於城市，亦可作參考也。

（一）杏花園鎮平面圖

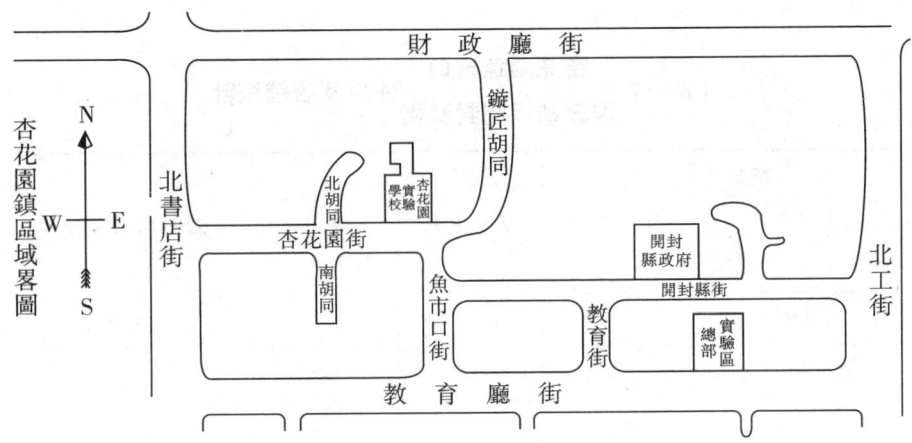

（二）調查的範圍

查杏花園鎮街道狹短，附近各街，如鏇匠胡同、魚市口、開封縣街，均與有連屬關係。四街住民，互通有無，工商店鋪，櫛比林立，且有縣政府、縣農會、無綫電台及公安局設立其間。故將此四街，均劃入調查範圍，不特爲事實使然，亦爲求豐富教材内容所必要。

(三) 調查種類及期限

此次調查，計分四種：（一）爲店鋪調查，藉此以明了四街工商業之普遍概況。（二）爲工商業物品調查，此係按所有工商業之性質，分別種類，詳細問詢，其内容如材料之來源、産地、産量，以及製作程序、銷售情況，藉以爲編輯教材及教授時之活動運用。（三）爲機關及團體調查，以此項材料，組織課程單元，使兒童對於行政組織有所認識。（四）爲住户調查，表式原包括有人口職業及收支概況等項；惟以調查過於困難，所需時間過多，非同人課外時間所能作，且爲期有限，不便過求詳盡，乃於中途改變計劃，查照公安分局户口底册謄抄。其有不足之處，嗣後當於教學時，再作家庭訪問，或兒童調查逐漸補充之。

(四) 統計報告

1. 住户及店鋪統計。

（表一）杏花園魚市口鏇匠胡同開封縣街住户及店鋪統計

街名 \ 數量 \ 項別	住户家數	店鋪家數	共計	店鋪所占百分比
杏花園	90	37	127	29.13
鏇匠胡同	37	49	86	56.98
魚市口	141	67	208	32.20
開封縣街	122	54	176	30.68
合計	390	207	597	34.67

（表二）杏花園鏃匠胡同魚市口開封縣街住戶職業統計

業別\數量\街名	杏花園	鏃匠胡同	魚市口	開封縣街	合計	百分比
工	53	73	141	58	325	51.24①
農			1		1	.17
商	34	5	43	68	150	25.13
學	5		6	7	18	3.0
軍	2		5	3	10	1.67
警	3	1	5	6	15	2.51
政	9		5	11	25	4.19
無業	6	3	11	7	27	4.53
未詳	5	4	21	16	45	7.54
共計	127	86	208	176	597	100.00

2. 住戶職業統計。

由第一表，知店鋪占總家數百分之三十四。由第二表，可知住戶職業僅爲工者，已占百分之五十一强；爲商者，占百分之二十五强，工商合計約占全部住戶四分之三，故知此四街，實爲工商業區。

3. 分類比較。

由上四表可知杏花園以筆、銅、油漆三種店鋪爲多；魚市口以木匠、鷄蛋、鐵匠三種店鋪爲最多，均幾各占其全街生意之半數。開封縣街以油漆鋪爲最多，惟其比率稍差，非如其他各街有大體集中之形勢。

---

① 51.24，百分比計算有誤。

(表三) 杏花園店鋪分類比較

性質　數量　項別	家數	所占百分比
木匠	1	2.7
銅匠	6	16.22
成衣	2	5.41
油漆	5	13.51
飯鋪	1	2.70
染坊	3	8.11
油饃	1	2.70
藥鋪	2	5.41
筆鋪	7	18.92
骨鋪	1	2.70
裝璜	1	2.70
小攤	1	2.70
雜貨	1	2.70
鏇匠	1	2.70
理髮	1	2.70
賃傢具	1	2.70
刻字	1	2.70
首飾	1	2.70
合計	37	100.00

（表四）魚市口店鋪分類比較

性質 數量 項別	家數	所占百分比
木匠	13	19.12
箱子	5	7.35
銅匠	5	7.35
茶館	1	1.47
成衣	2	2.94
雞蛋	9	13.24
面條	1	1.47
鞭炮	1	1.47
油漆	3	4.41
飯鋪	3	4.41
藥鋪	1	1.47
筆鋪	1	1.47
骨鋪	1	1.47
雜貨	2	2.94
鏇匠	10	14.79
木盒	2	2.94
鐵匠	3	4.41
印刷	1	1.47
煤鋪	1	1.47
鴨店	3	4.41
合計	68	100.00

(表五）開封縣街店鋪分類比較

性質 數量 項別	家數	所占百分比
木匠	2	3.70
箱子	1	1.85
銅匠	5	9.26
茶館	1	1.85
成衣	1	1.85
雞蛋	2	3.70
面條	1	1.85
鞭炮	1	1.85
油漆	8	14.81
飯鋪	3	5.56
修理鐘錶	1	1.85
染坊	2	3.70
油饃	1	1.85
上鞋	3	5.56
裝璜	2	3.70
雜貨	3	5.56
鐵匠	1	1.85
印刷	1	1.85
煤鋪	2	3.70
修理洋車	1	1.85
油坊	1	1.85
粉筆	1	1.85
客棧	2	3.70
紙煙	1	1.85
牛肉湯	1	1.85

續表

性質＼數量＼項別	家數	所占百分比
理髮	2	3.70
山藥荸薺	1	1.85
沐網	1	1.85
洋鐵	1	1.85
元宵	1	1.85
合計	54	100.00

（表六）鏇匠胡同店鋪分類比較

性質＼數量＼項別	家數	所佔百分比
木匠	7	14.29
書店	3	6.12
箱子	3	6.12
銅器	4	8.16
銅匠	22	44.90
茶館	1	2.04
雜貨	1	2.04
鏇匠	4	8.16
木盒	2	4.08
鐵匠	1	2.04
錫匠	1	2.04
共計	49	100.00

4. 家數及人口數統計表。

(表七) 杏花園魚市口鏃匠胡同開封縣街家數及人口數統計

街別\數量\項別\人口	杏花園		鏃匠胡同		開封縣街		魚市口		計總	
	家數	人口合計	家數	人口合計	家數	人口合計	家數	人口合計	家數	人口合計
1	3	3	4	4	9	9	10	10	26	26
2	19	38	11	22	42	48	30	60	102	204
3	20	60	15	45	28	84	34	102	97	291
4	25	100	14	56	35	140	47	188	121	484
5	16	80	17	85	22	110	37	185	92	460
6	11	66	8	48	16	96	10	60	45	270
7	9	63	7	49	9	63	16	112	41	287
8	11	88	2	16	2	16	9	72	24	192
9	6	54	2	18	3	27	5	45	16	144
10			2	20	4	40	8	80	14	140
11	1	11			1	11	1	11	3	33
12	1	12	2	24	3	33			6	72
13			1	13	1	13			2	26
15	3	45			1	15			4	6
17							1	17	1	17
21	1	21							1	21
25	1	25							1	25
29			1	29						
共計	127	666	86	429	176	744	208	942	597	2781

人口以魚市口爲最多，開封縣街次之，杏花園又次之，杏花園又次之，鏃匠胡同最少，共計人口二千七百八十一人，家數五百九十七，平

均每家五口人弱。

5. 店鋪分類統計總表。

(表八) 杏花園、開封縣街、鏇匠胡同、魚市口店鋪分類統計總表

項別 業別	杏花園 家數	杏花園 百分比	鏇匠胡同 家數	鏇匠胡同 百分比	開封縣街 家數	開封縣街 百分比	魚市口 家數	魚市口 百分比	合計 家數	合計 百分比
木匠	1	2.7	7	14.28	2	2.7	13	20.35	23	11.36
箱子			3	6.12	1	1.85	5	7.35	9	4.32
銅匠	6	16.23	22	44.92	5	9.24	5	7.35	38	18.07
成衣	2	5.41			1	1.85	2	2.94	5	2.41
油漆	5	13.51			8	14.88	3	4.41	16	7.21
飯鋪	1	2.9			3	5.56	3	4.41	7	3.33
染坊	3	8.11			2	3.7			5	2.11
油饃	1	2.7			1	1.85			2	7.21
藥鋪	2	5.41					1	1.47	3	3.32
筆鋪	7	18.93					1	1.47	8	2.41
骨鋪	1	2.7					1	1.47	2	0.93
裝璜	1	2.7			2	3.7			3	1.44
小攤	1	2.7							1	0.48
雜貨	1	2.7	1	2.04	3	5.56	2	2.94	7	3.32
鏇匠	1	2.7	4	8.16			10	14.79	15	7.21
理髮	1	2.7			2	3.7			3	1.44
賃傢具	1	2.7							1	0.48
刻字									1	0.48
首飾									1	0.48
書店			3	6.12					3	1.44
銅器			4	8.16					4	1.93
茶館			1	2.04	1	1.85	1	1.47	3	1.44

續表

項別\業別	杏花園 家數	百分比	鐮匠胡同 家數	百分比	開封縣街 家數	百分比	魚市口 家數	百分比	合計 家數	百分比
木盒			2	4.08			2	2.94	4	1.93
鐵匠			1	2.04	1	1.85	3	4.41	5	2.41
錫匠			1	2.04					1	0.48
雞蛋					2	3.7	9	13.24	11	5.28
面條					1	1.85	1	1.47	2	0.96
鞭砲					1	1.85	1	1.47	2	0.96
修理鐘錶					1	1.85			1	0.48
上鞋					3	5.56			3	1.44
印刷					1	1.85	1	1.47	2	0.96
煤鋪					2	3.7	1	1.47	3	1.44
修理洋車					1	1.85			1	0.48
油坊					1	1.85			1	0.48
粉筆					1	1.85			1	0.48
客棧					2	3.7			2	0.96
紙煙					1	1.85			1	0.48
牛肉湯					1	1.85			1	0.48
山藥荸薺鋪					1	1.85			1	0.48
汴綢					1	1.85			1	0.48
洋鐵					1	1.85			1	0.48
元宵					1	1.85			1	0.48
鴨店					1	1.85	3	4.41	3	1.44
總計	37	100	49	100	54	100	68	100	208	100

四街店鋪統計，以銅匠爲最多，木匠次之，油漆、鐵匠又次之。總計此四種店鋪，則占四街全生意之半數。

6. 各種店鋪承稅統計。

（表九）杏花園、鏇匠胡同、魚市口、開封縣街各種店鋪承稅統計

項別 家數 業別	營業	鋪戶	工會	公益	燈捐	商號	房捐	牙稅	煙酒	共計
木匠	10	9	5	9	5	8	8			54
銅匠	18	20	7	20	12	12	24			119
鏇匠	5	4	2	8	4	4	5			32
書匠	1	1	1	1	1	1	1			7
筆墨	5	5	5	4	3	5	4			31
油漆	8	7	4	6	4	4	9			42
箱子	4	4	4	4	4	4	5			29
雞蛋		2			1	1	4			8
成衣	5	1	1	2	2	2	3			19
飯鋪	2			1		1	1			5
銅器	1	1		1			1	1		5
面條				1			1			2
染坊	4	4	3	4	3	4	5			27
鐵匠		1					2			3
鞭砲	1	1	1	2	1	1	2			9
木盒	1	1	1	1	1	1	1			7
麻桶				1						1
修理鐘錶	1	1	1	1	1	1	1			7
油饃					1					1
錫匠	1	1	1	1	1	1	1			7
雜貨	2			1			1			4
鞋鋪	1	1		1			1			5

續表

項別\業別\家數	營業	鋪户	工會	公益	燈捐	商號	房捐	牙稅	煙酒	共計
理髮	1	1	2	2			2			8
刻字	1				1					2
煤場	3	2		4	3	1	1			14
鴨店	1				1	1				3
汴綢	1	1	1	1	1	1	1			7
山藥荸薺								1		1
粉筆	1			1						2
印刷				2	2					4
紙煙									1	1
裝潢				1						2
合計	78	68	39	80	51	62	84	1	1	494

觀前表，以店鋪性質論，則銅匠納捐最多，占全店鋪四分之一；木匠、油漆次之，亦幾佔四分之一。以捐稅論，則納房捐家數最多，公益捐次之，營業捐又次之。生意小者，各捐均無，表內從缺。

7. 納捐概況。

（表十）鏇匠胡同、開封縣街、杏花園、魚市口店鋪繳納稅捐概況表

項別\捐別	標準	捐數	納捐時數及次數	收捐機關	備註
營業捐	資本	.25元（500元）	每月一次	營業稅局	資本少者年交三毛領執一次
公益捐	房價	.01元（月）	每月前半月一次	開封縣政府	
鋪户捐	無定	至少.1元	每月一次	公安局	視生意大小而定

續表

捐別＼項別	標准	捐數	納捐時數及次數	收捐機關	備註
筆業工會捐	無定	至少 .1元	每月一次	工會	
理髮工會捐	人	.38元（工人） .76元（掌櫃）	每月一次	工會	
八作工會捐	人	.05元（工人） .10元（掌櫃）	半年一次	工會	
房捐	房價	.05（1元）	每月前半月一次	公安局	
燈捐	房子	.25元（住房） .56元（門面）	每月十號	公安局	惟杏花園歸公所收，住房門面均按每間計算
商號捐	門面	.06元（1間）	每月前半月一次	教育局	
酒稅捐	無定	至少 .5元 至多12元	三月一次	煙酒稅局	視地方好壞及生意大小而定
煙稅捐	門面	4元（1間）	三月一次	煙酒稅局	代售紙煙者減半，提籃者每次減五毛
牙稅	無定	至少3元 多5元	每月一次	牙稅局	

內表十，除煙酒及牙稅係特種捐外，其他如營業、公益、鋪户、工會、房捐、燈捐及商號捐等計共七種捐稅，均係普通捐，在較大之店鋪，均須按月繳納。故此四街生意，大部營業均不甚佳，納捐稅太多，即或爲其原因之一。

第二章　單元教學程式

第一節　教學旨要

單元教材，係開始一個學年所用，其教學程式自以適應爲主。

本實驗方法開始學習所以取途于活動單元，而又變更設計式之面目者，非只在形式上推究，或枝枝節節以求學習便利。實從根本觀點上改造教學程式，俾與教育基本原理相契合，適應新時代兒童之要求。

　　吾人當知吾國小學教育成效之所以停滯不進，完全蔽於傳統教學之授課式。而授課式所以挾有牢不可破之力者，由於習用教科書爲工具，舍此則咸感不便。所以近年來教科書雖力求改良，除插圖美觀者爲兒童所喜外，並未使學習效率，有若何增進。即有便利，亦惟教者使用則然。因爲課文離開實際，任如何善于授課，只是爲課文而求活動，非適應當時活動情境而取得工具也。彼以編教科書爲能事者，終日在課文上推敲，亦徒勞耳。即過去用設計式教學者，不用教科書，每課自編課文，仍陷傳統覆轍而不自覺，抑歧之又歧也。

　　因爲教育方面積習已深，習非成是，一涉及文字工具，便襲用授課式窠臼，純從聽覺記憶下討生活，練習與理解分爲兩截，綜合與分析純以形式論理而定。如此教學途徑，初學最不相宜，尤其是兒童開始學習。所以今日供給教學之具，適足以蔽聰塞明者，比比皆是。此種觀念不打破，教學永遠無改造希望。

　　於此提出根本改造之點，即德可樂利所闡明之觀念視覺法也。因有觀念爲起點，故名觀念視覺。又因其法以兒童心理爲基礎，一稱視覺自然法。與觀念緊切相聯，一稱視覺會意法。

　　以觀念視覺爲教學基礎，並非創始於德氏，在《德可樂利新教育法》已敘明其由來，茲不贅。惟使此法在初級教育上成立有系統的程式，並闡發其旨趣，則德氏之功也。作者對于教育改造之信念，集注此點，並非讀德氏書而起。然因德氏讀法心理學所闡明，益鼓舞其專程邁進，反抗傳統教學，自創統系，對于一切良好程式，取舍分明，殊堪自信者也。

　　茲將讀法心理，先立明白界說。通常所謂讀法者，大抵專屬于國語課程。其實國語固當有讀法，其他科目，需要書本或藉助於文字者，何常不用讀法。此兩種讀法，當然不可採完全同樣的程式。惟其如是，一般談讀法專從國語課程立論，以致研究讀法愈密，距教育原理愈遠，愈爲低級學習所不適用。因爲低級學習，國語孤立成爲課程，根本已誤。由孤立構成學習程式，當然違反學習心理。此義既明，以下論點，自有歸宿。

　　論者盛稱德氏觀念視覺法之最大貢獻，在使讀法與課程內的中心問題直接相聯，同時又能滿足心理學、方法學、與教育法三方面的要求。其曰讀法與課程內的中心問題直接相聯，當然非一種孤立科目的學習。所以德氏讀法，必須使兒童先行接觸事物，再接觸語句，然后學字，使兒童進到能類推時始將每字分析爲抽象的要素。德氏論及讀寫方法，謂对于各種教材，莫不知由簡單而及於複雜，由具體而及於抽象，但何者爲簡單，必須充分了解。德氏以爲具體的簡單的語句，在兒童視之，即爲最具體的與最實在的事物，較無意義與抽象的字母與綴音，容易學習。德氏認單獨之字母與綴音，非簡單的，係從學習心理而判明，故不陷於形式論理的觀點之謬誤。所以依德氏讀法，每一誦讀皆有一個觀念與之聯絡。今之以筆畫多少、生字多少、課文長短，貿然自定限制，以爲低級課本的標準者，觀此可以自反矣。

　　德氏讀法研究，證明兒童讀時，每字的符號了解，字音的發表，字音與字義的聯絡，字形與字音的聯絡，在兒童視之，皆爲整個的。德氏論到文字本身的學習，從學習者領會方面作體驗，而判定爲整個的。即是任何學習，不可抹煞其相關成分與實際情事。僅從形式的片面的求之。

　　德氏進而論及讀法的基礎現象，皆爲一種視覺的現象。例如看到一篇文章，了解其意義，甚至依此實行，無需用言語發表之，即其明證。所以讀書純是一種視覺作用，亦可以謂視覺較聽覺更客觀更具體。除觸覺外，最能給我們對環境許多正確的概念。試體觀幼兒學語，由其看到情狀，明了母親所說，故能從聽話進而說話，可見眼幫助耳之功用甚大。教授文字工具，僅僅憑藉聽覺中樞，而忽視視覺中樞，未見其可也。

　　德氏又爲應付反對者起見，在兒童未用觀念視覺法教學以前，先測驗各個兒童記憶與注意。其試行結果。凡是常態兒童，即教師極少經驗，亦得到誦讀較速的效率。同時長于聽覺的兒童，亦甚有益，因爲視覺記憶不斷的訓練，可使視覺記憶微弱者因而發達，以及不能不有所記憶者亦有之。

德氏又發見觀念視覺法，特別對于法語拼音有益。因爲法語有許多字，一個字音有種種不同寫法。在如此複雜混亂情形中，惟有視覺記憶者始能記熟一音數寫。凡是缺乏視覺記憶者，永不能熟悉法語拼音方法。由此觀之，中國文字，同音不同形之字，成爲唯一事實，則觀念視覺法之急宜推演，更可想見。

觀念視覺，用於統一知識與工具的條件之下，爲最適合的方法。因爲分科教學，知識與工具即無統一可言。而觀念成立，必與知識科目之成分爲緣，非專憑視覺，如舊時感官分析練習所起之單純作用。僅謂其比較聽覺更客觀更具體，尚未足以衡量價值也。

第二節　學習過程

一、分劃過程——單元活動的過程，分爲取得常識與文字練習兩個階段。其分劃目的，在無實際活動即無常識可以取得，未由取得常識構成觀念即不得抽習其文字，此係根據觀念視覺法先接觸事物后接觸語句之旨趣，成爲一種自然演進的程序，又各具體系，皆能達到充分活動，可以矯正過去五段式、設計式陷於形式之弊。

二、準備——過去教學過程以準備開始，亦稱預備段，往往拘守授課式軌範，對于表現統覺作用，常引入迂曲之途。所謂統覺，不外於融合舊經驗以領受新的學習，或供給以實在經驗。但是舊經驗如何而諗知，實在經驗如何而供給，頗成問題。蓋舊經驗而用調查或臆斷，殊不可靠；實在經驗而專賴供給，基本已誤，過去教學不求甚解，關於準備一層，專從融合舊經驗作預備，凡新的學習內容，可用固有觀念而體會者，悉藉問答提供之。此種提供，於新的學習固不無益，其實多爲枉費時間。何也，新的學習，如可由固有觀念而引出，即能自用舊經驗而體會，如其無之，雖提供亦復無益。即有運用舊經驗而體會，有需教者提醒，亦必在新學習業經進行以後，視其反應如何而啓示之。所以開始不供給真實情境，徒爲散漫回答，無目的，無證驗，所謂融合舊經驗以領受新的學習之準備，不惟毫無興趣，抑且虛耗精力。茲特力矯其誤，開始活動，必取環境之生活需要與當前活動，由其確定場所或事情，使對實際所有刺激，各自反應而進行其新學習。更可因同輩熱烈反應之影響，或教者多方激誘，引起一致傾向。故其所有反應，出於真正的自發活動，各視本身有如何之固有經驗達到可能學習之如何程限。所以關於實在經驗，皆須本身從學習過程中取得之。其有資于準備者，則在對新教材由何場所或事情而產生者，供給兒童以種種方便。試揭旨要於左：

1. 指示接受刺激之途徑，適應當前活動而定。
2. 補充或擴大之資料，與本單元事物可作比較或證驗者。
3. 補助刺激之工具，如圖書標本模型以及本方案教具。
4. 確定教案。

於此當曉然於自發活動之誘起，在供給以真實情境，此真實情境即為動機之源。因為事物紛呈于前，與舊經驗相關聯者，自然融合而類化。具為舊經驗所無者，如為新奇，亦必急於求知。彼用課本教學，上課之始，輔以實物或圖型，終為外爍也。又輔導自學之真議，非只於直接指導與供給自習資料，施於教學進程之中。尤其兒童將開始學習之前，教者對於真實情境之場所或事情，必須經一番考察或體驗，預計如何適合兒童現在心理狀況，分別事項，規定旨要或問題，俾其據此集注事物，有所發見，構成基本觀念，為取得實在經驗之張本，正無取乎空泛的指示目的也。

三、取得常識——文字練習，當於前後兩期各分專章論之。惟取得常識，皆從觀察聯想入手。普通教學注重觀察，目的在與事物接觸，發生觀念，因而構成概念，此自為不易原則。惟其進程常止於觀察，則失之矣。茲對於常識取得，必由聯想而得到一個相當的結束，且進而作認識文字之準備，使其觀念確立，無須在識字中再為內容意義之講解。試就觀察聯想之分合與其進行言之。

1. 觀察——對當前之事物與現象，從興趣中誘起感覺經驗，而直接觀察，并得利用觸覺、嗅覺、味覺、運動知覺，而認識事物與現象。於此當充分了解者，活動從觀察開始，在實際教學上，備若何情境，茲析爲三：

（1）接觸事物純屬於當前直接觀察者。

（2）相當於當前直接觀察之事物，例如不在教師領導下由兒童自己考察者；或曾見過的事實，開始可由憶起而入者。此在我的家庭所包含小單元，爲最明顯的事實。

（3）比直接觀察更作進一層的活動，例如我的學校中關於遊戲活動、試驗作業，或紀念關會等設計是。

觀察目的，德氏有三個規定，茲列述於下：

（1）使兒童習於注意四周現象，尋覓事實的原因，證實其結果。

（2）用具體方法，給兒童以關於生活的複雜觀念。

（3）研究各種代表生物的生活表現，使漸漸取得關於動植物與本身之普通進化觀念。

由此可知觀察并非止一看已也，如何使由觀察達到上之目的，不可不注意下之三個要點。

（1）當辨明觀察之範圍，屬於場所或事情，二者又包含爲具體事物抑爲問題研究。屬於場所在從多方興趣中確定集注之事物；屬於事情在從中心問題尋求一切關係。其爲事則重意義與程序，其爲物則重成分與功用，其爲問題則重研究癥結。凡此當於將觀察時分別指示進程，正觀察中抓住其注意力，誘起問答或自由發表意見。

（2）須使觀察之事物現象，與其思想結合，尋出各物的同點，各種程度上的異點，確定各種現象的連續比較時間與空間上的關係。

（3）從兒童各別反應得到的異點，加以比較，使構成彼此相同意見；又憑藉構成歷程，而使推理，由此綜合工作，尋求一個結論。

此外，利用日常偶發事項，由教者隨時激引兒童觀察，可作正式單元活動之資助，或因便組成單元者，德氏規定有四項：

（1）每早觀察校內發生的事物，如動植物生長、花蕾開放、動物生死等。

（2）氣候變化、節序推移，以及日中、風、雨、氣壓等。

（3）將收集的物品分類。

（4）飼養的動物生活與習慣。

2. 聯想——此係業經觀察以後之活動表現，有時亦附隨觀察而引起作用。在實際教學中，約有三個情境：

（1）由所觀察之事物而類推者——此其分野，最為分明。凡可組成單元之事物，業經直接觀察以後，視學習之需要與可能，推及與此接近之事物。或為過去事物，即非過去，而為現時所未見；或為遠方異國之事物，即非遠方異國，而為當前所未見。前者屬於時間方面，後者屬於空間方面，均可擴大領域而推廣。又有性質類似其所觀察之事物，或從體驗中而激引其回憶以相比較；或非目的集注之事物，連類而及，亦足以擴大其經驗範圍。

（2）補充觀察所不足者——最重要者有：一、固有的事實，有了解必要，而兒童未及發見者。二、因環境限制，事物所表現者，不足以盡其應取得之知識，而須藉助於圖書、新聞材料或其他品物供給之。三、兒童對觀察有未盡了解部分，而提醒其可憶起之經驗助其理解；或供給以實在經驗之啟示。

（3）進一層的體驗——此亦有三：一、由觀察事物所引起興趣，推究其必然性，例如此物為何具此形式，何以由此資料構成；此事何以具此程序，為何備此事實。二、由各種事物開發見其相互關係。三、由體驗事物因果，而了解行動的指導軌範。即人類生存、互助與其義務，具存於事物間的關係之中。

由上觀之，可知所謂聯想者，係由觀察之刺激，引起反應而加以體驗，於此當注意兩個條件：

（1）第一步當引誘兒童從舊經驗中搜集一切能得到的觀念，以體驗其觀察之事物，即舊時預備段融合舊經驗領受新學習之謂。但此係供給實在情境，使依指示途徑而自行體驗，與先整理舊觀念，應用於新的學習，枉費無謂時間者不同。

（2）第二步當鼓勵兒童由反應引起之觀念，抽取所有知識上、道德上的結論，此即運用五段式比較推理總括之思想歷程，以構成綜合作用。惟不採取授課式發展思想之形式階段，而由當前所有刺激，視其反應如何，加以指導，俾完整知識，在自發活動中，依思想發展之自然程序而取得。本過程所期之結果，即在於此。

2. 進行旨趣

（1）觀察與聯想相混之途徑，如觀察（2）之全部活動，近似聯想；聯想（2）之一部分活動，近似觀察。此純由單元性質所需活動使然，并非常規。不過相混之中，仍有明確分野。即開始活動，逕從憶起之事實入手，必其此種事實之供給，等於觀察所得而組成的學習材料。補充教材而有需觀察，必其可以補助或增益其類化之作用。除此以外，別無不同途徑。惟有時合數種情境爲一種活動，此則在教者自省耳。

（2）觀察與聯想之活用，如聯想第一步即結合於觀察之中。第二步本屬獨立，有時因求印象深切，亦可抽取要點，再作進一步的觀察。總之觀察聯想過程中，最后必以相當時間，整理其所得知識。

（3）觀察聯想以取得常識爲主要目的，即取得如何常識與常識如何取得，而盡其功用，非爲文字張本而始作觀察也。如果教者以預計應習文字，作觀察事物的根據，不惟顛倒因果，抑且觀察止於膚泛認識，非取得常識過程之本義也。又其事物內容，所需乎教者指導，在觀察前啓示途徑，觀察中提醒注意或答問，觀察後整理心得補充不足。決不可習于授課式態度，多由教者講說，阻抑其自發活動，或任其爲無目的之觀察，毫無所得。此皆普通教師常犯之弊，特鄭重聲明於此。

於此可知取得常識過程，必須經過兩個歷程：

1. 以直接觀察爲起點，任何單元，必屬於環境接觸事物而且當前從事於實際證驗，然后提醒其回憶事實，或供給可以由空間時間推廣之知識。即偶有單元，無需當時領導觀察，必爲兒童日常所有經驗，各自可以提供事實，作公同選取資料，與直接觀察之各自發見者相等。如此則單元雖由教師預定，其教材基點，純由兒童各自發見，即有時藉助問答，而目的在由此提供教材，非由此而理解教材。較之課本藉助於實物圖型，不能構成教材之整體性真實性；與五段式之預備問答未有感觀而盲目回憶者不同。

2. 以整理觀念爲歸宿，在五段式中，開始引起舊觀念，中間分析實質，最後綜合比較。以單純之思想歷程，變爲複雜課文之分段教學歷程未免陷於形式。茲以整理觀念，施諸兒童各自發見材料以後，爲統一知識與工具之關鍵所在：一方在使發見或提供或補充之材料，構成體系，攝入全體兒童心中；一方在使所見事物現象，成爲所識文字符號，具有觀念再生作用。不過在實際學習中，觀念確立，不限於觀察聯想以後。然而將施文字練習以前，究不可不有一定時間，進行其觀念整理。雖此時有待教師說明較多，但須以確定事項，使兒童得有簡明復述，然後提綱挈領，要言不煩，斯爲適當耳。

所謂提供教材者，非如通常授課，教者以業經編就之教材提供之，而係就認定之場所或事情，指示兒童自覓教材的方向與集注的條件。在觀察過程中，從直接經驗而領受；在聯想過程中，由補充與整理而增加教材，有時亦可藉助於圖型或含有感觸之體驗。不過觀察與聯想，非截然分割，有時還須爲具體與抽象之發表與搜集工作，但不爲文字練習耳。尤其聯想過程中，又須有兩種形式而取得教材者，即其一爲比較與綜合：（1）個人經驗與活動之結合；（2）各個心得之交換；（3）教者補充。其二爲推理與應用：（1）從本身之意義與功用求之；（2）從關係方面之影響求之。凡此係取過去五段式進程，隨時完成各別的認識與理解，惟不固定的分割時間以進行耳。

第三章　前期教學程式（第一步驟）

第一節　單元文字

一、作讀書的準備

通常所用教科書之課文，非由教者編制，對於環境與當時活動，不相適應。尤其從形式上強立式例，多無客觀標准。本單元活動的文字，不用教科書體的課文，而從活動中抽取詞彙語彙，此在德可樂利已經多方實驗，證明以此作讀書準備，可以經濟時間一年。拼音文字讀法猶然，學習中國文字自更適用。

論者或以開始數週習國音符號，可以自行拼讀。要知自學包含習慣、知識、工具三個因素，三者缺一，基礎即有缺陷。即以工具論，中國文字有形聲義三方面，由國音符號，只屬於音讀方面，於形義無所理會。作者早曾實驗，開始從音符入手者，雖易拼讀，然有兩種缺點：

1. 對漢字字形忽略注視，但以能讀爲事。加重練習，反費時間。
2. 所能者必爲漢字注有音符之文。字字注音，不惟不美，反耗目力。通常文書，不注音符。在校所讀者如此，而在他方所見者如彼，頗不調協。

因此本實驗方案，開始認識文字，仍示漢字，經數月間對于漢字輪廓辨別粗具基礎。於第一學期末加授音符，作爲輔助自己識字之具，主從之功用分明，且無以上兩種缺點。

二、詞語或語句必須獨立

最重要之點。以抽授詞語爲主，多可用實物或圖畫或動作表現具體觀念。進至第二步驟，專授語句，以注意字的用法與主要事物之表象爲主。要皆各自獨立，不聯屬成文。其組成亦須用中心觀念支配之，使教材與單元本體相應，有時亦可插入旁邊反應的詞語。所以然者，因爲以觀念視覺爲出發點，便於各個詞語或語句分開練習，仍具有獨立觀念。所謂每一誦讀，皆有一個觀念與之聯絡也。

傳統教學用課文授讀，偏重聽覺記憶的讀法。故其編成課文，必須語句相屬，以便理解；或者句脚叶韻，以便唱誦，其實後者兼含有前者成分在內。要知語句相屬的課文，在讀法上唯一功用，止於輔助其理解意義與連續誦習，并不能輔助其認識符號。此於學習經濟問題關係頗大，試說明於下。

1. 從過程上研究

（1）在提授中，詞語或語句，係由當前活動已得觀念而抽取，其觀念極真切，無需乎相屬成文的聯念以輔助理解。

（2）在練習中，各個詞語或語句，自以分開練習為便，不當每一練習即讀全文，是相屬成文以輔助理解或誦習之功用，在此時完全無效。並且非獨立語句，即無完整觀念。如相屬成文之語句，分開練習，多變成無意義的練習。尤其第二步驟不便每句變換形式，使由練習得到進一層的理解。

2. 其他功用

（1）各個語句獨立，可以多含詞彙與字彙的用法，增加文字學習的數量。如課本每課規定若干生字，毫無正確標準，而且生字含在課文以內，而每課學習難度，亦非純是生字多少問題。

（2）便於臨時增損變更，以求適合兒童口味，不受上下文的牽制。

（3）便於各個兒童為適度的學習，即資質遲鈍者，偶有一二語句不甚熟習，亦不妨礙學習進程。

（4）便於選取當前活動教材，由教者自編或與兒童共作之語句。

（5）可用種種形式不同與意味各別的語句，得到多方興味。

在習於課文授讀者，或者對於不相聯屬之單詞、單語、單句，嫌其無文藝性。其實兒童初學說話，皆是由單詞、單語，漸漸進于單句。研究兒童文學者，必從單詞、單語、單句起，始能了解何者為兒童言語。如止於相屬成文与叶韻，殊未可謂其具備文藝性的條件也。由初學說話的情境，用作初識文字的進程，在學習心理上，較之授讀課文似有根據也。

《教育通訊》所載《卡片教學與三個研討問題》，係答某編者之文，為亡兒一民初稿，由作者潤色者也。其中一個答案可作參考，附錄于此。

問題——提授時各個語句獨立不相連貫，與近代語言學家葉司潘遜等主張課文語句必須意義連續相反。

答案——研討這個問題，當從問題中分成若干問題來說。（一）兒童語文課程，是否一定要孤立學習；（二）語文教學是否一定要用授課式；（三）兒童入學是否開始就要讀書；（四）識字是否一定要從讀書中來學習。這裏要鄭重聲明的，課文語句要意義連續，是當然的。只是初學年是否一定要讀課文，這就有研討必要。

談到（一）的問題，語文符號所代表的意義是什麼，當然係于事物方面。事物從那裏來的，當然屬予自然社會方面。不認識事物本身，能從文字本身了解意義嗎？不能。既然如此，兒童要了解事物本身，就應該到自然社會的環境裏去；那麼學習語文，也應該在那裏找詞彙語彙了。勿論根據怎樣的中心觀念，在廣大場所上，事物總是紛然雜陳，依上所說，初學年的語文課程，就不當以孤立學習來編制。如果要在活動單元上，從多方面取得詞彙語彙，必限定語句意義連續，編成課文來讀，那是不可能的，而且不是應該的。

談到（二）的問題，要知道所談的是國語，兒童到入學的時候，不是有話不能說，而是不識所說的作何字與寫成文，或者說得有些不大合式。這些工作，都是由自己活動產生的，而且要自己練習的。教者必須適應當前活動，隨時隨地取材來啟示兒童。那麼授課式就不是適當的教法，也就不一定要用課文來教，還講什麼語句連續不連續呢。

談到（三）的問題，讀書是必有的工作。只是入學開始，是否就要讀書，卻成問題。因爲書要靠講解而后能讀，是不甚感興趣的。字如不識，就需授讀，授讀就每課不當有多的生字。那麼課文就發生問題，長了生字太多，短了情節無味。國語讀本所以沒法編好；和用讀本教授，學習數量總是不大，就是這個原故。所以德可樂利用觀念視覺法作初學年語文學習的依據，逐漸進到讀書，據所實驗，能夠經濟時間一年，確是近代教育的讀法大發見。這樣看來，兒童初步語文課程，用課文來讀，根本就有疑問。即論課文，不注重教材的情節和結構，只在形式方面，講究語句意義連續，在進步教育的立場來研討，似乎沒有多大價值。有些國語讀本在第一冊開始，編印幾個故事畫，內列簡單標題使兒童識字，稱爲書本前閱讀教學。這樣準備工作，確是適合兒童學習心理。但是中國文字各個獨立，不像拼符字經過一二週教學，就把拼讀做了很多工作，可作讀課文的大幫助。如果僅是幾個故事畫的標題，和正式讀課文關係很小。每見用讀本的小學，兒童开始讀故事畫，非常高興。可是故事畫讀完了，興趣也就截止了。由這個事實證明，語文學習不當開始就讀書，認識文字更不限定用語句意義連續的課文來讀。

談到（四）的問題，初步語文學習，當然重在識字。假使除用課文外，別無識字方法，這問題就不必研討了。但是混合課程儘有不用課本讀課文，識字興趣還較濃厚。我國過去流行的設計教學，仍然用課本體式自編課文，那是走入了歧路的。如果語文教學，建築在混合課程上面，從整體活動中隨機學習語文，就是單詞單語，只要適應當前需要，都有價值。而且興趣濃厚，可以加大數量，和學方块單字根本異趣。我可肯定的說，葉司潘遜的主張，是爲用教科書授讀課文說的，不是初步學習語文必走的途徑。

三、詞語組成的形式

此問題極簡單，而具有明確途徑，任何教師皆易爲之。非若教科書編成課文之多所顧慮。

茲略示其旨要：

1. 須從取得常識中所構成的觀念，抽示詞語。
2. 由單詞進于短語，漸及單句，至第二步驟始用較複合之語句。
3. 詞語或語句必具有獨立觀念者，開始的主要用詞爲名詞，其次爲名字上附有形容或動作之詞，日常命令語或有動態之短語亦適用之。
4. 每一單元需用之詞語或語句，以八個左右爲限。在第一步驟中，至少須有過半數可用實物或圖片或動作與之對照。

四、詞語應有的組織

此即一個單元的常識過程所構成之概念，大體以配置一組爲適宜。其有常識過程特別豐富，亦可分成二組的語詞，分次練習。

第二節　練習旨要

一、練習具有整個學習過程的功用

茲所云練習者，指單元文字整個學習過程而言，異乎通常以練習爲教段次第之一幕,與提示應用各分進程依序而進。因此練習程序,雖歸於習熟,實則結合理解進度而行。每加一層練習,即加一層理解。練習之程式爲演變的,非止如機械式的復演。理解之成分逐漸加深加廣,即前者爲後者學習的準備,後者了解則具有前者已得觀念的再生作用,非一種孤立分析也。吾人當知傳統學習過程、練習與理解完全分爲兩事。所以練習缺乏變化,成爲苦役。而理解又只有依聽覺記憶而領受而表達,不能結合練習產生效率。本方案着重此旨,規定程式,尋取學習經濟之途徑。試先論一般文字教學之習弊。

二、一般文字教學習弊

大抵分形式、實質兩方面。此在國語業已成爲文章,所謂實質,爲其文章構成之事實;所謂形式,爲其文章構成之法則。如各國國語讀本,每每選入模範文若干篇,或需此分析研究,然亦必學習進到相當年級而後可。若其開始學習,勿論讀如何課文,止於文字認識。尤其漢字成文,初讀之文,止於新字若干個,詞以字見,事以詞見,其實質與形式,即無截然分界可言。何也?文字所表出者爲一種符號,符號所代表者爲事物之觀念。不了解其觀念,則不知符號之用。不識符號,則觀念無由而傳達。分而二之,符號所表出者爲音與義,不解其義,何需其音;一言及義,則已侵入實質領域矣。若以實質所具,不只字義,此亦惟名字則然。然名字內含,非可盡知也。其所欲知者,必其所誦習詞語,資以理解或應用者,此則又涉及字義之範圍矣。淺人不解,所編教授書,對於字義注釋,往往涉及本文以外字義,如道字解作道理、道路、說道等;又所注釋仍待另解,如松柏爲木名,一二爲數目名之類。其對於實質注釋,簡則與字義注釋重複;詳則記入過於廣泛事實。今之認真教學者,率作如此廣泛貫注,徒耗時間,重苦兒童。近亦有人見及此類方法之劣,謂可廢除講解,加倍分量編成課文,使其自讀。顧講解如何而始得廢除,自讀如何而顯實效,不求新的學習途徑,未免言之太易也。茲提出幾個要點於下:

1. 包括常識於國語中,仍循分科教學途徑,而不了解知識與工具之相互爲用，則學習自易陷於形式。

2. 不識字無以讀書，不先從知識方面，樹立基礎，逕用讀書程式以求識字，隔閡自多。

3. 字如何識，而且易識、多識、樂於識，必須使能讀與能識兩相結合，才不致發生離開課本而字多不識之習弊。

三、解決途徑

經多方實驗，創立新的學習程式，亦可云對中國文字學習之特殊方法。卡片教學與三個研討問題，有一個問題專論此點，亦亡兒一民初稿。茲綠於下，作爲本論

問題——文字練習從義到形最後到音和語文學習原則。義音結合後認形不同。

答案——這個原則，恐怕是教科書授課式下形成的慣例，不一定是語文教學程序的原理，而且是中國小學教學上的傳統慣例。通常用課文授課，進行練習，從文中找句子，再從句中找詞語，更從詞語中找字。這不外心理學從全體求分析的原則，就是分析文字形式，先要有一個具體概念來幫助理解。這原理是對的，不過應用到低年級讀課文，純是教科書授課式下產生的結果。至於談到形聲義，只是單字分析，而且惟有中國字，才必如此分析。所以研討這個問題，先要認清以下的事實。

1. 音義以外，還有認形，這問題就不是學語而是識字，專研究語言學者解決不了這個問題。

2. 中國字形，不像拼音字那樣簡單，專憑外國的國語教學原則。解決不了這個問題。

3. 現在所研討的，是基本單元所用，專在第一學年進行的，不便用廣泛的讀法理論來研討。

現在研討語文教學，何以從義開始。廉方合科教學法，關于文字練習步驟，只是一步一步的推進，每步都是同樣語句，分步各有專注。不像通常國語教學，專就單字的形聲義作孤立的分析，而是以觀念視覺爲原則，在授讀時候，只是觀念再生，用不着講解意義。這意義是在文字

練習前取得常識過程中，由兒童活動得來的。就是俄里威（Olivir）所謂不懂的不要叫兒童讀的緣故。懂了才讀，有何意義還要講解。因爲所讀的不是不懂的語言，而是不識的字，要用讀來熟習。就是不識的字讀到能識，不是把不懂的讀到能懂。要不識的能夠識，已經不是單靠讀了。假使字的發音，必須加以練習，這純屬音素問題，和意義無關，并不因結合義來讀，有什麼幫助。

試習察幼兒學話情境來説，他所以會喊爹爹媽媽，是先從種種情景裏認識了爹爹媽媽，所以到能夠説話的時候，一經告訴他怎樣稱呼，他就立刻這樣稱呼。其他語言，也都是這樣從活動中自然熟識的。因爲意義附在事物本身和實在活動中，必須憑視覺來領受的。初學語既如此，爲什麼初識字，一定要用教科書課文授讀，專憑聽覺記憶來結合義音呢。

即應用心理學從全體求分析的原則來説，現是單元活動，在活動中取得概念，所得都是真實的、具體的、整個的。再從已得概念中，抽取語句來習文字，用不着從課文上先求概念。這和心理原則並不相反，而且可以避免要靠語句連續來求意義所發生的枝節練習。至於説到義音結合，也不像教科書授課式，一定要從讀課文來結合的。因爲文字練習中的語句，係取得常識的活動所有概念，當時口説雖然也發出音來，但不是讀的練習，而是活動的自然表出，純爲求知識所表出的概念。

從義開始，不是一種分析見解，所習文字，是從取得常識的活動已構成的觀念裏抽出來的，這個理由業經説明。那麼先對形練習，然後練習音讀的原故，可以接連來説了。

1. 因爲過去事實，有幾點值得注意。

（1）兒童對課文已經能讀能講，但是離開課本，還有許多字不能盡識。

（2）兒童讀的時候，只是循聲來讀，並不一定注視文字。讀得對不對，他自己是無從證驗的。

（3）要兒童對準書來讀，用手指點着讀。這樣一字一字的讀，不是正當的讀法。

（4）結合音義來認形，假使不加書寫練習，是不會鞏固記憶的。這就發生以下問題：其一，細筋肉没有發達，寫字太早，有礙生理。其二，開始接觸文字，就要依課本生字，每課一筆一筆的照寫，很感苦痛。其三，每課至少有五六個生字，每字須連寫五六遍，且須分布二次以上，才能鞏固記憶。這樣書寫，費時很多，就要减少讀的數量。這對于能早自讀，就有阻礙。

2. 字的認識程序　初級讀法，重在識字，有字才可以讀。字是有形體的，音和義附在字上，三者本是不可分離的。所以要加分析，爲的是練習得熟。不看着字，就没有讀的東西，不讀就没有體驗的意義，這是一種自然程序，爲什麽要顛倒來結合呢。過去用教科書授課，惟教而後有學，教又是專憑聽覺記憶來收效，只有音可教讀，義可教講。談教學法者在歐美國語讀法中，找不着認形的方式，於是讀講就成了國語學習的唯一教法。雖然有在提示後説到部首和形似等，好像是專作形的分析，這只是過程中深究比較中可有可無的工作，和認識不發生密切關係。中國字具有形聲義三種作用，缺一注意就不算認識。其實教讀教講的時候，注意認的兒童，看着書聽講，已經有認形的意識了。不過初學時，字尚未識，如何能看。説到看着書聽講，必是已能自看，或者憑着指示來看才行，這已是認形在先了。歐美近來讀法，多有每課提取着的詞語，用閃爍片作練習，確是含有認形的作用。但是只能用在復習中，因爲結合音義來練習的。這就發生兩個問題：其一，學校無力在課本外分課另製一套片子，只憑課本複習，太少變化。其二，有了閃爍片，對於開始教讀教講，還是要用別法使兒童對着字看。所以識字開始，是從形來讀音。讀后復習，是從讀音來認形。總之，形可結合義音來認，没有義音結合然後認形的道理。

由上所論，提出幾個要點：

1. 劃出幾個特殊部分，以適當時期，在讀法外集中練習。

（1）國音符號，在第一學期末進行，其理由前已論及。

（2）寫字在第二學期始進行基本練習。基本練習未完成前，絕對不容有附隨練習。必如是而後書寫之始基，不致發生不良影響。彼開始識字，藉助於書寫以鞏固記憶者，實爲嚴重錯誤。

二者練習程式，另列專章。

2. 從讀的進程中，加重副學習的分明訓練——此其旨要，一方面尋取訓教合一的明確途徑；一方面藉助於教具活動。因此每種練習，皆表現具體動作，且便於個別使用，俾身心協調，得以顯其功效。此須參合下節進程及其方式訓練篇尋見途徑。惟開始入學數日，副學習事項都變爲正學習的主要成分。北新書局譯本《開學與學校管理》一書可參考。

3. 練習程式之構成

（1）練習過程包括舊法提示以下各個階段的功用，但不採論理分析形式，而以反應合綜之逐漸深廣的步驟，成爲分明歷程，各由固定以表現之。有兩個相反而相成的條件：一是練習之方式與次數，在規定大步驟上，絲毫不可凌越，而且不可增減。二是因各單元內容不同，與當時反應不同，在大步驟以內所需方式與方式所需次數，教者必需適應情形而增損活用。

（2）練習過程分爲數個進程，自開始至終結，無一相同方式，而皆有一定程序。並且同一進程的學習，經數分鐘必變換一式。前後單元同一進程，必彼此多用不同方式。此種變換，皆依一定條件而取舍。務求任何進程皆附與有興味情境，使兒童莫不樂於反復練習。

第三節　進程及其方式

一、與實施方式密切關聯的事項

（一）看標貼　入學之始，率引兒童遊觀各處，此於接觸文字符號，最明顯者有二事。

（1）看門牌——如校爲何名，其匾額懸於大門前。各室爲何處，其名稱懸於入口處。

（2）看標語——此非指廣告式之標語，而以屬於影響日常行動者爲範圍。如"參觀人入口""廁所由此往北""勿塗墙壁""隨手關門"之類是。

每至一處，就地說明，宜將最惹人注目之標貼，加以解釋，並加指示。惟引導遊觀，僅在使知文字符號之形式與功用，作此後留心標貼之啓示，正不限於此時即能認識各字也。

（二）貼名條　此當附於開始數週內某活動單元內作一個進行步驟，於以後抽名練習甚有益。當注意左列各點：

（1）引起動機——先以談話式說明各人如何認定坐位，引起貼名條之需要。如本校曾有若干班級，其坐位並貼有名條，當於事前參觀，加以指示。

（2）書示並介紹——貼名條一經決定，同時告以介紹同學亦爲必要。於是逐一問兒童何姓何名，每問一人，即呼至教桌前，將所預備名條示之，使之認識，或臨時書示亦可。隨將書示某生名條，持示全班，並讀其姓名，介紹其人，令向全班一鞠躬，然後交給名條，持以歸坐。

（3）自貼名條——全班介紹既畢，於是告以粘貼之位置及其貼法，並將所預備漿糊，令其取用，教師則巡視而指導之。如人數較多，估計所占時數，分兩次粘貼，較爲適宜。

（三）認學校標示。此可分爲兩部分。

1. 本班教室內標示。此又分爲四項。

（1）屬於教具。如黑板、粉筆、教鞭、算盤之類，此可就物使用，分別示以用法，並加說明，逐件以標籤之字使讀之。

（2）屬于房屋及其用具。如桌凳痰盂門窗架欄之類，此可分別就物說明與個人關係及在行動上應注意之點，逐件以標籤之字使讀之。如爲兒童桌凳，並須認讀標明號數。

（3）屬於陳列懸挂之標題。此視本班教室所有而示。惟悬挂陳列者，不可軼出學習範圍，苟非當時所需，暫勿布置。此可就物分別說明其使用意義，逐件以標題之字示之。

（4）屬於標語。切忌應有盡有，或廣泛而無具體表示。而以初入學行動上最宜注意之事，且有種種訓練方法當隨之而施者爲主。其張貼於教室外之語，與本班有關者，應分隸於各場所示之。

關於認讀以上標示，須依當時情境指示之。

（1）本班教室如與他班公用，非本班必用標示，標示非兒童問及，無庸指示。

（2）新製標籤，須事先預備，於就物指示說明後，並須討論粘貼方式與位置。惟在如此情境下，應注意者有三點：

Ⅰ．初入校兒童，不宜連續認識多種事物，又不耐長時間靜默無事。除關于桌凳之類可使多數工作外，其他就物指示，必須分全班爲若干組，每示一二件，即指定一組張貼標籤。

Ⅱ．如所需標籤較多，非一節時間所能完成，當分若干次進行。

Ⅲ．本班如爲單級，工作儘可分工，指導則須同時。亦可令程度較高者領導低級工作，或依程度分配工作。

2．本校各場所的標示。此分兩部分。

（1）屬於物具——如勞作用具、唱遊用具、整潔用具等，大抵皆在教室外，須有適當部署。其原無標籤，或須更換增補者，必須預行繕製，於逐件指示時，分別粘貼或懸繫，使注意標儘之號數與名字。其已有標籤，先須詢明何物，加以說明，然後使認識其號數與名字。

（2）屬於標語——此在開始活動時，曾使其看門牌與標語。不過彼時目的，祇看大略，僅在使注意表示符號，並不重文字練習。此則每次所看，限於一定場所，必須就每處所有，爲本班必須注意者，使之認識，而且還須使發見有補充標語之必要。因此認識每一處標語，須在認識用具的標籤時接連行之，以便觀念與印象，集中於同一目的。如標語係曾經指示者，應先行指問，驗其尚記憶與否。勿論是否已指示者，于意義了解後須練習數遍。

（3）屬於動作規律——此必須在活動中發生必要，然後商定或指示某項規律，始爲適合。

如果前項所指示之標語，業已包括應指示之規律，或當時并不感覺有另示規律之必要，此項自可省略。

總之，誦習教室內所有符號，隨時可與其實物標示對照。各場所則非專習文字符號之處，每經一處指示，必回教室各別復述，因而示以板書文字，印象始較深入。更進而以預製圖片字片結合而示，使所見實物，轉移於圖片上，得以進行文字練習。

　　搜集物品，爲教學最要之事。其一，可以補充校內未有物品，多識文字；其二，可使兒童特別注意自己品物之標示，互相指導；其三，可以啓示將來進行採集之學習。其品物大概爲兒童家中所有，食品如麥豆菜蔬等，衣料如布絲毛葛等，燒料如柴炭草梗等，以及樹木落下果實。此類物品，並可供計算之用。開始搜集時，應有適當說明，並叮囑不取貴重品物，不損害公物。又須預備放置場所及登記簿，逐件陳列。其有需用或保留價值者，則另號標示，並記搜集者姓名。如僅用以辨物識字者，惟持物說明而以板書示字。

　　（四）認識環境事物

　　此比較各場所更不同，因彼在校內，所有品物，與兒童日常活動，發生密切關係。即非国语功課，因其動作與使用，常與標示相接觸，自然得到練習文字的機會，此不惟多無標示，且少接觸機會。故一經規定時間之觀覽指示，回校僅憑當時復述與板書，難期其盡能再認，則移轉於圖片字片之練習，實爲最要關鍵。此在事前，教師必須切實調查，分地分類，預先熟計，每次外出，必集中於一定目的，俾因直觀而指示者，與預計僅有少許出入增損。所有圖片字片，大半可早爲製定，以便回校復述，即可取而應用。其待補充者，臨時料理，亦較省事。

　　茲再就以上提出四個要項，分別提要。

　　1. 屬於本校之場所及其品物　如運動場、園圃、環校樹木及其標示，分爲三方面言之。

　　（1）已有標示——分日指定地點，率兒童觀覽，就所見者指示並使讀其文字，再到教室內加以練習。

　　（2）須補充之標示，除照上說明外，並啓示其補充標示之處，提議補充，教師記於簿上。及到教室復述，仍令兒童逐項提出，將決定標示之文字，由教師書於黑板上，商製標示。製定後，定時再赴該處，令兒童各認定何標示應在何處者，指導一一粘貼或懸繫。

（3）新製標示——在遊觀時，先巡視一遍，使知概況。次提議標示，分別地點指示，即照前項進行。

2. 非學校所有之環境事物。此亦分兩方面言之。

（1）原有標示——如公共處所或住宅之門牌或揭帖、指路牌、布告牌（簡單標示）以及指引禁約之標示，如"此巷不通""汽車慢行""禁止便溺"等，均用上舉方式指導之。

（2）未有標示——如附近之家畜、什物、農具、农産、食品、衣料、房屋、花木、鳥獸、魚以及村莊場所山水之名稱等，最爲散漫，又不便分類示教。惟有分別地點遊觀，導其與實物相接觸，隨時指問何名何用，於回校復述時示讀文字。其與搜集品物有相同者，則先提出已學習之字片，使之再認。

上之二項，不當分離，可分別遊覽之目的地點，沿途玩賞，就適當處所而指示之。惟須估計第一學期對於環境事務之認識，在可能範圍内，分次進行，正不限於遊覽某處一次，即盡所有事物而示之也。

此外，不屬於前者之日常聞見與動作，在單元活動經過一二學月后，稍簡易者，即可與其他標示之認識，參互進行。其有屬于農工商場所之參觀，内容較豐富而有統系，可酌採設計進行活動也。茲就日常聞見與動作之散見者，應注意要點言之。

（1）以上四者，皆可由教者預定某地點或某部分進行活動，在常識過程中，往往需要超過一節。則文字練習亦便分類列舉。此則惟就臨時所表現者，給予標示機會，時間難以固定，而且多止於一個標示之認識，需時無多。不過隨時認識標示，理論通而事實易生扞格。如在每日上下午上課之始，或最後之課，在開始授課，酌取數分鐘指示可也。

（2）上四者標示多半屬名字，在國語整體上自不完全。然使于標示中，同時連及聯繫之時，或加以連帶之；必致困難發生；甚至所提標示，亦引起混亂印象，有時阻害非上四者所能包舉學習之機會。所以特列此項，適應機會補充詞語，增加日常應用字必須認識之成分。

要點既明，進而研究其詞語表出，亦可爲分爲兩方面，惟實際不當分離爲二也。

  1. 本體之表現

（1）屬於自然現象。如晴雨風雲等，此項指示，最顯明者有兩種機會：其一由記載方面于每日上課□，如今日晴或雨或雪是。其二由單元含有自然現象者示之，如因寒暑，或日長短，或冰雪等，就所觀察現象，示以主要語句是。

（2）屬於人類。如先生、同學、父母、兄弟、姊妹等，可就上學回家之禮節及與社會交接，而與單元含有社會成分者相結合，或由談話中示以詞語。

（3）屬於身體。如眼耳口鼻手腳等，此可從身體檢查及衛生等之活動，分別摘取詞語示之。

（4）屬於課業。如國語，算術、手工及戲遊、唱歌、踢毽子、拔河、賽跑等，就日常課業活動之新事項，適應單元活動示以文字。

（5）屬於集合及典禮。如各種紀念或開會，就秩序單及各種活動事項示之。如地方慶弔，就當時所見者由談話中摘出示之。惟指示須與單元活動之社會成分相結合。

  2. 附麗之表現 此與本體本不分離，直言之，即不能離開名字而表現也。大抵任何事物，皆表現動與靜之兩種狀態。動靜字可以分別成詞，而不可獨立作活動單元之詞，因離名字即失其依據也。然亦間有特例，如起立坐下之類是，此則已成爲命令語矣。綴字成語，惟限於名字與動靜字連屬，始有形象可以指示。其不爲名動靜之字，舊時統稱虛字，爲語句構成不可少之字。開始數週學習，除口令外，仍以不用爲宜，因無形象可以表見也。茲就動靜字之詞性，分舉示例。

（1）以靜表現者，可分爲顏色字，如國旗之青白紅是。數目字，如星期之一二三四五六是。位置字，如上下左右前後是。等量字，如長短深淺厚薄高低上下是。擬聲字，如唧唧叮噹是。

（2）以動作表現者，内動如坐起哭笑，外動如看聽吃喝拿打是。

二、方式依進程而分布

（一）對示

此爲第一步，標名對示者，因爲獨立詞語，係從觀察聯想之既得經驗，提取其便於對圖或實物或動作者示之。

開始一二月後，專取有形有象之詞，略參表出動作之短語，如起立、坐下等。以後逐漸增加，詞亦可參用無圖對照者，但以較少爲限。

每提出一個詞語，先挂圖牌，以"這是甚麼"或"這做甚麼"口令片示之。兒童答對後，即挂字牌於上方。隨取"怎樣讀"口令片示之，兒童讀得有誤則範讀，然後循讀一二遍。所有字牌挂完，全部循讀一二遍，不要多讀。當取示'這是甚麼'或'這做甚麼'口令片時，必取兒童答語全合字牌書示者爲主。如有不合，教師須加矯正，有時亦可修改詞語。若短語不易用圖牌表示或有出入之字，當於提出字牌前，就全語中所含有各個詞義，分析提問，使就已得經驗之各個觀念，構成一個全語之概念，然後懸示字牌並範讀之。其詞語含有动作意義者，教者先以擬勢之動作演示並問之，然後懸示字牌範讀。

説明——兒童初識文字，離開當前事物及其動作，而使認事物與動作之符號，不易辨別，即辨別而不易了解其内容。課本教學，所選之字與語句，勿論如何側重實用，決不能與兒童當前活動適應，即不能使兒童對所習符號感覺需要，發生興趣。徒斤斤於生字與筆畫多少，以及語句難易長短，爲形式上吹求，終成爲顧此失彼而且無法確定之主觀標准，又須加重機械練習以赴之。本方案練習之詞語，全取當時觀察聯想所有經驗，輔以圖形與動作，分不嫌其孤立，合則可成統系。由此進行識字，辨識確實，記憶容易。具有觀念再生作用，與看圖識字原於破碎支離之認識，絕對異趣。

（二）查眉標

此爲第二步，在用以管領圖牌，作字牌的指引，使注意移轉到符號與符號之間，此爲過渡於認識獨立符號之重要關鍵，亦即使用字牌勝於讀課本之開始的最大功用。

（1）釘貼——用厚紙製成字片，預書與字牌相合之詞語，於對示後，每次指定兒童二人，各給眉標一張，令對準相合之字牌，釘貼於其下，亦即相合圖牌之上方。如未預書字牌，臨時板書，每書一眉標，即令全體齊讀。

（2）取置——在釘貼後，全體兒童輪次兩周，順次、逆次（即左首或右手起）均可。先一周挂上字牌，後一周取下圖牌，皆以口令行之。取置時，教者手持全套字牌，立於字架前左側，口令發後，如係順次，左首一席即起立。來教師所立之處，領取字牌一塊，對準相合眉標照口令而作，隨問全體對否，經一齊答對，該生坐下，同時次席即起立前來，如式而作，演至最末一席而畢。

在第一單元，教者對於釘貼與取置之開始，先須分別示範，然後進行練習（以下凡新方式開始練習，均準此例）。

尤須注意者：其一，教師分發字牌，如兒童係照口令挂上者，則教師屆手中僅餘兩塊時，即須再取架上所挂者於手。其二，兒童查眉標時，須從右手一個眉標，逆次遂一查對，至於相合而止，不可越次。其三，教師發給字牌，須有一定次序。每一個輪次演畢，即取前兩塊置於後面。如恐錯誤，可在字牌左角標一小的數目字。

（3）錯綜——在取置後，教者故意將圖牌與字牌錯置數個，二三個不等，即經過數月，亦不要全部錯置。作法先示以"閉着眼"口令片，教者於此時錯置數個，必須迅速。錯置畢，以教鞭或指引尺敲黑板爲號，每次指令兒童二人同來改正，約全體將近半數而止，由此說明兒童對字形無甚錯誤，即可進行對讀，移轉於對符號獨立認識之進程矣。

說明——本步驟之旨趣，在使對圖認字之注意，移轉於符號與符號之間，由此進於離圖亦得獨立識其符號。何也？對圖識字，所注意者惟在圖與字對照，無與於字形辨認，一也。必經若干次對照，始能離圖而單識符號。專用對示，無從覺察，二也。有此二因，教學便易浪費時間。以查眉標爲過渡，不惟可補救上之缺陷，而且藉字牌使用，任作一個活動，與同時提授之字，多可逐一查對，其功用過於舉一反三。蓋提出許多詞語，每個兒童僅作數個詞語的查對，一方面因其必須查對，得到全部練習的機會，即以部分而及於全部；一方可覺察其認識情形如何，即查對是否取置不誤，或少許遲回也。

又此步驟專對字不讀音者，因爲音讀之誤，有係對本字音讀不準，或增損其詞語之字而讀者；有由本單元各個詞語之整體的約略記憶，不問本字如何，而率爾以讀者。必須後者聯念之錯誤消失，而後前者之練習單純，恰得到本字音讀之明確記憶。此專以查對爲練習，斯集注更見確實。

凡進行練習，必於正學習中包含副學習之作用。其目的一方在使身體得到調節，不感疲倦；一方在使體念人類活動，具有互相關係，此關係即相妨相助之所由而生，常足以影響其學習。此爲練習開始，故取置以輪次行之。計取置活動，每分鐘約可作八人至十二人，假定學生爲四十人，八分鐘即可作完輪次兩周活動。因爲輪次動作，全體成爲連鎖活動，爲時不及數分，獨立活動即輪諸其身，稍不注意，即礙秩序。故人人時時注意於己身之活動預備，並注意左右相關於己身之活動。由左右相關而體念人與人之相接觸，具有如何關係，由全體而體念集團之相互關係，於此已示其端倪。此在通常之輪讀、輪講與閃爍片之使用，決不能收如此副學習之功效也。

查眉標活動，如全用實物，活動方式則又不同。此類單元本自有限，但學習效率更明顯而迅速。間或參用，頗足以增益學習興趣，構成此類單元，終有三種事實。

（1）校園花木或運動場用具。

（2）校内四周環列房屋（門牌可臨時標題）。

（3）種類相同之物，可收集於教室内陳列者如各種蔬菜或各種玩具之類。

如上所列，任何小學，當可進行四五個單元，其活動方式有兩種。

（1）在教室外活動者，如上之（1）（2）是。教師就所預定認識事於之場所，清晰分割往來路綫。先率領兒童循路綫次第觀察或動作後，隨揭示眉標於其物上，一如對示式，並授音讀。次分給字牌，令尋覓相合字牌而立於其前，如式輪次或分組為之。其後於指定兒童取下眉標後，並同前式分給字牌而尋覓相合事物（即前揭示眉標處）立於其前並讀之。使全體之半數每人得領一塊，同時如式尋覓。如是則對讀一個步驟亦可省略，但增加此種活動之次數，下節逕發字片。

（2）在教室內活動者，教師就本單元所收集品物，陳列室內適當處所；於率領兒童觀察後，即取眉標置於相合品物之旁，一如對示式，並授音讀。次分給字牌，令對準眉標而作，約有三式：其一，分給字牌，令對準眉標而舉其物以示；其二，分給字牌，令對準眉標而取其物移置教壇前以示；其三，分給字牌並其相合之物，令對準眉標還置原處，其後撤去眉標，一如上之三式，作舉示、移取、還原三種活動。

卡片教學與三個研討問題有論及關于本進程之點，茲錄於左：

本法所以先作對形練習，後作讀音練習者，不僅是讀法程序當然如此，還有重要原因，而且先後還有錯綜。

1. 本法練習文字，在認識時，沒有義的講解，只有形和音的集注。音是要附在形上來讀，讀才有着落，才能自證，才能知道是否確已認識，不致浪費時間而盲讀。到了讀得不誤，字就沒有不識的了。

2. 本法不用讀本，專用字牌活動，在視覺裏進行的。不僅是方式多變化，且不容有沒着落的盲讀。要為讀減少錯誤，幫助記憶，且容易自己改正；不從對形入手，就不能達到企圖。

3. 本法□授語句，對的進程，只是認識的第一個步驟，並不是分析研究；也不是專靠這個進程，把形要記憶到牢固的地位，而是作看字讀音的預備。這個對的方式，是用字牌來找同樣語句的眉標或揭示，只憑視覺就找得到的。假使不先作對的練習，試問結合義音來讀什麼。所以要先對後讀，分作兩個步驟。理由如下。

（1）注意必有專屬，既要對字來讀，字又是未曾認過的。那麼同時就要有兩個新的注意，這是學習心理所不容許的。先對，那麼兒童專注在形的辨認方面。後讀，雖是結合形來讀，但是形已經認過的，讀就成了專注的唯一目標。由視覺進到聽覺，而且必視才知道讀聽的是什麼，這是當然的次第。

（2）練習進行，必須每進一步逐漸加一點難度，然后可使一般兒童不斷的努力而且進程可在一節以內的時間分割，各有難度，不致久間無事，發生厭倦。在對形進程裏，兒童都是憑視覺來尋找，只有快慢的不同；不像音讀要憑聽覺記憶，便有清楚模糊和全記不全記的分別。先易後難、先具體後抽象，這也是分配難度的當然次序。

中國字各個獨立，是部首、音系兩體合成的，獨體字極少。部首、音系各有一定的統攝，輪廓是很分明的。對時不要加以分析，只要大體上得到一點輪廓的辨認，在學習上是很有效率的。所以在音語練習前特設這個進程。

（三）對讀

此爲第三步，因眉標指引，對各個詞語之字形，已有相當熟識，自當進一步離開圖形而單識符號，並習音讀，茲先列舉對讀方式：

利用眉標進行對讀——此只爲加多變換方式，不爲指引作用，與圖片各自獨立。

（1）每人分給字牌一塊，對準眉標讀之。

（2）每人分給字牌一塊，對準眉標挂上讀之。

（3）每人分給字牌一塊，對準眉標取下圖片（凡字牌與圖牌合用者，即不讀音，下準此）。

（4）每人分給字牌一塊，對準眉標挂上。

（5）每人分給字牌一塊，對準眉標取下字牌。

（6）每人分給字牌一塊，對準眉標找相合字牌挂上。

（7）每人分給字牌一塊，教師任指一眉標，持相合字牌者即來挂於所指眉標上並讀之。

（凡教師指眉標時，於兒童起立後，即放下）勿論教師指或兒童指，以用指引尺或教鞭爲宜。

（8）每人給圖牌一塊，教師任指一眉標，持相合圖牌者前來挂於所指眉標之下。

（9）將字牌及圖牌的全數，任分給每人一塊，教師任指一眉標，持相合之圖牌或字牌者，齊來挂於所指眉標之原處（即在挂字牌下挂圖牌）並合讀之（此不能用原來分組，而以字牌圖牌共有之數計算）。

（10）將字牌、圖牌散列架前，教師任指一眉標，令兩生前來，一找相合圖牌，一找相合字牌，同舉以示衆並合讀之。

（11）每人給字牌一塊，教師任讀一字牌之詞語，持此牌者即來撤去眉標（此不能輪次，僅抽指若干人爲之。兩人合作，必有先後或對誤之事，應注意動作態度）撤去眉標以後活動。

（12）教師取下字牌閃爍舉示之，令全體齊讀。

（13）教師將字牌挂於架上，任讀一字牌之詞語，令分組順序或指名前來指出架上相合字牌。13，14，15皆不分給字牌）

（14）教師就架上所挂字牌任讀一字牌之詞語，令分組順序或指名前來，取相合字牌舉示及放在架上。

（15）教師就散列架前之字牌，任讀一字牌之詞語，令分組順序或指名來取相合字牌挂於架上。

（16）每人分給字牌一塊，教師任讀一字牌之詞語，持相合字牌者，即來教師前舉示。

（17）每人分給字牌一塊，前來教師前舉示讀之。

（18）每人分給字牌一塊，前來取下相合圖牌。

（19）每人分給字牌一塊，前來覓取相合圖牌挂上。

（20）每人分給字牌一塊，前來覓取相合字牌挂上。

（21）每人分給字牌一塊，前來覓取相合字牌，放在架前。

（22）每人分給字牌一塊，教師任指一圖牌，持相合字牌者即來挂於所指圖牌之上。

（23）每人分給字牌一塊，教師任指一字牌，持相合圖牌者即來挂於所指字牌之上。

上列二十三式，利用眉標者十一式，撤去眉標者十二式。除（1）（11）（12）必不可省外，如每輪一周（分組亦須輪全周）同用一式在利用眉標，撤去眉標至少當各用三式。

至經過一二月後，每組當變換方式行之，即同輪一周，各組不用同式練習，在進行前對於應用何式，先須以口令示之，可每一周輪畢，即齊讀一遍，或全體齊讀，或分右左中三部齊讀以調節之。茲更分舉應注意之點：

（1）上列各式中利用眉標者有五式自讀，即（1）（2）（7）（9）（10）於（1）外必任取一自讀式行之。撤去眉標者有二式自讀，即（11）（17），四式聽讀，即（13）（14）（15）（16），於（12）外必任取一聽讀式行之。

（2）利用眉標之下，（9）（10）在對讀過程之中，至少必用一式。

（3）除（12）（13）（14）（15）四式外，兒童皆用教具活動，活動分爲三種形式：其一順序，其二指名，其三指教具，皆行於分組之中。如全周各組由同一形式，必須相間而行，即每一周變換一種形式也。順序以每組自然次序輪作，前後字相接續，前席往作，後席即須準備自己工作，不可少許延緩怠誤。指名（用抽名式）顛倒本組席次，使領取教具者，每次雖只一人活動，而全組各人皆須時時顧及是否抽出己名，加緊工作準備。以上如（1）（2）（3）（4）（5）（6）（17）（18）（19）（20）均連用之。指教具則對於任何指定必顧視自己所領教具。是否即爲指定動作。非自己動作，而各個指定。均得用視覺加以復習。所謂由部分而及全體者，于此尤爲顯然。如（7）（8）（9）（10）（22）（23）適用之。聽讀旨趣。與此同一兒童領得教具後。應訓練其注意自習。如有未識，得向同學詢之。

說明——本步驟爲獨立符號之音形結合最重要的練習，即脫離介紹与指引而進於單識符號。故音讀與字形兩相準對，每一音讀。即與形之結合。容易保持其記憶。而不同於無所依傍之反復練習。慮其流於機械也。多方變換方式使不厭倦。慮分別作業易致多數空閒也。藉教具之助。

務使多數人在同時間得相當練習。慮練習時間過久也。不斷的給以獨立活動的機會，使身體得到調節，減削其騷擾與疲乏。

（四）對演

此與對讀同屬第三步。視詞語有無表演動作而定，參入對讀中練習之。活動分爲二個方式：

（1）教師擬勢。持相合字牌者舉示而讀。

（2）教師持示字牌，全體如式表演。

經過以上練習步驟，教者如發見本單元何種詞語，多數人時有錯誤，或某某兒童，對本單元詞語時有錯誤，即應在發字片前，以五分鐘左右，抽出應練習者，加以特別練習。屬於前者，但取多誤之詞語，用閃爍或齊讀若干遍。屬於後者，則在接近教師前，依復習人數分排若干坐位，移復習者坐於其上。每示一復習字牌，令全體齊讀一遍，該生等循讀一遍，然後用閃爍式每人復讀一遍，不誤者即還坐原位。有時亦可就詞中含有相同之循字，與音近形似之字抽出練習，教者並稍加說明。

（五）發字片

此爲第四步，非學習之最後結果，而係考驗各個兒童熟習全部教材的情狀，且以此替代課本，便於家屬考查。字片用新聞紙，長約一寸六分，寬約一寸，以本單元對示詞語若干，印成若干不同字片。每種應發字片之數，與本團人數等。如鄉村印刷不便，又有高團學生，則利用其練習書寫，代低團分書字片。

發字片的方式，上面排列字架，架前懸字片，架後置相合字片。下面環坐兒童：教師前設數坐，爲未領全分者坐位。開始活動，視應發字片之數，加一人數，從有首起立若干席。首席行至最左字架之左側爲所領字片者，餘席依序行至每一字架後方而立，爲管字片者。當若干席起立前來時，所空之席，當坐者依次推進移坐。移坐已定，管字片者依序各舉讀所管字片，每片經全體訂正無誤，則首席行至字架前逐一讀字牌詞語，讀對則管字片者發給字片一張，誤或遲滯則揮手不給，領字片者即去讀左首字牌。讀畢領得全分，左下行而坐於環坐末席之後，未領全分，則坐於特設之坐位上。

首席讀畢，則最左字架後方管字片者移立於左側，餘席依次推進而管字片。所餘右方管字片一席，即由環坐右方之席前來補充，同時環坐，依次推進移坐一席，管領動作一如上式。以下每一席領畢，方式皆同，至全體領畢而止。

未領全分者坐於特設坐位上，自查手中未領之片，係何字牌詞語，當管領人分讀時，必須注意，作者補領的準備。如新坐已滿，復增一未領全分者，此最先來坐者騰出坐位，退往環坐末席之後。

發字片的活動較爲繁難，第一個單元進行此過程時，可就入學訓練所查考者擇選比較聰明及安靜者若干兒童爲一組。先行試演，其餘兒童作爲旁觀（兩組座位須隔離），俟試演一組發畢，再令其餘兒童試演。經此一度試演，發見如何不如式情形，分別調整。此後可提出比較最遲鈍與最不安靜者數人坐於最後，就領全分中選最優者管字片，餘兒童分領字片。

全體均已得領字片，教者即查問未領全份字片者，令其齊集一處，分次前來各讀領未發的字片。如讀仍有誤，則指定優生數人於課外指導，再向教者補領。

字片全發後，應令兒童各取字盒，將新領字片單放一處，加以整理，以備下次練習。如對字片在同節中繼續練習，則整理當在對字片以後。

此外，應行注意之點，分別列舉于下：

（1）管字片者不認識所管字片之詞語，可自向左右請教後讀之。惟管字片工作，第一讀時須舉示使環坐者皆得看見。第二須負責，讀對者須速發，讀誤及遲滯者均揮手不給。

（2）領字片者須知不認識的字儘可于復習後補領，切不可逗留于字架之前。

（3）環坐者應注意于聽每次管字片者之音讀，與推進移坐之迅速不誤，切不可妨礙秩序。

（4）教者於管字片者推移及音讀時注意于環坐者次序；于領字片者

音讀時，注意管字片者是否負責。

（5）發字片不限于與對讀對演之時數緊相連接，以隔日爲最合分布學習之旨，不過在此過程中間，不宜參入其他單元活動，混淆觀念，而以參習兒歌或故事畫爲宜。

説明——發字片以前練習，對于各個詞語之分別認識，多含有機會練習之意。至此則每人對于全部教材，藉管領各個字片而有獨立的全習兩遍之事實。尤其領取者限于已熟習字片，人人思得全分，足以促進其努力。在他人唱讀時，反復全部之機會既多，即有少數詞語尚未熟，又得在特設坐位中復習之。至于領得字片以後，每人皆有一分自習工具。一方便于自己補習，一方便於全體在同時中各別練習。

（六）對字片

此爲第五步，係利用發字片，作一齊活動方式如下：

1. 教者任示一字牌，兒童皆取相合的字片，舉而讀之。

2. 教者不舉示字片，而任讀一字片所有詞語，兒童皆取相合字片舉以對照。

3. 教者任示一圖片或擬勢，兒童皆取相合字片，舉而讀之。

此當注意者有三點：

1. 開始活動前，須令兒童各檢齊新領字片，持於手中。

2. 兒童每舉起一個字片，教者應注視其錯否，有時亦可巡視。初作時重在合式，進一步則更須敏速。

3. 每個字片舉起，經教者認爲無誤後，如係叠列，已舉者即檢置後方，如係散列，則檢置他處，勿與未舉者相混。

4. 教者對兒童從字盒中取出字片與收放字片于字盒中，除字盒應放在一處以便取放外，更須注意其取放之秩序與速度。

（七）補充練習

1. 參入第三步最後練習中行之，亦可通用於第五步。此必时间有餘，或者须加重練習。

（1）比賽。列舉五式：

方式一：用字牌圖片進行練習，一組取字牌，一組取圖牌，相對而立。餘爲公正人。同時，持字牌者順序舉出字牌，每一字牌舉出，對方持相合圖牌者舉以對照，無圖牌則對字牌讀之。做畢，兩組交換爲之，誤少者勝，對方向勝方鼓掌，公正人和之，兩組比賽畢，再與公正人互換位置，至全體輪完而止。或者字牌與圖牌交錯，分爲兩組，各照所取者爲何，同上式動作，一次做畢，不必交換。如專用字片，則一組持字牌舉示，另一組照讀。讀畢與對方交換爲之。

例如，兩組各五人，甲組順序舉圖牌，乙組持相合字牌者舉以對照。乙組順序舉出圖牌，甲組持相合字牌者舉以對照。

方式二：用字片練習，不用公正人，將全團分甲乙兩組對立，每人持新領字片全份，甲組舉一字片，乙組照讀後，則隨舉另一字片，甲組照讀。依序至末一人而止，誤少者勝，對方向勝方鼓掌。如比賽甚速，得從頭再起，如式更換字片行之，例如甲組第一人舉字片，乙組第一人照讀，乙組第一人舉字片，甲組第一人照讀，以下類推。

方式三：字牌、字片均適用比賽，預備同樣而不同次序的字片兩分，放在教師前，兒童分兩行對立，每行每人依序往取字片一張讀之。讀誤者由其次席代讀，次席不能讀，再次序讀，已代讀者即不出席再讀，以讀片最多之組爲勝。

例如，每組出席十一人，乙組第三代第二者讀，第八席代第七席讀，第十一席代第十席九席讀，讀得之片爲七個。

方式四：同上預備字片兩分，反置兒童坐前，兩組兒童每人依次轉讀之，讀對者持取，誤者仍置坐前，以誤少者爲勝。

方式五：在黑板上畫一圓周，書滿應練習之字，或在地上排滿一圓周之字片，兒童兩人背道讀沿周之字，誰先到平分點及無誤或誤少者勝。此須在他種方式比賽後，或較難識之字，就兩組中各選取最優者數人讀之。

以上分組比賽，就全體分兩組，如有奇數之一人，即選一優生隨同教師作巡視人。

（2）猜字。將對示的各個字牌挂于架上，每猜一字，依坐次指令兩兒童行至教壇前，一兒童背立，另一兒童用教鞭指定一字牌下方，輕敲黑板後，背立者返身猜之，並向衆宣讀，至猜中止，一次即猜對者全體鼓掌。

（3）搶字。將字牌放置架前，教者任挂一圖牌，依坐次指定兩兒童同時以輕速之步跑來，覓一相合字牌對準圖牌挂於其上，由同學訂正。或教者指令照字牌而覓圖牌挂上亦同。此在爭勝中，應矯正其強奪巧取之習。

（二）在第五步以後之練習

用作單字辨认者。此當在入學兩三月以後行之。

（1）圈字。每一字有三次練習，最先將新識各字，書于黑板上，每書一字，令全體齊讀。次於書畢后，教者每讀一個，指令一人圈之，先國語或詞（二字以上），次圈單字。最後於圈完后，教者每讀一字，指令一人抹去，至抹完而止。

（2）露字。此在第一學期中兒歌故事書所用之文字，皆成語句，最爲適用，用法以木板製成露字，板中鑿一活方孔，能露一字或二三個字，亦可用厚紙片爲之，練習時在黑板上或揭貼所書文字，露孔指認。

用作綜合練習者——此當于本單元學習完成後，結合三四個單元而進行練習。

分布期間及數次——本方案學習過程中，反復次數頗多，而且進程不同，較易保持記憶。不過爲永久鞏固起見，仍分作兩次，隔日復習，第一次在三單元或四單元最後的單元習畢時進行，第二次約距第一次一個月。因此每一單元字片必作一束放置字盒內，俟第二次復習畢，始混合分類。

練習程式——通常用閃爍式複習，教者取應習字片全分（如由字片舉示更好）順坐次每人復習一片，至全體輪次完畢而止（片數超過人數者，留此未讀之片，俟原有片數全習後再習。人數超過片數者，則從頭讀至全體人數完結而止）。第二周則取第一個字片置于最後，第三周取第二個字片置於最後，下準此。凡遇有讀不出或誤讀者，令移坐于教師前，俟全片經每人全習後，此移坐者一如前式復習。

蓋茲（Gates）論及兒童閱讀興趣，融和種種研究結果，建議國語讀本第一册生字密度，每六十字一生字，所得較多。最好的方法，在供給較長的課文，每生字重見二十次。如材料過短，只能重見十次，其餘十次。用別種方法溫習，如單獨提出生字練習，雖亦能習至純熟，但其結果遠遜。我國國語讀本，據所調查，第一册生字復見次數最多者，首推《復興國語教科書》，課文全字數一六六九，生字二零九，平均次數七又小數九六。加入練習課字數四四三，得平均次數十又小數一。次爲《國語新讀本》，課文全字數一八六四，生字二四三，平均次數七又小數六七，加入練習字數四五〇，得平均次數九又小數五。

此兩種讀本湊足十次的密度，已含有蓋茲不贊同的別法溫習成分，去所建議二十次尚差一半。並且平均次數，係合全册計算。如果分每課計算或前後若干課計算，則生字重見平均次數，必更大減。吾國小學低級教學所遭遇困難，與成績不良，由讀本課文所給予者，実爲主要因素，特國人習焉不察耳。作者編著讀本，積有經驗，深知編制初學課文——尤其是用漢字編成者，達到每課生字重見二十次之多，事實上殊不可能。經多年體驗，另尋途徑，始有所悟。所以不用讀本開始教學，而由單元活動進習文字。又爲避免單提生字練習的缺陷，分割各個進程，由對到讀，由讀到領字片，由領字片到對字片。雖非用生字重組課文，但是每個進程，皆用整套語句。其練習進度，隨方式變化逐漸加增，與用較少課文減少生字密度，殊途同歸。每個單元整套語句練習，每生字反復習讀，無不在二十次以上，費時亦無多，固極明顯之事也。

第四章　後期教學程式（第二步驟）

第一節　與第一步驟的同異點

一、單元配置

取規定全年單元，就前期所未經進行者，用以實施。其中異同要點，分列于下：
1. 前後期季節不同，因適應時令，自然各有不同的單元。
2. 在人爲上環境上新增事物，爲前期所無者。
3. 與時令無關，爲前期所未及或省略者。

二、學習過程之內容

大體同前期，惟興味中心之活動，與取得控制環境之能力，得進一層的體驗。在取得常識過程，觀察當較進於分析，聯想範圍當較推廣。在練習文字過程，純用獨立語句，而且漸及複合之句，又注重單字分析，兼及於讀、寫、作等種種基本練習，以及音符拼讀的應用練習，俾自學工具有適當的準備。

再者步驟分前後兩期，實際應用，并非第一步驟必以一個學期爲限。因爲兒童學習數月，文字有可進於用語句必要，即不便用圖型對示，則查眉標一項，即可省去，逕由提示而進于對，再及於讀。惟提示不用音符而讀，其找答案以下各式，亦不適用。至于進到第二步驟，前期抽習與補充練習，仍得採用。

第二節　進程及其方式

一、提示

此用五段法提示之名，而意義稍有出入，蓋由取得常識過程之觀念整理，所構成種種觀念，抽提獨立語句，作爲文字練習者也。

此不曰對示者，因本步驟已進于獨立認識符號，凡新識文字，但取已有觀念而抽提，無需藉助於實物或圖型之介紹。故其主要目的，在多方使兒童提供教材，一方結合語言與文字爲一，俾了解必識字之重要，一方結合讀法與綴法爲一，俾準備讀的教材，即已培養其作文基礎。

提供教材，係酌採共作法于提示之中。即教者就預備提示語句，每句于將提示前，分取句中所含詞語及內容，逐一提問兒童，然後依此範圍問以如何作成句子，與兒童共作之。開始若干單元，當然多由教者示作，逐漸使兒童自提語句，取較妥者書於板上，共同商討，由教者最後修正。此當注意者有兩點：

1. 此與整理觀念相接，而目的不同，前者係觀察聯想之整個範圍，此係抽取可作新授文字之教材，雖提問或不免有重復處，然前者分提問題，係就一種事物或其事物之某部分或某方作系統研究，此則惟以構成所含內容或意義爲主，不以事物系統研究爲主。故提示與整理觀念若不同節，因方向已變，固不嫌複，如其同節，在整理結束時，稍作一分鐘以內調節活動，進行提示，即可明示分割界限。

2. 此雖採共作式進行，然教者當預計何者語句可逕由提示，何者須與兒童共作。此何原因，因爲新授句子，含有新授文法，或生字須多，或適應情境提出美句，容易由共作而失其注意成分者，僅於提示前稍就句子所含成分，略作提問，或提示字牌可也。

3. 如此提示。必有一部分句子，須在黑板上書寫，先經訂正，自必稍費時間。然既與培養作文能力有關，時間固不浪費也。提示語句確定後，預書揭貼一幅，或小黑板上及字片圖牌（專作對照用）若干塊，俾臨時使用。如音符業經初步練習，至少須有七、八個語句。

提示時，教者用指引尺指讀，每指一語句，即取示口令片"誰能讀"。能讀者舉手，隨指定優生讀之，全體訂正無誤，即循聲齊讀一二遍。如無人能讀或讀誤，先由教者範讀，再循聲齊讀。已習音符，先提取旁注音符之詞語讀之。

提示教材，具如上論。惟如何提示，當視單元之內容如何。例如我們的家庭，宜用家常談話，遇到發表過程，同時選取書報之故事與畫片，補充知識，增益興趣，爲談話資料，兼作發表工具，如我們的身體，兒童本身所表出者，不少可取資料。然必益以兒童可識的人體與衛生之模型、標本、圖畫等，而後學習有系統有興趣，此在各書坊與衛生署出版物，可資參考者頗多。即原物之文字標識，亦多可用，稍加增損，必有助於學習也。如我們的田野，隨時多有可採集品物，又有日用品可以搜集。又搜集品物，在我們的家庭的單元中，尤爲適用。以此作爲教材，兼及來源、形狀、性質、價值、功用等，如填調查表，如歸類標識，可以取得文字工具，亦即整理常識之歸宿。尤其單元屬於校外事物，由有目的、有計劃之觀察，各個兒童各有其集中注意者，歸校後，可令其作記憶畫；或給以印就輪廓畫，令其作色或補充內容，即選最佳或適用者，于作文準備亦甚有益，作教學資料。上舉四類，不限於所指範圍，教者儘可因應實施而活用之。

關于記憶畫之指示，趙欲仁譯、銳特威爾馬斯《鄉村學校教學法》默讀練習材料，可作參考。

惟此係指示作記憶畫，非用標題作文字練習也。

  式例一：見《進修半月刊》第十一期之 4
  畫你頭上戴的東西
  畫你腿上扎的東西
  畫你腳上穿的東西
  畫你袋裏藏的東西

  式例二：同上第十五期之 11
  畫小雲出遊
  他的衣服是紅的
  他的褲子是藍的
  他的傘是綠的
  他的鞋是黑的

  式例三：同上第十五期之 14
  在研究甘蔗田以後
  畫甘蔗田
  把甘蔗的莖畫成微紅而大的
  畫許多草在甘蔗的下面

二、試習

使兒童就提示語句，逐步練習，由認識文字而進於理解意義。

1. 對式　先對後讀，減除盲讀的錯誤。所用句牌約需十二塊，比前期詞牌長三倍，語牌圖牌，前期已用，不另製（語牌句牌綜稱字牌）。此係藉字牌各個活動，與揭示的相合語句對準，使專注於字形辨認。

（1）將所有句牌，分給兒童各一塊，令其先後持牌來對準所揭貼或板書之同語句。

（2）將所有句牌，分給兒童各一塊，教者用指引尺任指揭貼或板書之一句，兒童持同語句牌者，則高舉以示衆。

（3）教者將指引尺置于揭貼或板書之某行左方，兒童向放字牌之處，取同語句之字牌來對。

（4）教者舉示某字牌，兒童將指引尺置于揭貼或板書的同語句之左方。

（5）教者就全部語句，任掩蓋所揭貼或板書之一句，令兒童在放字牌處尋覓何者爲掩蓋的語句之字牌來對。

（1）（2）（3）（4）（5）或全體依序輪次，或分組輪次，均須每人輪次不同之若干牌，如未用（3）或（4）而逕用（5），必係開始進行（1）或（2）而無甚誤者。

2. 讀式　經過上之對準練習，然後結合字形而讀音。

（6）將全部字牌用閃爍方式持示，依坐次令每兒童讀一字牌。讀者立起，不能讀者坐下，即由後一人立起讀之。

（7）同前法，但不用閃爍方式，而以指引尺指揭貼或板書之語句，令起立讀之。

（8）分給兒童字牌各一塊，得牌者各以其牌上語句，前來對準相合之揭貼或板書讀之。

（9）分給兒童字牌各一塊，教者照揭貼或板書任讀一個語句，持相同字牌者即高舉示衆，或持來對準相合之揭貼或板書示衆。

（10）將全體兒童分甲乙兩組，以字牌任給一組，每兒童一塊，持字牌者順序各以字牌對準揭貼或板書之同語句。每對一塊，另一組對立者，即照對準之語句而讀之。對誤或讀誤者，由本組之次一人照對或照讀。

（11）同前法，一組兒童各順序照所持字牌讀語句後，交給另一組對立之一人，其人即向揭貼或板書之同語句而對準之。

（10）（11）分二組進行，得與全組作畢，變換其學習方式。

以上十一個例式，每單元不限於完全使用。（1）與（2）（3）與（4）（6）與（7）（8）與（9）（10）与（11），共為五類，每類可用任一式，惟（3）與（4）及（8）與（9）為主要練習，在對與讀中，至少各須全體練習一次。其餘各式，隨意插入用之可也。

又對照對演例子，須隨意參入練習，以作調節，對演尤可全體行之。

3. 找答案　所有提示語句，重組如問答式，或藉助于圖片與動作相答。此在提示語句，必須注意此項四式：每個單元句子，其中須含有對照對演各一句，餘亦便於作對問之答案。

（1）對問。將原來各個獨立語句稍增損之，改成問答，命題為完全語句，答案為詞為語，視命題語氣而定。答案為名詞，有時可用實物或圖片作答；答案為形容詞，屬聲者有時可兼用傚聲作答；答案為動詞或動作語者，有時可兼用擬勢作答。命題例式如左：

式例一：
用來量衣服的是甚麼（尺）
用來掃地的是甚麼（扫帚）
羊給我們是甚麼（羊毛）
牛為我們做甚麼（耕田）
那是母鷄的叫聲（咯咯咯）
炭是甚麼顏色（黑的）

第一語、第二語可兼用實物或圖片作答，第五語兼可傚聲，第六語兼可取顏色示同學，無此準備則缺。

式例二：

三隻熊到那裏去（到樹林裏去）

誰走到熊的家裏（金絲髮）

金絲髮吃的什麼（粥）

他把小熊的椅子怎樣（坐破了）他走到什麼地方（樓上）

於是他做什麼（走到床上睡覺）

誰看見他睡着（小熊）

金絲髮最後怎樣（逃走）

右係整個故事一套題目答案，本方案無順序逐答之必要，惟用作參考。

（2）對拼。將原句分成兩個字牌，命題與答案，多非獨立語句，在就命題已有部分，找接連部分作答。分割處當然不可在斷讀地方；但一個整詞決不可劃為上下兩截也。式例如左：

三隻羊在（山上吃草）

趕老鼠的是（猫）

我買了（一本書）

（3）對照。係原有語句之意義，可以圖形表出者。用時字牌圖牌，可以交互取置，即命題與答案可以互換，非由問答形式成為命題答案者也。式例如左：

一隻鳥躲在窠裏

這樣掃地

這是一間草屋

（4）對演。係取原有語句之意義，可以動作表出者，答案但以動作表示作答，通常用全體做，式例如左：

　　輕輕地跳到書案那邊
　　伸出左手來（以上二語但以動作擬勢）

　　對問之命題與答案，由斷定、說明二種形式而構成。
　　關於斷定與說明之答案，間亦可以圖作答，惟在對問式下不用圖耳。對照則圖與語自可以交互取置而作問答。對演不用圖而用動作，亦可以交互作問答者也。對拼係一個整語句劃爲兩截，形式上非爲問答。所以對問爲完全語句之問題，稍增損原語句而成。對照與對演則全用原有語句，而形式上不爲問題。對拼雖亦用原語句，然係截其一部分爲之。其答案則對問須視命題語氣，而找答案；對照與對演之答案，係與原有語句之意義相合，一則以圖對照，一則以動作對演耳；對拼則由命題劃出所餘之部分。在四對進程中，對問占主要部分，原有語句皆取其一半爲對問，此讀書初步筆記，對于審問題所含與作答之形式，爲最切要的準備。其餘三者，在使進行多方變化，增益興趣，然亦各有取義也。因爲字牌與字牌合，由對文字而進于求答案；字牌與圖式動作合，由象形而進于會意，已不專憑觀念視覺，而有需于記憶事實與聯念思想。然而形式上仍爲練習本單元文字，進一層期其熟識并理解之。于此可見本方案運用種種練習方式，依進程步驟而各別配置，迥異乎通常之徒翻花樣者也。

4. 以上活動方法

（1）序次。此用於對讀開始爲宜，順序從首席起習至末席，逆序從末席起習至首席。對用順序則讀用逆序。對逆則讀順。練習時如係分給字牌，教者立於黑板前右側，旁設小凳，將全副字牌放置於上。每來一人，取給字牌一塊。已對讀者或挂於揭貼下，或依序還原，如是次第爲之。每一序次，須作兩遍，對之第二遍，須順第一遍字牌之序移第一塊於末尾。讀之第一遍，移新第一塊（即原來第二塊）於末尾；讀之第三遍，又移第一塊（即原來第二塊）於末尾。如此兒童在對讀中共習四遍，全習不同讀句。兒童持字牌前來，須繞圈向左邊走，往返成一圈綫，不走原路。兒童對準或讀後，一面問全體"對嗎"，一面輪視同學是否注意，同學有不注意者，即呼其名，促其斂容注視。

（2）抽名。此用於對讀序次業已進行，或找答案中，以後練習亦可用。其法用紙片書各個兒童姓名，放置筒內，當確定作何練習方式時，每指定一個語句，或命題同時任抽一名片，該兒童即照作。惟抽出名片，須放在筒外，使練習成爲機會，而全體仍爲輪值。

（3）抽號數。此以照本單元字牌之數分若干人爲一組，每組同號數，用法與抽名同旨趣，用處亦同。

以上分組練習，有一事必須注意者，即全體分若干組，最末一組，常有超過數人，或不敷者，如不敷二三人，尚可單成一組。若僅餘二三人不便成組，教者任就詞語多書塊數，將所餘之人合爲一組。

（4）參入命令片　命令片與名片分放，用於對讀業已進行後，每抽一名片，該兒童前來抽一命令片，對衆宣讀，並依命令讀其照作。或讀全文，或分全文爲前後兩段，由教者宣布，用於找答案。業經全體一度練習後，每抽一名片，該兒童前來找一命令題，同時抽一命令片。開始一名片由教者抽，以後則由前來找答案者找得以後再抽名片。命令片式如左：

請你坐位前面（後面）一位來找答案（讀）
請你坐位左邊（右邊）一位來找答案（讀）
請一位年長的同學來找答案（讀）
請一位年幼的同學來找答案（讀）
請一位男（女）同學來找答案（讀）
你自己找答案（讀）
請老師找答案（讀）
請中間（左邊或右邊或全體）一位（一排）來找答案（讀）

於此必須聲明者有數點：

1. 此種活動練習，以兒童領取字牌爲主要工作。在對讀進程，兒童即以所領字牌單獨活動。找答案進程，領取字牌有命題、答案兩方面聯屬活動。對問則命題先已舉示讀對，而後持答案者前來對讀。對演亦須先示命題，但答案爲全體動作。對照則命題、答案可以互換，無先後之別，如不分別給字牌，由教者示命題，則與對讀無別矣。

2. 兒童活動，有個別輪值與分組體輪值之別，二者又有序次活動與機會活動之別，而序次與機會又有在坐席聽命令與前來領字牌之別。序次活動，依坐席前後而活動。不分組之序次活動，分全體順序、逆序兩種，如係在坐席上聽命令，除閃爍式外不宜常用，且須進行數個單元活動習慣業經相當熟練後行之。開始活動，以分組中順序活動爲宜。機會活動仍須全體輪值，如抽名，不分組而全體輪值者也。如抽號數，分組而全體輪值者也。分組之數目不變，但活動仍以錯綜爲宜。例如全體分爲四組，先指定第三組活動，次第一組，而第四組，而第二組，準此類推。

3. 分給字牌以後，兒童對活動命令之注意點，分爲人的指定與任務的指定兩種：人的指定由序次與抽名或挂號數示之。事的指定，則各以所持字牌，對教者或發令者所示或所讀而進行。

三、復習

1. 抽出練習　分爲以下種種情形，方式可以任意選用。

（1）試習中多數常誤之詞語內，特別提出，令全體輪習。

（2）試習中個別兒童常誤之詞語，指名練習，由全體訂正。

2. 發字片　比較前前期手續簡易，所需時間亦少。其法視本單元所有新詞新語若干（不印全語句）指定分發字片應需人數。由教者指定優生，亦可輪值爲之，但紀律不良者除外，發字用閃爍式齊讀所有字片一遍，即令分發字片者前來。每一新詞新語爲一束，每一分發字片者，須領二束或三束（一束不宜）讀對即給以字片照發。其所領字片如係三束，前一人須發至三個人時，後一人始前往分發。發時必須讀對始發，誤者遲者均不發給。發畢，即前來立于教師坐前，依序與其後者交換字片。俟所有字片交換已畢，各分發字片者先後退回原位。其有因遲誤未領得字片者，教者逐一查明，特予補習後，再行發予。

3. 拼字分析　爲學者便利起見，凡必須在桌上作業者，統于最後習之。

(1) 拼字。中國文字，均由部首與音系兩部分，合爲一個整形（單體字例外，但爲數極少）。二者皆以一定數目，各統攝多數之字。由此練習，得到基本認識。一方于識字與書寫能類推致用；一方于檢字有明確準備。

就拼字與形勢製定若干洋鐵板，分上下拼板、左右拼板、相包拼板，又分上包、下包、左包、右包四形，上下拼左右拼各製八塊，相包拼合製十塊，即可供用，但仍以加製若干塊爲宜，並製整形字板若干塊。拼字板長寬度二寸左右，形在上在左者右下角稍突出如柄，形在下在右者左下角稍突出如柄，俾便舉示。練習時，教者將所有生字橫書於黑板上，同部首之字書一行。即將應拼各形之板，分給每兒童一塊，俟揭示口令"拼"，各在相合之字下舉示，由其餘同學訂正。或者每持示書於整形板之一個字，凡持相合字形板者至教師前來拼。有時因本單元有若干部首之字，留部首板不發，教師先舉示部首一塊，凡有合此部首之形，均持來同拼，並各讀所拼之字音。

依部首分部製成一表（表式另印）經過此項練習後，俟在桌上作業時，教者將本單元生字分別逐一持示。先問此字屬何部首，不明者告之，然後寫于應列何部之下。部首音系之義，兒童驟難了解，當于同部首或同音系各見數字，就其同形部分示以何者同形爲部首，何者同形爲音系，積久自可了然。所以開始若干單元，暫不照表歸類書寫，可于以後另覓時間補之。

分部填寫生字，教者應注意者有兩點：

一是每個字部首以外之一部分，凡未習之形而新取以拼字，以及非通用字，如楊字之昜，樹字之尌等，應在歸類書寫前，告以此爲音系之部分，久亦當有所體驗矣。

二是省聲字可以拼字者，如配爲肥省聲，怯爲劫省聲等之已去；以及不成通用字，如覺爲學省聲，學仍成體而統攝多字。凡部首以外一部分之形，與本字之音較遠，是古今音異，即此類構成之故，此在各字中占少數，初學無需必了解之，如果學習日久，兒童必有以此相問者。教者知此，亦可減少誤會。

（2）拼音符。此須在國音符號基本練習業已集中進行以後，可以補提示中拼讀之未逮。法以本單元新字之本字與音符二種交換對讀，寫本字用拼字之整形板，寫音符用拼字之左右拼板。分給本字板于兒童時，教者任舉示一個音符板，則持同音之本字者來對讀。分給音符板於兒童時，教者任舉示一本字板，則持同音之音符者前來對讀。在若干分次練習或若干單元綜合練習，應集取音相近之字，與同音而分四聲之字，同時連續拼讀。其已習單元有與新字音相近或同音分四聲之字，亦宜集合。

（3）排句。此視教室有桌與否，而因應當時教學方便行之。本單元所有語句，不一定全行排出，惟取在學習上最有效率者排之。其一，語句可以損字或顛倒次序而成新語句者；其二，語句適於逗號、句號等之標符表示句讀者。所以將進行排句前，應告以將排何句，令兒童在課外檢取字片。

排句時，如有揭示或板書，均須去掉，教者先示口令片"預備"，各兒童即取出預檢所有字片。次教者就預定應排語句，每唸一語句，各兒童即用字片照排于坐席前，並標符別之，然後教者巡視訂正。排句經過五六單元後，每一個排句業已訂正，即視該語句成分，進而令其盡量損字或顛倒字，成爲獨立語句，再由教者逐一訂正。損字顛倒字，以不限于同一形式爲宜。

（4）認標符。此不能獨立練習，其一，附于提示句語中，對于逗號、句號之用以及與誦讀中，應有停頓，當爲適當示範。其二，附于句中，凡有逗號、句號、分號等，兒童必須用此標符別之。標符可分印小紙片，每兒童各給三四片。其三，特定時間練習，教者選印小文一段，文中適用種種標符者,印件不標句讀,令兒童寫標符別之。但特定時間練習須在兒童確已辨認標符後進行。

(5) 辨形。此以下皆須在有桌教室進行,不限於每單元皆有。或就三個單元作綜合復習時亦可。方式採測驗選答式,就本單元選取之字,油印一小紙,每字列三個,一個正寫,二個誤寫,含有增損或顛倒筆畫。練習時,每兒童分給一紙,令在對的字上畫一圈。舉列如左:

下面行每有三個字,兩個誤的,一個對的,把對的字畫一個圈。

| 1 | 掌 学 掌 | 2 | 壁 壁 壁 | 3 | 倒 倒 倒 | 4 | 帕 帕 帕 |
| 5 | 記 記 記 | 6 | 指 指 挌 | 7 | 碰 碰 碰 | 8 | 挤 挤 桥 |

(6) 綴寫。此須在寫字基本練習后進行,將印成小紙,分給兒童填寫。惟題目用字,須為已讀過之字。所綴之字,須為本單元新授之字。茲舉四個式例,由教者視本單元學習情形,選用一二式可也。

式例一
每題目下面有三個詞,選入一個對的,寫入空格內。
1. _____保護小雞(母雞、公雞、老鷹)
2. 牛_____耕田(為、的、能)
3. 我_____新衣服(為、的、能)

式例二
把下面的字,分別填進各個句子裏去。
補、布、蓋、棚、得、了
1. 我在葡萄_____下看書。
2. 那個去賣_____。
3. 褲子破了,誰來_____。
5. 路旁栽_____許多柳樹。

5. 他＿＿＿＿了三間屋。

6. 他＿＿＿＿獎品。

式例三

把下面空的地方，填出字來。

1. 有的像＿＿＿＿蝶。

2. 這些書都是很＿＿＿＿的。

3. 母親做麵＿＿＿＿我們吃。

4. 我去＿＿＿＿瓶黑水來。

5. 他＿＿＿＿我的同學。

式例四

每句都多一個字，把多的字去掉

1. 稻麥磨成粉，可以做麵吃。

2. 蛙鑽沉進水裏了。

3. 有幾個人站在來池塘邊。

4. 菜花是紅金黃的。

　　以上排句及綴寫，皆爲作文初步準備。教者如能使之充分練習，則進于自由閱讀，逐漸開拓筆記工作，自無困難。

　　此外在綜合練習中，除適用前期方式外，尚有關於單字分析之簡易練習。可以參合使用。茲列舉於下：

　　1. 啞戲——凡應練習之各單元文字，在試習復習所用字片，有形有象，可以動作表出者，悉數取置一處。練習時，即抽取字片使之對演。

　　2. 畫片對照——凡在試習複習中所用畫片及其對照字片，悉數取置一處。練習時，即抽示畫片而令找相合之畫片，或抽示畫片而令找相合之字片。如對照之片較多，可以全部字片、畫片分給兒童，令兒童分爲兩組進行。

　　3. 音符片對照——此當注意何音符拼讀尚未習熟，特別抽出，與漢字對照練習。

　　4. 集字練習——以下各式，皆由教者提出例子，印給兒童一紙，令就已習單元所有文字，分類集之，寫於紙上。亦可用口頭報告，由教者照書於黑板上。

　　（1）集同部首字——選取各單元已習之字由教者提出部首，令其指出部首之各字。

　　（2）集同音系字　方式同上

　　（3）集音符字　此當分兩類集合，其一，教者提出一個音符，令兒童列舉同音符之漢字，並分別四聲。其二，教者分聲母韻母，彙集同聲母或韻母之漢字。

　　（4）集形似字——凡已習文字，與提出字形者相似者，令兒童盡量指出。例如教者提出禾字，其已讀之字有木本末來等，皆當集合。

　　（5）集音同形異字——例如教者提出徒等，可將□頭圖集合列舉。

第三編　自由閱讀的教學

第一章　旨要

第一節　自由閱讀之新意義

　　本實驗工作，在自由閱讀時大顯實效，其根本觀點即與普通見解不同。蓋自教學法依據心理學發見，學習程序日益分明。惟心理實驗，必從感官入手，如知覺、觀念、記憶、想像、思考，無一不原本感官所獲取者而引進。使小學課程，完全建築於直接經驗之基礎上，此種學習心理，自無扞格。無如事實上不能舉全部課程，取途於直接經驗。尤其兒童學習時，進至相當學程，如國語及常識，頗有逕行採用讀物，以獲取應增進之知識或工具，而不由事物直接感覺之印象而來。且不如此，將使應增進之知識或工具，非受限制，即多耗時間者也。雖論教法者有所謂符號與間接知識之特殊教式，而以只從科目立言，任如何涉及關係方面，一出發於固定與劃一之學習，一切旨趣皆失其效。心理學論及智識獲得，亦嘗分感覺與理解為二途。然不過略論性質之類別，至於如何由理解而獲得，初未如感官作用分析詳明也。教學出發點，惟循感官學習歷程，則教學易流於形式，進程亦難盡與思想相應。彼用課本教學者，為接受智識，本不產生於感覺印象，而有意的搜取引動感覺之實物或近似實物者，支離破碎以附益課本之文。此種附益品物，用作教學進程中例證或助興趣，未始無補。顧其用於低級教學，實蔽於心理之形式歷程，以為如此即可產生感覺作用。而不悟資助學習之源，根本不同。其結果必增多教學上之枝節，而虛耗其準備者矣。

夫所貴乎感覺印象者，以其非接受的而爲獲取的，詳言之，即從實在事物之現象，在質與量的兩方面，業經發生適當反應，可以引進而成爲知覺、記憶、想像、思考等，亦即感覺之再生觀念所推演者也。如使實在事物之質或量，不能使之感，則不能有所覺。或感而有限，則覺亦有限。由此進而形成思想歷程，亦必在感覺之所可能性的範圍以內。若夫不由直接經驗而來者，根本無印象可言。進而爲想像或思考，雖有觀念再生，然非如感覺之再生觀念，有許多實在情境，由回憶而起補充作用。在如此獲取智識進程中，求學習趨向，當注意以下三點。

1. 如何而成爲兒童自己獲取之資料，如印象然。

2. 上之資料，非如實在事物之本身，具有反應之刺激力。而在符號之內容與形式，以及輔助符號與指引學習者，如何喚起知覺，構成觀念。

3. 不由感覺而獲取智識或工具，如其非連屬單元活動而學習者，必須使兒童自覺此項學習爲豐富生活之泉源，或適應其迫切需要。

開始用課本授讀，兒童對於給予資料純爲接受的。即不產生具體印象。徒藉他方面輔助工具，構成學習進程，決無由發展其適度之想像力與思考力者也。

論及此，必有疑及前所言觀念視覺，與此或有矛盾。讀者當知第一篇談運用原則，固明明聲言進步的學習，在開拓自學能力，由使用工具以取得新知識，并培養其工具使用之能力。所以觀念視覺，惟限于開始學習之單元活動。過此則學習程式，必隨兒童心理發展之序而變更，不當永滯於一個固定階段也。而況所變更者，係從進一步上開拓自學的新途徑，非學習根本異趣也。

第二節 讀文與讀書之別

小學讀本通常文體，分爲記敘、說明、議論三類，與應用文並列，部定國語標準即如此分類。亦有記敘分爲記事、敘事二類者，記事者純爲直述其事，敘事則於直述中間含有說明或議論之語。司馬遷之《史記》，王荆公之傳狀，皆用敘事體，故其文栩栩有生氣。惟讀文究竟與讀書有別，讀書爲增進人生經驗之整個工具，如常識科目的內容，由書可取得者甚多。讀文則讀書以内一部分的特別學習，所重者寫作文需要之示範教材，國語科目偏重此項成分。魏晉以前，學者關於知識部分，皆取資於書，不分科目。誦習詩書日久，自然能文，無所謂範文也。自詞章興而文選始有專篇，科舉興而讀文始普遍於士類，八股興而讀文成爲生徒唯一課業，其需讀之書，亦因讀文而涉及者也。在未改成近代式學校以前，入學以讀書爲唯一課業，其事固甚明顯。

　　自學校課程分科編制，國語課程，專取往時作文示範途徑，編成讀本。在課程全部，固然因各科分習，增加不少新的學習。而文字學習則因憑藉唯一讀本，任如何從實質方面吸取資料，祇以目的爲讀文而供給，終之所得於人事與物理之養分，根本貧乏，無由充實其工具。又其教法惟循作文示範途徑，每課必須授讀，即有充分資料，而時間多已浪費，不容多讀。凡此皆世界今日公共錯誤，不過中國歧誤更甚耳。淺人不探其本，惟從讀本上求改進，終於不脫教科書窠臼。從教法求改進，終於不踰授讀範圍。其有另謀救濟者，拋荒正課而取償於補充教材與課外閱覽，抑本末倒置矣。

　　夫課程固不當以讀書爲唯一目的，而讀書究不可廢。不讀書而以讀文爲主要學習，即理論已不可通。往時以讀書爲唯一目的之教育，其教材與教法，誠未盡適用於今日。然在讀書中所表見自由發展一點精神，實當更予擴充，今之教學，並此精神蕩然無餘，所代替以西洋心理教式者，只就往時讀文之授課典型，日謀形式改進，愈改進而效率愈渺茫，所表見者僅爲花樣翻新，於實際無補也。此非危詞聳聽，試以同樣讀本同等兒童，一用記誦式講讀，一用啓發式或其他流行方式教學，在適當期間作比較測驗，吾敢斷言記誦班之數量與心得，當較優也。非文字學習之惟當記誦也，則以根本不變，惟事形式改進，結果固當如是耳。

　　抑散文體之分，自姚姬傳分爲十三類，後人稍有增損，不越矩矱。其實此種文體，純爲文人而設，上之於著述家無與，下之於初學無涉。

小學讀本雖非取其體式，實則同此傳統觀念，由讀文所闢途徑而來。蓋此種體式，出自日本讀本，日本習染漢字，吾國書坊作者展轉而襲其餘緒，流極而不知返者也。茲所欲問者，讀本功用，為作文示範，抑為培養閱讀能力。如為示範，安得日日而示之。如為培養閱讀能力，勢必使其易讀多讀且樂讀而後可。如說明與議論，假使整篇皆用此式，究非初小兒童所宜。況初小目的，並非期其為文人，無分別文體之必要。惟期對所閱者能書意，所見者能記實。以及推及各種讀物，亦惟所書之意，所記之實，能充分了解斯可已。是則初小所需乎閱讀者，不在循往時讀文途徑，而貴以讀書為培養能力之源，甚彰明矣。

準上所論，即培養作文能力，應當讀書，而不可專讀文。至於涉及常識部分，假使認定不當憑書授課則常識課本即可廢去。然而事實上有所不能。坊間出版常識課本，論質則不切需要，論量則嫌其不備。尤其專為授課而編，在教學上便與國語課實質方面解釋字義無別。最近合國語常識編成混合課本，更不適用。因為常識與文字不可分離之關係，屬於學習進程某階段上，必須藉助於文字以授資料，或加溫習，其關係如是而已。如果合二者編成課文，事實上將減損閱讀興趣，書之所以為兒童能讀樂讀，而且當使之讀，以增益其知識者，甯不當打破此種歧誤而另尋途徑耶？

第三節　從第二學年起開始自由閱讀

道爾頓制創作者謂小學中級亦可進行自由閱讀，實則各處實施者惟從高小起。茲從第二學年開始，當然純採道爾頓辦法，不能達到企圖。在習於傳統教學者，必有疑及自讀太早，非兒童能力所能勝。姑不問所指者為何種能力，先從旨要上闡明旨趣。

兒童自學能力，各年級均當有適當培養。其培養進程，當適應兒童進度而逐漸開始。此種通常原理，早為一般人所共認。於此當認清學習途徑，欲使兒童自學，必須將兒童完全放在自學領域以內。欲使兒童取得必需工具，亦應讓兒童從自己使用工具中而以自力培養。從前自學輔导，因爲在教科書授課下，分自學準備、部分自學、完全自學三個步驟，兒童自學的機會與分量，全爲教者所給予，所以終於得不到真正自學的能力。道爾頓制在閱讀前未有明確準備，閱讀惟以科目進度分期，非從使用工具而進展；尤其教材仍採授課式之教科書，如補充教材不備，則成績反較普通教學而不逮。

　　本方案認清以上事實，深知兒童自學能力之培養，首需課程配置於統一知識與工具之下，而後進行有□。所謂自學能力，係一種綜合力，由知能結合而成，非止於官能之各個集合也。詳言之，即具有基本習慣、基本知識、基本工具之力也。在學科教學下，即無由培養如此之綜合力。通常綜合教學，只從各個教材及其有關部分之配置上注意，亦未集中目的於自學基礎之上。茲之以國語常識合科，又適應進程而異其程式，意在斯乎。

　　其次則爲開始不用課文誦習，即爲能早達到自讀之企圖，在單元活動篇業已論及。茲列舉要項，以示對於自讀準備，在第一學年所學習者已奠定基礎。

　　其一，關於輔助自學工具，如音符、標符、部首，已由了解而進於應用。近有人採本案旨趣，對於成人教學，由二三月音符練習，即進以音符讀書進行自由閱讀，可謂善於推進矣，惟關於自學各方面之基本能力未具，所謂自讀者是否即能完成自學功用，有待考慮。

　　其二，作寫能力，習於傳統教學者頗重視此種能力。試詢疑者對於兒童作寫能力，必須達到若何標准，始得自讀，恐亦無詞以對。如果自由閱讀進程，與兒童作寫能力相應，其有逐漸培養功用。當其開始自由閱讀，止於已經習過作寫爲限。則後期單元活動中，筆順、筆畫均有適當的基本練習；提示採共作法；試習找答案；復習之排句綴寫，對作寫已具基礎。

　　至於自由閱讀之教材與學習程式，均力矯過去之缺陷，新闢途徑，務使兒童能循序而進，以下當分章言之。

第二章　正式閱讀的準備

第一節　試讀教材

　　正式閱讀將開始時，先須檢驗其所習之輔助自學工具，能否應用。故此時學習，不用正式讀物，而取一種試讀教材，依普通教學慣例，全體用同一教材，字旁注音，指令兒童試讀。讀後，并得提出數字，示以檢查字典之式例。

　　各書坊兒童讀物，間有字旁注音，然不盡適於作試讀教材。

　　1. 此所謂試讀，係檢驗其用音符拼讀，並參示檢字式例，課文過長者不當用。

　　2. 注音讀本，偏重音符之系統排列，缺乏趣味。

　　與兒歌同為有韻之文，便於誦習者，厥惟謎語。各書坊不少此類小冊，可擇取若干謎語用之。謎語所以適於作試讀教材者，旨趣如下。

　　1. 語句簡要，自具首尾，且富有興趣。

　　2. 必自讀文而完全了解其意義，始得向同學宣讀之。

　　3. 聽者無不注意文字，自求了解。

　　謎語教材，或逕取書坊輯印之冊，分五人以上為一組，每組給同樣之冊，內有謎語五個。兒童默讀十分鐘，並猜其謎底，指定每組一人宣讀一個謎語。宣讀何語，亦由教者指定，並令細聲告以謎底為何，誤則搖手示之。宣讀之語，先由全體訂正音讀，然後齊讀一遍，隨即猜謎，宣讀人已猜得謎底者，由宣讀人訂正；宣讀人未猜得謎底者，由教者訂正。如其無書可購，亦可選印謎語，旁注音符，每紙印謎語五個，每猜一次，分發一紙，默讀十分鐘後，擇舉手者自擇謎語宣讀。以下進行程式，與前者同。

　　每一個謎語猜畢，全體齊讀其文數遍。五個皆已猜畢，教者就所讀者提出若干字，作檢字示例。其文中有同部首者同時提出，更為相宜。

單張故事畫片，亦可用作試讀教材。雜誌書報，多可抽剪，或依原樣放大，用作教材。如《教師之友》每册卷首登載二個低級圖說教材，圖明淨而意味深厚，詞亦便於兒童唱誦，爲試讀最適宜的教材。如其抽剪之畫片，未附文字者，亦可加入語句旁注音符而用之。教學程序第一看圖說，第二指圖問答，第三照音符試讀文字，第四檢字示例。

第二節　檢字示例

檢字示例，試讀教材中業已進行。茲更列專項，係就所用字典，從體系上示例，大概在試讀教材經過若干次行之，但此時仍得與試讀教材分節次並進也。

論及檢字，是否用部首分類之字典，爲先決問題。部首是否宜知，則以漢字應否存廢爲先決問題。

自漢字變爲楷書，字多失其原形，而本義又有不爲今日所通用。加以《說文》淵博，學者不易卒讀。即爲舊時蒙童必讀之《文字蒙求》（清王菉友撰）今則所謂學者或並其名而不知之。音韻之學，每須口授始通其解，於是小學（文字學）乃成爲專家研究。習科舉業者但求對楷書之字，能認能寫，已足應用。不識字（指不通字之形聲義，非不能讀音）亦可以能文，蓋自唐宋以來相習久矣。不過往時入學，終日咿哦書本上之文字，積月累年，自能識字作文。其學習經濟與否，非所問也。自改辦學校，科目繁多，兒童不能如往時之專事讀書，經生治小學之法，早不通行。於是修畢小學六年，開卷仍多未識之字，下筆則別字連篇，文不從而字不順者，幾於大多數皆然。循是爲教，即使短期義務教育普及民間，大衆仍去文盲不遠。近數年一般民教與短小之成績，可以想見。蓋《千字課》《人人讀》等課本所演成之教育，固如是也。因此有人對漢字發生疑問，而思所以改造之。計有兩途：

1. 推行簡筆字
2. 以音符（包括國音符號、羅馬字母、拉丁化字母）替代漢字

由前之說，舊有碑帖板刻與行草之簡筆字，以及世俗流傳之簡筆字，

爲數頗不少。尤其各地方通俗讀物刻本如歌本一類，簡寫更多。余於十年前爲中華編《初小文學讀本》，多在正字下附簡筆字，此用於隨意書寫，不無便利。若取所有文字，惟簡筆是務，以爲推行教育工具，不無疑問。蓋止於減少每字筆畫，而字仍各個獨立，於辨認形體，因而了解音義，是否學習上亦比較容易，且在文字整體功用上不生障礙，實爲不可忽視。再就學習言，兒童易淆誤者，大抵爲筆畫相似之字，或字形中含有相同部份。形愈簡則相似相同者必愈多，即淆誤者亦將更多。此爲獨立字體無可如何之事。教育部曾頒布簡筆字，其後禁止。作者依就創刊，多有矛盾，已有多人提出種種疑點。所冀提倡簡筆字者，體驗篆變爲隸隸變爲楷之成例，彙音系字於國音符號控制之下，省察其何者可省，并釐定字典部首而歸併修正。剔取亂例之字，結合省併，使笔雖省而文字原意不失，或亦有當也。此則希望有教育行政之責者，注意及之。

由後之説，對於全不識字者開始自較易見效，不過四聲識別與拼詞因方音而混淆，殊成嚴重問題。況且教育之不普及，並非以文字障礙爲主要原因。學校教育之不良，亦非文字本身所構成。以不可必之期望，遽將已識字者皆返於重新起頭之一途；已有書籍皆視同廢紙！此在目前發展文化上爲如何不經濟之事。而且固有文化，多存於固有文字上，並此而摧毁之，心所謂危；至於改漢字爲拼音，是否真正學習經濟，拙著《異哉中國文字拉丁化》，已詳加分析，願知其詳，可以參考。

漢字既不可廢，而且亦未廢，則用部首分類檢字之字典，仍當取用，可以斷言。

通常稱部首，指字之冠脚偏旁而言，所謂形也。惟部首有《説文》與《字典》之不同，從字原而言，當了解者爲《説文》部系；從檢字而言，則《字典》部首，早經通用。《説文》部首五百四十，《字典》部首二百一十四，改者三，增者四，省者三百三十三。其中因襲增損之迹，亦教者所當知也。

字形無不具有部首者，部首即歸納所有字形而分類統攝者也。每一部首，除少數例外，皆攝甚多之字。以中國字形各自獨立，依歸類之部首而檢字，實屬當然。時人所以認爲繁難者，不外下之兩種原因：

　　1. 自其幼時爲庸師所誤，在未用字典前，學習毫無準備，不辨首部爲何事。成年以後翻閱字典，仍不熟習。即如各小學授課，並不令兒童常查字典，不常用自不会熟，不熟自感困難。由此種種錯誤，自易構成不正確之見解。

　　2. 震於拼音字之檢字簡易，而不審本國字有根本不同之點，惟斤斤於用科學方法之形式，求所謂簡易之途。即使形式已趨簡易，如其不及部首之另有其他功用，則得失不足相償。

　　吾人當知字典之用，必在識字已有相當程度以後。假使一字不識或識字甚少，即使檢字之簡易方式，盡人可用，用之仍於識字無所補助。今不於識字之始，在單字分析時對於檢字有所準備，而專任檢字本身上求簡易，是之謂舍本逐末。

　　由部首本身與字之歸類，依中國字形所以構成，亦非別無簡易途徑。中國文字起筆，不外點橫直撇四種。如在音系字變演之例，分類歸納，亦得統攝。試以點爲例，由、而及於亠，由亠而及於方、立、玄、衣、言、辛、音、高、齊，此一類也。由、而及於广、戶，由广而及於疒、鹿、麻，此二類也。由、而及於冖、宀，因宀而及於穴。此三類也。由、而及於冫、氵，因之而推及於水。由、而及於斗、火、米、羊、首，因之而推及於火、灬、米、羋，此四類也。由此四類，分繫二十五部首，橫直撇準此類推，於檢字當甚便也。

　　用部首檢字，較拼音字聲母分類較繁，固爲中國文字無可如何之事。然字典部首亦尚可再歸併若干部分，茲不詳論。推其功用尚有助於學習，因爲拼音字不含音義，依聲母檢字，純爲機械手續。漢字之字形拼合，以部首與音系二者構成，依部首檢字，必須以構成字形之意義，審辨其應屬何部字之成分，本具有一定部首，如其對原字分析稍有素養，審辨或不至多誤。雖有少數字部分不明，以及字典歸類之字，或不免庸人擾入,根本已誤;然此亦事出偶然,不足爲病。蓋部首占字之一部分,與字義具有相當關係,經此推敲,雖少費時間,亦有所得,固不浪費也。不過世俗習於庸師教法,不了解中國文字應如何基本學習,固未足語此也。

字典部首之變形有二例,其一爲某部某同,其二爲附下某同某,二者同爲變形。茲合併列入,作檢字示例時,可列表懸於教室,以便兒童隨時查對。或者印發兒童,當更便也。

亻同人,犭同犬,月同肉,艹同艸,

亻同人,刂同刀,卩同卪,尤兀□□同尤,巛同巜,彐彑同彐,忄□同心,扌同手,氵氺同水,犭同犬,阝在右同邑在左同阜,攵同攴,灬同火,爫同爪,旡同无,歹同歺,牜同牛,王同玉,罒冖同网,月同肉,艹同艸,辶同辵,罒同目,礻同示,衤同衣,覀同西,隹同鳥。

其有本非變形,因二形以上相合成字,而省其筆畫者,即偏旁之形,如木作朩,火作灬,足作𧾷,食作飠,長作镸,糸作糹等,較易省識,示例時稍有提及可也。

正形之部首,自以通行楷書爲主,其有部首在通用上不爲獨立字,仍附於通用字成爲一部分之形者,示例時亦必須說明。茲特別提出於下:
一 丶 丿 丨 宀 儿 冂 冫 凵 勹 匚 匸 厂 厶 夂 夊 宀 尢 屮 巛 幺 广 廴 廾 彐 彡 彳 攴 气 爿 疒 癶 禸 网 糸 虍 襾 辵 髟

部首檢字,依筆畫分集,如子丑寅卯,往時會有歌訣。茲錄於下:
一二子中行 三筆在丑寅 四筆卯辰巳 五向午中行 六筆申未用 七八酉戌行 畫多在亥中

又《康熙字典》卷首有檢字辨似兩表,頗便檢查,示例後亦可印發兒童備查。

一般檢字發生之困難,誠如趙俗仁君所謂三種缺陷。第一,查不到字,除常用的字,字典未列係另一問題外,如謂字難檢查,欲以號碼檢字法、四角檢查法救濟之。由上所論,可破其謎。第二,謂查不出音,以國音符號補救之。此則於用字典前先習音符，不成問題。第三，謂查不出義，因字典釋義，多非兒童所能了解。本方案爲解決用字典問題，在大花園小學以五個標准選定字典，其選定條件：（1）部首分類；（2）用語體注釋；（3）字旁注有音符並分四聲；（4）價廉；（5）形式與內容均佳。當時搜取字典四十餘種，依條件選定者即中華書局《中華注音國語字典》《國語學生字典》，世界書局《新式中華字典》，大众书局《大衆字典》，樂毅書局《標准國語字典》，會文堂《國語新字典》《標准國語新字典》，商務印書館《白話詞典》等八種字典。同時將各字典釋義式例，分別提出，以便教者於用字典時，舉例説明，經第三團全體學生取用，最後決定查出字義較易了解者，爲《標准國語新字典》《國語新字典》《國語學生字典》，尤以《國語學生字典》找字最易。該校兼顧經濟，採用《標准國語新字典》。其後世界書局印行《標准國音學生字典》，尤合條件，續購時一律用之。依實驗經過，查不出義，不復成爲問題。

於此進論檢字示例，除試讀教材進行程序外，專就字典體系，由教者編語句若干，檢出生字之音與義，然後習讀。最初取正形部首攝字最多者若干，由教者示例檢字，進而令兒童自查部首，再進作檢字比賽。證驗五分鐘或十分鐘各能檢若干字。次取變形部首檢字，亦如前例。如此經過一週後，進行正式閲讀，檢字自讀，並記出音義，雖未盡熟習，然已能依式而作矣。

第三節　開始示範

此分閲讀規則與讀書兩項，惟閲讀規則須與讀書進行相結合，然後規則所示者，得分別以動作表出之。茲先列《閲讀規則》，不過舉例以示，實施者可斟酌而定。

閲讀規則

一　取書時，先看指引片的標示，再決定自己閲讀的書。

二　取書後，須拿書向先生報告號數，得了許可，然後歸坐。

三　取書歸坐，即在記載表上，寫明號數和取書週日。

四　讀時要默讀，並要愛惜書。

五　初讀時遇有生字難語，須記於筆記簿上，生字應記詞，從詞找音義，找得後，生字上注音符，並摘記字義。

六　生字和難語，先查字典，必自找不出或真不了解，才向同學和先生請指導。

七　生字難語了解後，再依問題次序，順大標題在書中求答案，須細讀原書，不可草率。問題答完，再依指定或自己興趣摘記詞語。

八　筆記作完，應作表述預備，照示範例輕聲摘讀。

九　工作完畢，再在反應記載表上填明各項。

十　請求換書，須將筆記和記載表，請先生考核，經通過後才得換書。

十一　換書時，須將讀過的書放置原處。

十二　非取書閱讀，不要在陳列讀物地方翻看。

進行讀書示範之前，先揭示閱讀規則，逐條由學生試讀，讀誤者範讀。

閱讀規則讀畢，隨作讀書示範，依用讀物閱讀整個歷程，分別步聚。一面對如何閱讀示範，一面對於附隨與關聯事項，作表演閱讀規則之示範。

此所用讀物，即為進行第一段之示範讀物，由教者隨意陳列讀物，雜列示範讀物一種。

第一步作取書示范——證明規則一。

第二步作取書向先生報告示範——證明規則二。

第三步作將歸坐時示範——證明規則三。

第四步作初讀示範——證明規則四。惟此須由兒童試讀，生字為兒童所不能讀，難語為兒童所不解者。進行時須告以自讀，所謂生字難語，均由自己體驗，此不過示以初讀應有之手續而已。並且自讀時須按規則三而讀以及按規則五而問。

第五步作答問題示範——證明規則七。仍以逐題先問兒童，取得答案。

第六步作表述預備示範——證明規則八。

第七步作填反應表示範——證明規則九。

第八步作請求換書示範——證明規則十。

第九步作換書示範——證明規則十一。

第三章　讀物

第一節　旨要

欲期便於兒童閱讀，先須問供給如何閱讀之具。專從品質方面言，曰教材。兼從誦習方面言，則曰讀物。前者如衣料，如食料；後者則如裁製爲服，烹調成味。衣料雖美，裁製不稱身體，不能服也。食料雖佳，烹調不合口味，未可食也。由教材編成之教科書，亦猶是耳。過去教學不良，不在研究教材之失，而在依傳統授課式編成之教科書，重違進步的學習之旨趣。本实驗工作，所以能於第三步驟取得最大效率者，選擇讀物，實爲主要關鍵。

兹將卡片教學與三個研討問題，與此有關之答案，節錄於下，亦亡兒一民初稿也。

問題——絶對屏除教科書而專用坊間出版的兒童讀物。

答案——這裏要請閱讀者注意的，不要專從形式上就教科書和兒童讀物作比較，要從本法自由閱讀的立場來推究原因，因爲根本在反抗授課式的教法，所以反抗，因爲是以教者主觀抹煞了兒童本位，以一齊授課抹煞了個別活動，以教材和時間的固定抹煞了需要和興趣。所以學習成了被動束縛的工作，因之兒童得不到真正心得，並且各個適度數量也减了。

怎樣教才怎樣學，這是授課式習非成是的傳統觀念。教科書係授課式下唯一產物，勿論編者如何求新，但是套上了授課式的鎖鏈，就無法自脫，因爲教科書是備授課用的，不是備兒童自讀的。試約略提出幾點，都是編者苦心經營，然而結果適得其反：

一、有些選取很好的材料，因爲牽就授課情事，或是把原來的情節和語句，加以刪減；或是加入生字，把原來許多單詞變成合詞，或者插入不必要的語句，在編者認爲意義沒有什麼出入，然而在學習情境上就大變了。

二、因爲前後課文要取連續，或是詞語要便復習，當然只在文字上設法，不是無中生有，就是勉強湊合，成爲沒有意味的語句，甚至整篇課文毫無意義。縱然文章明潔，絕對不發生學習的興趣。

三、前一二三冊，過去都是數句一課，除了謎語詩歌外，簡直不成文體。最近有用反復故事體，可謂極盡能事。但是實際教學，每一課文，要分數課來教。課文雖是連續的，授課還是要分段的，這種學習有什麼效率。而且這樣體式，不可讀得期限太久。整個學期且不可，何況是一二年的期間。試問教科書前一二三冊，除了反復體外，還有什麼方法延長篇幅。

如果僅就片面來說，教科書須經嚴格審訂，編者亦有大費經營的。兒童讀物十分之九是聊草塞責的，較佳的大半是翻譯來的，其中材料和譯文，還有要加斟酌，除了極少數的名著，沒有比得上教科書費力。假使拿編教科書的精力改編兒童讀物，一定有許多佳的兒童讀物出來。某君謂"教科書體例嚴謹，好像科舉時代試帖詩一樣"可謂比喻得極其真切。不過作試帖詩誠然是難，但是詩到成了試帖體，簡直泪沒人的性靈，把作詩的旨趣完全消失了。由此推到教科書的課文是不是有同樣的感想。

本法專用坊間出版的兒童讀物，因爲沒法自編，而且這樣大的工作，不是草率可以從事的。好在出版物還有五千餘册，縱然從沙裏不易淘出金子來，但是選出的讀物只要瑕不掩瑜，或者不是整體頑石，比讀整冊教科書總要見效。據實驗經過，成績尚不甚差，並且兒童都願意讀這些讀物，不願意讀教科書，屢試不爽，這有種種原因。

1. 兒童讀物是小册子，數日或者數時即可讀完，時常更換新書，很合兒童心理。

2. 兒童讀物在初步數段，都是圖畫較多，封面也多美的圖畫，就是以後各段，插圖也比教科書多，足以引起閱讀興趣，尤其是書中附圖，可作綴文資料。

3. 每一種兒童讀物，概是說一種事物，内容說得很詳明，不但易讀，而且成分比較豐富，適合求知心理。

4. 兒童讀物的文字，不受任何限制，大體舒徐，就是不及教科書課文明潔，比較過於整齊的，還容易讀。

5. 兒童讀物，雖然好的很少，但是作品數量較多，又有種種不同體式，便於選取。

6. 兒童讀物種類多，作者也多，讀者可以接受多方的心靈。

7. 每段備閱的讀物，都是超過應讀的三分之一以上，分開陳列，各種各樣都有，又不限定同時讀同樣的書，兒童可依需要、興趣、能力各方面，自由選讀。

8. 陳列讀物，依進程分段，多半是適應時令和需要，便於兒童選讀，這也要用兒童讀物，才便配置。

教科書第二冊以上，不是沒有可選讀的課文，就是不能全用。因爲連續印刷，不便分訂成册，所以未選，並非有意屛除。至於每種讀物開始，選文示範，我們就多用活頁文或選教科書文油印，可見選擇讀物，惟求學習便利。

第二節　兒童文學

欲使讀物適於兒童閱讀，先須了解何謂兒童文學。此不僅文藝讀物，必爲兒童文學的結品；即常識讀物，在結構上亦須具有兒童文學的意味。

所以從本質方面言，勿論爲文藝，爲常識，必備具以下三個條件。

1. 兒童言語——表出之形式。
2. 兒童思想——表出之意義。
3. 兒童生活——表出之事實。

中國雖爲尚文之國，然無兒童文學可述。僅童謠一類，近似今所稱之兒歌，史傳頗有記載。《左傳》莊公五年杜預注："童齓之子，未有念慮之感，而實成嬉戲之言，似或有憑者。博覽之士，能懼患之人，兼而志之，以爲鑒戒"。此其意旨重在訓世，不在啓蒙。呂新吾推廣之，作小兒語。據序所方："兒之有知而能言也，皆有歌謠以遂其樂。"又書後云："小兒皆有語，語皆成章。是書誠鄙俚，庶幾乎嬰孩一正傳哉。"又曰："言各有體，爲諸生家言則患其不文，爲兒曹言則患其不俗。"雖本蒙以養正之旨，點竄原文，不無失真之處，然而對兒童讀物主張用兒童語，視今人提倡小學讀經或禁用童語，以及用生澀語句編譯兒童讀物之作家，其見識尚不可以道里計。至於傳說可取爲兒童文學材料者，紀載尚非闕如。以無兒童文學家爲之疏理，未可爲兒童讀物也，余於十餘年前，作《小學國語文學研究》一文，嘗分聽的、唱的、看的、讀的四種，當時猶認教科書應具一體，故將看的與讀的分爲二種，實則二者應合爲一體，今之編初級課本者，僅僅用白話淺文寫成，即此兒童言語之真諦，已少體會。蓋兒童所喜語句，非僅以句短與叶韻爲唯一條件也。文人所欣賞之詩詞，雖叶韻而不必爲兒童所能領會。編讀本者又因有意求句短或叶韻，而語意與語氣，均失自然，皆爲兒童所最忌。余因研究兒童文學往各小學參觀，注意聽讀課文，久之有所發見，曾舉出一般讀本不便兒童誦讀者有三點。

1. 長語句，尤以數語須連續讀之，氣接不上爲甚。
2. 不合口味之語句，雖短亦然。所謂不合口味者，大抵語緊張而不舒，尤其數語相續，極力求各語能自獨立，相續之間，每欠自然。
3. 記叙文每一段落，連續之句太多，兒童精神不能貫注。

試以上三點衡量近日出版各課本之課文，犯此病者甚多。茲更將往時體驗兒童談語，發見四個原則，個別加以例釋，並錄於後。

1. 兒童所發表之言語，完全從自身活動與對於事物之感覺而出。（此無舉例必要）兒童敘述，分項說明，不求銜接。與課文記敘體連續成文必用銜接之詞；其意義貫串，必表出顯明之語句者不同。

例如，兒童書局徐譯《安徒生取火匣》——女巫說："你看見那根大樹嗎，樹的裏面有個洞。你要爬到樹頂，才看見一個洞。從洞裏可以爬進樹底。我把你的身子，用繩綑住。你喊我，我把你拉出來。"是不用顯明語句貫串意義者也。又如銀先令自說："他給我鑽個小洞。一根綫穿進洞。我變成一個紀念牌，挂在小孩子的頸項上。小孩子對我笑，吻我。他的頸項，又溫柔，又潔白，我終夜睡在那裏。"是連續成文不多用銜接之詞者也。

2. 兒童所說長句，用數個短語構成，語氣不接而可以停頓。其短語之數，除記數事物外，多在三個語以內。每一短語字數，多在五六個字以內。其稍長之語，至多不逾三個名詞。例如，《取火匣》女巫說："你爬到樹底，便找到一座大廳。這座大廳，十分光亮，有三百盞燈，點在上面。"此在普通小說，必曰你爬到樹底，便找到點三百盞燈的一座光亮大廳。語雖簡明，然兒童讀之便覺吃力矣。

4. 狀事物之語言，取譬於說明，不在修飾其辭。用轉折連詞極少。例如《大胖子》歌詞有云："他這麼大的肚，他這麼粗的腿。"是須另以動作擬勢為說明者也。再如《取火匣》女巫說："坐在錢匣上的狗，一雙眼睛，像圓塔一樣大，他是一隻猛狗。"

此用文字取譬，在加重凶猛意味，非如普通文藝以詞藻爲美，或者有加入累贅之詞以形容之也。

以上四個原則，本不足以盡兒童語之內容。然使兒童讀物之語句，體會及此，讀之必琅琅上口矣。

兒童讀物所以有文學價值者，非僅取資於兒童語已也。吾國舊時所謂文學者，大都擯棄兒童之言語與思想。其啓蒙作品，純以成人概念爲主，惟求語句便於記誦，不足以激引兒童心靈，如《三字經》《百家姓》《千字文》《六言杂字》《龍文鞭影》，皆是類也。上所舉三個條件，思想與生活，產生資料之具也。言語，表出之具也。文學有内外二方面，内爲本質，外爲藝術。亦可云形於内者爲本質，形於外者爲手段。文學所以能表現人生意味，而產生悠遠思想，真摯情感，豐富想像者，全在本質；藝術不過組織之手段耳。然使手段不妙，亦無由牽引本質而激發讀者心靈者也。若夫讀物具有文學形式，而不了解兒童心理，則貌襲而神離矣。

兹對于兒童文學之旨要，特別闡明者，並非第三步聚之閱讀，皆讀通常所謂兒童文學之讀物，而係依兒童文學之旨趣，選編讀物，即常識讀物亦然。此爲使兒童易讀多讀而且樂讀之主要原因，特鄭重聲明於此。

再說體式言，当分初步讀物與進一步的讀物兩種：

初步讀物——以童話爲主。國人對此頗多疑，固亦有引致懷疑之特別原因。

1. 各書坊讀本，尤其第一二三册課文，類似童話者，純爲貌襲，非文學的童話，並無欣賞價值。

2. 囿於過去讀文之傳統觀念，不解兒童文學爲何物，率以成人見解相衡量。

兹就童話起源與所有體製，以及各種相互關係，分別論述。不僅闡明其各別功用，且對於分合混淆之點，逐一疏理而釐正之。以清界限。

童話所以成爲文學者，非限於兒童本身產生的材料。其取材與結構，在給讀者於心情愉快之中，兼有裨於人事經驗。此種通俗文學，供成人讀者曰小說，供兒童讀者曰童話，童話即由小說旨趣而分支者也。《漢書·藝文志》小說者流，如淳注"王者欲知閭巷風俗，改立稗官使稱說之。"《四庫總目提要》稱其流別有三：叙述雜事，二記錄異聞，三綴輯瑣語。童話取材範围，頗与相同。顧往時視此種爲閒書，而藻飾字句之詞章，毫無裨於人生，反宏獎爲作家。傳統觀念如此，宜兒童文學之不振也。茲分爲三種，童話之體式庶幾備矣。

一、由傳說組成的童話——大抵爲民間流行軼聞，以記述初民爲主。或者雖非初民記述，而趣味近之。蓋其表出之思想感情，與入世未深之兒童相近，或者事實之情節，足以激引兒童心靈，發生快感。此又可分二類：

1. 神話——爲代表初民思想之傳說，即初民信仰及生活之反映。凡一種民族起源，莫不有其特殊神話，大抵以自然物爲主，從其重要現象之動力，推想其種種靈異之變形復活等，凡無從索解者，一一歸之於神。或者對於事物原始，如猿無尾之類，往往以荒唐無稽之言，附會其事。此皆由於知識幼稚使然，但與神怪小說以駭人聽聞爲奇者有別。

2. 世說——爲代表初民習俗之傳說，野蠻民族食人掠婦等事屬之。以其專談人事，與神話有別。異族人生活所以可連類而及者，正因其比較而觀，易引起其想像也。

上二類傳說，事皆近於荒唐或鄙俚，然非任意編造，而爲構成古代社會之產物，即談民族史事，亦屬必要。人類學派搜集紀聞推衍文變遷，與發掘古器，同一重視。再從教學立場觀，以質樸之語，表出不可思議之信念；或以真摯表情，表出愛戀畏懼之內心，實爲產生文學之真諦。不僅其情節與意味，易爲知識幼稚者所接受也。所以傳說能流傳久遠，爲婦孺所樂聞者，自有其存在價値。彼反對神話世說之荒誕，不可爲小學教材者，亦曾體會及此否也。

二、由故事組成的童話——兒童讀物稱爲童話或稱故事，內容頗不分明。由名析義，童話從語意之趣味言，故事則自然情節所構成之具體事實也。二者常相混淆，則以童話勿論爲假託，爲記述，多由事實構成，故童話亦可稱爲兒童故事。不過所有故事，不盡爲兒童所能了解而且喜悅。其能了解且喜悅者，必其具有童話趣味之故事者也，具有童話趣味之故事，斯亦童話已。然而童話所含，非限於以故事組成者也。從具有事實言，神話與世說，出於傳說，故事亦何嘗不出於傳說。從具有趣味言,則物語笑話,所以引起快感者,並非由其構成具體事實。進論材料與結構,童話純以想像生活爲出發點,故事則真實性之成分較大。即不真實,亦必歸宿於人事。所以故事不盡爲童話,惟具有組成童話之可能性。所謂由故事組成童話者,係由神話世說之童話而演進,由其激引心靈發生快感,因而取得人事經驗者也。惟其演進係童話範圍擴大,與閱讀進度無關。其與傳說對立者,則以傳說傾於初民之思想與情感,故事則以情節可驚可喜爲主。或謂傳說係講半神的英雄,故事則講世間名人,是以傳記爲故事,已軼出童話範圍矣。其實半神英雄與世間名人,不過最古時代與後世社會不同,勿論事實可徵信與否,其出於"一種崇拜心理之傳述"一也。又以傳說故事係人與事並重,童話不重人而重事,亦未盡然。何也?凡爲兒童文學之讀物,除傳記或與傳記同材料之故事以外,決不含有重人之觀念者。其有必記其人者,以事必繫於人而表出,有無其人,所不計也。傳說爲產生兒童讀物之一種原料,或有某種材料,本身即自然而具有一個整體讀物之體製,然非傳說即爲兒童文學之一種文體也。若童話則舍傳說故事之原料,能構成童話者,抑已僅矣。故事不具有構成童話之成分,又烏可以爲兒童文學耶?茲分以下五類,大抵外形屬於文藝,内容多參有常識成分。

1. 神秘故事——與神話不同者,以非取初民思想之傳說,而以其生活反映爲根據,構成事實;或採日常記聞,從組織上加以神秘意味。間有涉及夢幻,如聖誕老人與飛箱之類,惟其目的在由想像而有所感動與安慰,非以說神仙鬼怪聳聽。

2. 滑稽故事——屬於具有情節序次之笑話,以供娛樂爲主,大抵分愚駭、刺謬、巧妙三類,可以引人發噱者。惟語不嫌俗而忌粗鄙,或者言之過謔,有傷忠厚者,亦不宜用。

3. 兒童故事——以兒童行事有趣與易動人者爲主,約分二類:其一從兒童生活出發,攙入激引心靈之情節,不限於從紀錄上採取材料。其二從名人幼時故事,採其特出事實,令人愛慕,不專重示範也。

4. 勇敢故事——包括冒險、武俠、偵探、愛國等事實,與兒童好奇好勝之心理相應。雖事不出於兒童，亦兒童所喜者也。

5. 科學故事——分二類：其一爲發明家故事，摘取過程中特殊事實，足以使人興奮者，與傳記在表出人格者不同。其二事物人格化，將無情的變爲生命，静的呈現活躍，爲物語演進的故事。雖亦取日常事物，然重在表出物理之現象與功用，非如通常物語以假託而表現人生也，此與勇敢故事，均以閱讀進至三段以後始得用之。

以上各類故事，如屬閱讀第一二段的進程所用，須多參圖畫，成爲連續故事畫，如舊時連環圖之體式。文學分段叙述，雖不宜過多，但必須表現具體情節，由所讀之文，即可領會情節，圖之作用不過使主要觀點，益見明確；或者有關情狀，文所不及言者，藉圖得以連帶表出之。其與單元活動時所用之故事畫，根本作用不同。坊間出版之物，關於故事畫，有稱圖畫故事，一稱連環故事畫，或者名稱同而内容懸殊。惟有兩點必須説明：其一，圖文對照者，爲初級識字而作，純從授課式產生者，根本無故事意味可言，即單元活動時亦不宜用。其二，文字已成爲長篇體製，即去其圖，亦可讀之，不過插圖更足以增益興趣，實不當以圖畫故事名之。

三、造作的童話——此不限於取故固有之傳説與故事，編爲童話，其實故事組成之童話，已有不全取固有材料而編者。惟兹所謂造作，目的在適應閱讀能力，給予形式上便利者也。

1. 反復故事——此爲開始閱讀唯一之讀物。即如坊間出版物，每個故事，其文字平均反復六七次。如其結構加長，反復次數當更過之。而此種結構，亦便伸縮，余於十年前作《小學教材之商榷》（見《新教育雜誌》）、《國語兒童文學之研究》（中華書局出版）嘗析論之，舉列體式。《第二期國語課程改造方案》（開封教育實驗區出版）分析尤詳。此種體例，由詩歌重言、申言與諧談次第演變之例，蜕化而出。佛家説經，尤重反復。吾國有名之中山狼故事，即備此體。外國童話，如王爾德所作，常參入反復詞語，最饒興趣。商務印書館文學課本，悉用其體，頗多佳製。惟因通用於四個學年，殊不相宜，且後數册亦有遜色，因此未能通行。近來各讀本及單行小册，多復演其式，僅圖裝翻新，内容遠不逮焉。不過斯體雖適用於開始閱讀，然使採用讀物，不分析式例，錯綜配置，則兒童屢讀同一形式之文，或亦生厭，嘗論反復故事，以重疊與聯屬兩例，變換其詞語，爲申言、互言、重言之反復，格調則有記叙、獨語、對語三種之別。其變換之方，最單純者止於換主賓詞，或換係屬詞，或換述語。稍進則爲係屬詞或述語，隨主賓詞而變換。更進則爲係屬詞或述語之内容增多，形式亦較變換。約其結構體要，可分爲平疊、演進、循環、遞加四類。

一、平疊　其中主賓變換，或係屬詞變換，無先後輕重可言，此又分爲二式：

散列式　或換賓詞兼換係屬詞，而述語不變；或換係屬詞或兼換述語，而賓詞不變，此爲反復故事中常見之例，兹舉簡單者三例：

A. 獨語例——獨語有屬於主者，有屬於賓者。兹取沈百英反復故事研究一種示例。

沈氏之同句反復例，係換賓不換係屬詞及述語者。

> 小牛没有角，老牛說他不好看。
> 小牛向小鳥討角。小鳥說："我没有角。"
> 小牛向公鷄討角。公鷄說："我没有角。"
> 小牛向白猫討角。白猫說："我没有角。"
> 小牛向黄狗討角。黄狗說："我没有角。"
> 小牛向老牛討角。老牛說："你大了，會長出來的。"

沈氏夾歌反復例，係換係屬詞而主賓及述語不變者。

> 惡狼，剛走到村莊裏，就被雄鷄看見了。雄鷄大叫道："喔喔喔，狼來了，快快捉。"狼把雄鷄抛在井裏，那雄鷄喝乾了井水，飛出井外，追上去大叫道："喔喔喔，狼來了，快快捉。"

狼把雄雞拋在火爐裏，那雄雞吐出井水，熄了爐火，又追出去大叫道："喔喔喔，狼來了，快快捉。"

狼把雄雞關在籠子裏，那雄雞用力打破籠子，飛出來大叫道："喔喔喔，狼來了，快快捉。"

狼把雄雞捉住了，帶着雄雞躲在屋子裏，那雄雞不能脫身，又大叫道："喔喔喔，屋里有狼，快來捉，捉捉捉，用條繩子縛。"

許多農夫聽見雞叫，就趕來把狼捉住。

沈氏之同句反復句，亦係換係屬詞而主賓不變者，但構成係屬之語句，與上之格調不同耳。首段雖有問答，然以下皆為獨語，非以對語而反復也。

老貓害了病，叫小貓去捉老鼠，小貓說："我沒有看見過老鼠，怎麼好捉老鼠呢。"老貓說："你記好，老鼠有四隻腳的。"小貓去拖一張小椅子來。老貓說："呀，笨貓，你弄錯了。"

老貓說："你記好，老鼠的尾巴細的。"小貓去拿一條綫來。老貓說："呀，笨貓，你弄錯了。"老貓說："你記好，老鼠的頭尖的。"小貓去拿一枝筆來。老貓說："呀，笨貓，你弄錯了。"

老貓說："你記好，老鼠的毛黑的。"小貓去拿了一隻黑鞋子來。老貓說："呀，笨貓，你弄錯了。"

老貓說："你記好，老鼠會叫的。"小貓去找會叫的東西，聽得呀呀呀叫，嚇得逃回來了。

B. 封語——對語有一主一賓者，有一主數賓者，有數主一賓者，茲但就後者示例。

大老鼠，中老鼠，小老鼠，同去看貓，遇見了狗。

狗見了大老鼠，問道："你到哪裏去。"大老鼠說："我去看貓伯伯"。狗說："你去不得，他要吃你的"。

狗見了中老鼠，問道："你到那裏去"。中老鼠說："我去看貓伯伯"。狗說："你去不得，他要吃你的。"

狗見了小老鼠，問道："你到那裏去"。小老鼠說："我去看貓伯伯"。狗說："你去不得，他要吃你的。"

大老鼠，中老鼠，小老鼠，聽了狗的話，都不去看貓了。

C. 記叙——不由問答反復，其變換在由賓詞與係屬詞而出，茲亦僅舉簡單者示例。

一個螞蟻在家裏打掃，拾到三個錢。
螞蟻要買桃子，他想桃子有核的，不要買桃子了。
螞蟻要買魚，他想魚有骨的，不要買魚了。
螞蟻要買穀，他想，穀有壳的，不要買穀了。
螞蟻要買香蕉，他想香蕉有皮的，不要買香蕉了。
螞蟻要買毛豆，他想毛豆有毛的，不要買毛豆了。
螞蟻要買衣服，他想衣服好穿的，買一件衣服罷。
螞蟻買了一件紅衣服，穿在身上，變了一個紅螞蟻。

B. 聯屬式　此與演進類之連環同一形式，但連環從程序而產生，此則止於前後相接，非有必然程序。茲仍舉簡單者示例。

一隻白鷄和一隻白鴨吃穀，白鷄不留心，踏痛了鴨的脚。鴨要去打白鷄，打痛了鵝的頭。
鵝要去打鴨，打痛了貓的尾巴。
貓要去打鵝，打痛了羊的眼睛。
羊要去打貓，打痛了狗的耳朵。
狗要去打羊，打痛了牛的鼻子。

牛要去打狗，打痛了馬的嘴。

馬要去打牛，打痛了小孩的手。

小孩恨極了，把白鷄，鴨，鵝，猫，羊，狗，牛，馬，都關在棚子裏。

二、演進　此與平叠不同者，在依事物固有之程序，作爲分段根據以反復之，非如平叠之由反復而覓取事物也。其換辭與格調，與平叠無異。沈氏分爲順次、連鎖、循環三式，兹將循環另列一類，而加入承轉一式。承轉可合數個主體，以同一事情而演進，順次、連鎖則爲個體之事物而演進者也。

1. 承轉式　其形式有取平叠之結構者，但步驟加多，由演進而成。兹舉二例如左：

A. 以反正演進爲承轉者——此例反復形式，有極顯明的分割。

小女孩，要找一位小朋友。

白鵝碰見小娃娃，白鵝説："我做你的朋友好嗎"。小女孩説："不好，你的聲音太鬧。"黑豬碰見小娃娃，黑豬説："我做你的朋友好嗎"。小女孩説："不好，你身上太髒。"

猴子碰見小娃娃，猴子説："我做你的朋友好嗎"。小女孩説："不好，你的性子太躁。"

老牛碰見小娃娃，老牛説："我做你的朋友好嗎"。小女孩説："不好，你的舉動太慢。"

小女孩找不到好朋友，唱起歌來了。"好朋友呀好朋友，你的聲音輕清，你的身體潔净，你的性子和平，你的舉動靈敏。你來呀，來呀。我和你握手，點頭，請請請。"

小鳥兒飛來，聽見了，小鳥兒也唱歌。"小女孩呀小女孩，我的聲音輕清，我的身體潔净，我的性子和平，我的舉動靈敏。我來了，我來了，你可和我握手，點頭，請請請。"

小女孩聽見了，唱道："小鳥兒呀小鳥兒，你的聲音輕清，你的身體潔淨，你的性子和平，你的舉動靈敏。你就來，就來，和我握手，點頭，請請請。"

　　小鳥兒來了，和小女孩一起唱歌："小女孩，小鳥兒，我的聲音輕清，你也輕清；我的身體潔淨，你也潔淨；我的性子和平，你也和平；我的舉動靈敏，你也靈敏；好朋友呀，我們一起玩，大家握手，點頭，請請請。"

B. 以動境轉變爲承轉者——或因空間或因時間，其程序可由意想而增損，非有一定不可移易之順序歷程也。

　　牧羊老人有三隻羊，一隻大羊，一隻中羊，一隻小羊。
　　三隻羊在山上吃草，一隻狼從山上走來。
　　狼要吃老羊，牧羊老人去救老羊；
　　狼要吃中羊，牧羊老人去救中羊；
　　狼要吃小羊，牧羊老人去救小羊；
　　牧羊老人追去打狼，狼逃走了；
　　牧羊老人趕回來找，羊逃散了。
　　牧羊老人吹簫，老羊回來了，中羊回來了，小羊回來了。

2. 順次式——係依一種自然演進的程序，以自然物生長最爲顯明。

　　豆種在泥裏，鷄要吃豆，豆說："等我長大了，給你吃。"
　　豆出芽了，鷄要吃豆，豆說："等我長大了，給你吃。"
　　豆生莖了，鷄要吃豆，豆說："等我長大了，給你吃。"
　　豆開花了，鷄要吃豆，豆說："等我長大了，給你吃。"
　　豆結莢了，鷄要吃豆，豆說："等我長大了，給你吃。"
　　豆枯了，鷄要吃豆，豆說："枯豆不好吃了，請你吃別的東西吧。"

3. 連鎖式——逐段演進，前段賓詞，變爲次段之主詞。其變化同意義而不同情節，並復演若干同樣述語及其係屬詞，通俗諧談，不少此類故事。

老鼠要嫁女兒，他想："太陽高高在天上，又大又亮，我把女兒嫁給他吧。"

雲起來了，把太陽遮住了。

老鼠想還是雲好，我把女兒嫁給雲吧。老鼠把女兒嫁給雲，雲說："我不行，只要風一來，就把我吹散了。"

老鼠想還是風好，我把女兒嫁給風吧。老鼠把女兒嫁給風，風說："我不行，只要有堵牆，就把我擋住了。"

老鼠想還是牆好，我把女兒嫁給牆吧。老鼠把女兒嫁給牆，牆說："我不行，只要碰着老鼠，就把我打穿了。"

老鼠想還是老鼠好，就把女兒嫁給老鼠了。

三、遞加　此亦可稱爲累積，即前段提出後段之主詞或主語，每加一段，將以上各段之主詞或主語，參入其中，逐段情節變換，而述語形式不變。此式甚有趣，但段落不宜過多，詞語亦宜簡單，在反復故事中爲最簡單的式例。茲舉例如左：

麻雀背了一袋米，走不動了，坐在老鼠背上。

老鼠背了麻雀，走不動了，坐在母鷄背上。

母鷄背了麻雀老鼠，走不動了，坐在黃狗背上。

黃狗背了麻雀老鼠母鷄，走不動了，坐在驢子背上。

驢子背了麻雀老鼠母鷄黃狗，走不動了，坐在船上。

船上載了麻雀老鼠母鷄黃狗驢子，行不動了，停在河邊。

四、循環　此類由平叠與演進，皆可以演成式例，茲分別各舉一例。

1. 平叠的循環式——此與反正承轉之形式相似，但前者承轉之反復由反正而來，此則屬於事情之必然的變動。

　　一隻兔兒，在青草跑過。
　　牧童看見兔兒跑過，放了牛去追兔兒。
　　漁翁看見牧童追兔兒，放了網去追兔兒。
　　農夫看見牧童漁翁追兔兒，放了種子去追兔兒。
　　送飯的女孩看見牧童漁翁農夫追兔兒，放了飯籮去追兔兒。
　　斫柴的樵夫看見牧童漁翁農夫送飯的女孩追兔兒，放了柴去追兔兒。
　　兔兒跑掉了，牧童漁翁農夫送飯的女孩斫柴樵夫都回來。
　　牧童回來找牛，牛逃走去了。
　　漁翁回來找網，網沉在水裏了。
　　農夫回來找種子，種子給小麻雀吃掉了。
　　送飯的女孩回來找飯籮，飯籮給狗打翻了。
　　斫柴的樵夫回來找柴，柴給風吹散了。
　　牧童哇哇哇哭，漁翁也哭，農夫也哭，送飯的女孩也哭，斫柴的樵夫也哭，大家都哭。

2. 演進的循環式——此係扩充連锁式，在整體上更加一层反復者也。

　　老太太放羊吃草，羊到田裏去吃菜了。
　　老太太喊羊出來，羊説："不來。"
　　老太太喊狗咬羊，狗説："不來。"
　　老太太喊棒打狗，棒説："不來。"
　　老太太喊火燒棒，火説："不來。"

老太太喊水澆火，水說："不來。"
老太太喊牛喝水，牛說："不來。"
老太太喊繩縛牛，繩說："不來。"
老太太喊老鼠咬繩，老鼠說："不來。"
老太太喊貓捉老鼠，貓說："你把魚給我吃，我就去捉老鼠。"
老太太走到河邊，捉了一條魚給貓吃。
貓吃了魚，就去捉老鼠，老鼠說：""我就去咬繩。"
老鼠要咬繩，繩說："我就去縛牛。"
繩要縛牛，牛說："我就去喝水。"
牛要喝水，水說："我就去澆火。"
水要澆火，火說："我就去燒棒。"
火要燒棒，棒說："我就去打狗。"
棒要打狗，狗說："我就去咬羊。"
狗要咬羊，羊說："我不吃菜了。"
老太太就牽了羊回去。

3. 物語——為一種自然物擬人說話，從普通生活情狀，表現其特殊的習性動作；或人事經驗，藉物之談話而表現其意義，或仿傚對物說話，而發抒其情感，總之含有兒童生活之神情與口吻者也。但離開自然物之習性與動作，徒藉物而談人事；以及所談者為物之瑣屑生活，無關體要，皆所忌避。人格化之故事表述，即依此旨變無情的為生命，變靜的為活躍者也。理科的常識讀物，最適用此體。

近有反對小學讀物用物語者，如反對內容，有怪誕太過，迷信太深，或危險太甚，則不屬于物語文體之本身，不當獨對物語而發。若以物之擬人為妄，或所語者非物之本身事實，則詩文寄託，往往如是，群經諸子，亦多此例。如《詩經·鴟鴞篇》全託為語，《碩鼠篇》全託取鼠說話，《籜兮篇》全託對樹說話，孔子且不刪之。其實寓言亦物語之變相文學，不反對寓言而反對物語者，大率以坊間讀本，輒為貓狗之語，其實此正兒童生活習見之狀，試一觀十歲以下兒女嬉戲，可以恍然。至於讀本課文，貌襲物語，毫無文學意味，則成另一問題矣。

3. 實話——形式近似物語，目的在給予常識。安徒生的童話有孩子們的閒話，一個母親的故事，已開此例。其以事物爲單位，如法布爾《科學故事》、小川榮《人體旅行記》，可以作範。此體有二：其一，依物語體之旨趣，構成正式談話，處處皆含有言外之意，非止於問答或對話之形式也。其二，由物語體之結構，作爲寫實張本。常識讀物多需取此途徑，小朋友常識叢書慣用此體，惟結構尤有未盡耳。蘇俄近出各種兒童讀物（良友譯者有若干種），茲附及討論之。大抵一般文學作品，多取材於奇異滑稽，總之含有不可能思議的性質在內。蘇俄反其所爲，而從真實並且平凡之情境出之，惟以事實與語句適合兒童爲準則。此在閱讀上或不及一般所崇尚之材料能引起愉快；然在教育方面所得到的美善觀感，較倡導科學或自然方面取材，似較便利，或者可以等量齊觀。惟其中含義，有須深切了解者，即倡導以科學或自然方面取材者，其見解雖反對神仙鬼怪之資料，但以投兒童所好爲目的之旨趣無殊也。蘇俄作品於語句與意義，均有深切體驗，然而結構似有未盡。因爲一般兒童文學所取之奇異材料，其景物亦有同樣傾向。若材料真實而平凡，則景物敘述，每難使兒童感到興味，此則不可不顧及者也。

進一步的兒童讀物，約有四種

屬於文藝者

1. 短篇小說——此爲故事擴充體，稍有結構假想之迹，進於藝術品質者也。惟其取材以兒童生活與思想爲根據，與普通小說以廣泛人生爲原料者有別，而成爲含義較深之童話。如安徒生之童話，不少此數作品，因爲結構與內含，與通俗流行之短篇小說相近。葉紹鈞所作，亦此類也。大體在產生單純感想，以確立目的，提鍊煩雜事物。凡與目的無直接或間接關係之材料，悉予擯斥。桐城派傳狀作法，頗有相同旨趣，惟結構迥不同耳。聊齋短篇文字，無此深長意味。近代通俗作品，極重此體。至文之長短，惟以想像而連貫之事實，能表出其目的與否爲斷。故短篇小說，有止於十餘行者，亦有長至數十頁者，安徒生之《幸運木屐》与《醜小鴨》，即其例也。

含有常識成分者

2. 史談——四庫總目有雜史一類，但具一事始末，或述一時見聞者，即予搜録。茲取其義例，惟取材不限於在正史以外，作法亦不同古代體製，非僅白話文與文言文異趣也。其與上所論之故事有別者，前者結構須含有童話意味；此則必與現時代同感覺之大事，發生聯屬關係，並求表出材料，如何使兒童容易領受也。體式亦如實話用談話體，如實話可由擬人而表述，此亦可由第三者口説而表述也。

3. 傳狀——四庫總目史部列傳記一項，不以人之行狀爲限，姚氏文類，標名傳狀，取義較狹。實則原本史例以司馬本紀、世家、列傳嚆矢。故録毛穎傳嬉戲之文，而稱爲"其體傳也"。茲取其義例，進論體要。與故事組成式例不同。故事以事爲主，傳狀則以人物爲中心。揭其旨趣，約有兩點：

（1）由某人傳記之背景與關係，可以得到時代的認識。

（2）由某人傳記所表見之事實，能使讀者興奮，往往開始不從直叙入手。

4. 雜記——姚氏文類有雜記一體，以其體大小事殊，取義各異，如序飲序棋及各篇遊記，或謂之序，姚氏並列此類。茲取其義例，爲實話進一步的讀物，皆與日常生活有關者也。蘇聯童話集白紙黑字，可作爲史談之兒童文學，室內旅行記可作爲雜記之兒童文學。

第四章 進程

第一節 閲讀興趣

閲讀興趣，爲增加閲讀分量之原動力，寄附於讀物本身之品質上。惟讀物本身與讀者能力，尚有其相關度，二者不適應，興趣即無自而産生。讀者能力，有與年俱進與經驗俱進二方面。未開化民族之思想感情，頗近似兒童者，主因屬於經驗方面。成人嗜好，不與兒童盡同者，主因屬於年齡方面。不過從年齡方面所測知之心理變化，往往含有若干經驗成分在內，與智力年齡含有教育成分者同一情事。蓋人類在社會中，由日常之起居動作與聞見，自然增進其經驗。兒童與年俱進之經驗，非自然而成長，亦非全由學校經驗而取得。所以心理變化，不絕對附隨於生理發育程序，但無論心理如何變化，而與年俱進，自成事實。所以閱讀興趣，與讀物進程分配更有密切關係。在教材有繼續性者，進程固甚分明。然一般知識讀物，其分明限度，殊甚微末。各教科課本，莫不自創凡例，仍不如課外讀物足以攫取心靈者；則以所取進程，完全從教材本身而定；所計讀者能力，完全屬於主觀的授課程序。而對於兒童自然接受之興趣，未有正常觀察也。

　　閱讀興趣，分年齡示其特徵者，歐美學者多方調查研究，不少發見。茲彙輯各種結論，摘述旨要。

　　1. 六七歲閱讀興趣——喜讀童話、神話、神仙故事物語等，惟物語之擬人的動物與自然界的故事，其主要之物，必爲環境四周所習見者。

　　關于讀物之形式與其旨趣，約有如下各點：

　　（1）內容短即小書册。

　　（2）多插圖。

　　（3）直接會話體。

　　（4）多含幻想性，亦可略寓教訓。

　　（5）對於自然物之寫實，須極生動。

　　2. 八歲閱讀興趣

　　（1）童話興趣達最高度，寓言亦甚感興趣。

　　（2）充滿想像的神仙故事。

　　（3）喜寫實的自然故事，尤喜動物故事。

　　（4）開始對於日常生活的故事發生興趣，女生對家庭經驗及幼女故事，較有興趣。

（5）男生不喜滑稽及幼女的故事，女生不注意英雄小史及《聖經》的故事。

此外特徵如左：

（1）對情節欣賞，比文辭欣賞更爲重要。

（2）對書中所表出事情，完全立於被動的接受地位。

2. 對現實的世界，不發生批評的態度。完全生活於一個想像世界裏。惟其欣賞情形，已進於注意事物之合理的說明。

3. 九歲閱讀興趣

（1）神仙故事仍有興趣，動物及自然故事亦占重要地位。

（2）日常生活及熟習經驗爲興趣中心，男生尤喜讀童子軍及各地幼童故事。

（3）對歷史及《聖經》的故事□有興趣。女生雖亦喜讀傳記，但對於歷史事實，仍屬於童話領域，不及男生移轉於實際生活之力爲大。

（4）寓言興趣減低，對探險滑稽以及藝術描寫之小説，亦不甚感興趣。此外特徵如左：一是從幻想移於現實世界，對現實比幻想的成分多，爲鼓勵讀真實文字之黃金時期。二是可讀百頁以上之書。

4. 十歲以上閱讀興趣——不分年列舉，惟從學習種類，所表現的情態，分項序次。

（1）自十歲起，對直接觀察以外的事好奇心發展迅速，經驗背景逐漸擴張，心理印象逐漸清晰，對書中所遇的人物與情景亦增強其理解力。

（2）讀童話的興趣，自十歲起開始衰退，女孩在十二歲始消減。

（3）讀動物與自然故事，男孩自十一歲起，興趣逐漸衰退。但女孩仍感興趣，尤其對花與花園的一般景物特別有趣，十二歲且喜讀鳥的故事。

（4）科學與機械等讀物，自十歲起漸成爲閱讀興趣之開展成分。十歲所喜讀者爲此種事物發明之叙述，十一歲對電氣機械等工程頗饒興趣；十二歲對機械與工業的程序極有興趣。尤其對一種有價值的事物之發明，其中經過歷程，用智慧征服一切困難，最感興趣。惟兒童時期中，女孩對此種讀物，比男孩興趣大減。即至十二歲，亦惟對發明者生活趣味化之傳記有興趣。

（5）家庭與學校的生活的故事，女孩十一歲頗喜讀，惟需稍含童話的幻想意味，至十二歲則涉及女子中學大學的學生生活，亦感興趣。

（6）旅行記述，與外國兒童生活敘述，可作爲史地及自然學科之準備基礎者，自十歲起，已成爲一般愛好的讀物。

（7）故事最喜讀者，十歲爲簡單文體寫成的偉人幼年故事；十一歲大多數沉浸於連續體之冒險武勇偵探等故事；十二歲則武勇故事可以代替幼稚性之讀物。

（8）史談用故事體寫成，十歲頗喜讀，其興趣却已顯著在歷史本身上，至十二歲則對歷史評話與傳奇傳記等，均饒興趣，嘗以自己生活，透射於英雄驚心動魄的生活中。

（9）讀書興趣，十二歲達到最高點，對各部門文學皆有相當興味。詩歌戲劇，則女孩十三歲最喜讀。

（10）天文及比較專門的讀物，大概至十三歲始有明顯的興趣。

（11）男孩十二歲的特殊情事，亦有喜讀較深刻的社會小說，亦有喜讀希臘羅馬神話與北歐古代特殊英雄故事，甚至有喜讀駭人聽聞的故事者。女孩在十一歲已有選讀稍含愛情之故事，至十三歲則頗喜讀溺情小說。其涉獵成人小說，較男孩所喜者富於想像性。

（12）女孩至十二歲選取讀物，顯然與幼年女孩異趣，亦喜讀男孩愛好之冒險故事，以及專爲男孩編的作品。反之男孩至十二歲即不然。

由上發見結果，約可歸納如下之結論。

1. 想像生活，至八歲達最高度，寓言亦感興趣。及九歲漸減低，但仍喜神仙故事。

2. 現實生活，八歲始對日常生活故事發生興趣，寫實的自然故事最喜讀。及九歲占中地位，延續而下，並對史事漸有興趣，至十一歲對動物故事的興趣則減低矣。

3. 社會方面特殊事實，至十歲發生興趣，約有二個特點：其一，由幻想之想像而變化，如神怪、英雄、偉人、偵探等；其二，由現實生活之熱烈而演進，如戰爭、發明家、機械、科學等。

4. 閱讀興趣，自八歲起爲一轉變，十歲起爲再轉變，至十二歲起爲又轉變。

5. 男孩女孩之愛好，均自十歲起，稍有參差。

依據一般的閱讀興趣，支配閱讀讀物，確立如下之三個原則。

1. 各個閱讀興趣每不一致，故各年齡中閱讀興趣之特殊性不可遇於重視；惟其主要興趣，則有注意之必要。

2. 興趣發展，依接受知能之量度，不無若干差異。因此興趣在智力年齡上比在實在年齡上可以稍有伸縮。

3. 男女孩年齡較大，其在閱讀方面所表現出之特殊興趣，有須矯正者，當另取適當讀物轉移其興趣。

第二節　讀物目標

一、文藝讀物——依據部定國語課程標准附件一所列之四種文體及其作業要項，分段排列讀物。

二、常識讀物——依據部定標准常識作業要項分項排列各段讀物於其下，但得除去單元活動已達到目標之成分。

三、目標下分列讀物有同一目標分列各段讀物者，亦有每段在同一目標下分列數種讀物者，或一種讀物而分屬於數個目標者。同一目標分列各段讀物，有可任在某段讀一種者，有前段已讀一種，後段尚須再讀一種者。總之同段中之數種讀物，任讀一種可也。

四、最低限度的控制——兒童進至閱讀第三階段，即開始注意兒童達到之目標。

1. 配置讀物，分類陳列。在第三階段中常識須占文藝成分三分之一；至第四階段即須超過二分之一以上，均於學期開始，預計本期應陳列之常識讀物，分列於目標之下。

2. 兒童取換讀物，進至第三階段時，每連續三次仍繼續取文藝讀物，或進至第四階段時，每連續二次以上仍取文藝讀物，應指令在常識目標方面選取讀物。

3. 每期將預計陳列之常識讀物，分列於目標下，總製一表。每月中檢查各生已讀之常識讀物，畫綫於下。懸於教室內，使各生自查本期列有讀物目標，有若干尚未畫綫，並與他同學相較。如其所空太多，自足以策進其繼續選取應讀之常識讀物。

第三節　分配讀物的進程

一、分段旨趣——自由閱讀的進程，第一根據於上舉的閱讀興趣，第二適應兒童閱讀能力，第三衡量已出版的各種讀物。其中關鍵，必須注意者：其一，兒童必有如何閱讀能力，始可讀其相當之讀物。其二，閱讀進至某階段，必由其閱讀者足以發展其閱讀能力。無其能力，而強迫讀者，是謂苦役。能力已足，而停滯不進，是謂廢時。現今通用教科書授課，固無在不爲苦役與廢時。假使有人回憶兒時上課情事，當自了然。所以進程必須根據於閱讀興趣，分成階段。此種階段，又絕對不能依學期或年級而進，因爲由閱讀能力所表現之興趣，不惟各別有若干差異，而且進度亦非可分割期限拘束全體也。

二、讀物階段

1. 第一階段——前論第一學年不用書本授課，即爲兒童能早自讀起見，其主要原因，在使開始讀書，即能讀數百字成篇之文，最低限度亦在一百字以上。何也？富有興趣之短文，爲最難能之事。兒童文學惟有不具故事體之寓言笑話，其文始短，此則多不適於初學。開始讀書，無連續之新奇情節，即文字淺近，仍不足以引起閱讀興趣，或取用圖書，附以不成篇章之斷片語句，又不足以增進閱讀能力。因此初步讀書，以反復故事爲主。

反復故事——篇幅長，生字少，段成落爲自然而且勻整的分割，生字出現亦甚勻整，此爲開始自由閱讀的最佳教材，此如以授課式行之，學習效率即減小也。又反復故事雖不重用圖輔助文字學習，然多插簡明圖畫，亦足以增益興趣也。開始用內容及語句均較單純者，逐漸進於較繁複者。

據實驗經過，讀物印刷字體必爲头號字，段落分界必在行間表出。每冊字數二百字至六百字，至少須讀二千五冊，其中須有四五冊較繁複者。通過后，始得進讀第二段之讀物。

2. 第二階段——爲承接反復故事之讀物，此種讀物，適用如何形式，頗成問題。反復故事閱讀時日過久，必嫌單調。然普通讀物，何者適相銜接，須加考慮，因爲書坊出版物頗不易覓也。茲所選定，內容大部分屬於想像生活，與反復故事同，篇幅字數須有一部分與反復故事之中等字數相當，一部分與反復故事最多字數相上下，一部分超過於反復故事之最多字數一倍或一倍以上。關於以常識爲中心之讀物，尚不宜讀，一則以出版界常识讀物，鮮有用藝術描寫者；二則閱讀能力培養未厚，依目標預計之讀物，不便早讀也。所以本階段所用讀物，第一近似反復故事，第二近似連續故事畫，第三小童話。

何謂近似反復故事，係結構不用反復故事體，惟多數主要詞語，時在各段落中反復之。間有結構同於反復故事體，其述語多不反復。

何謂近似連續故事畫，因爲本階段緊接反復故事階段，太簡略的故事畫與過繁複的圖畫故事讀物，均不適用。故其結構用連續故事畫體，分段勻配事實，各有具體情節。每段落附圖，不過作理解內容主要部分之輔助，非求與文字對照也。其有關於常識的連續故事畫，雖然每段文字不多，但各含有不同的專用詞語，亦可參用。

何謂小童話，此在訪問出版物，頗有如此命名者，爲中級所能閱讀之文。大體不重詞語反復，惟依構成情節，以文字表達之。專用詞語甚少，段落分割亦不長，而且勻整。或者大段落中分割若干小段落，情節頗爲單純。

據實驗經過，讀物印刷字體以二號字爲主。每冊字數，三百字至二千字，其中以八百字至一千字之冊數較多，至少須讀十五冊。通過後，始得進讀第三階段之讀物。

以上兩階段用的讀物，均依照書中專用詞語分量與篇幅長短兩個條件，又分爲初段、中段、末段三個進程。據實驗經過，以部定國語常識每週總時數，讀完本方案規定限度的讀物，普通閱讀情形，約需四個月。考察各別閱讀情形，每經二三週，便有少許不同進度。每一進度，其自讀能力，皆不知不覺而逐漸提高。如此一步一步的推進，通過了第二階段，兒童自讀能力之基礎，確已奠定。進而再讀較長較難的文藝讀物與初步的常識讀物，決無問題。

3. 第三階段——在繼承初步普通讀物的階段之後，開拓閱讀能力，由想像生活過渡於現實生活。本階段閱讀情事，不若前兩階段嚴重，因爲兒童已讀書四十冊，字數逾三萬字，音符檢字漸達於純熟境界，作寫亦具有相當能力。在文藝讀物，篇幅較長，亦不成問題。對於素未謀面之常識讀物，當亦感覺新奇。由實驗經過，確有如是事實。所以本階段讀物，文藝與常識並列。

文藝讀物——內容與分量均稍加重，以童話故事爲主，大概具有自然情節，段落分明，材料多含神秘（含括幽點在內）滑稽的成分，詞語易爲兒童了解，並插圖以助興趣。

常識讀物——內容淺近，敘述亦極生動，約分三類：

（一）形式爲文藝本來面目，而內容稍重常識成分。

（二）用物語體，以物之習性、動作，作擬人言語。

（3）就複合的顯明狀態，以具體而有趣的表達，爲進讀類屬讀物的初基。

據實驗經過，書中均須插圖，印刷字體不得小於三號字，每冊字數一千字至八千字，兩種讀物共需讀二十冊以上，常識讀物占三分之一。通過後，始得進讀第四階段之讀物。

4. 第四階段——開拓閱讀能力，爲閱讀集中期間，得占初小閱讀全程時數二分之一以上。所有常識主要課程，皆支配於本階段閱讀以內，而以文藝讀物調節之。篇幅更比第三階段較長，其有內容豐富或意味深長者，字數亦可少于二千字。

文藝讀物——仍注重故事童話，惟其材料較切近人事，或者反映世俗願望，爲兒童所喜。形式最長者如章回小說，短者多有含蓄意味，幽默亦屬此類。如初民傳說、寓言、笑話等，皆得酌量分類成篇。此外實用文如寫信日記等讀物，亦常參用。

常識選取日常生活較普通之材料，兼及陶冶人格與發揚民氣之作品。體式用實話史談、傳狀、雜記等。合計前階段讀物，必須達到全常識目標二分之一以上。

據實驗經過，本階段插圖較少，印刷文體仍以三號字爲主，必不得已，亦可參用四號字（書坊出版物書本較厚者多爲四號字）。每册字數二千字至二萬字，其中四五千字者占多數。如果在閱讀第三學期之中，常識目標已達到百分之五十以上，即得進讀第五階段之讀物；以及文藝讀物在萬字以上之專册。

5. 第五階段——此係補足前四段所不足，兼作聰明兒童的準備，繼續前段參入特殊事實。文藝讀物稍重文學之藝術面目，以及普通實用文，并進而讀長篇至二萬字以上之專册數種。常識最低限度，必須完成目標百分之六十。聰明兒童，得進讀第六階段之讀物。

據實驗經過，印刷字體同前階段，每册字數二千字至八萬字，其中二三萬字占爲多數。

6. 第六階段以上讀物及其分段，此未經完整實驗，但附註簡略計畫于此。

讀物旨要——國語之說明文、議論文、實用文與記叙文并重，每階段集中一個目標選讀。常識目標依據高小課程標准，文體大部分用故事體、遊記體、話劇體爲結構（與純粹之故事遊記話劇所用材料不盡同）；小部分進於比較專門的讀物，但亦不取綱要式。

分段——分成三個階段，作爲繼續進行閱讀之高小的讀物。

1. 第六階段——以十歲至十一歲閱讀興趣爲中心，材料均用比較簡單文體寫成，文非長篇，少複句，内容亦不甚繁，與四、五兩階段之一般讀物的大體相同。約故事體、遊記體各占十分之三，話劇體與小說

（短篇）各占十分之一，選文占十分之二（普通文之説明議論較重），但多種讀物，含有副作業成分在内。

2. 第七階段——以十一歲至十二歲閱讀興趣爲中心，約遊記體（涉及其他雜記）占十分之四，故事體（包含傳狀）、話劇體及比較專門的讀物，合占十分之三，小説及選文（實用文較重）合占十分之三。其副作業中應多予以實用文練習機會。

3. 第八階段——以十二歲至十三歲閱讀興趣爲中心，約遊記體（涉及其四雜記）、話劇體各占十分之二，小説及選文（藝術文較重）合占十分之三，比較專門的讀物（大事記占主要成分）占十分之三。

三、讀物陳列——此於控制學習，適應需要，并減少直接指導，頗有關係，與圖書館陳列旨趣不同。欲期達到目的，必須遵守左列各條：

1. 自由閱讀的第一學期，取第一第二階段讀物；第二學期與第二階段未完部分，第三階段全部及第四階段一部分之讀物；第三學期取第三階段未完部分，第四階段全部及第五階段一部分之讀物。但有特殊情事，亦得酌量變通，如兒童已通過應達到的標准限度，未届期滿，或本校無高小班，一時不得升學，以及已三滿學期尚未達到限度者，均應就第四第五階段未及閱讀之讀物，各適如其量度，而繼續學習。

2. 每種讀物，必須陳列三份至五份，而且非每次預備閱讀之書，不得陳列。因爲每種份數多至三倍，即教者可減少兩倍之注意，直接指導之麻煩，亦自減少。即兒童選擇讀物，亦不致目不暇給，無從取得需要也。

3. 每學期終了，應衡量各生進度，預備下期應陳列的讀物種類與册數。及學期開始，將讀物分爲始期、中期、末期三部分。但此三部分並非分三次陳列，因爲每次陳列之數，須與當時取還之人數相應，其書數與次數，皆不能預定也。

4. 陳列讀物册數，必須超過全班人數三分之一或四分之一。其繼續陳列之書，以取下種類與册數而定。亦有讀物未及取下，得適應情境而酌添數種讀物陳列之，但不得超過取下之數三種。

5. 每三週間，檢查某書爲兒童四分之三所已讀，或選讀不及十分之一者，應暫時取下，另行陳列他種讀物。亦得將取下讀物，陳列架旁，備未及讀者取讀的便利。

6. 參考物品或材料如標本、地圖以及補充教材，爲指引閱讀所必需者，應於陳列讀物之始，同時列置於教室內，或揭示何處取閱。

7. 適應季節或當時活動之讀物，應隨時陳列。

第五章　學習過程

一、學習過程之功用——教學過程爲授課式下之產物，因爲直接教授，必須注意對象反應，故傳統之教學過程，即由心理過程而構成。其實在教學情境中，對象複雜，反應每不一致，而且變換甚速。美斯滿Mesmr解釋精神作業，係一種合於目的的活動，因認定心理過程，非皆具有教學意義，其說誠有見地。顧改用理論程序，未免玄之又玄矣。不過心理過程之思想分析，一經成爲一定順序，未有不合理論形式者也。如啓發式即由過重歸納形式，而以零碎問題，爲引起領受知識之動機，形成今日一般教學之習弊者也。道爾頓制因學習方式變更，無用如此形式過程之必要。然其基本理論，則謂思想進行，先有普通概念，然後就此概念析爲獨立原素，構成普通真理。因之斷定歸納教學法違反心理原則，而以規定功課□要，分給學生據以學習，爲運用演繹法之表現。第就方法形式而論，世俗之算術教法，在具體解釋未表明以前，盡量注入抽象思想，何嘗非演繹歷程之誤用。歸納教法之搜集材料，同時建設臆想，又何嘗不含有普通概念之存在。道爾頓制之導言，即與舊式指示目的同一功用，其搜集材料，解答問題，亦須使用歸納歷程。蓋演繹與歸納之分，□係於復求假設一個大關鍵，假設一經取得，即無區別，可見純從形式上區別，殊無謂也。設計法以思想發達程序，演繹與歸納有相互作用，而反對擴大的概念注入過早。凡求得之知，須可用以解決同類問題，使主要思想之連鎖，逐漸擴大，得以繼續改造其經驗。有時單用，必其前後單元發生關係，如種稻，用歸納法求得生長程序之原則。其次種麥，即用種稻已知原則，以演繹法研究之，由以上種種論點，於教學過程之變遷，可以窺其概要矣。

吾國已往教學過程，最初襲用海爾巴特 Herfast 方式，即啓發式所循階段。通常所用者，大概稍加增損，以預備提示整理或應用三段，包含比較總括在內，應知識技能之科目不同，量爲取舍。前京師學務局依此規定，北方影響頗大。其后江蘇小學教授法商榷會，應自學輔導之潮流而修改，分預習、練習、整理、應用各段，每段各附子目，上海各書坊教授書即取此式。迄杜威學說輸入，設計法風行一時。杜氏歸併五段爲三段：一認識特別事實，二合理的概括，三應用與證實，鮮有討論及之。其隨設計法而引出之教學過程，分爲目的、計畫、求結果三段。各段之中，師生各有相當任務，應教材不同而立欣賞、建造、練習、研究四式，新式學校莫不奉爲科律，書坊教授書亦以標明設計過程相號召。語其教學實際，幾無一而不流於形式。非五段教順與設計過程之違反心理程序也，實以程序不當爲單元整體之分配分類規定。如海氏教順因科目而分知識與技能，設計過程因學習活動而分四式，實無如此嚴格分明之教材。教者不體會意義，徒襲形式，所以流弊百出也。

雖然，教學過程苟無可循軌範，控制其學習，則教師之預備與教學，必致散漫無序，或者照本宣科，其結果較之拘束形式，弊尤甚焉。教師規定教學通則，示以適應教材部分，規定練習、思考、欣賞、發表四個式例，仍蹈設計式窠臼，似猶未盡也。而且設計式係不用課本以進行活動者，爲用課本而以設計式之程序行之，更屬扞格不通。吾人當知學習活動，產生於教材方面，往往不爲單純活動。即外形似屬某一方面，而活動成分，多由相互而構成作用。談教學法者可以分別析理，如其在實際應用上孤立示例，即易引起淺見者入於歧誤之途。某省教育行政機關規定小學各科教學過程，標明依據教學四個通則，分年分科。編定教式，并採五段教案之例，分別規定每項應需時數，即其明證也。

本方案之自由閱讀，打破班級制與授課形式，完全改變其學習態度，凡已往授課式下產生之教學過程，自不適用。又鑒於道爾頓制僅以功課綱要與導言之啟示，有開端而缺乏歷程，不足使學習活動由自學而表現其循序而進之情狀，其資以為控制之具者，又無可指證。不過從授課式下言教學過程。惟教而後有學，其主動在教師，勿論過程如何，皆可循例而進，其過程易定。自由閱讀之過程，惟學而後有教，其學習為兒童自動。使過程不能期其自然遵循，則過程等於虛設，或過程而有賴於教師直接策動，又非自學所必要，而且事實上亦絕不可能。所以本方案規定過程，不從心理或論理之形式方面建設思想歷程，惟從實際活動情境中表出自學之必然的步驟，其程式當繼續言之。

二、自由閱讀的過程之創立——先當討論者，為工具與常識，當依如何步驟而達到企求標准。

1. 在閱讀每段進程之下，兒童由自學而認識文字，漸進於內容研究。

2. 開始閱讀——能用字典檢出生字，記出音符與意義，自讀自解。由單元活動所習得之問答形式，能依學習指引作簡單的答案。並於復述時依音符標符，為有節奏之會話式的朗讀。

3. 初讀普通讀物——除繼續 1. 之學習外，能依段落指引，對問題作答，並摘記主要詞語，進而了解其文中內容，以及依原文為簡要之復述或表述。

4. 進讀普通讀物——關於文藝讀物，能於了解事實外，并依指引提出之點，節要記述事實，寫答文中問題，以及摘要表演。關於常識讀物，則以寫答問題與節要記述為主。對兩種讀物皆能依指引而進行其附隨作案。

5. 經過以上學習，於寫答問題節要記述以外，得進而指引其組織事實，如分類或分項歸納事實，作表解等，并寫讀后感想，但視讀物內容而定。尤其常識讀物之內容，有須觀察現象或事物，以及證驗工作、描繪地圖等，依特別指引而致於實用。

至此則教學過程所資為控制自學之具者，可得而言。前謂過程係從活動情境表出自學步驟，此活動情境為何，必然步驟為何，二者又為如何結合形成過程，依據下之三個條件：

（1）適與控制所要求者相應。

（2）無從敷衍草率。

（3）不得作偽。

試從達此企圖之工作，說明概要。大抵授課式下之輪讀、齊讀、分組讀、指名讀等，在自由閱讀下一無所用。其分段讀、全文讀、精讀、略讀等，在自由閱讀下無需指定。夫每種讀物之學習，必須閱讀若干遍而後能理解，誠非吾人所知，吾人亦不希望從心理學對此有如何發見，因為此種發見，未可通用，亦且無術期默讀者必如此進行練習也。惟閱讀進於確已理解，必需多遍，且宜分布，固不易之原則也。欲使適應學習每個歷程中之需要，由閱讀產生效率，又不浪費或虛耗時間，惟有在各別進程中，有附隨閱讀而表現成績之適當工作，而後兒童自然必讀，且恰如應需之閱讀遍數。最初閱讀進程，在文字之認識與了解，以記生字難語及其查得音義為表見的成績。其次進程為解答工作，進行第二回閱讀，以答題及摘寫為表見的成績。最後進程為表述準備，當于復述或表述時表見之。此各別進程，皆須逐段閱讀，每經一個進程，皆有進一步之心得。教者惟從所表見之成績而考察，讀者自然分步練習，此皆從前自學輔導法與道爾頓制，未有如何完整的規畫者也。舊式在試讀中，兒童頗知注意。及於練習復習，仍用同樣讀法，兒童多有不經意而隨讀者。蓋為練習而讀，止於機械的反復，不能表見讀中所得。若為進行工作之需要，不得不讀，則讀為求達之目的所策動，為讀為看為想，固無分也。

更依達到企圖的步驟，分別要點於左；

第一回閱讀——全文順序的通讀。

1. 目的——由語句了解取得全書概念。

2. 工作——生詞難語的記錄檢驗。

第二回閱讀——分段順序的精讀。

1. 目的——分析內含，體驗其意義，並主要事項的價值。
2. 工作——解答，摘記，整理。

第三回閱讀——擇要或大體上復讀。
1. 目的——能正確且迅速的復述，並確實其記憶。
2. 工作——在復述時表見功效。

以上三種工作應注意事項

在第一回閱讀過程中

1. 依書上段落起訖，每讀完一段落，即檢記段落中生詞難語，使所記者由體會整段及其整句的文字而出。

2. 生字係結合二字以上成詞者，須摘記全詞，以便檢查字典恰為所欲知之音義。

3. 依坐次之縱行或橫行，每行指定一兒童為隊長，凡該行兒童記檢生字難語完後，即送隊長畫一記號，然後開始答題。一冊數篇者，則每篇讀完，送其畫記號。因為兒童閱讀，每不先記生字難語，逕作答案，故以此防止之。

在第二回閱讀過程中：

1. 必循大標題之次第順序，隨讀隨作答案。

摘記詞語，從第二階段開始，在指引片上指定其應記錄之詞語，以美妙、有趣、定義、格言為主。至第三四階段在指引片上指定某某段落，漸使自由摘記。第五階段不限段落，任其自由摘記，但指定與自由，仍以相輔而行為要。

2. 讀物中有同音異字、同字異義之字，指引片中應令其分別摘記。疊字、疊語、排句亦然。

3. 答案語句，勿論長短，必為獨立語或完全語。

4. 答案數句相屬者，必加標點符號。

在第三回閱讀過程中：

1. 會議式的復述——第一階段中在準備時仍輕聲練習，俟公開表述即照文朗讀，俾拼讀與四聲不正確者，得資以矯正。進讀普通讀物，遇有韻文亦適用之。

2. 概要式的復述——用於長篇文藝與常識讀物，有兩種方式：其一，分段提出主要事實或情節，而裁剪其語句，其不重要段落亦得省略之。其二，逐段取其主要事實或情節，以說明大標題目所包含之旨趣而止。

3. 表演方式的復述——讀物以表情爲中心者用之。一般讀物，惟注重擬勢語參用表演式。

4. 報告式的復述——第三四階段讀物不限於用口述而可以筆記發表。方式有二：其一，依其原文次第摘述主要事情；其二，重組原文分項歸納。

第六章　學習指引

一、功用——教師方面，減少直接指導。兒童方面，能促成其自負責任以學習。惟指引式例，因讀物種類不同，過程不同，結構不同，以及閱讀進度，各有其特殊之點，指引亦異其趣。惟此係適應默讀筆記表述三項，用書面提出。關于指導與考核，另列專章。

二、內容

1. 標示——與道爾頓制導言同其意義，而以簡明有力或有趣之語句表出之，非以提要爲目的也。其有篇幅較短的讀物，書名等於標示，即不另作。

2. 抽提事項——大抵選用讀物，皆各書坊出版讀物，其中或稍有缺點以及詞語有待解釋者，必須抽提，在指引上加以解釋，兒童應于檢字之前，先抄于筆記簿上。

（1）教者認爲兒童難解之語——如譯詞、不常見的事物之詞、非習聞之詞、不通俗之成語等。

（2）教者認爲可省略之部分——如數篇合爲一册，有某篇不必讀者，或有某項敘述過繁或欠明晰者，或某段落無甚意義，或繁瑣可不讀等。

（3）教者認爲與其他有關聯之點——如必先讀某書始得讀本書，或讀本書後得進讀某書，或須參與某種試驗而後讀本書，以及與他書有相互關係，或者提供圖表標本，可以參照等。

（4）教者有補充修正者——如讀物中某段稍有歧義或簡略者以及有誤字者。

3. 問題——此在初讀進行以後，爲指引作筆記之主要工作，其功用可促成默讀之練習復習，亦可促進附隨讀書之作寫。惟如何由各個命題解答，對全文而取得進一步的整體體會，且開拓其閱讀與作文能力，視題目如何引致其解答，且由分析解答而取得聯屬觀念。所以筆記的成績表見，等於測驗或考試之功用，解答工作進行，等於啓發問答之功用。命題不當，功用即無自而見。不惟等於測驗之練習題式，不甚合用；抑且不依階段推進其命題方式，亦不足達到開拓自學能力之企圖。茲揭其概要如左：

（1）在第一階段中，兒童作寫能力均弱，暫用是非與選擇作答之式命題，或簡單詞語作答，亦可僅取查出某種反復語句作答。

（2）在二三兩階段中命題解答，在次第啓示其自由閱讀而了解全篇內容，亦可謂理解產生於練習中也，故其命題形式，大體用單元活動中對問之例，而命題目次序，全循啓發式問答之旨。其命題原則如左：

（一）由一個命題之解答，可以明了一個具體事實。

（二）結合相聯屬之問題解答，可以了解一大段落情節及其大意。

（三）題目多無需用同一文字作答，而需裁剪原書語句構成答案。

（3）在第四五階段中，兒童對於依題目次序順大標題在書中找答案，如何分析讀始得到答案，又答案必爲獨立語或完全語，均已深切了解。故其作答當由練習求理解，進而體會其旨要，兼作整理工作。又大部分讀物的篇幅較長。故其命題方式，於上之三原則外，當更注意下之三個原則。

（一）由一個命題之解答，可以構成某部分或某方面之概念。

（二）由一個題目之解答，可以解決一個小問題之疑難。

（三）關於啓示工作，在命題之始，得另以文字啓示意義。

4. 途徑啓示——材料領域等於抽提事項，作業情形等於命題解答。因讀物的性質與進程，以及結構不同，所以啓示其學習者不盡同，亦非每篇皆需此項工作也。茲分項列左：

（1）附帶必需的作業——在文藝讀物中，利用人物所處情境，擬往來書函；或在某種情境中應有的談話；或作答辭，或勸告；以及就書上附圖，或書中最有興趣之品物，輟數句小文等。在常識讀物中，就自然現象或環境事物，當作如何之觀察或證驗，而記錄經過於筆記薄；以及地圖練習等工作。

（2）必需記憶事實——例如摘記成語格言，或應用公式與定義，以及最美妙之詞語等。

（3）必需誦習的文字（輕聲讀）——例如文中含有詩歌等韻文，或寫景寫情最動人的部分，而且文章明潔者可愛者。

（4）必需推究的要點——例如情節或語句含有言外之意；文中前後相反或轉變關鍵；（僅事實轉變而不含相反意味者非大轉變。亦有非相反之轉變，而前後劃爲兩截，引出不同觀念。）指點本篇旨趣之處；文中相互關係之處；以及必須多讀始能了解的部分等。

（5）整理工作——命題解答，係分段，此則綜合全書爲之。其工作或專屬某方面；或涉及數段，皆關於事實綜合。例如分項歸納事實製作表解，以及讀後感想。惟對於感想須略示要點，不可出以籠統之命令語，蓋兒童思想幼稚，太籠統則不知如何着想也。

三、範例

例一——適用於第一階段指引命題，第二階段亦可酌用。括弧所列係答案。指引上不用。此係取默讀材料整套題片爲範例。

　　三隻熊到那裏去…………（到樹裏去）
　　誰走到熊的家裏…………金絲髮
　　金絲髮吃了甚麼…………粥

他把小熊的桌子怎樣…………………（坐破）

他再走到甚麼地方…………（走到樓上）

於是他走甚麼…………（走到牀上睡覺）

誰看見他睡着…………（小熊）

金絲髮最後怎樣…………（逃走）

例二——文藝範例，第二階段適用之。

書名——《貪心的鐵匠》（新中國《我的童話》）

標示——一個貪心，一個不貪心，得了不同結果。這本故事，說得很有意味。

抽提事項

叉袋——布袋裝着東西，提起袋口，像叉一樣，叫叉袋。

駝峰——駱駝背上突起，好像山頭，叫駝峰。

你記出生詞難語并檢出音義後，再答以下問題：

問題

一、他們到山邊見到的情景

1. 他們爲甚麼跑到山邊去

2. 他們看見了甚麼

二、他們和小老人發生的事情

3. 他們爲什麼跑進圈子裏去

4. 小老人捉住了他們，怎樣處理他們。

5. 他們不相信的，最奇怪的，是甚麼事。

三、他們得着金子以後的事情

6. 誰得的金子最多

7. 鐵匠得着金子，很想怎樣。

8. 縫工爲甚麼，不和鐵匠同去。

9. 鐵匠脫下衣服後所說的話是甚麼意義？

10. 鐵匠驚駭的，驚駭極了，最不幸的，是甚麼事？

11. 鐵匠怎麼覺悟？

12. 縫工怎樣安慰他？

解答問題以後的工作

1. 他們在回到客寓睡覺以前，爲甚麼沒有不同心的表現。
2. 鐵匠經過的事情，有那幾點是貪心的表現，你把要點都摘寫出來。
3. 你覺得這縫工怎樣，試把他的好處都摘要寫出。
4. 這篇有許多句子用了兩次的，你試都摘寫出來。

例三——文藝範例，第三階段適用之

書名——《白兔脫險》（大東《看圖講故事》）

標示——讀了這册書，一定覺得白兔怎樣留心，怎樣應付，真是機警哪。

抽提專項

沉思——是低着頭靜默的思想，像物向下沉，沒有一點聲氣。

趨奉——趨是很慎重的跟着長輩走，奉是很恭敬的捧着東西來貢獻。趨奉就是順着對方想做的事情貢獻意思。

念頭就像風車般打旋——風車打旋，是風車極快的轉動，轉了一圈又轉一圈，轉個不停的意思。風車般打旋，是和風車轉個不停的樣子相同。本文是極言念頭的多，像風車般打旋。

書篇中咳了一聲嗽應改爲咳嗽了一聲，咳一聲嗽，應改爲咳嗽一聲，23 開出門來，應改爲開門出來。

你記出生詞難語並檢出音義以後，再解答下面的問題。

問題

一、白兔遇狼及狼和狐的定計（原文"尋食遇狼"）

1. 狼咬死了幾個甚麼東西？
2. 白兔防狼看見，有機種甚麼計策？
3. 狼和狐商議甚麼事？

二、狐假獻殷勤

4. 白兔爲甚麼非常驚慌；爲甚麼心頭一喜，又有些疑？

5. 狐爲甚麽攢着眉頭；爲甚麽依舊不開口？
6. 怎樣會引動了白兔的心？
7. 狐怎麽知道要入圈套；爲什麽依舊愁眉不展？
8. 白兔仔細思量的是甚麽，爲甚麽把眼皮一夾？

三、到狼家以後（併原文三四兩目爲一目）
9. 狐咳嗽過幾次，各含著甚麽意思？
10. 狼爲甚麽在牀上呻吟；爲甚麽喘氣；爲甚麽使着眼色？
11. 狼漫漫張開眼睛有幾次，各含着甚麽意思？
12. 白兔怎樣心知有詐；怎麽知道上當？
13. 白兔爲甚麽在牀邊流眼淚；爲甚麽說請醫生，爲甚麽不驚惶來講話？
14. 白兔何以能走出狼的房間；何以出一身冷汗；何以再細細看，看見甚麽於他有利？
15. 狐何以没注意到白兔躲到桶裹面；又没看見白兔逃走？

解答問題以後的工作
1. 試分析白兔、狐、狼三個的性格，並在書上找三個的假意做作事情，分別摘要列一個表。

物別＼項別	別性	假意做作
白兔		
狐		
狼		

2. 試就冊內三張彩色圖，任擇一二張圖所表的情狀，分作幾句小文。

3. 二段上頁裏白兔說"他昨天"三個字，假使轉念一想，當說出甚麼話。你試看看前後文字，擬出一段話。

4. 一段9頁裏（只消如此）這句裏包含些什麼話，你試想白兔到了狼的家裏以後事情，擬出一段話。

作概要表述的預備

例四——常識範例，第三四階段均適用之。
書名——蜂和蟻（北新"小朋友中級常識叢書"）
標示——蜜蜂和螞蟻的生活最有規律，看了這冊書就明白了。
抽提事項
昆蟲——節肢動物的一種，分頭腦腹三部，都是六足四翅。
蚜蟲——是體色黃綠或灰褐的小蟲，性喜吸食植物汁液，為一種害蟲，腹部後端有蜜管，能分泌蜜汁，供蟻的食糧，又叫蟻牛。
觸角——動物身體某一部分和外物接觸，能夠發生感覺作用的（像蝗蟲鬚就是）。

本冊每頁下欄，另有標語，你閱讀時要注意；上欄附圖，亦可作內容的對照。
你記出生詞難語並檢出音義後，再解答下面的問題。
一、蜜蜂的生活
1. 蜜蜂為甚麼停在花中，甚麼季候去採花？
2. 蜂王和別蟻不同的有幾個特點？
3. 蜂房有些甚麼用？
4. 工蜂有些甚麼工作，是甚麼形狀？
5. 雄蜂和工蜂怎樣不同？
6. 怎樣採花和做蜜？

7. 用甚麼做防衛？

8. 蜜蜂因為甚麼是有益的昆蟲？

二、螞蟻的生活

9. 螞蟻和蜜蜂相同的是甚麼？

10. 螞蟻用些甚麼造窩？

11. 螞蟻和蚜蟲有些甚麼關係？

12. 螞蟻甚麼不迷路？

13. 有兩處說到觸角作用，試舉出來。

解答問題以後的工作

1. 試列蜜蜂和螞蟻相同之要點。

2. 試照下面表示，分別尋找材料，摘要記寫。

項別＼物	蜜蜂	螞蟻
種物		
生育		
住所		
食糧		
武器		

3. 試就你見過蜜蜂和螞蟻的情形，或者看到蜜蜂螞蟻的處所，寫點筆記。

例五——第四五階段文藝讀物指引適用之。

書名——《辛巴德奇遇記》

標示——辛巴德經過許多駭人聽聞的辛苦，得了想不到的幸福。

抽提事項

阿剌伯——是亞洲西南部伸入波斯灣和紅海的一個半島。拜各德是阿剌伯一個有名城市。

小使——做小事的僕人，或者是年幼的僕人。

軒昂——軒是開朗的意義，昂是不卑下的意義，軒昂就是含這兩個意義。

甲板——船艙外平鋪的木板，可以站人。

印度——在中國西南。

航綫——船在海中行的路綫。

波斯灣——印度洋的水浸入到波斯和阿剌伯中間，因爲北臨波斯，就叫波斯灣。你看了上面的解釋，可從一張世界地圖上，找阿剌伯、印度、波斯灣在何處。

讀過熱地人生活一類的讀物者，讀時試稍稍回想；未讀過者，可以選讀。

問題

(1) 原來是一條大魚（原目一）

1. 脚夫爲甚麼嫉妒？

2. 主人何以請脚夫進來？

3. 主人說聽見脚夫在門口講話，你試細看首段的文，以爲講的是甚麼話？

4. 這主人爲甚麼要去做生意？

5. 遇着甚麼險，又怎樣上了岸？

6. 迎面遇見的人怎樣幫助他？

7. 爲什麼常到海邊走，又怎樣回到拜各德城？

(2) 一隻大鵬蛋及到了鑽石谷（原目二、三。）

8. 爲甚麼又辦貨物上船？

9. 這海島怎樣美麗冷靜？
10. 爲甚麼很難過？
11. 極大而白淨的是甚麼東西？
12. 怎樣離開了鳥蛋到山谷裏？
13. 怎樣有了希望，又怎樣站在一個人的旁邊？
14. 怎樣成了富人？

（三）被黑人捉去（原目四）
15. 怎樣遇着黑人，又怎樣跑出去？
16. 用甚麼方法逃走，又到了一個怎樣的海島？
17. 被甚麼東西驚醒了，又怎樣到了海邊？
18. 怎樣得到自己辦的貨物，又有誰作證明？
19. 這是第幾次奇遇。

（四）跑了七天七夜（原目五）
20. 怎樣被刮到一個海島的岸上，遇着甚麼不幸的事？
21. 怎樣又跑了，又怎樣爲人們所歡迎？
22. 怎樣到一個僻靜的海邊，又怎樣遇救回家？

（五）碰到了海上的怪（原目六）
22. 他怎麼知道白色的圓蛋頂是鵬蛋？
24. 被老頭兒怎樣累着，怎樣出去上了船，怎樣留在一個城市，怎樣賺了錢回家？

（六）拜見印度國王（原目七）
25. 怎樣遇險，又怎樣只剩了他一個人？
26. 怎樣到了印度，又怎樣回家？

（七）再回到印度去（原目八）
27. 爲甚麼再到印度去？
28. 怎樣被富人買了去，又怎樣恢復了自由？
29. 脚夫得到了甚麼教訓？

解答問題以后的工作：試就辛巴德遇險逃生發財，甚麼是機會，甚麼是聰明，就事實來寫讀後的感想。

例六——第四五階段常識讀物指引適用之。

書名——《自然界的春》（北新兒童幸福叢書）

標示——用美麗的文，寫美麗的春，讀了這冊，可以幫助你會做文章。

這冊有十七篇小文，寫春天的景物，每篇都可以獨立。你開始全讀一遍，記出生詞難語檢出音義後，再分段做以下的工作。

（一）春來的時候

1. 這篇說春來是靠甚麼做工作？

2. 各段的句子裏有"冬"的字，你選擇最愛的句子寫出來。

3. 把這篇句子有"的"字的，有在句中，有在句末，試分兩類寫出來，（即在句中）寫在一起，在句末寫在一起。）

（二）春來了大地

4. 這篇專說靠甚麼做春的工作？

5. 句子裏有"春"字的，你選擇最愛的句子寫出來。

6. 這篇有許多句子，包含着同形式而換詞的短語在內，你任找一個整句寫出來（讀用"，"句用"。"整句多合數讀而成。）

7. 你任在一小段中把最愛讀的整句寫下來。

（三）春的笑容

8. 甚麼是春的笑容？

9. 有一個形容春風哥哥的最好整句，你試寫出來。

（四）植物開衣箱了

10. 就植物的衣箱答出下面各題：在那裏找他的衣箱；那是他的箱蓋；他在甚麼時候啟封；他的衣料像甚麼；他的摺痕誰替燙？

11. 首段有兩個整句，你愛那一句；五段有那一整句是你最愛的，試抄寫出來。

（五）草木的復活

12. 這篇有五段，何段是合寫草木，何段是分寫？

13. 試把首段開首四語,和三段說明芽苗一個整句抄到簿上。

(六) 種子的生命

14. 這篇都是問答的話,試把最愛的一個整句抄下來。

15. 試照樣做個試驗,作筆記。

(七) 春天的楓樹

16. 試找出楓樹的生長程序一段,抄到簿上。

17. 這篇有許多句子含有疊詞(有一字疊有二字疊),試把最愛的句寫下來。

(八) 春天的蟲子從那裏來

18. 一切蟲子生死都有一定時候,以及那時候何以能生,他怎樣生,初生是怎樣,和人類有甚麼關係,怎樣變化等,這是作文應有的程序,試本這個意思,分前後兩段及三、四、五、六、七各段寫出大意。

(九) 睡醒小昆蟲

19. 這篇小文,是從睡醒上描寫。小昆虫睡醒,有兩種情形:一是季候的睡醒;一是平常遊玩休息的睡醒。總之睡醒必有狀態。本這個意思,試分段寫出大意。

20. 這篇有兩個句子同形式,相連成文,每句兩個短語,又有三個句子相連,形式也相近,亦是每句兩個短語,試找出來寫在簿上(注意";"即分點)。

(十) 蝴蝶的由來

21. 試把(八)的末段三個變態下的話,用來作這篇分段大意。

(十一) 蛇在春天裏

22. 試就蛇的生長、食料、卵、蛻殼等分別摘要寫明。

(十二) 蛙在春天裏

23. 試將蛙的生長程序以及和蝦蟆不同特點,摘要寫明。

(十三) 春天的畫眉

24. 在首段和後段,都有三個短語(即讀)相連成句,意義相同，試找出來抄在簿上。

（十四）小小白頭翁

25. 試把白頭翁的蛋、嘴、叫聲，摘要寫明。

（十五）春雨中的紅杏

26. 前兩小段是由杏花到村，可將開首小段的文抄下。以後各段，以問答成文，在問答前有一小段起。試細審結的小段語句，和開首小段，問答前段的內容，指出相照應之點。

（十六）夕陽中的風箏

27. 仲春、殷紅、蒼然等詞如不得解，可問。

（十七）滿園的春光

28. "好太陽"分見幾處，誰說過的，試都寫出來。

讀本冊後，可找幾個地方遊覽，就所見的春景，作一篇筆記或小文。

例七——第四五階段常識讀物指引適用之。

書名——《電話發明家》（兒童書局世界發明家故事叢書）

標示——倍爾在發明電話的經過中，受過許多困苦和委曲，百折不回，畢竟成功。

你通讀一遍，記出生字難語並檢出音義後，分段做以下的工作，並解答問題。

（一）便利的電話

1. 人們對於從來沒有見過的東西，還不明白他的性質和用法，常抱着甚麼樣的見解？

2. 大家用着新發明的東西極為便利，對發明人應該怎樣？

（二）發明萌芽

3. 潛藏在心田中的志願，從甚麼事情引動，才漸漸長起芽來？

4. 他為甚麼不肯坐着不動？

5. 他為甚麼獨自苦想，想出了甚麼來？

6. 在這段""中。看那是格言，抄到簿上。

（三）異常的奇臭。

7. 他爲甚麼把死的小豬來解剖？

（四）電氣的研究

8. 他爲甚麼問電氣工作師，聽到電氣工作師的話以後又怎樣？

9. 世上的事，越是懂得舊有方法的人，總以爲不同所懂方法的話，都是不合理的。如果要有新創造，應該怎樣？

（五）瓦德生的幫助

10. 爲甚麼找機器匠作幫助，又爲什麼辭大學教授？

11. 末段有圈的句，可抄到簿上。

（六）青年時代的苦心

12. 他們苦幹了兩年，有甚麼成績？

13. 這篇裏第二段有個加圈的句子，和目（五）中聽了電氣工程師的話後一個句子，是同一意義，試找出來都抄在簿上。

14. 他們兩人爲甚麼忽然大聲喊起來，又爲甚麼熱淚從眼眶流下來？

15. 某年某月某日是兩位的紀念日。

（七）講演與實驗

"等倍爾與世間的愚昧"幾個字刪去，"去沽量它的價值"，"沽"應作"估"。

16. 他們的發明，受到莫大的歡迎，爲甚麼結果正相反；得了最好的獎勵，爲甚麼依然失望，又爲甚麼要把專賣權出賣；講演和實驗何以停止？

（八）最後的成功

"做我的妻子"應將"子"字刪去。

17. 麥佩爾何以做了他的妻？

18. 他爲什麼建立專門研究聾病的研究所？

19. 把最後加圈的幾句，抄在簿上。

以上的工作完了，試就倍爾、瓦德生、蕭伯特三人，寫一點讀後感想。

上舉七例，特重筆記進程，實即運用工具由閱讀而求知識，並由解答而增進工具應用之能力，亦且融合練習理解為一也。至關於文體類別，當參照示範篇讀物外形各論點。

書坊出版物，間有一冊數篇者，等於專篇一大段提出問題。如原書專篇未分章節，應先提出大段落標題，並注明自某頁起某頁止。

長篇文藝注意於開始與其經過或變換而至結果；短篇則參照讀物外形之（1）（2）（3）可也。

第七章　選文示範

第一節　讀物的外形

一、旨要——選文示範，係為自讀啓其鎖鑰，因此如何選，如何示，先須了解各種讀物的體製。此種體製，僅憑普通所分文體求之，非失之廣泛，即嫌其抽象。所以然者，自學中之閱讀，近來頗有趨重於大體了解之傾向。此大體了解，亦可云全文大意之了解，當由文字領會進於事情綜合。但一提及事情綜合，便須抓住要領，始能取得綜合觀念。此在理論易言，實際則為難能。從前授課式以問答與講解給予綜合觀念，亦僅表見形式。究竟全體兒童，是否取得綜合觀念，頗難證實。即取證於問答，大概依據教師所授者，由語言文字而復述，並非構成必得之表見。此於舊式教學過程之指示目的與綜括兩階段，多有同形式的問答，可以概見。所以對于了解全文大意，不可不辨明以下各點。

1. 何謂大意，僅指各個語句之義乎，則於認識文字已取得之。指整篇大意乎，則等於目的之指示。前者之大意為各個觀念。如何進於綜合，頗成問題；後者又易流於空虛。

2. 童話故事，不限於皆含教訓意味。不含教訓，所謂意義者，為其事情之顯露，非旨趣表出也。即含教訓，亦事情所具之活動，隨在表出，而非全部事情爲單一之目的所貫澈也。蓋文章除論說外，如記敘之文，本不限以單一目的，爲組織篇章之綫索。而論說不過傳統上應試文與辨論講演所應需體式，在初領會常識與取得工具，皆無取乎此。即日常有需乎討論辨難，則又止於斷片之語言文字，非構成篇章也。

3. 綜合事情的觀念，可由了解事實的組織而取得大意，不因取得大意而即具有組織力。而此大意了解，不由學習進程而自然取得，終非真正的了解。然而大意必用語言文字而表出，每有爲成人所難能，因此教學方面，不得不別求檢驗之方。

欲使閱讀所企求的標準，能在自學中達到限度，又爲兒童初學所能企及，試一體察演劇分幕，即得其竅要矣。

演劇分幕，第一爲人物的分配，其次人物在每幕中之活動。每幕情節之變換，與其出場人物以及配角雜拌之有無或變換有關。其種種情節完全分繫於各種人物的表現之活動。觀劇者必由在場人物而審其各別活動，由各別活動而了解其具體情節。

二、外形的認識

童話故事等讀物之外形——童話故事皆具有情節之文，情節皆盡其生動之致。綜其外形，約有三體。

(1) 單一體——表一人或一物之事。通常結構，非別無其他人物，惟不爲主體，且因事實進展而帶有變動。即令不變，其所表現，皆爲主要人物資以活動或襯托之資料。

(2) 對比體——大概以二個或三個人物爲主（亦可云二組或三組），其中必有一個人物成功或爲良好者。其有不分軒輊，如三個傻子十個少年之類，此或分敘，或互見，分合之跡顯然，以可附於對比之列。

(3) 第三關係體——此有兩式，即一以結束構成第三關係，例如鷸蚌相爭是。一以撮合構成第三關係，例如白兔脫險是。

普通讀物之外形——包括文藝與常識。

(1) 表事——此可分兩類

Ⅰ．表事的人事物——具詳上之三體。

Ⅱ．表事的本身——叙一件完整事實之始末，或其各部分，由其輪廓定形構成事實者，如運動會、遊藝會等是。由活動關係構成事實者，史談所記各篇歷史皆是。此種外形，從縱的方面觀，以發生、經過、結果爲自然程序。從横的方面觀，由各部分結合構成事實。

（2）表物——此亦分兩類：

Ⅰ．人格化的叙述物——物的人格化係內含常識而用文藝描寫，大體藉物之習性與活動，表出人事情節；亦有描寫物的本身，而含有人事教訓之意味者，此當與表事中的人物同類，如小雨點、小熊逃學等是。若用物語體寫出，而內容等於寫實，與下不同。

Ⅱ．寫實的叙述——純爲常識讀物，重在用藝術描寫，使材料組織技巧，而且文字表出生動，大體以自然程序，爲外形表見之結構，開端必有數語引人入勝者。

（3）表人——此亦分兩類

Ⅰ．抽叙人物的特殊事實——此可歸納於□事中人物之內。

Ⅱ．傳狀體——專以人物爲中心，與故事以事爲主不同。其所表見種種事實，集中於個人的具體人格。並關係於時代影響，讀者當從此兩點注意。

表概狀——大概係一種集合體事物之靜的描寫，如春夏秋冬衣食住行之類，雜記往往如此，大概分若干方面或若干部分，大小不一，彙編一種讀物者也。寫景文多表概狀，惟兒童美感，仍多在動的情節，若靜的成分太重，反足減少其興趣也。

第二節　示範

一、旨要

1. 視讀物的種類與進程分別若干程式，每一新工作開始，即給以範示，形式近似普通教學之授課，而擴大其舉一反三之用。用意近似文納特卡之故事鑰，而收效非止於練習。

2. 使對於學習過程之三個工作，能完全了解，依以進行。其在第一階段開始示範尤注意於閱讀規則之實踐。

3. 在示範工作之末，終予朗讀機會，特別訓練之。

二、示範工作

1. 關於標點示范——必與讀法結合。

2. 關於讀法示範——重在閱書的默讀示範，通讀時，持適於閱書用之小引讀尺（用厚紙為之，置於行左，循逗點句點，移置而讀，讀不出聲。遇有不識之字，書於簿上，逐一檢音義。精讀時，依問題順序，在其段落標題中隨讀原文，隨作答案。如有未解，必細釋原文，不出聲而反復讀之。預備表述之復讀時，擇取主要事項與文句，輕聲用說話式讀之，期能當衆朗讀，或說大要，不在背誦。

關於筆記示范——依學習指引章內第二回閱讀過程中，各點進行。

關於表述示範——第一階段示範，必用說話式照原文朗讀，在字音上須以國音為準，並注意四聲。在字調對於語句之抑揚斷續，字音之轉重疾徐，段落之停頓，須合拍。示範後，指令一二學生試讀，再分組朗讀，然後分挑若干兒童如式讀之。至第二階段以下示範，除表述方式外，仍得抽提數段令兒童朗讀，因閱讀中惟有默讀，不得不利用此機會補救也。

第三節　選文讀

一、旨要——選文讀與普通用課本授讀無異，但其使用目的則大異其趣。

普通教學以讀課文為唯一作業，計日授課。此則適應自由閱讀中之需要，如每一階段開始，或某種讀物新體式開始，以選文讀啓示之。所以普通學習之應用練習，係為讀文而推演。此則有應用練習之要求，始有選文必要，其旨趣完全相反。

普通教學之讀文，惟以國語課程為限。即用混合課本，亦必屬於國語教材，始得從文字方面研究之。此則分為國語與常識兩種讀物，選取示範文例，在統一知識與工具的目的之下，培養工具，即爲取得知識之用。

二、需要類別

爲閱讀工作而選文——此當視讀物種類與其進程，在開始時選讀。

爲作文需要而選文——大體皆依讀物閱讀時附隨作業之需要，以此示範。定期命題作文，對于作法覺有示範必要，亦得選文讀之。

學校活動必需之法——如標籤、記載、報告、規約等，重在示以範式。

應付日常生活必需之文——如書信、籤帖、契約等。適應當前活動，選授範式。

製作壁報之式例——閱讀近至第四階段，即可進行此項工作，惟此無文可選而在開始作壁報時，由教者示以剪裁之例。

選文材料，可從坊間出版物活頁文選中選取，以便學生易於購置，如此種刊物無適當之文，即當油印分發。惟此種選文，均須於規定本期讀物時，預行選定備用。又選文讀時有兩種特殊現象，其一教者學者同鄭重其事，其二兒童對於授讀頗感興趣。因爲選文讀在自由閱讀中事不常有，故表見如斯情形，因此比日常授課效率較大。

第八章　指導

第一節　指導的一般方式

一、**介紹**——陳列書册時，以極簡明語介紹之。惟開始第一次陳列讀物，與每學期開始，陳列新書較多，或者一個新階段之讀物開始陳列，應説明其特殊旨趣。其閱讀經過一學期後，有若干讀物爲進度較優者必須陳列，應與新書分置。

二、**示範**——已詳前篇。

三、**答問**——關於兒童進行問答時，此爲個別指導中所感到最煩之事。如求根本解決，當依下之三個方向求之。

1. 勿使問減少而於問以外增加教師擔負，如筆記復述之訂正是。

2. 當使兒童知確爲問所當問之事。

3. 能由他種方法減少其必問之事且替代其回答。前者爲對於兒童閱讀習慣之訓練，應於發見某項情形，公開訓話，後者注意以下解決途徑，必予實施。

四、討論

1. 關於作業程序與閱讀問題——每日最後一節之末，以數分鐘將共同誤點與注意事項，提出討論。

2. 表述預定——此係公開表述，每周須有二節時間俾每人在兩週間必輪及一次，每書必有一人表述。此種分配，必須在公開表述前，稍經討論，再行決定。

五、講解——公同錯誤或不甚了解部分，應于適當時間內集合行之。

六、訂正——兒童請求換書時，其已讀之書，由教者指令復述，或檢閱筆記，均須訂正。訂正之方有二：

僅屬細微錯誤，如讀音不正，筆畫有誤，語句欠明晰，答案稍略或過繁等，當面予以口頭或塗改之訂正

讀誤或答誤過多者，令其復讀，亦可酌量，由兒童逐一改正。屬于音義，令其再查字與，補寫筆記；屬于內容，令其細讀原文，再作答案。

訂正時如同時有三個兒童以上，宜將後來若干人，指令先讀者先爲訂正一遍，或就所讀之書指出某處令其抄寫，或提出問題令在黑板上作答案。

第二節　直接指導

指導應循的途徑，介紹、示範、講解，皆爲公同的直接指導，與普通教學無異，所占時間亦甚少。惟答問與訂正，無時不有，爲個別的直接指導，如何使兒童學習有效，教者又不感煩難，實爲必需解決之問題。

一、原則

必須在直接指導以外，取得多方啓示，足以控制自習，而減少其個

別需要指導之事。

必須使個別指導，常能影響於其他同學，盡量減少其重復講解之事。

二、解決途徑

1. 用工具表見功用，分言語和文字二種

（1）言語功用——自由閱讀，非如授課式之自學與聽講，畫分二截，則用共同言語之時機無多，如專言用指導，實際上殊感困難。

（2）文字功用——此與學習指引同趣異用，其目的在使個別指導之影響，及於其他同學，即最先一人所問者，後讀者可不再問；最先一人所誤者，後讀者可以免除。如此，不惟重復講解自然減少，即相同錯誤亦不致層見叠出矣。故教者必預備小黑板多塊，以便提示，其應提示事項如左：

Ⅰ．補充抽提事項所未及者。

Ⅱ．某兒童提問事項，足以啓發一般兒童者。

Ⅲ．對多數讀誤、形誤、義誤之字，以及不甚了解之語句，加以註解。

以上凡關讀物本身者，提示時，應標明讀物。此項揭示，經一週即可塗去，亦可擇要令兒童以另簿抄出。

2. 從人事方面表見功用者，分純粹的直接與間接的直接二種：

（1）純粹的直接指導——係兒童直接經教師口示筆示手示，授課式所用者也。自由閱讀之指導，雖不外此，然實施自習中，非如授課之講說，爲公同而發，所以純粹用直接指導，應付即多不周，必須設法減少，惟個別指導，亦不可少也。

（2）間接的直接指導，與上之以文字表見功用，同趣異用，蓋前以工具爲轉移之用，此則對象爲補救之用，由互助而減輕教師負擔者也。茲舉用法如左：

Ⅰ．以先讀者指導後讀者——此可於兒童取書時，教者覺其有需人輔助情形，令向先讀者請益，或兒童自由爲之。蓋兒童選擇讀者，各自不同，即使程度相同，先讀者亦可輔指導後讀者。

Ⅱ．以優生指導劣生——此可由兒童隨時覓同學指導，或分爲數組，各向小組優者請益。所謂優劣，即已通過前段者，指導後一段同學。

Ⅲ．以同時讀一書者相互商榷，只有互助，不慮作偽。教室登記表，凡已讀某書者畫有記號，教師與兒童均便查考。

提出練習減少煩難者——此惟第一第二兩階段頗為需要，大概屬于檢字與音讀為多，在指引中多已分別提出。不過預計要點，與實際情形或有出入，故臨時仍有提出之必要。

於此當特別論及者，凡每學期開始，陳列新書較多；以及新階段開始，筆答較進於繁難。此開始一二週，為指導最嚴重而且最煩瑣之時期。如果教者對於應指導事項，有充分計劃；兒童應培養之新習慣，特加訓練；又於教室中特別耐煩。以後進行，自少紛擾。

第九章　實驗效率

一、**學習結果**——開封教育實驗區大花園、杏花園兩校實驗經過，閱讀第一學期，最少者一萬四千六百七十五字，最多者三萬八千二百五十六字。閱讀第二學期，最少者三萬六千八十三字，最多者十三萬五千八百三十四字。閱讀第三期學，最少者五萬七千七百九十四字，最多者二十六萬七千八百四十三字。合計閱讀三個學期，最少者十萬九千二百八十二字，最多者四十四萬一千九百三十三字。再以册數計，三個學期約可讀一百一十册，其中文藝約六十餘册，常讀約四十餘册，程度相當於用課本讀四年者。如再展一個學期，約可讀一百五十册，文藝、常識約各半數，修完初小四年課程標准而稍過之，其數量則超過於課本授課者總在四倍以上（比所計册數，係在坊間出版物為據，厚薄不一，最厚者作二册或三册計）。以閱讀三個學期，加單元活動一學年，共五學期，即展一個學期亦只三年半，質與量的兩方面，均超過於普通教學四學年。

在實驗經過之下，發見特徵三點；其一，聰明兒童，閱讀期限愈久，其閱讀之量的超過倍數愈多。其二，閱讀速度與理解進度，不盡一致，對於兒童換書請求，不可不加嚴核。其三，兒童閱讀進展速度，每有一二週間發生變態，即常態甚速而此時忽遲，或常態甚遲而此時忽速，此當與生理或他項刺激有關。

　　二、經濟效率——試以每班四十人計，大約配置適當讀物，其書頁之數平均等于普通課本厚者約一百册，每册三份，即足以供初小各年全班之用，並可用至五班以上。普通教學每學期每人需國語、常識各一册，除第一學年不計，三個學年共需十二册，四十人則需四百八十册。即以一班計，已可省一百八十册。若延續以五班計，可省普通課本二千一百册之用費。然而兒童閱讀，普通教學所讀者止于十二册，此則最低限度，可以讀如課本厚者五十册以上。兩相比較，懸殊太甚。如果以兒童各別購書之費，改作公共用書，相互取用，並無不便。

　　三、選用教材方便——用課本授課，每册至少有十八課，如有若干課文不甚適用，增損不便。或者適應特別需要，加入若干教材，即須省去若干課文，頗費考慮。又如課程標准隨時變更，原有課本，即不適用。此則分別事項，各成小册，任何變動，其大多數讀物，仍可照常使用。現今課本課文，不少與地方情形隔閡之處，改用此种讀物，尤爲切要合用。各省最高教育行政機關全部統籌，以原來各地方購教科書之費，與行政機關供給特殊教材之編印費，統制辦理，實爲急務。

第十章　表式應用

第一節　預計概要

期預計概要

甲　單元活動預計應填寫事項：
1. 本期學生人數、入學期限、程度。
2. 本期學習若干週與每週時數。
3. 本期預定各單元題目及其進行程序。
4. 本期應準備的教具及其練習與測驗用品

5. 兒童關于學習上需要品物
6. 兒童個別或分組注意事項
7. 一般應特殊訓練之習慣

週預計概要——表一填寫本週課程，表二填寫一個單元活動概要，表三用於閱讀開始之後特種單元。

乙　閱讀預計應填寫事項

期預計概要

1. 本期學生人數、週數、時數
2. 已達到的進度的段別與人數
3. 預備陳列的讀物書目、號數、冊數、類別、段別、體別及其目標
4. 必需的示範與選文
5. 讀物與學習指引的準備與整理
6. 字典及練習測驗與表簿的準備
7. 應參入的單元活動
8. 試驗的項目
9. 一般學習與各種特殊練習
10. 公開表述的規畫

月預計概要

1. 各別達到進度的段別與人數
2. 應陳列的讀物書目
3. 需要的用品
4. 參入的單元題目
5. 閱讀特殊情事注意的事項
6. 應進行的特殊練習測驗及其時間配置
7. 公開表述應注意的事項
8. 學習中應特別訓練的習慣
9. 試驗教材的準備

第二節　各種表式

每週基本活動預計表

（一）

新習題目			續習題目			調節課程			練習及測驗		與他科目聯絡概要
題目	節數	開始日期	題目	進程	節數	教材及其程序	節數	在何單元之後	準備事項	進行概要	

校第　　團第　　週　月　日　預計者

每個基本單元活動預計表

（二）

題目及其節數		
常識	環境及其需要	
	主要事物	
	附隨事物	
	程序進行	
文字	教具	
	程序	
	詞語及其生字	
附屬習慣及其訓練方法		

校第　　團第　　週　月　日　預計者

特種活動預計表

(三)

題目及其節數	
適應如何情況	
教材概要	
進行程序	
工作配置	
特殊習慣	
預備事項	

校第　　團第　　週　　月　　日　　預計者

作業室閱讀記錄表

姓名 \ 取還日 \ 數號	1		2		3	
王玉彰	1					
白廷德	1		1			
				1		
岳保生	3					
	4	3				
胡文秀	2					
	1					
申正成	1.3					

單元活動報告表
(四)

單元名稱		目　標	
月　　日起，　　月　　日止，共用節數			
完全缺席的學生	缺節數的學生	特別學生	
		敏捷　遲鈍　多誤　無秩序	

常識過程				文字過程				進程中的習慣訓練及其結果	一般的進步情形
共用節數				共用節數					
有變更的事實	知識所得觀念	動作表出態度	分組表現情形	有變更的詞語	學習的詞語及其生字	難讀多誤的字音語句	每一個進程活動的時數		

校第　　團第　　週　　月　　日　　預計者

學生閱讀反應記載表 (一)

書名＿＿＿＿＿＿

取

還書日期第＿＿週＿＿月＿＿日　共＿＿節　第＿＿張

難　度			興　趣				發現情形（教師填）		
已讀／難讀＼可讀			有趣	平常	無趣		文字	音誤	合計
			1.文字　2.事實	1.文字　2.事實	1.文字　2.事實			字誤	合計
生字少		生字多					理解	誤解的內容	
								誤解的語句	
生字易查		難查字多					復讀		
							復述		
難解字少		難解字多					評判	整潔	
								書法	
語句易解		語句多不清楚						作法	
								勤惰	
事實清楚		事實多不清楚						難易	
								紀律	
								有何進步	

學生閱讀反應記載表（二）

書名＿＿＿＿＿＿＿＿

取還書日期第＿＿週＿＿月＿＿日　共＿＿節　第＿＿張

難　度			興　趣					發　現　情　形（教師填）		
易讀	克讀	難讀	興趣		平常		無趣	文字	音誤	合計
生字少	生字多		切於實用						字誤	合計
生字易查	難查字多		有動人教訓					理解	誤解的內容	
									誤解的語句	
難解詞少	難解詞多		新奇					復讀		
語句易解	語句多不能解		變化曲折					復述		
事實清楚	事實多不清楚		語句流利					評判	整潔	
									書法	
意思明白	意思多不明白		語句精美						作法	
									勤惰	
									難易	
									紀律	
									有何進步	

把你認為"易讀""可讀""難讀"各項中所遇到的困難清清楚楚地方，寫在下面：一	你認為有趣的項目中的最有趣的 寫在下面：一

＿＿年＿＿月＿＿日＿＿第＿＿團　學生＿＿＿＿＿＿填

圖書報告表

書名						
段別		類別		字數	目標	
年　月　日　陳 　　　　　　收						

總　計

	備讀人數			實讀人數		
	閱讀時間	最多		最少	平均	
	書的反應	難度		興趣		
一般反應情形	公同難解的字					
	公同難解的詞					
	公同難解的語句					
	公同誤的字					
	公同誤的音					
	公同誤的內容					
	公同誤的語句					
	多數未答的題目					
公開表述	表述的人					
	表述的頁數					
	如何表述					
	表述的結果	言語		姿態	內容	
		聽者反應				
測驗結果	參加人數					
	分數	最多		最少	平均	
	多數未答的題目					
感到問題						

年　月　日　　校　第　　團報告者

閱讀比較表

書號	字數及節數	週及節數	姓　名

共讀字數			
共讀節數			

第三節　各表用法說明

（一）**每週基本單元活動預計表**　這是基本單元活動的每週教學計畫，應在每週前一日擬定。

新習題目——填本週應習的單元，共三格，每格填寫一個單元名稱及教學時應需節數和開始日期。

讀習題目——填前週未習完的單元名稱及在本週內的學習進程和應需節數。

調節課程——填本週參入的兒歌、故事書等

練習及測驗——練習指綜合複習而言，不限定每週都有。測驗更是數月才舉行一次。此兩項無則闕。

準備事項指練習或測驗所需的用品及事項，進行概要指練習或測驗的預定時間和程序。

与他科目联络概要——指单元活动与其他科目取得联络的。如算术练习游唱劳作等。

（二）每个基本单元活动预计表　这是一个单元活动的概要，须和周预计表同时填好。

题目及其节数——题目填写单元名称，节数要将常识取得和文字练习两个过程分别填写。

常识各项——填取得常识过程的概要。

文字各项——填练习文字过程的概要。

附属习惯及其训练程序——以本单元活动的副学习为主。

（三）特种活动预计表　这是阅读期内补充单元所用的。

（四）单元活动报告表　这是用于每个单元教学完了以后，就经过情形填写报告。

每一个进程活动的时数——每一个进程，指文字练习过程所分割的阶段，例如第一步骤为对示，查眉标、对、读、发字片、对字片，以及抽出练习和总复习；第二步骤为提示，对、读、找答案、发字片、抽出练习、辨形、拼字、拼音、排句、缀写、命题练习，以及总复习是。认标符应包括在其他方式中活动，填时附带声明。

（五）作业室阅读记载表　用以记载儿童取书还书的时日，由教师在教室内填记的。

书号——系读物编定的号数。同时把书名写在上文亦可。

取还日——每号下列六格，系指每周六日，即第一格为星期一，第二格为星期二……填写时要在格内填周次。例如王生第一周第一日取书，就在第一格画"1"；第四日还书，就在第四格内画"1"。胡生在第一周星期四取书，就在第四格内画"1"；第二周第二日还书，就在第二格画"2"。岳生第三周星期六取书，第四周星期五还书，就在第六格画"3"，第五格画"1"。余可类推。

（六）学生阅读反应记载表（一）　这是阅读第一阶段用表，第二阶段亦可用。

難度和興趣——係學生填的，在呈閱筆記時隨繳。

發現情形——係教師填的，在核閱筆記和考問時記載。

學生閱讀某種讀物以後，在應該填寫的各項目下面或旁邊的空格內，感到有的填"1"記號，沒有感到的填"×"記號，易讀填在項目左方格內，難讀填在項目右方格內，可讀的部分或是比較易讀或是比較難讀，感到比較易讀的項目，填在中方左格，即易讀項目右方；比較難讀的項目，填在中方右格，即難讀項目左方。對於興趣各項目，都填在下面方格內。

關於各項目的解釋，另有說明書。教者示範時，應根或說明書逐一向學生說明。

(七) **閱讀反應記載表（二）** 這是閱讀二、三段以下用表，用法除與反應表（一）相同外，就是不僅作"1"和"×"的記號，還要在難度和興趣下，依據寫在下面的說明，填寫事實。

(八) **閱讀報告表** 這是教師根據各個兒童的反應記載，並考查閱讀成績而填的。

備讀人數——係該團全班或全組的人數。

實讀人數——係經過了一定閱讀期限已經閱讀的人數。

題目——格中只照該書學習指引的問題的次序數字填入。

感到問題——分讀物本身、學習指引、學習反應。考查成績等，專就本書來說的。

(九) **閱讀比較表** 這是閱讀的統計。把這表揭示，鼓勵學生努力，很是有效，表外附有兩紙條，五橫欄紙條為添書時所用，兩橫欄紙條為共讀節數，共讀字數。其標字數或頁數者，恐臨時陳列多頁一冊之讀物，一時不及計字數，暫計頁數。

此表在每週最後一日揭示。每一週查各生讀的節數字數，記入兩橫欄紙條內，用圖釘釘在下面。第二週以下遇有継續陳列讀物，記入五橫欄紙條內，接著上表貼在下面。每滿一月，合四週統計為月比較，滿了一學期，合各月統計為學期比較。

第四節　閱讀反應記載表說明

學生閱讀反應記載表（一）之內容及用法

甲、難度

一、意義　是指學生閱讀某書後所感到困難之程度，依其程度高低，可分下列三等。

1. 易讀　是指學生憑着自己以往的經驗，對於某書無論在實質方面或文字方面，都覺得容易閱讀。爲切實表明其易讀之點起見，再分爲六項：

（1）生字少——是遇到生字不多，換言之，就是讀時單字阻礙力甚小，易於通過。

（2）生字易查——就是在讀書中所遇到大部分的生字，都很容易的查出，假如遇到生字，在字典上查不出；或查出後其註解不易明白；甚或字義註解甚多，不能確定何者適用，何者不適用；再或遇到不明其部首的字，這都是不易查的生字。若此種生字甚少，就是屬於生字易查一項。

（3）難解詞少——書中的各種詞的含義，屬於成文，或有豐富來源，如認識構成詞的單字，而不明白其含義，這就算難解的詞。若分布在一書中的難詞不多，就是難解詞少。

（4）語句易解——由字和字或詞構成完全意思的最小單位，就是語句。語句有淡奧與淺顯之分，如白話的語句較文言的語句爲淺顯。語句易解，就是指書中有幾乎全部的語句是淺顯的，都能憑着個人過去經驗而明了的。

（5）事實清楚——凡是用文字描述，比較具體的對象或材料，就是事實。如歷史□實是整個人類社會演變的情況，地理的事實是關於山川河流氣候等的情況。若事實比較深奧或距學生經驗較遠，雖文字淺顯，亦不易於明了。如用淺顯文字寫成高深的地質學，兒童依然不能明了，這因爲文字代表事實太深了。所以兒童能毅清楚的事實，必是可以利用過去學習的結果所能明了的東西

(6) 意思明白——一本書或一篇文章的意思，與它的事實，不能嚴格分開。大概言之，事實是文字描述比較具體的材料，意思是描述材料時附麗或包含有抽象的感情或思想。例如議論文偏重於意思；記叙文偏重於事實；說明文則事實與意思結合；物語及寓言則以意思組織事實；故事體與常識類則以事實表見意思。意思明白，即是對於一本書的意思能彀真正明了。

2. 難讀——是指學生憑着自己以往的經驗，對於某書無論在文字方面實質方面都覺得處處困難。難讀是易讀的反面，二者立於兩極端，故明瞭了易讀各項的真實意味，即可明瞭難讀各項真實意味。如果實質大體不了解，即使(1)(2)(3)有甚問題，亦認爲難讀。

3. 可讀——是介乎易讀和難讀二者之間的難度，就整個讀物說，既不甚易，亦不甚難，或有難有易，俱屬可讀。例如在文字方面認爲生字少生字易查，另一面又認爲難解詞多，或在實質方面認爲大體的事實清楚，意思易明白，只有少許事實不甚清楚，少許意思不甚明白，即屬於可讀一欄。

對於上六項各分三種程度，如(1)(2)(3)之多少難易，讀者感覺不吃力，便是易讀；不十分吃力，便是可讀；非常吃力便是難讀，如(4)稍有難解語，並不阻梗實質與意思之了解，便是易讀；間有阻梗之處，並不能完全減除對原書興趣，便是可讀；因爲處處阻梗，對原書不感興趣，便是難讀。因前四項無問題(5)(6)均得了解，便是易讀；(5)(6)稍有問題，便是可讀。

二、填法

初用本表時，兒童尚無填本表的經驗，教師應先詳細解釋書的內容。及於開始示範時，由閱讀過程，將填寫注意事項，包含筆記工作指示之，然後示以填法。等兒童填時，再從旁輔導，至於確能依式自填而止。

易讀與難讀各項中，所謂多與少、難與易之分，無嚴格區別，因爲這是根據各個人過去經驗，從閱讀過程中所獲得的真實感覺。

學生閱讀一本書後，先回想這本書是易讀，是可讀，還是難讀。待確定之後，再確定其中項目何者應行填法。

在難度格內（1）（2）（3）（4）四項屬於文字方面的；（5）（6）兩項是屬於實質方面的。評判某書難度的大小，必須根此兩方面。所以：

1. 易讀——必在（1）（2）（3）（4）四項中占兩項以上和（5）（6）兩項中占一項者，方爲易讀。

2. 難讀——必在（1）（2）（3）（4）四項中占兩項以上，和（5）（6）兩項中占一項者，方爲難讀。凡初讀一遍，認爲難讀者，提出難讀事由，經教師允許後，可以另換他書。

3. 可讀——必須在易讀（5）（6）兩項中占一項及難讀（1）（2）（3）（4）四項中占一項以上者，方爲可讀。可讀之所以必須占有（5）（6）兩項中之一項以上者，乃因爲學生對於實質之明瞭，是極關重要的。

認爲易讀時，在易下所感到有的項目前作 1 號，未感到或感到無的作×號。認爲難讀時，則各項目之後感到有的作（1）號，未感到或無的作×號。認爲可讀時在接近易讀或難讀某項的格內分別作（1）×號。

乙、興趣

意義——是指學生閱讀某書後所感到某書引起樂趣之程度，依其程度可分三等。

1. 有趣——是覺得某書能使人興奮或歡喜，或願意讀，在本表上所列者分事實、文字兩方面。

事實方面

（1）切於實用——讀了某書後，深覺可以增加自己的見聞，擴大知的方面的經驗，使人對於某方面能進一層認識，發生一時滿足求知欲地作用。如讀自己所欲知而又爲能力得以了解之自然科學，或史地的一類書，常可產生此種樂趣。

（2）有动人教訓——描述的事實，能深深感動人的心靈，能使人悲，能使人喜，能使人起敬，換言之，即是有引起讀者共鳴作用。例如讀了衛生一類的書，使人感到保護身體之重要，及健身的方法；讀了修身一類的書，使人得到處世的方法。總之，是讀了某書後，能發生改善自己身心的樂趣。

（3）變化曲折——是指书中事實的進程，不平凡，不呆板，或變幻多端，或從曲曲折折的事實中，以引起人的樂趣。

（4）新奇——書中的事實，是憑着自己的能力所能了解的，但爲自己以往的經驗（或從書中得來或從處世接物得來），所未有或不同，於是就發生新鮮的感覺，或者書中事實特別與奇突，可引起這種的樂趣。如讀傻女婿一類的故事，或關於笑話一類的童話，可使人發笑。又事實湊成的神奇，人物離合的神妙，方法用得莫測或新鮮，都可發生巧妙的感覺。

文字方面

（5）語句流利——此項合易讀（4）（5）（6）三項，在整體描述上，明淨曉暢，處處自然，讀之極其順口。

（6）詞語美麗——是指詞語構造或修飾明潔，或形容盡致，或詞藻華麗，讀之使人發生美感的。

（7）語句精警——是指發人猛省，或可玩味之語句，如意味深長，或含義甚富，或峭拔，或巧妙。以及增進對人事或物理之經驗，如定義原則格言之類，都具有這精警的意味。

2. 平常——是指一本書讀過後，不能發生深刻的深刻感覺，或者瑕瑜互見，減少興趣。

（1）文字——文字普通，雖不流利或美麗，亦不甚感到詰曲聱牙。

（2）事實——事實不十分切要，或有冗長簡當處，以及意思平凡，不感到如何精警。

3. 無趣——讀之令人厭煩，不願繼續下去，這亦可分爲三方面。

文字——語句生澀或冗散。

事實——泛而無味，略而不明，或意思晦澀，莫明究竟。

二、填法

1. 在興味欄中所有項目，兒童依照其個人的見解，先認定爲有趣、平常、無趣三格中之一，在空格中作記號。感到有的作 1 號，未感到或感到無的作×號。

2. 所有決定某書有趣、或平常，或無趣，是靠是①個人讀書後，真實感覺中所得之見解，不一定是某書的公評或定評。

3. 備註一格，是遇有影響閱讀反應特殊因子，或除表上所有項目外之一切情形時，可用文字寫在本格內。

4. 同甲項填法。惟此表用於讀反復故事，兒童開始閱讀能力薄弱，不可苛責，宜逐漸啓示，俾進普通讀物時，能如式照填。（新印之表（一）已將興趣下六項删去。）

學生閱讀反應記載表（二）之內容及用法

甲難度——關於難度欄下各項之意義及填記號法同表（一）甲項之說明，至其上列許多虛綫，乃使讀者將其認爲易讀或可讀的各項目中所遇到困難的地方，寫在上面。因初讀一遍後，認爲難讀，可以換書。認爲易讀或可讀時，必須照指引再三細讀，並作答，其中當有少許難點。爲使明瞭其難點起見，即當分項填寫出來，按照難度欄內（1）至（2）各項，有何項發見難點者，先在虛綫起點標數碼，次接寫應記載事項，無者則省略。茲更分析說明如左：

1. 生字少一項，如還有生字，應將生字逐一寫出。
2. 生字易查一項，如還有難查的生字，應逐一寫出。
3. 難解詞少一項，如還有難解之詞，應逐一寫出。
4. 語句易解一項，如還有難解的語句，應逐一寫出。
5. 事實清楚一項，如還未清楚的，應寫出。
6. 意思明白一項，如還有不明白的，應提出。
7. 凡難查字難解詞，不清楚的事實，不明白的意思，經訊問而明瞭，亦須記出。

乙、興味——關於興味欄下有趣及平常無趣中各項，同表（一）乙項之說明，惟填寫方法，宜求進一步的抽寫。

---

① 是，疑爲衍字。

凡感到有趣、平常、無趣時，即在其下項目後作1號，未感到或無的作×號，惟感到有趣，至少必在表上1至4及5至7兩方面中各占一項以上。

下面更將（1）至（7）應填於虛綫內者示以旨要；

（1）切於實用——實用中最有價值的知識是什麼。
（2）動人教訓——最動人的事實是甚麼。
（3）變化曲折——變化曲折的那些地方。
（4）新奇——怎樣新奇，那是最新奇的事實。
（5）語句流利——是全文抑有最流利的地方，應指出。
（6）美麗詞語——應將最愛的詞、成語，摘記於簿上。
（7）語句精警——應將最重要的語句，摘記於簿上（此項摘記於作文最有幫助，不可忽視）

感到有趣的某項目時，除填記號外，並依照上列旨要，在下面填寫出最有趣的地方；未感到或感到無的項目，只作記號，不在下面填寫。

每表于取書時，發給學生，還書時收取已填妥之表，教師隨時檢視。如發見有特殊或公同點，得資以指導。又於報告時，彙集同書所填之表，歸納爲詳細意見，隨同學生各表，彙作統計參考資料。

第四編　輔助與補充的活動

第一章　看口令

此所謂口令者，即教師提醒兒童或囑咐兒童之語言，意義極切要，形式極簡明，語言又極鄭重者也。其曰看口令者，不用口說而以文字揭示之也。原則如左：

一、口令必足以指示一般動作者，即屬於個人，亦必通用於時常所發生之動作。

二、口令所含之字，必其品詞中之同動詞、助詞、副詞、介詞等，爲兒童通常需用者。

性質：

一、通用口令　屬于秩序方面之用語，此當置于口令箱中，應教室中臨時發生情事而使用。

二、各種教材的程序中需要口令　此插入命令筒中，隨教學方式於其將進行活動時，教師分別持示。

三、機會學習中需要口令　此節調節固定程式中所插入之口令，用時甚短，插入命令筒中，由兒童抽示。

形式　用磅紙製成。一、三之口令片長寬均有定式，二之口令片寬約兩寸五分，長八寸至一尺五寸。

步驟　第一步——凡初次用某種口令，先書示使讀，隨說明其應有的動作並示範，最後照口令試演。

第二步——第二次用時，持片以示，如兒童有未熟習者，當再加演習。

第三步——經過第二次演習，以後再需如此動作，惟有看口令爲主。

注意條件：

一、必須在學習活動中，當時確需用此引導其活動或消滅其喧擾者。

二、揭示應有一定地點，口令箱設于黑板左方上角，命令筒在箱左側之下。通用口令在箱內揭示。其他命令片取出後，適應當時活動於適當地點示之。

三、每一節教學時間，凡未練習之熟口令，不宜同時用至二個以上。

口令撮要：

通用口令——起立、坐下、舉手、鞠躬、停、做、靜、報數、不要説話、看誰坐得最好、起來唱歌。

教學程序中口令——這是甚麽、這做甚麽、怎樣讀、齊讀、釘上、挂上、取下、對準、拿來、還原、看我做、分組、合讀、繞圈走、抽看誰誰來做、比賽、圈、抹、猜、看着手裏的字牌、從左首起、從右手起。

學習機會中口令——參考第二期活動之命令片項下。

第二章　調節活動

第一節　旨要

本方案單元活動，由整體生活而組織，開始於吸取知識，結束於認識文字，故抽提詞語，以單詞單語爲適合。于此有兩個要點，當爲吾人所注意者。

1. 專從事于了解現在生活。而不培養其想像力，必使兒童形成一種乾燥寡味之人生觀，此宜調節者一。

2. 以識字爲自由讀文綴文之梯，自以多習單詞單語爲主。然使整學期或整學年惟此事務，或不免減損興趣。並且養成正確態度，僅此準準，不能完成其基礎，此宜推廣者又一。

本此旨趣，進行調節活動，當通貫于第一學年以內，而開始於兩三個單元進行以後。

第二節　讀兒歌

一、**旨趣**——愛律動爲兒童天性，兒童文學含有律動性者惟兒歌最適于初期學習，故以此建立讀文的始基。惟如何使其自讀歌詞，與選用如何教材，在開始教學上，頗宜研究。

二、**選用歌詞之標准**

1 形式——每首語句不多，句子不長，以三四句或四五句爲主，過此者，必爲重叠或復見之詞語，積累而成。

2 實質——歌詞意義之表現，必適於以一種手勢或身勢之單純動作，隨歌詞而表演，所表演者又與兒童生活相應。

三、**活動程序**

1. 介紹歌詞——此分爲兩種情事。
(1) 就遊唱中已習之歌作教材者，就兒童所最喜或最熟者決定一首。
(2) 新授歌詞，由教者預定一首告之，不必先唸其詞。

2. 唱演——依據上之兩種情事，屬於（1）者逕令兒童就所決定之歌，隨唱隨演。屬于（2）者，一如唱歌教學式，先由教者範唱範演，達到兒童能自唱演，最低限度亦必全體能隨教者合唱合演一律合指而止。

3. 兒童分句唸，教者照書于板上——唸一句即寫一句，每寫一句，範示循讀一二遍（用説話語調讀）。板上書寫，須依句分行，並加標符（如節之時間至此恰完，板書不可抹去，以免重寫）。

4. 對照找句子——用第二步驟文字練習過程對讀的（1）（2）（3）（4）（5）各式，任取三式行之。

5. 聽音找句子——用第一步驟文字練習過程撤眉標後的活動（13）（14）（15）（16）各式，任取兩式行之。

6. 用字牌對讀——用第二步驟（7）（8）（9）（10）（11）各式任取兩式行之。

7. 分析單字——用圈抹及露字等練習，每次任取一式行之。在第一步驟中以詞爲主，第二步驟則注重單字。

上列程式，係從哈代 Hardy 開始教學一個實例推演而出，茲撮錄原式，開明旨趣，俾便實施者研究。

第一日——兒童入學第四日

第一步，介紹兒歌（左歌詞依哈代書示行列）。

杰克，巧，
杰克，快，
杰克跳過——
蠟燭台。

第二步，在實物上跳唱——預備蠟燭台一個，兒童依序在台上跳過去，並唱所介紹歌詞。

第三步，自畫自唱——教者指示一種變換方法之遊戲，用粉筆在黑板上自由畫一燭台，其上畫一曲線表示跳過之狀，兒童隨畫隨唱。

第四步，依兒童唸詞而書示文字——教者說明要在黑板上書示歌詞後，即問兒童先寫何語，照唸詞無誤者而寫。以下逐句如式書示。

派克氏記至此處，附記兩個要點：其一，爲逐句書示，必如上所排行列。其二，留心授課時限，如逐句寫學，已屆下課時間，哈代即另書"不要抹去"，以便下次接續學習。

第二日

第五步開始學習讀文。

讀文前準備——先計算出席人數，計算坐位。次書文中主要動作之跳字，兒童依書示跳到坐位，再次提起昨天所唱兒歌，問明行列。至此始懸示挂圖，附歌詞全文，令與板書對照，隨即抹去板書。

讀全文——首由教者用說話音調讀全文，兒童循聲齊讀。讀時用硬紙所製之指引籤，置于所讀行列之左，每讀一單行，順序下移。次兒童輪讀全文，依指引籤所指行列而讀。

第六步，指認句子——教者就已習歌詞，任讀一句，令兒童在圖上指其句子，指時用指引籤置于是句行列之左。

第七步，對照找句子——先由教者持示僅有歌詞之另一張新挂畫，令兒童與有畫挂圖之句子行列對照。次將新挂圖剪成四條，令兒童持與有畫挂圖之行列，逐句對照。依序將句片置於插袋內。至此開始找句子，令兒童閉其眼睛，教者任在插袋中取出一條，由兒童辯認。即從手中指令一人唸所取之條為何文，並將取出之條，持與有畫挂圖相同之句，對照示衆，並特別注意其錯誤之句。此四個句子，每句至少須尋覓一次。

第八步，聽音找句子——此係進一步的遊戲，分組輪次練習。其式將四個條子分給兒童，教者讀其句，分得是句之條者，即到黑板前，持與有畫挂圖之相同句子對照，然後還置於插袋中。

第九步，用試驗方式指認單字——教室另懸示圖，開首一句爲"這是杰克"。教者唸出"杰克"一詞，令兒童以指引籤指之。兒童僅有字位觀念，無字形觀念者，竟指"這是"爲杰克。哈代在如此情形下，示以前剪字條，令其仔細與此挂圖對照，尋覓相同之字。

第三日以下，改授他首兒歌，大致一如前首學習方式，爲順序摘錄其可資參考之點：

1. 由溫習前首兒歌而授新歌——先由兒童移動指引籤讀全文；次插句片，隨插隨讀；再令兒童當先生，做找句子的遊戲。又次在數塊黑板上，分割許多地位，令若干兒童隨讀隨畫，並注意不知用右手拿粉筆者加以指示。至此始介紹新授兒童，先令兒童畫歌詞中之主要物，如畫蠟台式例。次即同讀新歌詞；隨由兒童唸，教者畫示之；再讀全文數遍。

2. 如前首式教學練習而增加注意手續——在依式練習中，稱讚最優者，對不注意的兒童，則加以溫和之責勉，並使其必真了解始得舉手。又插字條告以注意插置有無錯誤，即於插置時故意誤插一句，試驗兒童能否發見。

注重單字分析——預備本文字片，有單字之詞，其中有參入前歌之字。告以句片與行列對，字片只能與行列中單字對。於是指定行列，分給兒童字片，令持何行字片者，向挂圖相同之行對字，並讀字音。先令優生對字，其有對準字而音讀誤或不能讀者，即令從是行之首，逐字點讀。經此對照，再錯綜所有字片，用閃爍練習與插片練習，使由準確而達於迅速。如有重復之字，則指令兒童持字片逐行對照，報告數目。字形相似者，則特別提出練習。又兒童持字片時，乘機告以字片不可放在口邊或貼在面上，保存清潔。此項練習經過相當時間，讀全文找句子分次相間行之。

茲定程式，稍有變更，因爲哈代氏係開始學習，此則於單元活動已經過若干週，有許多方式早經練習也。惟其範例多可效法，茲特別提出數點，俾便注意。

1. 矯正一字一讀之弊——派克論教法，譏當代小學通病，兒童手持書，眼盯字，大聲喊道"這——是——一——雙——貓"即所謂一字一讀也。哈代由唱兒歌入手，未識其字，先已誦習其文，及提出文字，如書示，如行列辨認，皆以分句爲基本練習。經此訓練，進於正式讀書，自不致有一字一讀之弊。

2. 矯正不對準文字而信口唱誦之弊——此與上之情形相反，然而一般小學，則二者並犯。前者發見於授讀之時，後者發見于復習之時。哈代氏導以用指引籤，使兒童讀文，向一定目標集中注意。習之既久，自成爲一種正當誦讀的習慣。

3. 矯正不用思想而祇讀字音之弊——哈代書示文字，分行排列，又藉助於板書與句片，每項活動，皆有一個單純的注意中心，使兒童對之，自然形成觀念視覺。

4. 學習程序之推進——例如開始一課，只須依序進行。及授第二課，對不注意兒童，責其了解，並故意誤置句片，試驗能否發見。如單字分析，開始一課僅大略認字形，至第二課則加以分析。

第三節　讀故事畫

故事爲兒童所喜聽，圖畫爲兒童所樂觀，結合二者而爲故事畫，用作初步教材，自屬相宜。其成爲問題者，如下所論。

一、故事固爲兒童所喜聽，不必盡故事而皆所喜聽。圖畫爲兒童所樂觀，不必盡圖畫而皆所樂觀。在初步教學，當用如何的故事與圖畫，成爲問題者一。

二、故事內容，多有非圖畫所能盡量表出者。必取如何喜聽之故事，始爲樂觀之圖畫，結合而爲故事畫書，成爲問題者又一。

三、用圖畫表出故事，則看圖目的，即爲欣賞故事內容，如何由看圖而欣賞其故事，成爲問題者又一。

四、故事畫所以能增進讀者興趣，與成爲正式閱讀的準備者，必由其看圖探索故事的內容，有移轉於讀書之功用，並且由此發見文字認識，確爲需要工具。此在讀故事畫中以如何方式取得之，或爲問題者又一。

由上之四個問題，求解決途徑，先就關於故事畫之我國出版圖書分類批評，庶於問題之解決，可以得其體要，茲分論如下：

一、坊間單行本之圖畫故事從前初等教育雜誌上國語教材，曾有數册登圖畫故事若干篇。近則各書坊出版圖書的，不少此類小册。其式每圖畫一幅，即附課文一則。此可稱圖文對照的故事讀本，非正式閱讀前的故事畫。至於兒童對圖畫所發生之興趣，是否同樣表見於文字學習上，仍視事實之內容與其構造如何。讀本之故事文，因爲限用於生字數目，常有極好故事，經改造而失其精采；或者文字冗長，難於卒讀。如此之類，往往兒童看圖畫時，或眉飛色舞，及強其讀文，便昏昏欲睡。甚有因故事內容貧乏，並圖畫而亦不樂觀。蓋故事已進於複雜，不似看圖識字之單純，必使對照圖畫而讀課文，未有不損興趣者矣。

二、各雜誌上所登之圖畫故事，《小朋友》（中華出版）登入之故事畫，雖不盡如上之圖文對照，但其語較多，非初識字所能自讀者，不在評論範圍之列。如《兒童畫報》（商務出版）、《兒童雜誌》（兒童書局出版）等，每册均有許多連續畫，有標名故事者，有不標名故事可作故事看者，此類每幅圖畫，插入單語，取材較善者，頗適於作初步國語教材。惟如何閱讀尚待討論，何也？吾國字體複雜，非如拼音字之略曉拼音，便能自認。初識字時，純令兒童自讀，不能由看圖而得識未曾讀過之文字。因文字之不盡識，於是圖中文字，難盡了解。然使圖畫祇於平鋪直寫，則事實必索然寡味。所以初步國語教學，不另闢新途，使兒童識字較多，並於較早時期識注音字母，難使兒童由圖畫而引起識字之興趣，或由所注語句而理解圖畫表出之重要意義者也。現今各幼稚及初小班無從提倡自讀，以及初級兒童讀物不易發達者，職此之故。

三、課本卷首之故事畫　兒童書局《初小國語讀本》□□一冊卷首可看國語字數幅。世界之《國語新讀本》、商務之《國語基本教科書》、中華之《新課程標准讀本》等第一冊，卷首均附圖若干幅，世界、中華有圖無字，世界標出課目，並將封面圖畫作開始課程，茲參據其教授書説明，提出幾個要點論之：

1. 當知應用此種故事畫，爲正式閱讀之準備者，其目的在引起讀書之興趣。初步讀書之功用，有兩個主要學習：一爲文字的認識，一爲語言發表的練習，二者缺一，則讀書之功用不全，所以故事畫之功用，在以悦耳之故事，悦目之圖畫書，結合而引致於語言發表與文字認識，惟語言發表，必須使兒童由圖之觀察，逐項説明。若必待教師講述，不惟有損於發表，抑置圖畫表出於無用。然而圖畫上之表出，兒童如何而能擒其重要意義，勢不能不需教師暗示。此種暗示，又以採取看口令之旨趣，插入簡要語句於圖上，使看圖者必先識此語句之文字，而後易理解圖畫所有意義。如此則插入文字，成爲了解其他事物之工具，兒童得以感覺其需要，以後讀書，自以注意認識文字爲主矣。各課本之用故事畫作教材，圖上不分注任何文字，其有在講述中摘寫者，祇於單獨名詞，或在單元之首，標一課目。教學時，看圖與講故事分爲兩截，圖畫之用祇於美觀，亦視與普通之插圖同科。其教學目的，純以講故事爲中心，因之歷程有所謂引起動機問答復述深究表演等，完全爲舊時階段教式所貽留之形式。復在複述中有所謂可以變通語句及情節，並可自編故事，似乎兒童有運用圖畫之機會。然此爲事實所絕對不許，一則自動習慣毫未培養，徒以空言責其變更聽講，決不可能；二則看圖皆爲零碎支節之問答，摘示文字亦無關於理解圖畫之意義，所憑藉者惟有教師講述，可資回憶，是教法僅足爲講故事之示例，於讀故事畫而引起讀書興趣無與也。圖畫僅使書本引起美感，未可爲讀書興趣之張本也。尤其對文字認識，不能給予若何助力，徒使學習經一歷程，興味即多減一分，即本身開始興趣，且難保其維持到底，更何論以后讀書興趣之引起也。

2. 當知用故事畫作教材，所以異於課本上插圖者。插圖僅爲課文某部分或某方面之輔助或輔充，故事畫則以圖分別表出整個故事之意義，不需另有材料爲教學上之輔助與補充。其所以分注文字者，盖爲讀者方便，給予搜求圖上意義之目標，或者爲其觀察事物之綫索。讀者欲有說明，惟有依據此目標或其綫索，觀察圖上所有表現，進而就所表現者推演其情狀。即偶需教師提示，亦以此爲範圖。斷不能於圖上表現所無之外，任意增入種種名稱以及莫須有之語句，使兒童視覺及聽覺，在想像方面，在記憶方面，皆無實在印像可以引起注意。然而各課本教案，皆以教師講述爲提示整個故事之主體。其所講述者，在圖畫表現所無之外，增加種種名稱以及莫須有的語句，幾於成爲通例。而故事本身，反無精采，圖畫所表出者，竟無意義可觀。綜計起見，不外兩種形式：

一爲平凡事實，演進故事屬之；一爲反復語句，反復故事屬之。前者取從來編制課文之通例，後者取近來童話之慣體。此種式例，大抵限於用文字記述，事必平凡而始爲習用之字，語必反復而始無過多之生字。若用圖畫表出故事，固無文字記述之約束，而取此爲例，以敷衍其講述，於文字學習無補，徒使故事失其精采而已。常見各種雜誌與畫報，所有漫畫，圖繪新穎，插語寥寥數字，耐人尋味，爲一切兒童畫報所不逮，課本之故事抑又遜之。夫故事誠兒童所樂聽，惟樂聽之故事，其表出也以口述。用圖畫表出故事，在能激動其視覺。刺激與反應不同其方式，斯二者取材不盡一致。故前之故事，重曲折，而歷程不可失之過簡，過簡則聽難詳審；後之故事，重歷程分明，而情境不可復雜，複雜則圖難表出。觀於部定教學要點"開始用演進法連續的圖畫故事，次用半圖半文的故事"各課本於其開始教材，多採反復故事，其教學又不從圖畫表出而求之。其次則係圖文各占本書篇幅之半面，與故事本身無關。故其圖畫在教學方面，不如普通書籍之插圖，而以印證課文或補充其不逮，尚能相助爲用。是以知用故事畫或圖畫故事教學者，尚未了解故事畫與講故事之區別何在也。

　　3. 各課本用故事畫開始教學，所給予正式閱讀者，其功用何在？所貴乎閱讀前之準備者，原爲培養閱讀習慣之基礎。國語基本教科書教學法第三編養成良好習慣列有五項：一、有正當的拿書方法；二、有正當的眼動習慣；三、有正當的朗讀方法；四、有正當的默讀方法；五、有愛讀書籍的習慣。所立原則，頗具體而切要。惟其開始實施教案，僅取普通講故事之程序。新課程標準教科書教學法竟於課文練習，專注重單字分析，如此眼動、朗讀、默讀三項，完全未立如何基礎。拿書與愛護書籍，雖不無開始練習機會，亦未有明確示例，從初步國語教學整體而論，培養眼動、朗讀、默讀三者之基礎習慣，當以兒童誦習爲中心；培養拿書、愛護書籍之基本習慣，當以用圖片字片爲中心。僅以讀故事書爲準備，誠然不能啓示閱讀應有之一切態度；不過各課本既標榜新法教學，而以此爲閱讀前唯一準備，亦當在此準備中，確立相當基礎。即如所謂準備者，初非將正式閱讀之態度與方法，一一如式培養，而係由此相當之範例，推移而漸進於完成，若始基不立，必待正式閱讀，始有如何態度如何方法之培養，則閱讀前之準備，所爲何事，或者開始教學，而一一以正式閱讀之式例行之，是準備又不成爲開始之一個步驟矣。

　　總之，各課本之閱讀前教學，係就故事教學與文字教學之普通教法混合而列，並無特殊方式，表現其準備功用。茲更取趙欲仁論低年級國語教學，加以批評，以補足前意未盡之處。趙氏論低年級國語教學分三個步驟。第一步驟取置畫片供給兒童閱讀，進而由圖畫意義到文字意義，其例子於圖上插簡單之文，有多至四短句者。第二步驟由暗示使發生文字需要，舉例爲標示用具及使用法，記載天氣及出席人數，摘示談話或故事之重要詞句等。第三步驟用較長故事講述表演並練習句詞字等，分爲十個歷程。此步驟及其方式，用于實際教學，殊有慎重考慮之必要，茲論如後：
　　一、第一步驟所言，用畫片引起閱讀興趣，祇是引起動機之一種方法，可用于某種單元預備之開始，不能成爲整個教學之一個步驟，至進一步由圖畫意義到文字意義，所舉例子，圖文對照，乃與上舉一之圖畫故事相類，謂文字教學，不強求認識了解，固無不合。惟文字不了解認識，則由圖畫意義到文字意義，不能達其目的。祇書及文字如何認識，不計及如何利用圖畫以學習文字，未爲得也。
　　二、第二步驟所言，以發生文字需要爲主。就所舉例，除摘示外，較之圖文對照，更適於初步，何以定爲第二步驟。且摘示與記載，並不能占整個教學歷程之領域，更未可劃爲一個步驟也。
　　三、第三步驟所言，依其教學方式，似取哈代氏誦習兒歌之進程，惟以此進程用於讀故事，殊成問題。
　　1. 哈代氏開始教學之兒歌，文字無多。此則故事分爲五節，每節短語在六句以上，雖中間數句多反復語句，不同之字，自屬不少。以讀故事全文爲學習文字的初步，其成爲問題者一。
　　2. 哈代氏授兒歌程序，由唱誦而表演，由表演而讀文字，良以歌詞適於唱誦，內容含有表情動作，且爲極單純的動作。故演習爲理解意義之初步，由此進於認識文字，在在皆與唱誦之音節相應。故事則情節複雜，講述易而表演難。非澈底了解不能表演，並非因表演而了解其意義，與歌詞演唱之成爲一定進程者不同。表演故事爲讀故事的預備，似未適合，其成爲問題者又一。
　　3. 哈代氏單字分析，必在第二個兒歌練習之，其授第一個兒歌時，僅擇舉數字測驗其辨別字形與否。此不惟盡量揀單字，並且以組成新句爲應用練習，舉凡讀書應有一切練習，幾於開始一課而俱備，其成爲問題者又一。
　　4. 讀書以故事爲最易，讀反復故事較適於初步。惟以此爲讀書準備，是否可資爲認識文字之階梯，其成爲問題者又一。
　　5. 直接用書本以前，必須多識文字，爲趙氏所主張。乃其所舉較長故事，依其歷程行之，需時四五百分鐘。若一個故事而生字過多，勿論分若干節，不便學習。習一故事而需過多時間，多讀亦不可能。似此學習，如何而多讀文字，其成為問題者又一。

6. 以用較長故事，為直接用書本之準備，而直接用書本仍為一種故事，並不利用圖畫以助進學習。是此之學習，與直接用書本初無甚區別，其成為問題者又一。

新課程標准教科書以圖畫故事開始，其教學法引趙說為依據，仰歧之又歧矣。

兒童國語教科書卷首圖畫，純屬於看圖識字之例。然圖上所注之字，如我、我的妹妹、我的先生、我的父親、小花貓、小黃狗、我的小朋友、我的哥哥、我的姑母、我的外婆、賣玩具等，與其圖畫對照，如何能確實指定。又如我的父親，我的姑母，我的外婆等，均以上下兩字對拼，其形體、行列、大小均等，似亦未合。

由以上之論斷，決定所讀故事畫，當具如何原素，再論於左：

應為如何的故事，先從應避免之形式論之。

1. 不是專以動聽為主　凡預備述之故事，無論取如何最小限度，其情節必須較長而稍復雜，其意義必由言語而形容盡致。凡此而用圖畫表出，或難顯其狀態，因此採非文字測驗之旨趣，專選其適於視覺之教材。

2. 不是便於復習文字　反復故事，所以異於演進法而採取重複語言，以變換主詞賓詞構成各段為其主要關鍵者，原為便于讀文復習起見。此不能以圖畫表出之語言，雖復述有趣，不適於故事畫之用。

3. 不在知識或道德之注入　純文藝作品，與自然歷史公民等之記述，截然異趣。在讀文中參入此類成分，便易流於板重。但使事實不違反道德，即不求在便於文字學習之外，有何理解也？

忌平凡　因為教育目的，重在合於實際生活，又須為兒童所能了解，於是誤認者乃以淺近為平凡，產生許多毫無意義之兒童讀物；或者徒為新奇。毫無文學意味，不能於心情有所啟示。本方案主要學習，由環境認識而取得工具，字片教學即以此為據者也。故事畫與兒歌，皆屬於想像生活之教材，俾于了解實際生活中，時有調節之學習，激發其濃厚興味。例如"三隻熊"故事，兒童對於椅床碗均發生興趣者，正以此種日常用具，屬於非人之熊，故感覺新奇也。舉此一端可以類推。

前二者爲故事特有之點，後二者爲一般故事公共之點。準此四個理由，定故事必具之原素，亦有四項：

1. 短故事既以圖畫表出，必由觀察而搜求内容，太長則費時過久，易損興趣。但所謂短者，非不具體或省略事實之謂。而係整個故事，節目不可太多，每個段落之内容，不過繁重。

2. 單純　事實與意義過於複雜，均不易由圖畫表出。單純雖對複雜而言，但所謂單純者，一係容易了解而非無甚意義之謂。一係情節不雜而非簡略之謂。

3. 連續演進　事實逐層演進，斯分幕描繪，各有其獨立之鮮明表現。惟須附帶說明者有二：

ㄅ、反復故事，亦適於初步，其主要之重複語句，非圖所能表出者，當然不選爲教材。不過演進故事之以言語□達其動態之意義者。不在此限。

ㄆ、單張之畫片，其内容表現，可爲兒童初步自編故事之憑藉者，亦當參用。

4. 有趣味　兒童有興味的故事，在含有童話或笑話之旨趣。取童話旨趣者，不僅屬兒童心理問題，抑以世人每誤以兒童所能理解者必爲淺近，所謂淺近者，必從通常或平凡之事情而產生，故以此矯正之也。取笑話旨趣者，在故事情節，必具刺激性，由其結果，可使人喜不自禁也。

二、應寫如何圖畫　此以各雜誌上之漫畫最爲得解，如各課本之故事畫，專重色彩，不甚講究動作神情，僅有美感而缺乏刺激性，不易引致探索興趣　茲提出二點如下：

1. 圖畫須按進程段落而表出動態，凡無關於學習上之必要指示，不必繪入。

2. 圖畫之表出，在與加入文字兩相呼應，非如看圖讀字以兩相對照爲主。

三、如何加入文字，此亦以漫畫所加入者爲得體，惟語句較長或較多者，仍非故事畫所宜。茲提出三個原則，每圖惟用其一，加入文字時，可因應圖畫內容而適宜用之。

1. 可作搜求內容之啓示者，此種標題，等於一個教學階段之總問題。
2. 產生一個歷程的動作之主要語言，與圖上表出動態相呼應。
3. 標示一個歷程之中心動作或其結果。

教學程序

1. 準備

教材——依據上之三個原則，就近來出版物屬於兒童用雜誌之連續畫，採取合適者用之。或略作修正，其連續畫亦不以標明故事者爲限。

教具——視故事畫分若干幕，即製若干分圖。每圖附註詞語。

2. 進行步驟

（1）第一步揭示總題目——開始告以本故事畫圖有若干張，應如何看圖，分別明瞭每張所表見事實，即知道此故事的結果，隨即揭示題目授讀一二遍。

（2）分次揭示各圖——每提示一圖，即令兒童觀察，並問圖中有些甚麼，而說出主要事實（勿論所說合否，教者暫不說明），隨即授讀附注詞語。如兒童一看即能說明則讀此附注文字，作爲整理觀念。如未能說明，應令依詞語所示者再搜求圖畫情節而說明之。若猶不了解，或有未盡處，則教者加詳解釋，並令復述。第一圖已明，再分以下各圖，均依此式。

（3）講故事——先令兒童分幅講述訂正，次教者範講整個故事，同時參以動作表演，然後令兒童仿講，並表演之。

（4）對照找句子。

（5）聽音找句子。

（6）用字牌對讀

（7）分析單字——以上四項與讀兒歌同。

第三章　習慣訓練

第一節　初步的公民訓練

習慣訓練爲公民訓練初步，茲爲研究，略於內容與旨趣，而側重實施，與第二編研究教材同一意義。因部定標準，條目頗詳，本留實施者伸縮餘地。抑以依據標準而實施，與如何實施而始達標準，在初步訓練未有完整規畫與分明途轍，不惟對此標準不容有何討論，即使自定標準，恐仍爲紙上空談。蓋課程屬訓練方面，僅僅見爲當行與能行，尚未足以決實施問題也。學者論斷與其製定課程，惟從當行與能行二方面，發揮意見，或者抽舉幾個實施方式，便視爲不易原則。而實施者是否依照標準試行，以及試行曾有如何明效，因其不似他種科目，有一定限度可求。所以言論雖甚重視，實際反若淡忘，或專務表面，此公民訓練終於無甚效率可言也。

討論實施，首當了解公民教育與全部課程之關係。茲當問者，小學設各種科目，是否即公民預備課程。如其然也，則公民訓練即分係於各科課程以內。使因教學之便，特設公民課程，其獨立與分係之間，然因公民內容，抑屬於訓練方式，或者別有原因，亦當劃清界限確立事項，或者明示其相互關係，僅僅規定課程，在實施上殊成問題。且慮條目愈多，實施無從下手。若勉強實施，不擇手段，或竟發生相反結果。蓋公民訓練，僅尚形式，亦可由壓迫而收目前之效。惟表面極其循規蹈矩，而內心重感煩苦，則稍縱即逝矣。今之各種訓練，成爲如斯結果者，比比然也。

公民預備，本包含全部課程學習而言，固然公民課程，無不可獨立編制之理，惟其實施關鍵，在與他種課程相互關係，構成分明程序，因此公民訓練，在初步應如何訓練，與如何始爲其基本訓練，先有了解必要。今試從根本問題討論之，大抵論及公民訓練，莫不注意於國家觀念與民族意識。如此涉及兩個問點：其一，此種觀念與意義，是否當在環境事物有相當認識後，纔可引起。其二，此種觀念與意識，必需貫注知識激引情緒。假使缺乏道德素養，即可一時動其情感，而外物足以搖撼之，此在成人不鮮其例。故真正愛國心，不在徒事激憤，而在對於義理辨之甚明。所以公民訓練的根本問題，仍在先求盡人之性。蓋国民性非離人性而独立，必於人类普遍应有性已立其基，斯應付新時代，不致流於偏激，或困蔽不化。并且人类生存，勿論種族或團體，皆以個體爲起點。由個體盡人之性，即爲教育本義，亦學習即生活之終極目標也。

　　訓練之施，非可憑藉記誦也。因此公民訓練初步，含有二義：其一，必適應兒童生活；其二，表見於具體行爲。結合二者成爲公民訓練，則由盡人性入手，目的即在培養公民道德。吾人當知道德之起，由於人與人相接觸。接觸情形範圍愈大，斯道德內容亦愈廣，接觸情形愈複雜，斯道德亦多方。大者複雜者，皆可由小者簡單者擴而充之也。所謂道德，即其環境發生關係之個人行爲，道德觀念即社會意義，道德動作即社會行爲。試推究社會之所以構成，非由物之關係，即由事之關係；而事之產生，又往往與物爲緣。一切知識，從事物本身而產生；一切道德，則從人與人及人與事物間踵種關係而產生。以往教學，對於事物本身，可謂竭力致慮。獨於人與事物間關係，率多忽視。因之教育失其理性，而道德亦流於玄虛。

　　所謂道德從人与事物间关系而產生者，即無事物不生人與人之關係；無人與人之關係，事物不生如何變化　即變化而亦無何影響。自有人與人之關係，人與事間之關係便日益紛繁而且重要，社會組織以起。維持此種組織，從外形而視爲不可違反者曰法規，從內心而各自順應者曰道德。蓋社會不祇一我，事之爲我所爲，與物之爲我所需，社會賴我，我亦賴社會，此在他人亦然。所謂自我的人格、興趣、願望等，即存在於人與人、人與事物間關係之中。於是爲不爭而有禮，爲合宜而有義，爲不苟取而有廉，爲當爲與不當爲有恥，先□所謂禮義廉恥，國之四維者也。

　　因爲已往教學，惟從事物本身求知識，忽視人與事物間關係，故知識與道德分離學習，成爲今日學校課程。及於窮極思反，而又昧其本來，非視道德過高，即置道德不顧，以致愈談道德，愈近玄虛，顏習齊所謂道不遠人，宋儒遠人以爲道也。其實道德即在人與人關係人與事物間關係中求之。苟知其旨，任何學習皆不可離，尤其兒童初步學習，更宜使之體會。何也？初步學習，不建築於事物教學之上。惟言事物教學者專從知識立論，遂失其旨。流極而專事記誦，並事物教學亦去實際生活日远，可爲浩歎者也。試舉顯見之例，如秩序、清潔、正確、敏捷四種德性，有一不具，學習即生缺陷。秩序禮之本也，正確義之本也，清潔近於廉，敏捷近於耻。此四德行各植其基，皆可充類致用。然而學校教育即重視此種德性，而实效不顯者，則以實施訓練，取得知識爲一事，陶鑄德性又爲一事，二者截然分離，且皆不盡從實際生活體驗而出。于是關於訓練方面，管理所規定者不容違犯，管理所不及則秩序蕩然。因施檢查則注意清潔，非檢查所及，任何污穢若無所覺。並且四者分離訓練，正確者未必敏捷，敏捷者未必正確，即此片面動作，往往不協自然。然而欲期教學与訓練結合一致，在書本授課式之下，兒童純處于被動地位，大部分課程缺乏身體活動，固無自而達此企圖也。

于此當晓然于訓教合一，不從課程與教法謀改進，使訓育得以結合全部課程而實施，而專從訓練課程或訓育的孤立設施，求解決公民教育的問題，必無效也。試爲分析，約有二個要點：

1. 任何一種德性，每與其他德性有相互聯屬之點，非可專憑某項事而養成某種德性也。蓋德性成爲專名，原起于詞語之構成，雖其專名自有特性，培養時亦有專注之點。然非與其他德性完全絕緣，與事物專名之涵養，專由一種物事具體表見者殊不相同。如果其他有聯屬之德性，不一致培養，而以某一情境，得到成功，即謂完成其德性，未爲可也。尤慮偏重某種訓練，發生弊端，例如清潔成爲癖性，即害道德，其明證也。重禮而流于虛文，尚義而趨于獨斷，皆由忽視聯屬關係，偏重形式所致。

2. 任何一種習慣之成立，所含道德成分，非盡專屬某德性。例如取置一物，其動作甚平常耳。如加推究，取之有儀，禮也。取之合度，義也。不苟取，廉也。取所當取，恥也。雖遇事成立習慣，非盡含有多種德性，亦有專屬某種德性範圍以內。總之某種習慣必非與某種德性完全一致，僅其動作中所含道德成分更重某德性耳。其以德性加諸習慣之上，如清潔習慣、儉樸習慣等，則為預期目標，或歸納評點，成為括概之詞者也。至其實施時，惟當就所遭遇情境與其進程，分別提出注意事項，習慣即隨應付情境而成立。至某情境需如何習慣或若干習慣而應付，則視活動情形而定。

訓教合一之實施，在實質方面為課程協調，在學習方面則為身心協調。質言之，課程協調之工作，必由身心協調之配置而實現，始有明效。其原因亦有二點：

1. 訓不僅證驗於行為，必須兒童有行為表見，而後適於施訓。且其行為尤須出發於自動，而後矯治與改進，在施訓時能扼其要點。

2. 訓練之施，有需乎機械練習，必練習藉助於身體活動，由有計劃之活動得到成功。而後身心因適當調節，得以促進其□力。

吾人當知有機體系之活動，與中樞神經系相聯結，雖不完全受有意的控制之干涉，但使身體有規律的活動，漸至泰然自得，自易使氣質結合於理智，向正當之途發展，所以體系生活失其常態，已成的經驗亦減損效用。而由感覺所起之運動，又常影響於體系生活，人與人的關係及人與事物間的關係，必在活動中發見，皆給予體系生活以一種感應者也。自教學偏重吸取知識，不從人與人及人與事體間體驗其關係，因之體系生活在學習時置而不顧。即有動運作業，其無裨於身心協調，與記誦同。所以訓練在形式上一時或見有效，如其加重體系生活以反成，便貽不易消滅的創痕。此則可長思者也。

第二節　習慣養成

論公民訓練而推本於習慣養成，此於初步已得到一個解決。若論及實施，則習慣如何養成，與公民如何訓練，或為同樣問題。其問題不在條目之當行與能行，因此仍未足解決實施也。欲解決實施問題，仍當先從習慣本身作用研究之。蓋初步公民訓練所以宜從習慣養成入手者，不外前章所舉之二個含義，適應兒童生活而且表現於具體行爲。不過習慣在生活中成爲如何情狀，與行爲有何同異，正有必須了解之處。

1. 當知習慣爲機械之物，從身體上、動作上表現者也，兒童學習，大抵以仿效動作爲能事，亦惟有動作始足引致其心情。通常稱習慣皆指固定反應而言，即以其顯而易見也。

2. 習慣因激刺與反應之感應結而生，品性中之單位原質也。清潔爲品質中一面之表現，關於清潔部分應付事物之種種動作，凡屬具體皆爲一種習慣，而具體性中又可分析若干小部分以成習慣，例如洒掃一事，如何洒水，如何持掃帚，如何掃地，如何收拾垃圾，皆有分別訓練之必要。品性係種種應用習慣，結合組織而成；行爲則有兩方面：其一爲仿行的動作，其一爲應用的動作。欲使行爲化成習慣，習慣深入品性，則正確練習尚矣。

於此當分辨者，即習慣有兩方面觀，一方適於保存過去，一方又阻礙創造，故盧梭有不養成任何習慣爲習慣之說。必也視此爲一種預備手段，在技術取得，具有永續的同一性；其對於新的生活或動作，無內心反抗，而有安於同一生活的可能性。例如入學之初，關於敬禮或坐下，始在命令語下，呼一、二、三；漸至僅呼命令語；其後例行之事，按時而作，並命令語而省之，則依此旨也。其實固定反應，如言容動止，以及意想感情之應用，皆包括於習慣之中，亦可分爲兩種功用。

1. 爲養成關於動作方面的習慣，此由筋肉運動之協合作用而成，技術訓練屬之，如前所指之灑水掃地能合適的動作是也。

2. 爲養成關於觀念方面的習慣，此不必由直接運動表現，而在腦中建設新的結合，意識活動屬之。例如見到某處即需灑掃，或只需掃地而不必灑水是也。

此二者非截然分離，實則互相爲用。所以訓練習慣，固有需於表面行爲，而□可專從表面行爲訓練之，否則行爲成爲成例不□以應用也。尤其行爲必有意義，原理屬於解釋日常生活，非屬於與空疏書本的學問，自較應用爲先。當其初期訓練，必須由活動中使體驗人與人的關係及人與事物間的關係。任何學習，皆能覺到己所當爲以及進程中發生相妨相助損毀遲滯等，皆足以影響其學習。而己之所以不得不正當的學習者，亦因人的關係而然。因此訓練習慣，不從一種具體事物的學習進程之中，依序練習，即成爲循例與無意義的學習，自覺其單調寡味者也。

第三節　實施的基本條件

自治之施，通常在小學三年級以上，暫不深論。茲言訓練習慣，亦可謂爲自治準備之訓練。如何而施訓練，通常大抵注重於中心訓練，使此中心訓練而統合於單元活動，則訓練方面無中心可言。如其對訓練習慣，單獨立一中心，勿論如何聯絡單元，而各有其特殊集注的目的，在學習中同時有兩個中心目標，是否適宜，今所討論者尚不在此。最宜辨明之點，則在習慣與德性並非一物，德性非一種習慣可以形成，如其集中於一定期限內，專培養屬於某德性種種習慣，事實上殊不可能。習慣則以反復練習完成其功用，反復與中心不同，必須間隔而行，且不能整目專作某種慣習的練習。其可施中心訓練者，惟有發見特別情事，或特定一種目標，期於一定時日內，從多方措施養成習慣。不過如其訓練，日日爲之，不惟措施難於完美，抑且事情未盡切合，如果列舉全部目條，一如其他科目程序，分週配置，未有不陷於形式者也

每個習慣爲一單位，不宜爲一問題單元。習慣成爲一種具體動作，問題單元則由具體事物構成者也。每個單元當含有若干單位習慣，每單位的動作有可分成若干步驟者，如基本運動每種運動暫時分爲第一动作第二动作或至第四五动作。凡具體動作可分步驟者，必須加以反復練習，由其熟習與否，即可判其習慣成立與否。其動作無分明步驟者，等於意識活動，雖亦表見於動作，但必俟發生此種事情而證驗之□而不易定時練習。且其習慣固定雖由漸致，然易反復無常，必經長期間多次證明而後有效，如準時到校，不擾言是。從習慣發生之情境而分，有散見於日常生活之中，有配置於工作程序以內。散見者無定，配置者有定。從習

慣表見之形態而分，有一個事情而爲一個習慣單位，或即爲一個動作；有一個事情含若干單位習慣，或者每單位習慣包含若干動行。事情與習慣一致者動作簡，愈簡或愈難行；事情成爲複合習慣者動作繁，愈繁者愈有常規。列如開會，有守時間到會的習慣，有會場秩序的習慣，秩序則分若干事項構成具體動作。守時間爲最簡的動作，秩序則爲較繁的動作也。準此以來，習慣構成之方式不同，斯訓練實施之手續不能一例。不但此也，人類日常生活，無論如何簡約，一日之間，所需乎習慣應用者，正不只一種單獨習慣，學習生活何莫不然。訓練之方，雖可分別程序，然不限於某習慣養成後，再訓練另一種習慣，則以一種事情之了解，每需多種習慣而應用。而習慣養成，除有常規者可以短時間反覆，獨立相當基礎，其餘常需數週或數月而後安之若素，每有甲習慣訓練在先而養成在乙習慣之後，蓋訓練爲一事，養成又爲一事，未可混爲一談也。

近有學校依據部定標准條目，每目分析若干小目並訂實施方法，視他校增損標准自製綱要者有別，致力可謂勤矣。即於實施亦可參考。惟實施上尚有其根本問題，先須解決。此問題不係於訓練之爲個別爲團體，而在時間獨立與適應情境。部定標准說明個別訓練在平時，團體訓練每日以十分鐘爲準。所謂平時，指團體訓練以外的時間而言，抑指一切授課以外的時間而言。如指團體訓練以外的時間，則各個條目，如何結合於各種學習活動以內，始能實施其個別訓練。如指一切學習以外的時間，則教師與兒童頗少接觸，其個別訓練成爲偶然之事。因此條目雖盡量分析並規定方法，然既非獨立訓練，如何使各個條目見諸實施。如爲獨立訓練，將於何時訓練之。所以公民訓練或習慣養成，不從小學全部課程求實施之方，專爲訓練條目而論訓練方法，終無當於實際也。

余嘗反覆研究公民訓練的實施問題，惟克伯屈副學習一說，確立明確途徑，習慣訓練尤以循此途徑爲最當。克氏所下定義，指概括的理想與態度而言，培養必須相當時日，逐步經驗，方能永久保持。其顯著者，爲個人對教師、對同學、對課程、對自己、表見自信謙虛各種態度，他如清潔正確等，亦其重要者。又論標准聯結，稱附於正學習的反應曰感情共鳴，常成爲旁邊的反應，在一事物四周造成者也。且申言之曰，態度爲全活動的一部，即可以生長的一部，充分生長後，足以決定一人作事方針，是爲中心事物之附屬的反應。又曰，在兒童志願活動勝利時，對於成功各節，必養成適當態度。至其論道德教育，亦可謂爲公民教育，全屬於副學習的問題。從教學法原理而言，克氏獨到之見，可謂精矣。不過進於實施，殊有待於教者親自體驗，進而求具體程序。現在一般風習競趨形式。如此理想，殊難實現。余舊著《小學低年級綜合課程論》最後一章，曾論及作業方面的副學習，雖仍簡略，但已具體，茲摘錄於此。

"學習生活中人與人之關係，不外對於先生，對本級同學，對他級同學，對校工，對來賓，以及合作之組織與集會團體。其主要關係：一、意見之接受與供給；二、責任之共同與個別；三、動作之協助與妨害；四、組織與工作之分合；五、禮貌之適當與否。

學習生活中人與物之關係，從所有方面觀，有私與公之別。從用途方面觀，有工具、材料、玩具之別，從處置方面觀，有觀覽、看護、布置、分給、取用、收藏之別。"

茲之所言，仍不外是。關於正學習之教材與教法，根據無活動即無學習與學習必由自發活動之旨，業經有系統的證驗，具見於前。其進行程式，無一動作，無一步驟，不有明確途徑，給予副學習推進的機會。苟知其旨，正學習之成功，即副學習之成功，亦即公民訓練初步基礎之確立。反言之，副學習無適當措置與訓練，正學習即生阻礙，公民訓練亦無由與各種科目結合也。由此可知正學習不改善，副學習即難協調而進。而改善正學習，如不知其中含有副學習之程序，則課程、教材、教法等，將爲傳統觀念所拘束，公民訓練即無可言也。

抑有進者，副學習不限於對正式作業而言，其與正式作業並論者，則以兒童在校，正式作業爲時甚久，舍此不求，效必微末耳。故習慣訓練或公民道德，根本上皆須成爲副學習，而後便於實施。明言之，即習慣訓練或公民道德，必須適應真實情境，由具體事物學習進程以內，取得學習機會，此種機會，非突如其來，而在教者就兒童全部學習，為整體預計。更從實際言之，除正式作業外，關於遊息方面，自不能如正式作業成為有組織的課程；然未始不可因學校之布置與計劃，使兒童任何自由活動，間接而在其控制之下。此外如特定目標或臨時偶發事項，有需乎訓練習慣者，即不結合於正式作業，而以特定時間行之，亦補救學習缺略之一道也。蓋道德產生於人與人及人與物的關係，無此關係，即無道德可言，亦不必成立若何習慣。學習生活不發見如此關係，訓練習慣即無自而實施，所以學習反應仍當於實際反應中求之也。此與認識文字，宜從事物觀察構成觀念，不宜空講意義；實用知識宜從真實情境親自體驗，不宜專習書本，同一理由，無如一般學校實施，皆違反此旨也。

綜上所論，副學習為習慣訓練的特質，其異點則為與正學習是否同樣練習耳。所以開始學習，成為主要問題。惟此係包括一切動作而言，不僅指入學之始，某課之始，某事之始；凡各種方法之始，各種動作之始，以及各別作業進程中或遭遇事實，發生一個新的情境，有涉及副學習者均是。不過新的正學習，不一定有新的副學習，或者只有一部分新的副學習，此在活動單元所表見者，其事甚明。非新的正學習，因兒童經驗變遷，或偶發事項，往往有發生新的副學習之事情。例如紀念週、紀念節日、遊藝會、懇親會等，每隔若干時日，復演一次，皆有增進新知識與新習慣之必要。因此解決副學習的開始學習問題，必須認清其在具體事物間關係的占有性。

1. 副學習為正學習的一個單元所專有，必為其單元活動所需之特別技術，此自當與正學習同樣練習。即副學習純熟之時，正學習亦達到純熟地位。例如摸瞎子遊戲，關於扮瞎子與其摸法，所需技術，即與整體活動完全一致，又為其活動之特性是。

2. 副學習非屬於一種正學習所專有者，必為許多單元活動所應用。雖因事物各有特性，其中或全無異點；然學習中應持態度與其進行程序，大體無異。但其在正學習的進程中，未有此種經驗，則以預備方式行之；已有此種經驗，則以應用方式行之，正學習不為一致的練習。例如紙工之剪貼折叠，生物之採集保存是。

3. 副學習爲正學習的準備者，其構成動作，不爲事物本身間關係，亦無關於學習本身，惟進行學習的步驟上，必須藉助於此種動作，有需乎特殊練習，例如舉手、報數、排坐、查視等是。

由上列占有性，自兒童入學以後，教者但從新定的作業，與新設的環境，注意其實際活動，是否需要新的習慣，或發見新的習慣，不難體驗所得。由此實施訓練，不可不注意以下之點：

1. 副學習成爲預備的，即爲一種新習慣之成立，其與正學習結合時，必須在活動之前，提出練習，使正學習得資以進行。

2. 副學習成爲應用的，則視應用爲整體的，爲部分的，或增入新部分的。如不增入新的部分，自無需加以練習，惟視其態度如何，且是否由正確而進於敏捷。如增入新的部分，當依深廣或變換之度，使其有所體驗。

3. 副學習除屬於特別技術外，大抵皆成爲應用的習慣，具有共同性者。在含有成立新習慣的單元活動，關於習慣開始訓練，必經多次練習，始能應用，往往因此停滯正學習的時間，較僅就一個單元相較，自不如通常專求知識之速。若就全部課程而言，一個單元中所有之學習，可供許多單元活動之應用，歸結仍屬經濟。且始基正確，無需遇事矯正，則一經學習，便成爲有用習慣矣。

第四節　實施訓練類別及其程序

前三節所論，於實施訓練之方案，已見其概，茲進而論其類別與程序，約分三大類：

與作業相合結，此又分爲五類：

1. 合科　本方案以此爲養成習慣的中心工作，其一，占全部作業的大部分時間，訓練的機會特多。其二，一般學校國語常識教學率爲靜的學習，此能根本改造，其他課程非靜的作業，自易推進。現經屢次實驗，在初步業有具體規定，附錄本章末以供參考，茲分爲三部分撮述旨要：

（一）取得常識　從觀察聯想兩方面培養基礎習慣之活動。

（二）文學練習　從行使教具，運用官能，結合身體活動，以集中注意。

　　（三）調節活動　振起疲乏與渙散的心情，以保持其律動習慣。

　　2. 特殊練習　第一學期作業，合科以外，惟唱歌與遊戲有一定時間從事基本練習。其一，此項課程有提出練習之必要；其二，合科教師無專科技能者，得藉專程教師特別訓練，而利用於合科中作調節活動。兒童初入學時，遊唱最適於養□律動習慣。例如唱歌之拍節的練習，聲音高低長短快慢輕重的聽辨，各種韻律活動，使感覺與動作叶於節奏；遊戲之競賽與準備動作，使爭勝或操練，皆成爲紀律活動。如果教者本涵養情緒與訓練精神之旨，以此爲訓練基本，則一種學習之成功，即爲一種良好習慣之成立，可以發生轉移作用。無如一般學校未體斯旨，惟在兒童能作幾種遊戲，能唱幾個歌，致遊唱課程等於知識記誦，毫無與於習慣培養，試玩味古者樂以和衆、射以觀德之言，其去古意抑已远矣。此項基本習慣，依部定低年級作業要項，即可分類規定，不論。

　　3. 集會　此在合科取得常識過程中，本屬於一部分之單元活動。茲分別列舉者，則以集會在學習生活中，具有一種特殊形式，有單獨訓練習慣之必要。兒童由學校集會得到的訓練，通常有三種：其一爲例會如□會周會等；其二爲紀節日會；皆有定期。其三不定會如遊藝會懇親會等。后二種在初期兒童，以參觀他級同學工作爲主，并遵守秩序而參與集會。惟吾人重有感於集會之重要，學校惟務形式而缺乏敬意，例行者成爲具文，特舉者流于誇飾，其引致觀聽，不表見其恪恭雍穆之氣象，即使屏氣斂容，亦無與於內心激引也。初入學之兒童，由集會所詔示者，初不在習知何事，而在教者與高級由同學之儀容，取得觀感潛移默化。所以當集會之時，全體教師必須人人在時間上、秩序上、任務上、動作上、言語上，無一事一時稍以苟且之心出之，其餘一切自迎刃而解矣。

　　4. 遊覽　此非僅指遠足旅行而言，凡單元活動，須在校外之一定場所與其事物須從事觀察者，皆包括其中。於養成習慣約有三點：

　　（1）團體生活　校內具有常規。出外遊覽，必須劃分小組，分配用具，始便於進行工作，在準備上、考察上、整理上，均有共同個別之任務，此於奠定組織生活之初步基礎，最爲切要。

（2）社會規律　社會遭遇，非若校內環境之固定，在所見所聞所接觸種種方面，何者必須明瞭，何者必須避免，無在非增進體驗的資料。苟每出而有所得，自足以應付環境矣。

（3）作事程序　遊覽有最明顯的三個程序，即出發前準備，實施考察，整理研究也。三者措置悉當，各盡其能，即完成其學習功用。

5. 服務　此不限於單元規定之範圍，或爲日常例事，或爲偶發事項，皆足以培養其服務之觀念。初學年最要服務，約有三點：其一考勤，其二整潔，其三扶助或分組配置，輪次擔任，得適應情事而定。

二、不在作業時間的範圍者分爲縱的橫的兩方面對論之。

1. 縱的方面從生活時間而言，則不在作業時間的範圍，可分爲到校回家時間與在校遊息的時間。前者受教師控制之事較少，不具論。後者時間，雖比作業時間爲少，而關係甚大。因爲主要習慣，雖需與作業結合而養成，但不屬於技術之習慣，在正當學習時，不易發見眞實情形，當於完全自由行動中，流露於不自覺。如何使兒童完全自由行動，攝人於控制之中，並作爲個別訓練的依據，當注意於以下條件。

（1）布置教室以外的適宜環境，并供給多種活動工具，使兒童遊息時，得以充分使用。任何自由行動，自不越乎教育設施範圍以外。

（2）關於遊息時活動工具，每有一新的設施，必多方詔示；臨時發見特殊情事，不斷的給予訓練機會，使兒童有不協規律即不得任意活動，逐漸達到無入不自得之境。

（3）兒童遊息時，必有值日教師時常巡視，其職責不在發生事故而處理之，而在擇適宜時機，指導其作正當活動。尤其入學之始，低團教師常以非正式的作業，率領兒童在教室外作種種遊戲，使其離開教師，亦能自相組織，從事活動。

（4）從遊息時發見特殊情形，應分別加以個別訓練。如爲公同皆須注重者，則於朝會中或特殊練習時行之。

2. 橫的方面從活動表見方面而言，約可分爲己身、對人、對物、對事四類。己身如容貌、姿勢、服裝、步履、言語等均有適當規定。對人有對先生、對同學、對校工、對來賓等禮節與態度，尤其同學間相讓相助相節制，表見其正當態度。對物如自己之物，上課前後應如何取置；公共之物，應如何使用，并保護之。對事最重要者爲時間，如上學、上課等不得遲誤。此在部定標准，不少規定，依此類別，提出具體事項，逐漸揭示，并從多方面促其實施，應有明效。

茲附錄開封教育實驗區小學第一學期習慣標准，藉便參考。

第一期教學進程　訓練習慣的初擬標准（此經兒輩東旭、一民在實施中分項審訂）

一、起

1. 起來的姿勢：左脚向右脚靠攏，成四十五度，同時兩手放下，不得有聲。

2. 立的姿勢：身軀挺直，兩手下垂，眼平視。

二、坐

3. 坐下的姿勢：左脚向右脚移開，同時兩手放下於大腿上，輕輕坐下，不得有聲。

4. 坐的姿勢：脚跟脚趾同樣相距七時，大腿與小腿垂直成九十度，兩手平放兩大腿上，身直，眼平視。

三、舉手

5. 舉何手：左手

6. 舉的姿勢：左手向左前方伸直，指并攏，手心向外，手臂與身體斜度成一百一十度鈍角形，不得有聲。

7. 放下的姿勢：左手輕輕放下，不得有聲。

四、看

8. 先生及同學做的時候看的態度：學生坐半圓形，中間的學生向做的中心處凝視，兩旁的學生向左右轉，注視先生或同學做。

9. 由閉眼而睜眼的姿勢：閉眼時，頭稍向前略垂，二目合攏，睜眼時，頭部還原，二目睜開。

10. 在坐席上看的態度：就拿着東西，和架上所懸者，注意其相合處，或其默讀其詞語。

11. 看口令及命令片的姿勢：眼睛注意教者所持命令片及口令片，細心看上邊的文字。

12. 看自己所拿東西的姿勢：端坐，兩手持字牌的下角，頭稍向後垂，注視字牌。對於其他物品看法亦然，拿的辦法可酌爲變換。

13. 看圖的態度，學生走到黑板前，二足可稍離開，向挂圖注視。

五、听

14. 先生及同學説話的時候聽的態度：端坐或直立，眼睛注視説話的人。

15. 先生及同學音讀時候聽的態度：眼睛注視所讀文字，傾聽讀音與文字是否符合。

16. 聽呼名的時候的態度：靜坐或直立，兩目注視呼名的人。

17. 聽敲聲的態度：聞閉眼口令或看到閉眼口令時，閉着眼睛向發聲處傾聽，聞響聲后，即速睜開眼睛，找視發音之處。

六、説話

18. 問的姿勢：問時先舉手，得教師或其他人許可後，起立，眼睛注視所問的，然後説出要説的話，個人在大衆前問時，左手向後背，右手向右上方斜舉，手心向外。

19. 答的姿勢：眼看問話的人，立正應答。

20. 請批評的態度：立正，眼睛注視全體，態度和藹，言語誠摯而温和。左手向后背，右手向右方斜垂，手心向外。

21. 請指示的態度：立正向指示的人行二十五度鞠躬禮，請其指示。

22. 訂誤的態度：先舉手，等教者或同學呼名，再起立説出錯誤之點，說話要誠懇和氣。

23. 講述的姿勢：立正向大衆前鞠躬，左脚移開約七八寸，眼睛注視全體，然后說話，身體勿過呆板，亦不可多動蕩，應該順勢稍有動作。

24. 演擬勢語的姿勢：依語句內容表出各種動作。

25. 傳達命令的姿勢：聽命令時立正靜聽。

26. 報告的姿勢：立正，很鄭重的向聽話的人報告。

27. 在坐席說話的姿勢：得到說話允許之后，從坐位起立，對先生說話，目視先生，對同學說話，則目視同學。

28. 在講台前說話的姿勢：面向全體正立，眼睛輪視全體。隨說話內容改變姿勢。

七、出入

29. 一齊行動的姿勢：身體挺直，兩手下垂，動作輕快，并要注意行列的整齊，以不妨礙別人爲宜。

30. 單獨行動的姿勢：走路時脚之距離，應在七寸內，與一齊行動的姿勢同。

八、敬禮

31. 教室外對先生們的敬禮：戴帽子，行幼童軍禮，立正，舉右手的中指和食指成叉形，舉到右眉前的帽邊，眼睛平視致敬的人。不戴帽子，行鞠躬禮：立正，上身前俯，成四十五度狀，眼睛隨頭部俯視。

32. 教室內對來賓的敬禮及程序，依口令片指示，起立，向某面轉（轉方向要一致）立定，鞠躬，禮畢，還原，坐下。

33. 賀勝者的敬禮：鼓掌。

34. 紀念週的敬禮：三鞠躬。

35. 升降旗的敬禮：戴帽者行幼童軍禮（不戴帽者只行注目禮，目光隨旗上下）。

36. 開學的敬禮：向總理遺像及黨國旗行三鞠躬禮，向先生行鞠躬礼，同學相向行一鞠躬禮，向家長及來賓行一鞠躬禮。

37. 上學放學的敬禮：朝會時全禮行一鞠躬禮，放學時全禮向先生行一鞠躬禮。

38. 回家的敬禮：向父母長輩招呼，行鞠躬禮。

九、繞圈走

39. 一組同行的姿勢：一齊向左轉，由左端第一人領導，先起左足，步伐整齊，腳步距離均勻相隨自左向右，由右邊各歸原位，走的時候要注意行列的整齊和前後人。兩手伸直，指尖達到前邊人后背爲限。

40. 個人行走的姿勢：和一齊行走的姿勢同。

41. 路綫：自左向右。

42. 步法：常步走，遇必要時，可輕跑。

十、對準

43. 坐時拿的姿勢：兩手拿着字牌的兩邊，字牌和大腿成鈍角形。

44. 行時拿的姿勢：右手拿着字牌的右邊，字向內，

45. 舉示時拿的姿勢：右手拿字牌右下角舉在耳旁，舉讀時雙手舉字牌，在頭的右邊，左手拿着字牌的上角，右手拿着字牌的右下角，正面對着全體。

46. 相互對照時的姿勢：立在左邊的人和舉字牌的姿勢一樣，將圖片舉在左邊，立在右邊的人照樣把字牌舉在左邊，拿字牌左邊人用右手持字牌左上邊，右邊人用左手轉字牌的右上邊。

47. 移動時的姿勢：立在字牌的左邊，用右手移動字牌，身體側面向外，總使全體都能看見字牌爲宜。

48. 尋找時的姿勢，兩手下垂，上身前俯以目尋找，找到了，再用手去拿。

49. 初對時尋找的姿勢：手持以字牌，立在黑板的左前方，以目尋找或字牌遍向眉標對尋之。

50. 對準時的姿勢：立在板書文字的左邊，用右手拿字牌放在書字的左邊。

51. 對準後的態度：以右手持字牌，面向全體，身體側向外，以懇摯和藹的態度，請大家訂正。

十一、音讀

52. 讀詞的音調及態度：口齒要清楚，讀一個詞，聲音要連貫（不許一字一停），音的高低以全體能聽清楚爲合宜（不可過高或過低）。

53. 讀語句的音調及高度：讀語句的音也要連貫，音調的高低可隨語句內容而變化，總以全體能聽清楚爲合宜。

54. 讀歌詞的音調及高度：凡語句中含有節奏及音韻的高低，可隨歌詞內容而變化。

55. 循聲讀的高度：應模仿範讀者高度及態度。

56. 齊讀的高度及態度：音要平而緩，快慢要和大家一致。

57. 合讀的高度：同前。

58. 單讀的高度及態度：聲音要響亮些，要顧及全體的視聽。

十二、發字片

59. 管字片的程序及姿勢：立在字片架的后面，以右手舉起一張字片，左手下垂，同時讀音，請大家訂正（管字片者要正對字片架，不得侵占他人的位置）。

60. 領字片的程序及姿勢：側立於字片架的左前方，讀字牌，讀對時以右手取管字片者手中的字片。

61. 移位的姿勢：和起來的姿勢一樣，起立，向左走一步，再同坐下姿勢坐下去，輪到管字片的人，迅跑至字片架前管理字片，輪到領字片的人，速離開字片架，站在末一個字片架左邊。

62. 字盒的取放：取字盒，從較大兒童起，相離各一尺半遠近，各以雙手捧字盒歸坐，放字盒，從較小之兒童起，各將字盒有名字的一頭對着身體，放下去恰是名字朝外，不得有聲。

63. 字片保存的程序：每個小單元的字片，用一窄紙條束着，再合每大單元中之各小束，用紙條束在一起。

十三、舉字片

64. 準備的事項：輕輕將字盒掀開，將先生所說的字片取出來。

65. 尋找的姿勢：以左手盒字片，以右手尋找，找出第一張不是所要找的字片，則將該字片放在一束字片的下面，如是直至找着爲止。

66. 舉的姿勢：找着的字片，以右手舉起來，字片高與胸齊，正面朝外。

67. 檢查的姿勢：互相以目巡視，見有誤者則向先生報告。

十四、比賽

68. 分組比賽的態度：要遵守共同的規約，對於與本組比賽的一組要和氣。

69. 個別比賽的態度：要守規約，失敗不懊惱，得勝不驕傲。

70. 個爭時的態度：要敏捷正確而不慌張。

71. 決勝時的態度：一點不露驕傲的態度。

72. 搶片的規律：要守規律，不使發出聲響，不與人爭奪。

十五、用指引尺

73. 拿的姿勢：以右手拿着尺的左下邊，身體側立。

74. 放的地位及姿勢：以右手拿指引尺放在文字左旁，身體側立。

75. 移的上下地位及姿勢：指引尺要對準所讀文字，如字句長時，應由上向下，隨語貫及分離間移動。

十六、觀察

76. 要認清指定的範圍細心觀察。

77. 他同學所說的話爲自己未看到的，要留心去聽。

78. 分組工作要在組長領導下做工作，并知道怎樣才能做組長。

79. 爲觀察特訂的規則，要逐一了解其意義，並知道實行。

第四章　基本練習

第一節　筆順基本練習法（習字基本練習第一種）

　　筆順基本練習，是準備習字的初步工作，在第一學年第二學期開始練習，如全班兒童都過了八歲，就在第一學期末開始進行亦可。每週練習四次，每次十五分左右。分試習復習補習三種，共習十週。

　　試習片十六張，每張六個練習字，分六橫行，每行五格，行左第一格的字印筆順數碼，每寫一字，由教者指示筆順，即分行向右照第一格的筆順書寫。計每片練習二紙，分兩次寫。

　　復習片四張，每張二十四個字，試習片寫過四張後，即寫復習片一張，每片用二紙，連習兩次。第一次復習，由教者分唱筆順再寫；第二次復習，每寫一字，並自註筆順數碼。片上雙鉤畫，係表明筆順注意的筆畫或部位。

　　補習片係每單字一張，共十格，第一格印練習字並註筆順數碼，其餘空格，照樣自寫。每經第二次復習，發見兒童有某字尚未熟習，即抽出令在課外補習。如共同有未熟習的字，仍在課內補習，由教者隨時加以指導；並得取有關聯的字（如字形相似而筆順不同），同時並習。

　　筆順基本字共九十六個，間有數字是作比較或反復用的，排列程序，以承接，連貫，交叉，相包分類順序排列，不純以筆畫多寡爲次第。每種筆畫不同承筆，亦不盡連接排列。承接類式例過多，亦有若干式例分見其他練習中。

　　承接分三類（參閱筆順基本練習法第二章開封實驗區出版），以相支，對稱分取基本字，重□分屬各類中。

　　二、工、下、不、上、止、仁、斤、乍、片、六、火等十二字爲橫直點撇單畫成字，首四字橫起，次二字直起，再次四字撇起，又次二字點起。凡承橫直點撇起筆，式例有未盡的，分見以後練習中。

二——橫承上橫——橫重叠。

工——直承上橫，次橫承上直。

下——直承上橫，次點承左直。

不——撇承上橫，次直承左上橫，再點承左直。

上——橫承左直，次橫承橫支直。

止——直再左支中直，次橫在右支中直。

仁——直承左上撇。

斤——撇承右上撇。

乍——橫承左撇。

片——右部支片撇，點在上爲右部起筆。

六——橫承頂點，次右點支左撇。

火——右點支左點，次右捺支左撇，左點右重叠。

口——橫折支左直。

刀——撇承上橫折。

乃——橫折又折支左下撇。

勿——橫折帶鈎承左上撇，撇左右重叠。

弓——橫承上橫折，次直折又折承橫。

互——直斜折承橫，次右折支左折。

乏——點承頂撇。

台——點承左直折。

矛——點承上橫折。

心——曲鈎支左點，次中點，再右點。

沙——挑承上下連點——點上下重叠。

忙——直承左右點。

行——左部直承上下叠撇——撇上下重叠。

以上相支。

以——左部點承直折，右部點承撇。

比——直折承橫。

日——橫折承左直對稱。

月——同右。

菲——上部左方橫承直，右方直帶撇承橫。下部左有兩方均先直後叠橫。亦可先中右兩直，後兩旁左右重叠橫。

冗——先橫折向左下鉤承左點對稱，次直右折向上鉤承左撇對稱。

穴——以宀承頂點，次以八對稱。

並——ソ對稱起頭，以橫承；次以=對稱左右支橫；再次以ソ對稱左右支直；最後

兆——先以乚承左丿對稱，次叠點左右對稱。

山——先中直，次左直折過右，以直承對稱。

永——先中部以亅承丶；次再フ右乀對稱。

以上對稱。

尺——先コ後人。

所——先厂后コ。

即——左部先彐後㇄，右部先㇆後丨。

防——左部先㇌後丨，右部先丶後丿。

上錯綜變例。

連貫不外直貫撇貫（參閱筆順基本練習法第三章）土、干、王、羊四字直貫，七、也、氏、毛四字折貫，左、古、刊、力、四字橫貫，乎、字、字、孔、光、米、雨、逆、井、升、舟、再等十二字變例。

上——直上貫。

王——直中得。

干羊——直下貫橫。

七——直折貫橫。

毛——直折帶鉤貫橫。

氏——斜直帶鉤貫橫。

也——直折貫橫折。

左、右、刊、力——撇貫橫。

乎、宇、字、孔——乎字用通例字，孔爲變例。

光、米——光之直不下貫，先丨後ソ。米之直下貫，先ソ爲對稱。

雨、逆——因中隔對稱形，直與撇皆不爲頂橫之承筆。

井、升——用連貫律先橫後撇直。并爲輔證字。

舟、再——用空下相包律，在起筆後，以刀冂作承，再以聯屬之畫貫之。

交、叉（參閱筆順基本練習法第四章）父、爻、丈、友、冬五字撇捺交叉，九、化、必、五、爲、飛、犯七字於捺勢之交叉，女、母、才、身、成、我、栽、犬八字變例交叉。

父——單單交叉。

爻——叠形交叉。

丈——貫橫交叉。

友、冬——帶折交叉。

九、化——丿乚叉交。

必——丶心交叉。

五——丿𠃍交叉。

爲——丿𠃍交叉。

飛——丿乁交叉。

犯——丿丨交叉。

女、母——以く丿與㇄𠃍交叉，成變例。

才、身——以𠃍丿交叉，成變例。才爲輔證字。

成、我、栽、犬——以㇏丿交叉成變例，犬爲左上點之輔證字。

相、包（參閱筆畫基本練習法第五章）不同形七，通律二，變例一。

凶——空上，通律二。

囚——周變。

司——上右包。

匡——左上下包。

仄、府——左上包。

巡、延——左下包。

赴、匙——左下包變例。

第二節　筆畫基本練習法（習字基本練習第二種）

一、練習程序——筆畫基本練習，是筆順練習做完後的工作。用毛筆寫，必須完成了這個工作，再臨帖寫，以及抽出課本上的生字作附隨練習，才能收較大的效果。如果繼續作一種間架結構的基本練習，更是有益。

教者在開始練習前，須仔細參閱筆畫基本練習法二、三、五各章，體會旨要，取本練習片自行練習一遍，並確已了解種種方式，然後可以進行教學。

練習分預備正式兩種，雖備練習四張，專畫綫條，從橫線開始，進到直線，再進到圜線。先左右，後上下。以一週爲練習期限，共四次，每次練習一張，約十五分鐘左右，練習後，加發同樣練習片一張，令課外自習。如兒童都是六七歲，可以加習一週。

這種練習，所以成爲正式的習字預備者，因爲學習開始，有許多的習慣，必須培養。從畫簡易線條起，把通用程式，確立基礎，以後分別專注筆畫，便易體會。茲說明如下：

（一）注重執筆示範練習（參閱筆畫基本練習法第二章）。使兒童能做豎掌虛拳的姿勢。這種練習，雖然不能使執筆法成爲慣習，但是生勢腕勢等可使兒童從練習中間知道如何式樣，並能留心仿做。因爲這種工作極難，決非短期間所能奏效。如果正式寫字以前，稍作準備，以後學習筆畫時便可減少困難。

（二）注重逆起回收的運筆法（參閱筆畫基本練習法第三章和第五章圖形）。使在畫簡單線條中容易仿□。並且每一線條，必依影本一筆寫成，儘管筆畫不大合式，亦不計補描，這是開始習字時必須養成的習慣。

（三）附帶注音的條件：

1. 硯墨筆尺等用具必須在寫字前預備晚上。研墨方法——水不可放得太多太少，太少了不夠用，太多了手指研得吃力，妨礙寫字。磨得太淡，即使不生溼彩，也無光彩。磨得太濃，容易沾滯筆毛。所以墨的多少濃淡，均以適合為度。

2. 分發練習片時，傳遞要快。聽到命令才開始寫。

3. 寫完了，要填月日姓名，再輕輕揩去筆上墨瀋，插入筆套，並將硯墨壓尺收好，然後把寫成的字片交給先生。總之，自始至終，不得有絲毫輕率浮躁的動作。

4. 每種新動作開始，勿論關於身手姿勢，或是運筆方法，教者必須詳加示範，使兒

童十分了解，然後練習書寫。下筆後，又須仔細巡視，就所發現的錯誤，共同矯正，或

個別矯正。

正式練習（參閱筆畫基本練習法第五章）分試習復習二個步驟，試習片十六張，每張五個練習字，分四直行，每行四格，要一行一行的分寫。每片第一次試習，另給小白紙一方，由教者先示範新筆畫寫法，然後分行示範書寫。

復習片四張，行格同前，每張十六字，每試習四片終了，即進行一張復習片。

此項練習每週四次，每次二十分鐘左右，試習復習都是每張連寫二次，計試習復習共要十週。再加入預備練習一週，或有若干片要特別補習，約三個月可以結束。

二、基本字和配置程序——根據筆畫研究結果，選定基本字六十四個，依橫、直、點、撇、捺、挑，順序排列，折的筆畫錯綜參入，先易後難。茲分別列左：

二、三、十、上

橫——中拱，等重，尾重。

直——懸針，垂露。
土、七、山、中
橫——尾折
直——不貫底，懸針。
折畫——乚乚丁。
言、下、半、六
直——垂露。
點——頂點，左側點，右側點。
撇——短斜撇。
匡、日、左、右
直——左側直。
撇——長斜撇。
折畫——フ。
千、少、片、惟
撇——橫撇，長直撇。
點——底點。
直——承接直。
往、形、多、無
撇——禿尾。
橫——首重。
重叠畫——應接撇，向背直，向背點，俯仰橫。
折畫——フ。
五、女、人、父
點——長點。
直——斜直。
捺——斜捺。
折畫——フ。
走、述、延、之

捺——平捺。

挑——平挑。

折畫——㇏㇀㇁。

疾、攻、去、以

挑——斜挑，平挑。

撇——承撇。

鈎——左鈎。

折畫——㇇㇉。

水、折、河、月

鈎——左直鈎。

撇——短撇（啄）。

橫——首重

挑——上挑。

折畫——㇆。

而、門、句、第

鈎——左斜鈎。

折畫——㇆㇆㇆。

子、孫、狂、欣

鈎——曲鈎，下鈎。

折畫——㇆㇉。

受、家、即、防

鈎——曲鈎，下鈎。

折畫——㇆㇉。

也、兆、九、風

鈎——上鈎。

折曲——乚乙乀。

氏、戈、心、必

鈎——上鈎。

成、我、包、冠

鈎——上鈎，交互鈎。

第五章　自由閱讀中作文練習

第一節　旨要

　　人類發表之具，用口説曰話，用筆寫曰文。所以説話與作文，表達之式異而功用則同。研究兒童初學作文，莫要於體察兒童開始如何學話與其進展情事。因以人類學習，由心理學教學法之推進，學習更有效率者固多。然因襲人造方式，流弊所極，成爲虛浮矯揉之形式，反而殺其固有智力者亦不少。惟有兒童開始學説話，完全由其自力進展，其中表現一種自然學習程式，不可忽視。當兒童開始學説話時，當然所説者爲單詞短語，逐漸而説整語句，進而説連屬語句。惟如此遞進，並非先了解單詞短句之説法而後能説整語句，先了解整語句之説法而后能説連屬語句，實由其發音生理之進展，與説話能力俱進。其能説單詞短語時，固已習聽其父母兄姊日常連屬語句之説話，已有相當了解矣。在彼當時説話之觀念，視單詞短語與整語句或連屬語句，爲同樣的具體感覺，即同爲自己所欲表達之情意。即使所説止於單詞短語，成爲不完整之語言，而情義流露，仍屬於完整表達，或者在詞語之外，同時表出一種極勢象徵以達其情意。例如説"我要"，彼必對需要事物，目有所注或手有所指；説'糕'，彼必表示給我吃的情狀。甚至呼一聲'媽媽'其爲要抱或要吃或有其他意義，全在爲母者聽其語氣並察其神情而領會之。初學説話既如此，初學作文何獨不然。其不同者只有兩點：

　　1. 話可以擬勢之動作輔之，文則必用符號聯綴表出完全意義，始能獨立成爲整語句。

　　2. 初期説話，發音之力不具，藉助於擬勢動作相輔；初期作文，寫字之力不具，則空格以待教者補充。

所以作文時期,兒童並無不能說之語言,只有所說的語言是否合式,以及是否依所欲說者能完全寫出。假使作文止於單詞或助語,而不具一種獨立語句的形式,即不成其為文。其成為兒童文者,亦不限於具有篇章或聯屬語句,但使之簡單句子具有獨立意義,斯為文也。因為整篇與聯屬句之構成,基於作文能力之進展,猶之開始學說話,不能用整語句與聯屬語句也。維是以求,則兒童作文教學之唯一條件,必須使兒童能自發表其情意,且因需要與興趣而必欲表達。否則違反自然學習原則,即令在技巧上可使取得若干能力,亦必效率甚微或者成為苦役矣。試觀傳統教學,開始用填字聯字聯句重組等式,甚至提示種種文法分析,是否可為準則,實為嚴重問題。作者非謂文法絕對無用,然係作文具有相當能力,於修辭學上為應了解之事,非兒童所學習且所當習,□者兒童在作文中,發現種種用字錯誤,適應時機提出練習,未始無益,然未可作為基本練習也。在本方案第二步驟習中綴寫一式,固亦採用填字等式,然係參用於許多有趣練習方式之中,其目的在理解字義之練習應用,與書寫結合,非以此為正式練習作文之法。與教科書授課之應用練習,當作唯一程式者異趣。

至其進於命題作文,一般學校情形,大抵習用科舉時代的命題,通常論者已多訴病。惟其盛唱命題以切近生活為目的,在用教科書授課式下進行,殊無由達其企圖。何也?特定時間作文,若與教科書相屬,未有不犯科舉時代命題之弊者。如其另覓動機,試問在固定鐘點中,又與閱讀正課脫節,亦覓無可覓。而且為作文而始覓動機,非由作文動機始而進行練習,則所謂動機者,亦無自表出真正興趣也。

於此當進而論兒童所學習者應作如何之文,開始所作者為整語句,此在形式上與傳統教學似同,旨趣則殊。何也?彼係提出若干字令兒童補綴,或者從教科書上提出範句令其仿作。如此學習,完全屬於機械練習,並沒性靈。茲則由理解閱讀使其作答,或者從多方面設計,使之自由發表。所為簡單語句,亦係體會整體事實與其情節,始能綴成整個語句,即就形式論,一個整語句亦成文也。若論命題作文,先須了解者,此種工作，第一當与其整體學習生活成爲整體聯繫；第二所學習者，當於社會上有應用價值，二者必具有一方面，則作文始爲正當學習。前者係應用工具以求知識並培養其工具之作用，後者則爲習得工具爲將來進修運用工具之準備，或者應付社會需要之準備。試問一綫學校的作文練習，兒童讀書的進度，与作文進程不生關係，其不重視作文，固應爾爾。論及社會應用價值，通常率以實用文之各種程式爲斷。其實通常所指（教部課程標准亦然之實用文，不過係日常應用之一部分。而且此種文體，只有若干特殊式例。除此式例外，與普通文構成語句並無不同。其應用最廣者，莫如記錄、報告、綱要、以及某種過程之描寫、記述、說明、論斷、辨難。所謂某種過程者，以別於通常所稱之記叙、說明、議論等普通文體也。世人習於考試所尚之科舉文章，在教科書中所標範文，莫不以此爲式，因之作文亦習焉不覺。其實此種文式，極不適於學習進程，本方案所孳孳亟求之也。

抑說語與作文具有聯屬關係，在傳統教學上，頗重視談話爲作文準備之點，惟以在教科書授課式下進行，說話與作文分爲兩截，即用說話爲作文準備，亦與正課閱讀脫節。是謂準備者，非建築於整體學習生活基礎之上，殊嫌單調寡味。而且準備之真意義，並不限於作文開始以說話爲準備，而係入學之始，首先培養說話能力與其態度，爲作文立其基礎，始基不立，僅爲作文而從談話入手，於語言練習無與也。本方案在單元活動取得常識過程中，教者如深切了解此旨，關于語言練習，確已建立基礎。及其進於自由閱讀，選讀各種讀物，從進程上給予作文練習機會，雖不如設計式由真實環境取材富有，然不必另作環境佈置，即從讀物上別闢富源，較適於一般教師從事也。

第二節　正式作文練習

第二步驟關於作文種種準備，已詳前篇，不復論，茲依自由閱讀進程，逐項分析言之。

1. 問題解答——近來有人主張以作日記替代命題作文，此種日記作法，當有適宜規畫，非如一般小學照例作日記已也。然日記究竟爲正課授讀以外之工作，不及解答問題，隨閱讀進行，依分階段而進度不同，依分讀物種類而作法不同，各有一定程式，且有一定步驟。以解答問題爲作文練習之主要部分，自較作日記更有成效。

2. 摘寫——開始記單詞，進而記語句，再進而摘記小段落之文，或大段落中若干連屬語句。在解答筆記外另簿抄錄，分自然、社會兩大類各用一簿。即文藝讀物，亦可依詞語內容，分別歸納於兩大類中。或指定形式，或指定範圍，由示例而摘寫。每詞語一條，須占一整行，語句多者占一個獨立地位，均不與他條同行接寫，以便查檢。住時文人讀書常用此法，尤其學詞章者多如此，此於作文工作在用詞作美的描寫，頗有幫助。每一學期終了，更可就自然分天象地理等小類，社會分人與物二小類，再行分別歸納照謄。各小類中又可分若干項，如天象之日月風雨等，如果某一項記錄至十條左右，即分項照謄。遇有作文題目，與某類同性質，即檢查可備運用之詞語。經此兩次抄錄，即不臨時查檢，自然運用自如。

3. 附隨作業——此最適於命題作文之用。命題作文須由真實情境引出活動，惟設計式活動單元始有之。但是設計式活動單元，非盡有作文需要者，如一律強附以作文練習，勞必至阻礙單元本身活動的自然程序，減損興趣，若另割時間練習，又易形成機械作業，索然寡味。本方案之讀物閱讀，由閱讀進於理解，與作文練習之解答工作，融合一致。其進一步更需附帶作業，大部分讀物皆然。舉其最顯而易見者，可分四類。

（1）選取讀物中插圖片命題——此在任何讀物皆插數圖，尤其前三階段讀物插圖更多。開始惟使依據圖片題詞語或句子，但使所表達者爲圖中事物或其含義；進而依圖題若干句子，盡述圖中情事；再進則用連屬語句綴成小文。此種方式，通常談作文教法者，亦有提出者。外國學校頗見通行，吾國某私立中學國文教師，曾用此法取得最有效的成績。初小用之，更爲相宜，且可循序一步一步的推進。而況此所用圖片，即當時閱讀讀物中提出，由此練習，更可使讀物引出之觀念取得再生作用。

（2）原書構成情節中附隨小節，本文當有略者，此在文藝讀物多有之。例如白兔脫險讀物中白兔說"你昨天……"轉念一想不說。其中所說當爲何話，試參究前後段的事實，當極瞭然可就此擬出一段事實。又"只消如此"一句話里，試參究白兔到狼家以後的事情，即可想出如此者爲何語。又如小猫遇難讀物中，小兔既到一座房子裏，就接着說"啊呀，這座房子怎麼租出了"即可。由這句話引出招租廣告與租房契約等應如何書寫。

準此類推，文藝讀物中附隨作業，可以作普通文與實用文練習之機會，實屬甚多，如其設身處地，幾與真實情境無異。而且由此練習，在作文方面，有新讀物供給原料，俾其思考；在閱讀方面，更得到進一層體驗，較之寫讀後感想，更有着落。因爲給予題目，使其從集中目標以體會全文也。

（3）整理工作，大部分屬于常識讀物，即文藝讀物亦間得用之，例如將原書重行組織，分類歸納，或依目次提綱撮要是。

（4）根據讀物的內容，從環境事實，集注目標而觀察，記述所見以相印證，此惟常識讀物部分適用之。

以上四種練習，在學習指引片或未盡提出題目，當由教者根據所論，斟酌兒童能力與讀物的插圖或他項附隨作業，隨時利用，以有計劃的循序進行，於命題作文之能事，當已略備。

4. 表述——此爲作文與語言結合練習之重要工作。教科書授課之回讀回講，純爲機械式復習，而非自由發表，即無語言練習可言。其問答雖間含發表意味，然純屬斷片事實。且當時所集注者，在所答意義與所問是否相合，絕對不重語言形式也。至於故事會、講演會等離開正課，與日常學習不相連貫。尤其一般學校每爲訓練極少數有特長之兒童，與人比賽，爲本校或本級爭得名譽，更屬違反教育原則普遍學習之旨矣。本方案之表述異是，凡所閱讀任何讀物，必有兒童公開表述；每個兒童在一個月中必有若干次表述。教者且審量各個能力，分別準備情事，能力遜者或給予襄助，務使其各自取得聽衆歡迎。在公開表述時，開始依反復故事照書朗讀，進於參以擬勢動作。及讀普通讀物，始依原文稍參擬勞動作爲整體表述，進而爲提要表述以及仿扮演話劇表演式而表述。關於提要□分幕扮講，即需用文字開列要項作爲準備，於預備表述時，在教者指導下，由曾讀所預備表述之讀物者，公同討論計劃。更進則爲報告式表述，即可參用筆記報告。其報告內容，或提取綱要，或綜合事實，各以己意重組，亦可參入評話，如书目提要方式。是爲表述之大體程式。

　　在第二步驟取得常識過程中，關於整理一項，依據兒童說話結果，公同組成提示語句，係以口頭發表爲文字練習的準備。此之提要表述，則以文字整理爲進行口頭表演的準備。如此互相聯結表見功用，抑可覘學習進程矣。爲使表述圓滿並日益有效兼策進各自努力起見，凡公開表述，不限於本團兒童圍聽，宜時常邀請他團兒童同聽，甚至每學期規定各干次邀請各團教師及家長等來聽。其表述惟求其博取聽衆高興，絕對不以比賽爲目的。至於學校或來賓，對表述最優者特予獎勵，非所計矣。尤其邀請校外人來聽之表述，藉助於裝扮與環境布置，更增作文練習機會。因爲寫請帖，寫表述節目，寫席次，寫標語，寫布告，以及開頭結尾應如何致詞，均於事前由兒童主持，在教者指導下公同商定，此與日常生活上之應用更有密切關係，抑甚明矣。惟有一事須注意者，即公開表述時間，以定在正課以外爲宜，因其便於邀請外人同聽也。平常表述次數，間日一次，每次至少一小時，在合科，每週鐘點內劃出一小時，並於規定鐘點外增加二小時行之。雖然作業時數加多，但此外不必另設故事會、講演會，由教師課外輔導，而且此種活動，兒童並不厭煩，他團亦得參加，其利益實甚大也。

　　又普通讀物之公開表述，如其篇幅較長，或內容較複雜者，以及對話體之讀物，得以兩人以上分段準備合講。一則兩人以上合講一書，輪講次數較密，練習更有興趣；二則分段各自預備，較爲注意，而且彼此亦有商討機會，於準備更爲方便。至於每次最後時間，宜劃出數分鐘公同進行批評，於表述改進，甚有益也。

第三節　補充練習

　　以上作文練習，較一般學校所行之單調而且無體系的練習，已見進步，然僅此猶未盡也。所以提出補充練習，更取適當程式行之，分爲三種活動。

　　1. 單元活動，此在自由閱讀時，每學期須進行三四個單元，在概論中業已提及。因爲乡土教材與試驗教材之類，非憑讀物可以取得真正知識。前者以旅行參觀之設計式行之，如旅行日記、遊記、記事文、寫景文詩歌等，即於此中特加練習。後者以理科試驗式行之，如記錄、報告、綱要等，以及組織材料之工作，即於此中特加練習。

　　2. 學校公同活動，如紀念節日、遊藝會、懇親會、運動會，以及教室與各場所之整理等，任何班級，皆需參與。由活動所引出之作文練習，如製定辦事綱要、製定規約、開單據，以及預備講演或報告文稿，即可適應時機特加練習。尤其編輯新聞，爲開拓閱讀能力之最要工作，亦爲將來効用社會之必需工具。惟此種工作，如何能從開始作文，即立基礎。在過去介紹有效方法，從本級新聞入手，即一年級兒童亦可從事。雖事甚簡陋，然傳遞本級消息，兒童亦感趣味。由此練習一二年，進而加入本校新聞，再進而從事摘輯日報，自無困難，本方案閱讀第一學期，即可從事本團新聞之編輯；至第二學期編輯新聞；可以加入本校新聞。至第三學期，即選輯日報，從事於壁報工作。其開始練習方法，每日在正課外酌定時間，由兒童公同提出學校關於本團當日消息，以及各兒童家中重要事實，選定若干條爲新聞，每條用單句記事，俟工作較多，進而用聯屬語句記事。最初由教者指導公同討論；並取其討論結果酌定語句示例，逐漸使兒童進於自由討論，惟以最後商定條文，送教者修正可也。至新聞條文程式，下節列有範例，可資參考。

　　3. 偶發事項，與實用文最有關聯，須適應當時事□而定　尤其通信練習，如本團師生家座慶弔，及其□大事問訊，或者個人特殊通信有需指導，或者作品可公布者，均爲公同練習最適宜的機會。

此外尚有由閱讀發生種種應遵守或不可違犯的條件，在閱讀過程討論中提出。教者先須説明情事，由兒童公同商製條文，加以修正，即予布告。總之學習過程中，任何事項，須用文字揭示者，總以同兒童合作爲宜。

以上所舉，雖有未盡，然大體已具，且皆適當應學習心理進行作文練習。至於作文程式與訂正方法，坊間出版物之實用文與文法等書，教者自當參究，作提示準備，有時亦可摘要陳列，供兒童取閱，從必須指定範圍耳。北新書局譯有《語言與綴法》一書，對於指示作法與痛□□□書授課之作文練習種種缺點，與本教學法旨趣完全相同，惟其表現活動，各有立場，殊途同歸。其關於程式與附帶事項，原書已説及者，皆略而不論。讀者欲深究以上所論，可購置此書參考。

第四節　作品示例

兒童初學作文，可作如何之文，惟有從多方練習下鑑定之。吾國關於此類作品，各書坊刊印與各校發表或講演稿件，多由教者修飾，甚至全爲代筆，作爲欺騙社會之具，不可爲訓。茲從譯本中摘錄數則示例，或者比較真實也。

記錄作品示例：

水　　仙

一月三日，我們栽水仙。

我們把它栽在磁盆裏，盆裏有清水和亮晶晶的白石子。

我看水仙同蔥差不多。

到了一月十六日"啊，變了，它真像站在餅子上的黃臘燭，等着我們點上火去。

雪

雪好像一粒粒的白米。

雪好像一顆顆的明珠。

以上一二年級記錄。

製造臘燭

用一根二尺半長的綫。
兩頭結起來。
提起不結着的一頭。
放到已融化的臘裏浸十秒鐘。
提出來，等它冷。
照樣一次一次的浸，要怎樣粗的臘燭，就得怎樣粗的臘燭。

閱書規條

一本書沒有讀完，不要拿第二本。
還書的時候，把卡片上的名字劃去。
手不乾淨的時候，不要拿書。
不要把書遺失。

以上三年級記錄。
日記作品示例：

六月四日
我到琴姑家裏問好。
六月六日
我到河裏堆一座火山。
六月廿一日
我在衣帶上作走繩索的遊戲。
以上二年級暑期日記
十月二十日
今天來了一個新老師，是教音樂的，他叫史先生。我們今天上音樂課的時候，我想一定很快活。

二月八日

今天我們第一次用到地圖,我沒有想到地圖,有這樣好玩,我們把青色塗在水綫上。

以上三年級日記。
新聞作品示例:

一年級新聞作品（兒童合作教師代寫）

初　　稿

今天是喬治的生日。
今天早上我們醒來,看見滿地是雪。
喬治現在六歲。
雪是喬治的禮物。

修正稿

今天是喬治的生日,
他現在六歲。
早上我們醒來,看見照眼的雪,
這是天公送給喬治的禮物。

二年級新聞作品

魯威同他的哥哥和母親做牛奶糖。
馬高的父親,每天晚上變戲法。
魯美到過中谷去,看見許多羊在農場上。
我們教室裏,有計多新鮮花。
傑姆的祖母,到加州去了。
雷拿的父親,在做無綫電。
我們的牡丹花長起來了,有一根嫩芽從地下探起頭來,它竟知道春天到了。

三年級雜誌作品

我家小貓的怪伴侶

　　我聽見"咪啊，咪啊，"的叫聲，接着門上又發出一陣爬抓的聲音。

　　我曉得我那小貓在叫我了，便跑過去開門，你猜我看見些甚麼。我那黃毛亞歷山大的嘴裏啣着一條小蛇，全家的人都跑來看，你想他得意嗎。爸爸把蛇拿了去，從此以後，他又同小鼠玩了。

標籤作品示例

　　這是一塊用黏土燒成的磚，我從鳥州的磚廠拿來的。那磚廠在一座小山的後面，我看見那裏有一架機器，先把黏土研過，然後燒成磚。

　　這一塊塊東西，是可用來造飛艇的。原是一塊布，現在是裏面夾着橡皮了，堅固得很，你不妨撕一下試試看。

上係三年級陳列物品所作標籤。
書信作品示例：

一年級賀帖

親愛的斐力伯

我祝你快樂樂地過你的生日

愛你的蓓蒂

二年級的書信

親愛的比利

我有一隻牙齒鬆了，快要掉下來了，你換了多少牙齒。

我們開會的時候,一個印地安人,要來講故事給我們聽。
現在正練習寫字。

亞爾文
一九二九,十‧二十三

報告作品示例:

木偶人歷險記——滑稽故事

這篇故事,講起一個木偶人,他從主人那裏逃出來,經過了許多危險。最後遇到狐狸和貓,他們是木偶人的仇敵,把他吊在一棵大樹上。有一個青髮仙子救了他,他受了感動,回到主人那裏去,竟變成一個好好的真小孩了。

杜立德航海記——荒唐故事

杜立德航海到蛛猿島去,遇見一個通鳥語的土人。島上的人很愛杜立德,要他做他們的王,他不願意,騎了一匹蝸牛逃回家裏。

動物傳說集——冒險故事

這本書裏講的,都是動物故事,都很有趣。白兔和貓那篇最好玩,我最愛讀的一篇叫做"信實朋友",是最後一篇。

詩歌作品示例:

(一)

看吧,看吧,
這些丁香花。

(二)

你是我的好朋友,
我把一顆親切的心送給你。

请你收下這點小小禮物，
好好把他藏起。

（三）

知更雀，知更雀，
你在大樹枝上落，
許多綠葉圍繞你，
請你對我唱個歌。

附錄　基本單元活動綱要

　　本方案之基本單元活動，分教學過程爲取得常識練習文字兩階段。練習文字具有一定程式。惟取得常識因各個單元性質與環境不同，活動即異其趣。教部試驗教材組，由作者指導編輯，製定教案，俾便實施者參考。茲酌錄若干示例。

一、你的姓名和住址（前期）

（1）題意

1. 要旨：使兒童認識自己姓名的文字符號，並互相介紹姓名，及爲貼名條的活動。

2. 進行時期：接在"我們的教室"單元後進行。

（二）活動路綫

1. 準備事項：

（1）將全體兒童姓名，各預書一名籤。

（2）將兒童姓名住址，依同方向並同里巷者，彙列一表，以便臨時取用。

2. 進行步驟：

（1）先令兒童依座次順序逐一報告："我姓……叫……住在……"

（2）依次到教師前取自己名籤，持示向同學宣讀姓名（不說住址）並一鞠躬而退。

（3）做貼名條活動時，教者可說明如下：

甲、每人名籤應貼在迎面椅背的右上方距頂約若干分；

乙、名籤背後摸漿糊要均勻，不要亂摸；

丙、貼時右手拿名籤的右上角，左手拿名籤的左下角，放端正後，再行實貼。

教者解釋清楚後，即可指導進行貼名條的活動

（4）每五人順序為一組，互相詢問姓名，並指其自己名條上的文字讀示之。

（5）令每同里巷者為一組，每組分次同時起立，一如順序分組者之詢問讀示。

（6）同姓者再依此式活動。

（7）教者將預製兒童姓名住址表，挂於黑板上，令兒童依次來向同學指讀自己姓名並一鞠躬而退。

（8）令同姓之兒童起立報數。

（9）令同里巷之兒童起立報數。

二、你是何省何縣的人（後期）

（一）題意

1. 要旨：以本地為出發點，使兒童明瞭本縣（或市）本省的方位、形勢與物產，以激發其愛鄉愛省愛國的觀念。

2. 內容：本單元教材，假定以四川省重慶市為對象。

3. 進行時期：在筆順基本練習後進行。

（二）活動路綫

1. 準備事項：

（1）全國及本省本市的簡明圖各一張。

（2）印製學籍表若干份（多於兒童數少許）。

2. 觀察聯想：

（1）教者用問答式先說明本市名稱，及其所屬之省名，然後將有本省本市名稱（四川省重慶市）字樣之牌區簽題，如學校校牌，學校其得

獎旗銀盾之上下款題名，及其他校內之碑記匾額等，指示兒童並令認識其字。

（2）出示本省本市簡明圖，先使兒童知道地圖的功用，及地圖上所規定的方向，以便辨別所在地的方向和位置。次指示本校在市圖中的地點與方位，本市在省圖中的地點與方位。並得簡單說明市區的疆域、沿革、户口及政治組織等。

（3）就本市所表見的水陸交通、物產及商業概況，以說明與市民生活及本省的關係。

（4）使兒童回憶入學報名時教師問明姓名、年齡、籍貫、住址並填寫學籍表等事實，以說明填寫籍貫必須填明省縣（或市）的理由。

（5）逐一提問兒童的籍貫。對於客籍兒童，可示以全國簡明圖指，示其原籍縣省在地圖上的地點，並得說明圖目前住處的距離及其交通情形。

（6）說明本省本市在全國地圖中之方向位置。

2. 整理發表：

（1）關於本省本市之方位、形勢、交通、特產、政治等，用問答法加以觀念的整理。

（2）將本省及本市之山川道路街市物產等專名，撮要書於字牌上，令兒認識與書寫。

（3）每個兒童發給印就之空白學籍表及前經填就之學籍表（注意發給原兒童）各一份，指導並巡視各兒童，依照已填之表填寫。

三、看看花草怎樣生長（兩期均作）

（一）題意

本題材須研究花草生長程序，培植方法，倘僅在進行單元活動時，作一度觀察殊無意義，應於進行前數週，在園藝工作中，指定省察之花草，指導培植，逐漸觀察其生長狀況，俟生長發達有一定現象可以證驗時，即開始單元活動，實施進行。

本單元以秋季花草為對象，以秋季花草中最普通常見之菊花、雞冠花、鳳仙花、牽牛花、蟋蟀草、榨酱草爲研究主體，假定某校之園，園中樹木葱蘢，花草茂盛，竹籬上蔓延着盛開的牽牛花，雞冠花鮮紅可愛，鳳仙花紅白相間，花草丛中紡織娘沙拉沙拉叫得抑揚可聽，金鈴子的鈴鈴鈴、蟋蟀的瞿瞿瞿，叫個不停。

（二）活動路綫——分準備工作與進行活動兩項。

1. 準備工作——在秋季開學後，第二三週開始進行，至收藏種子活動，則在單元進行結束後完成整個的工作。

（1）園藝工作：

播種——研究種子的栽種的時期及方法。

培養——在平日園藝工作中，分組分區管理園庭，關於花草之種植、鬆土、灌溉、除草、捉害蟲等工作。

欣賞——平日至園中採取花草作教室內布置及盆花布置，壓製標本等。

收藏種子——研究收藏方法，並須與勞作科聯絡，預製收藏種子口袋，袋上畫花又可與美術科聯絡。

（2）捕捉昆蟲：

爲便於附帶研究花草間有關係之昆蟲，引導捕捉飼養，以備進行單元時研究，觀察其生活狀況、鳴叫原因、所具習慣、製作標本等。

2. 進行活動——秋季開學後，約第六七週，園中花卉盛開時，領導兒童視察菊花、雞冠花、鳳仙花、牽牛花之形態，研究栽培方法、生長程序，取得關於種植花卉之常識，並附帶研究花草間有關係之昆蟲——紡紗娘、金鈴子、蟋蟀等。兒童視察後，務植兩株於盆中帶回教室中研究，研究範圍如下：

（甲）觀察要點：

（1）花——顏色、形狀、種子、香味，以及生在葉前，生在葉後，與葉齊生——單生或叢生。

（2）葉——形狀、種類。

（3）莖、根。

（4）昆蟲——紡紗娘、金鈴子、蟋蟀之形態、習性。

（5）計算——（1）計算雌雄蕊、花瓣、花葉等數目——在一花上的，數花上的，一提上的，數提上的。（2）計算一把中或一瓶中多少花，花瓣之大小與手指之大小比較。（3）比較花之形狀、顏色、鮮花與乾花之重量。（4）比比草葉之長短。

（6）聯想範圍：

（1）空間的——（1）花之用途。（2）如何種植花卉。（3）在室內如何布置及供養。

（2）時間的——（1）花和花蕾果實的觀察和比較。（2）同季所開之花研究比較。（3）開花、花萎、花落的情景。

四、我穿的衣服（前後期只作一次）

（甲）題意：

本單元在使兒童認識日常各種衣服與其附屬物之名稱、功用、質料等，因而了解衣服與質料的關係，進行時，與"談談我的生活"，"看看誰最清潔！"或"絲和布是怎樣成的？"等單元相參照並連接配置。

（乙）活動步驟：

第一步：就本班兒童所穿衣服不同的種類、式樣、名稱、質料，顏色等，分別令兒童自陳，由其他兒童共同訂正。如穿制服，則以師生男女所着，分別觀察陳述。

第二步：令兒童以在家庭及社會上所習見之種種衣服式樣，分別陳述（老、幼、男、女、工、商、軍、警等）。

第三步：

（1）就兒童所穿之衣服，抽出式樣，長短不同者，令兒童以手指、手臂來度量其長短寬闊。

（2）就顏色相近者，令比較深淺。（有蒙特梭里教具，得應用其"辨色"教具。）

（3）抽出質料不同者若干，令兒童手摩，辨其光滑粗澀，或估計厚薄，或省其美。

觀第四步：就所穿者，指出衣之各部，令說明其名稱、用處。

第五步：以兒童所穿質料，詢其為家庭自製或購買以及價值，同時並以預製表格，令其攜回，向家長詢問填寫，再作貴賤的比較。

第六步：就時令分述種種不同的情況，例如：皮、棉衣保持體溫的緣故，適合時令之衣着的顏色，並及於洗、剪、裁、縫、摺、熨。由功用談到動物的皮毛。因質料或式樣的不同與改變，談到中外服裝的不同，衣服的演變以及整潔和禮貌等。

第七步：分發紙片，令作摺叠、剪裁衣服等工作，或畫衣服的圖樣。

五、比比高低和輕重（前期）

（甲）題意：

（一）進行本單元在使兒童了解身體高大輕重足以表示身體發育情形並明瞭身體成長各不相同的狀況，及其原因，並認識尺與寸使用方法。

（二）進行本單元，比較時兼作計算練習，並可練習數字數碼，惟測量時，校內已有測量器具，如分尺磅稱，或能借用亦可否，則以尋常所用之市尺市稱代替之，但計算時，在培養兒童識數觀念，不必強求明瞭磅分尺分斤之計算。

（乙）活動路綫——實施本單元，可接近"查查你的身體"單元後進行，現在假定某校某級有男女學生三四十人，照檢查身體的辦法測量各個人的身體重，惟測量時尺與稱均用市尺與市稱，用極簡明的表記載，次由每人按表內所填數字報告，藉以認識表上文字及數字，再按照年齡分組，比較同年歲的高低輕重，再做全級中的比較，同時練習計算而後與兒童共同討論，整理觀念後，練習文字，其測量的方法，討論範圍，及必須指示的事項，分別略述如後：

準備工作：

（1）預備可稱百斤以內的市稱一根，懸於教室左角，皮帶尺或紙製布製的條尺一根，長約五尺以內，釘於教室右角牆下，在稱與量處地下各鋪以白布或紙一塊，以便脫衣脫鞋，另備一尺長之市尺一根及三角板一個。量身長時用之。

(2) 測量時如天氣較冷。室內可設置火盆，保持室內溫度，以免兒童感冒。(3) 油印記載表四十份，表的格式如左：

姓　名	年　齡	性　別	身　長	體　重
			尺　寸	斤

（二）指示事項：

（1）持示稱給兒童觀察，認識稱上數的記號，及稱時兩手握稱鉤，兩足離地，脫去外衣，僅留內衣，呼一兒童示范。

（2）持示條尺給兒童觀察，認識尺上的尺寸，及量時要枕臂踵三都，靠尺直立，量者持三角板壓着被量者的頭，看尺上的長度，呼二兒童來示范。

（3）分發記載衣，每人一張，由教者先填好各人的姓名、性別、年齡，測後令兒童填身長、體重。

（4）填寫身長的方法，在表內身長項下，尺與寸字上之空白處，填寫數碼，如某生身長三尺五寸，則在尺字上寫一個3字，寸字上寫一個5字，填體重同此。

（三）測量的方法——稱量記載工作，均由兒童自己主持，用循環的方式進行，使每個兒童都會稱量記載的機會，教者可從旁指導；或請能力較強的兒童二人，協助監視，例如分兒童兩大組，每組二十人，互推組長二人，維持秩序及協助監視稱量，兩組交換測量，如甲組稱，乙組量，甲組量，乙組稱。各個人稱量時，如第一人主稱，第二人被稱，第三人記載，第四人預備，稱完後，第一人還原位，第二次第二人稱，第三人被稱，第四人記載，第五人預備，如此順序進行，量身長的方法同。

（四）報告記載表——稱量完畢以後，各人按照記載表所記載的尺寸與斤數，報告一遍，藉此認識記載表上的文字及數碼，同時使全體同學知道某人身長體重，作爲研究的資料，報告方式按照坐次順序報告，如第一人起立報告"姓名，幾歲，身長幾尺幾寸，體重幾斤"，報告完了，第二人繼續再報。

（五）比較與計算——報告完畢，按照年齡分組，凡同年歲者為一組。

（1）每組作比較，命兒童排列坐位前，比高低，一方面報告記載表證明。

（2）選各組中最高最低，最重最輕者，作全體比較，大家再作計算，重者與輕者，高者與低者相差若干。

（3）比較胖瘦，選各組中最胖最瘦者，用布尺量胸圍或腰圍，看看最胖最瘦的有多少尺寸，再算相差若干。

（六）觀念整理——就以上經過情形與兒童共同討論在同一年歲中身體的狀態各有不同，或過長過重，兒童過胖過瘦或太短太輕，對於人體生理有莫大影響，再與兒童研究其原因，令此類情形特殊之兒童，報告其家庭狀況及生活情形、營養情形，而後再說明我們要保護身體健康，應注意日常營養與衛生，所以在半年中，要檢查身體二次，看看自己身體長度重量增減情形。

龍　　亭
（小學教學活動綱領及參考資料）

《龍亭》（小學教學活動綱領及參考資料），開封教育實驗區教材部1934年6月印行。

序

　　本區教材部編輯鄉土教材，不佞督率同人慎重從事，並由月刊主編李東旭檢校編次，其中關於史料搜輯及考訂，時得張邃青、張仲甫、關伯益諸先生諸多之臂助，茲因《龍亭》一冊最先出版，謹誌數語。

　　中華民國二十三年五月二十六日 李步青廉方謹識

目　　錄

一、現在的概況 …………………………………………………… 1811
二、教學活動綱領 ………………………………………………… 1815
三、過去的記載 …………………………………………………… 1831
　（一）龍亭建築的歷史 ………………………………………… 1831
　（二）龍亭考 …………………………………………………… 1832
　（三）與龍亭歷史有關之地名沿革 …………………………… 1833
　（四）花石綱記實 ……………………………………………… 1835
　（五）龍亭附近地勢低窪的原因 ……………………………… 1837
四、故老的傳說 …………………………………………………… 1840
　（一）滾龍甬路上馬迹的傳說 ………………………………… 1840
　（二）潘湖和楊湖的傳說 ……………………………………… 1840
　（三）石獅的傳說 ……………………………………………… 1841
　（四）龍墩的傳說 ……………………………………………… 1843
　（五）鐵泉海眼的傳說 ………………………………………… 1844
五、龍亭附近的民衆生活情形 …………………………………… 1845
六、龍亭附近的動植物及其采集工具 …………………………… 1847
七、龍亭附近的礦物 ……………………………………………… 1858
附錄一：李自成決河灌開封紀實 ………………………………… 1870
附錄二：龍亭大事年表 …………………………………………… 1871
附錄三：萬卷堂藏書目錄誌略 …………………………………… 1872

一、現在的概況

龍亭爲開封城内遊覽之所，位於全城西北部，已改爲中山公園。惟土人沿襲舊名，仍多呼爲"龍亭"①。

沿中山馬路而北，可直達亭内。其前爲午朝門，距龍亭約數百步，傍置獅石二，爲宋代遺物。《如夢錄》謂：大宋門外有石獅子一對，連座高丈五尺，獰獰古怪，宋之鎮門獅子也②。蓋即云此。石獅舊在老府門街口東西，清雍正十二年，總督王士俊修萬壽宮時，始移置今所。右石獅兩腿之斷折，即爲移時所損傷③。其東有菜場，建於民國十七年，後以往來不便，旋復撤去。

由午朝門入龍亭之路，直貫湖心，久已失修，民國十一年，馮玉祥以兵公廣之，車馬可以迤邐。兩旁盛植刺槐楊柳，每當夏秋之季，巍然亭影，掩映於柔枝翠葉之上，如青峰起於水面。東曰潘湖，西曰楊湖，相傳爲潘美、楊業故居，並有"潘濁楊清"之説④；徵之記載，毫無考證。湖沿多婦女浣衣其間，散置磚石，有老嫗數人專司其事。湖中可盪船，有以船爲業者，供遊人之僱用。

龍亭前門有三，東額題"天下爲公"；西額題"民衆樂地"；正額題"中山公園"。額旁有長方石二，爲前河南督理胡景翼題字。正門內有遊覽規則牌示一，由此而至前院。

前院中有革命殉難諸烈士暨陣亡諸將士紀念塔，建於民國十六年。塔高二丈許，兩傍砌石二方，石上鐫修中山公園記，塔陰題曰"精神不

---

① 見本編《龍亭建築的歷史》。——原注
② 見《如夢錄》第九頁。——原注
③ 見《開封縣志》第二十一卷《麗藻》第四十六頁。——原注
④ 見本編《潘湖和楊湖的傳説》。——原注

死"。兩厢東曰地球室，打球吃茶，可隨意給資。西曰遊藝室，曰閲報室，設備均簡陋。塔西北數步，有石曰迎秋臺，傳爲後唐莊宗時遺物①。院中植馬尾松、木槿、絲蘭、楊柳、雜草等，惜部署不當，無甚可觀。

穿門而北，即至中院。院中有石砌方臺一，立孫中山銅像，建於民國十八年。臺傍有石二，色質嶙岣，傳爲宋代遺物②。元楊奂《汴故宫記》謂：仁智殿有二大石，左曰敷錫神運萬歲峰，右曰玉京獨秀太平巖③。今之所見，不知是否。臺西北有石壁，上題"中州霖雨"，已剥蝕難辨其爲何人書矣。臺北有碑四，最東者爲乾隆御碑，東廊壁上嵌石六方，鐫清嘉慶庚申年河南布政使三韓馬慧裕增修龍亭碑記全文，可供參考。

由中院拾級而上，凡十五級至真武殿，再四十七級，可達龍亭。路爲石砌，兩側更以石檻圍之，正中傾斜平滑，其凸凹處隱隱若馬迹，故有附會之説④。

龍亭爲宮殿式之建築，其基爲煤山故址⑤。正殿三楹，亭高三丈六尺，石階七十二級⑥。登臺而望，湖水如鏡，屋宇森列，鼓樓、繁塔、圖書館、天主堂峙於東南，鐵塔、省黨部、河南大學位於東北。西則白塚成群，北則緑柳若煙。城堞環繞，儼如長蛇，沙丘起伏，若遠若近，登龍亭而小開封，信不虚矣。

龍亭内部甚寬敞，正中繪孫中山遺像，其傍懸革命先烈遺像多幅。像前有巨石，外露者僅其上部，高可逾肩，大可數圍，石上滿鐫滚龍，

---

① 迎秋臺在縣城固子門外，後唐莊宗築，宋人重九日於此登高。臺久圮，今名其石於此，見明祥符李濂著《汴京遺迹志》第八卷第十三頁，及《開封縣志》第十四卷《古迹》第四十五頁。——原注

② 見本編《花石綱記實》。——原注

③ 見《汴京遺迹志》第一卷第十二頁。——原注

④ 見本編《滚龍甬路上馬迹的傳説》。——原注

⑤ 見《開封府志》卷五《山川》第一頁。——原注

⑥ 龍亭石階原爲七十二級。清嘉慶間建真武殿，遂分爲真武殿前十五級，真武殿后四十七級。與前較相差十級，蓋此十級爲真武殿所佔也。見《開封縣志》第九卷《建置》第二十八頁。——原注

俗所謂龍墩者即此①。石上前者陳置御鑪，遇聖節則行朝賀②。及朝賀改在行宮，遂祀元帝像於此③。四圍蔽以黃縵，有道士一人守之，遊者須付銅元數枚，始可執燭以觀。民國十一年，馮玉祥督豫，逐道士，龍墩之石，遂移爲今日情狀。

出門而東，不數武，至一門，門爲石製，有康有爲民國十二年春遊汴題字。題云："東京夢華銷盡，徒歎城郭猶是，人民已非；中天臺觀高寒，但見白日悠悠，黃河滾滾。遠觀高寒俯汴州，鐵塔繁台與雲浮，萬家無樹無宮闕，但有黃河滾滾流。"由此順級而下，即至東院。

院中有碑，高約丈餘，建於嘉慶庚申年。碑陽爲五嶽圖，碑陰曰：叙五嶽真形；原立於龍亭之上，后督學姚文田移此④。北有磚洞三，爲前女尼諷經，⑤及藏萬壽宮告成詩賦刻石處⑥。南爲遊戲場，今僅存其名。東爲圖書館，今改軍服處，西南爲鼓詞場，夏秋演唱，緣其時遊人較多，就此憩息品茶也。

由此而西，爲一小院，院中有井，題曰"侯贏井"⑦。又有一石，曰"信陵館"。⑧蓋與前院中之迎秋臺，東院中之流杯亭⑨，清虛堂⑩，同一取義。有屋曰文明茶社，設几案於空敞之地，每人取資伍分或一角不等。由此而南，復達前院。

---

① 見本編《龍墩的傳説》。——原注
② 見《開封縣志》第九卷《宮室》第二十一頁。——原注
③ 見《開封縣志》第九卷《建置》第三十頁。——原注
④ 見《開封縣志》第九卷《宮室》第二十八頁至二十九頁。——原注
⑤ 見《如夢録》第六頁。——原注
⑥ 見《開封縣志》第九卷《建置》第二十八頁。——原注
⑦ 侯贏大梁人，家貧爲夷門吏，魏公子無忌厚遺之，不受。事見《史記》，今取以名此井。——原注
⑧ 信陵館在縣城内信陵君延士處，已廢，今名於此。見《開封縣志》第十四卷"古跡"第四十一頁。——原注
⑨ 流杯亭在汴城西北隅，世傳爲梁孝王遺跡，今名石於此。見《開封縣志》第十四卷《古跡》第五十二頁。——原注
⑩ 清虛清在汴城東南隅，宋王舍人鞏建，蘇軾爲作記，載集中。今取以名此堂，見《汴京遺跡志》第八卷第十一頁。——原注

龍亭之西偏院，本與前院相通，今改爲河南古跡研究會；鳩工庀材，正在建造，往斯地者，須繞道焉。

　　出龍亭而東，不數步，有廁所。折北至鐵泉海眼處，有鐵製巨柱一，露出者僅爲上端。柱圍約五尺，如出水蓮蓬，齊頭縱橫，作十字坎；四面望之，形如凹字，四隅各陷三角柱一方，已損其一，以石擊之，各爲一聲，聞係前者從形家言，設此以鎮水患①。民國十七年，於柱上築塔，塔外建亭，惟今俱圮。再北爲河南體育場，建於民國二十一年，此地原爲滿城遺址之一部，前此皇族樂土，遂一變而爲青年士女角逐蹴躍之地。

　　距龍亭東百餘步曰東閣，後改金聲館；西數十步曰西閣，後改黃花館；今俱頹圮不堪矣。又龍亭西北有孫胡館，今已併入明倫初級中學內。其西北一帶，多鹽碱硝製造場，聞產量尚多，惟出品不良云。

---

① 見本編《鐵泉海眼的傳說》。——原注

二、教學活動綱領

導　　言

　　本綱領之主要目的，在於使兒童明瞭龍亭的歷史變遷，認識龍亭附近自然及社會的特殊情況。利用當前所有的事實和遺跡，以說明開封附近社會、文化、地理、自然之過去與現在。使兒童對於史地研究，知所憑藉；對於自然研究，知所應用。因而磚石草木，俱成爲適當的研究對象。藉使愛鄉情感，由真知而步入於真愛。所以綱領內容，完全以考察及研究爲重心，不采從前遊玩的教學活動方式。高年級重史地自然之研究，及社會現象之較深的觀察；中年級重歷史傳說之研討，及地理自然之視察；低年級重遊歷事情之認識，及風景欣賞，與方向遠近之辨識。高中年級，研究事項大致相同，內容深淺當隨學生程度而變化。至於高中低各綱領，所列各研究事項，係按照通常情形而列舉；如何實施，須依季節時機活動運用。且每一事項，均有其獨立之內容，在教學時，亦自當隨學生興趣，與事實材料之便，專重某幾項，或某幾點，而爲集中注意之進行，初不必盡如綱領所列，一一作普泛的考察。空洞的遊覽，與普泛的注意，同爲校外教學之大病，在龍亭研究教學時，當盡量設法避免之。所附表格，係擇事實必要，記載較易之事項而編制；其用意在於輔助學生，進行分析觀察，及摘取要點之注意。其他不易表列調查之項，則以普通記事方法，指導學生隨時記錄之。表格內容，中高年級相同，如何填寫，當隨學生程度而不同。至如各項內容如何展開，教學進行如何順適，教者自須視當時情形，而活動運用之。

甲　高年級

（一）開始活動

1. 教師於適宜機會提出下面的問題
①龍亭是甚麼時候建築的？
②現在龍亭裏面還存着些甚麼是前代遺物？
③龍亭附近有些甚麼特別產物？
④龍亭湖水是從那裡來的，有無出路？
⑤龍亭附近的居民多作何種工作？
2. 憑日常所知，對上列問題作研究談話。
3. 決定出發考察尋求實際證據。

（二）出發前的準備

1. 編制簡單綱領，決定考察要項（參看三）。
2. 準備各項記載表格（參看附表）。
3. 準備采集用具（參看參考資料，視季節情形，準備當時采集所需用之工具）。
4. 製一出發路線圖（各自擬製，共同討論更正）。
5. 討論出發前個人應有之準備。
①準備鉛筆速記本，或繪畫用具。
②準備清潔衣服，及適宜用品。
③準備個人獨有計劃之應用物件。
6. 決定出發時間，劃分小組或指定工作。
7. 出發前集合，加重出發考察之注意。

（三）出發考察

1. 沿途經過市街之注意與記載。（表一）
2. 龍亭附近前代遺物之觀察與記載——石獅，鐵柱，太湖石等。（表二）
3. 龍亭内碑文石誌之觀察與記載——馬裕慧重修龍亭碑記，五嶽真形碑，馮玉祥建修中山公園記，康有爲遊龍亭題字，侯嬴井，流杯亭，迎秋台，清虛堂等。（表三）
4. 龍亭内特別建築物之觀察與記載——陣亡將士塔、中山先生像等。（表四）
5. 在龍亭上所見開封城郊特殊建築物之觀察與記載——曹門，宋門；繁塔，新南門（東南）；鼓樓，南門，工廠（南）；西門，地方法院（西）；北城，體育場，營房（北）；北門，鐵塔，省黨部（東北）。（表五）
6. 龍亭上休息談話，自由繪畫或作其他個人有計劃的活動。
7. 龍亭湖周圍進出水渠道之勘察與記錄。
8. 龍亭附近植物生長情形之觀察採集與記載——柳，檉柳，槐，刺槐，蘆葦，水藻，白楊，馬齒莧及其他等。視季節及時機之便，選擇觀察與研究。（表六）
9. 龍亭附近動物生活情形之觀察采集與記載——蜻蜓，蚊，蛙，魚，鵞，鴨，雁，水鴨及其他等。視季節及時機之便，選擇觀察與研究。（表七）
10. 龍亭附近特殊産物之觀察采集與記載——鹽，硝，鹼等。（表八）
11. 龍亭湖水及水中現象之觀察采集與記錄——水，沼氣等。視季節及時機之便，選擇研究。
12. 龍亭附近土壤之觀察采集與記錄。
13. 龍亭附近居民生活狀況之調查與記載——洗衣人，製鹽人，製

粉人，搖船人，養鴨人。視時間及機會之便，分組或由個人分別作家庭或個人的訪問。（表九、表十）

14. 湖濱集合談話休息，自由繪圖，或作個人有計劃之活動。

15. 回校。

（四）整理研究

1. 關於龍亭的歷史研究

①整理前代遺物調查表：分別研究其名稱，件數，品質，形狀，所在地，向來傳說，歷代記載等，藉以推想宋，明，清各代之過去事跡。

②整理碑文石誌記載表：分別研究其名稱、大小、所在地、文字大意、建築用意，藉以明瞭龍亭建築之經過，與開封人文及地理的變遷大略。

③整理沿途經過市街名稱調查表：摘出與龍亭歷史有關之現存街名或地名，如老府門、家廟街、蔡胡同、周橋、徐府街、鼓樓街、拆樓口、輦子街、馬糞坑（即馬府坑）等。推想明周府遺跡，藉以明瞭龍亭之前身。

④整理特殊建築物調查記載表：研究其建立年代，建立用意，與舊日碑文石誌相比較，藉以推想今古社會思想之變遷。

2. 關於龍亭的地理研究

①整理在龍亭上所見開封城郊特殊建築物記載表：從各建築物所在之方向與地點上，證明龍亭在開封城內所居的位置。

②整理龍亭湖周圍進出水渠道之勘察記錄，推究龍亭附近地勢低下的原因，藉以說明開封附近地勢變遷大概，及黃河對於地勢變遷之影響。

③整理沿途經過市街之觀察記載表：統計共經街道，約計龍亭離開自己學校之遠近，再與在龍亭所見自己學校之方向相印證，藉以說明自己學校在開封城內所居的位置。

3. 龍亭附近的自然研究

①動植物之名稱，形態及生活習性的研究：

A. 整理個人觀察紀錄：報告個人所見，提出個人疑問，共同討論，更正錯誤，抽出疑難問題，紀錄因時期關係所未經看到之動植物種類，或情況，準備再作考察。

B. 整理所得標本：視動植物之體質情形，生活習性，分別飼養、壓製、浸製、乾製、黏貼、標誌，或注明各部名稱，分別保存。

②礦物之名稱、品類、來源及用途之研究：

A. 整理個人觀察紀錄：報告個人所見及通常所知，提出疑問，共同討論，更正錯誤，抽出疑難問題，紀錄因時期關係所未得見到之品物或現象，準備再作考察。

B. 整理所得標本：選取所采品物之一部，如鹽、鹽鹵、硝、硝渣、牙鹻及糊塗鹻、土壤等標誌保存作爲標本。

C. 試驗研究：沖淋土壤，煎熬湖水，煎熬鹽滷，試驗硝之簡易功用及變化（溶解，黑色火藥，硝酸，硝之簡易功用），試驗食鹽之簡易變化（溶解，潮解與還原，鹽酸，鹽之簡易功用），試驗沼氣之性質等，及其他可能的試驗紀錄試驗結果，抽出不明白，及在試驗中所未得見到之各點，準備尋找參考，或作實地觀察。

4. 龍亭附近之社會研究

①個人訪問之整理：根據組或個人調查結果，依工作分類，作年歲，收入及庸僱傭雇的統計，使學生明瞭此類人生活之一般。

②家庭訪問之整理：根據組或個人調查結果，依所居地帶或職業分類，分別作人口與收入的比較統計，住室與人口的比較統計，壯年與老弱之比較統計，或男女之比較統計等。

（五）分別結束或深究

1. 製一龍亭研究缺疑表：用簡單表格，登記此次考察因季節關係所未經見到之各種現象，或未經查明之各種事實——如蜻蜓或水蠆，蝌蚪或蛙，蘆葦或蘆花，小鷺，小鴨，曬鹽或熬鹽，或其他歷史，地理上之可疑的事跡等，注明簡單要點，準備再作考察。

2. 依季節氣候，選擇適宜問題，繼續作各問題之較深研究。

3. 陳列保存所得標本。

4. 揭示最佳記載表格：選擇學生所填調查表格之最佳者，再加謄清揭示保存，供衆參考。

5. 揭示最佳記錄：選擇學生之觀察記錄，研究記錄之最佳者，再加謄清，揭示保存，供衆參考。

6. 揭示最佳繪畫，或其他個人作品：選擇學生之最佳繪畫或個人獨自計劃之作品，陳列展覽，或裝飾教室，供衆觀覽。

7. 整理個人成績：將此次考察個人所用之表格，及研究記錄等整理裝訂，附記前後經過，個人感想，研究時期，及整理年月等，各自保存。

乙　中年級

（一）開始活動

1. 教師於適宜時機提出下面的問題。
①你曾聽到過多少關於龍亭的故事？
②龍亭裡面有些甚麼是前代的遺物？
③龍亭前面的水是從那裡來的？
④龍亭湖裡生着些甚麼東西？
⑤龍亭附近的土地出產些甚麼東西？

2. 根據日常所知對上列的問題作研究談話。

3. 決定出發考察，尋求實際證據。

（二）出發前的準備

1. 編制簡單綱領，決定考察要項。（參看三）

2. 備準調查表格。（參看附表）

3. 準備采集工具。（參看參考資料，視季節情形準備當時采集所需

用之工具）

4. 製一由學校到龍亭之路線圖。（各自製作，共同討論更正）

5. 討論出發前個人應有之準備。

①準備鉛筆速記本，或繪畫用。

②準備清潔衣服及適宜用具。

③準備個人願作事項之應用工具。

6. 決定出發時間，劃分小組，分酌工具。

7. 出發前集合，討論出發途中應有之注意。

（三）出發考察

1. 沿途經過市街之注意與記載。（表一）

2. 前代遺物之觀察與記載——石獅，鐵柱，太湖石等。（表二）

3. 弛道長短之步量。

4. 特殊建築物及奇異碑石之觀察與記載——陣亡將士紀念塔，中山先生像，龍墩，五嶽真形碑，侯嬴井等。（表四）

5. 石級或東西台級之實計。

6. 在龍亭上所見開封城郊特殊建築物之記載——曹門，宋門，繁塔，新南門（東南）；中山門，鼓樓，圖書館（南）；西城門（西）；體育場，北城牆（北）；北城門，鐵塔（東北）。（表五）

7. 龍亭上休息談話，自由繪圖，或作其他個人或小組的特有活動。

8. 龍亭附近植物生長情形之觀察采集與記載——柳，檉柳，槐，刺槐，水藻，蘆葦等。（表六）

9. 龍亭附近動物生活情形之觀察采集與記載——鷥，鴨，魚，蛙，蜻蜓，等。（表七）

10. 龍亭湖水來源之勘察與記錄——橋梁，寒洞，等。

11. 龍亭附近土壤之觀察采集與記錄——土壤的疏鬆，發白，不生雜草等。

12. 龍亭附近特殊產物之觀察采集與記載——鹽，硝等。（表八）

13. 龍亭附近居人活動情形之觀察與記錄——洗衣人，製鹽人或其他等。

14. 湖濱休息談話，自由繪畫，或作其他個人或小組的特定活動。

15. 回校。

（四）整理研究

1. 關於龍亭的歷史研究

①整理沿途經過市街名稱記載表：摘出與龍亭歷史有關之現存市街名，如老府門，家廟街，蔡胡同，或東華門，馬府坑，輦子街等，藉以說明龍亭之前身。

②整理前代遺物記載表：分別研究其名稱，件數，品質，形狀，所在地，向來傳說及歷來記載等，藉以聯想前代事跡。

③整理特殊建築及奇異碑石記載表：研究其建立年代製造用意，藉以比較今古社會信念之不同。

2. 關於龍亭地理之研究

①整理在龍亭上所見開封城郊特殊建築物記載表：利用在龍亭上所見各建築之所在方向，證明龍亭在開封城內所居之位置。

②整理龍亭湖水來源勘察記錄：統計龍亭湖周圍橋樑寒洞之數量，證明多量積水之來源，藉以說明龍亭四圍之地勢。

③整理沿途經過市街名稱記載表：統計由學校至龍亭，中間所經街道之數量，與方向，證明龍亭對於自己學校所在之方向。

3. 龍亭附近的自然研究

（1）動植之名稱，形態習性的大概研究：

A 整理個人記錄：報告個人所見，提出個人疑問，共同討論，更正錯誤。抽出疑難問題，記載因時期關係所未經見到之情形，準備再作考察。

B 整理所得標本：視動植物之體質情形，生活習性，分別飼養，壓製，浸製或乾製，黏貼，標誌，或注明各部名稱，分別保存。

(2) 礦物之名稱，性質及用途的研究：

A. 整理個人記錄：報告個人所見，提出個人疑問，共同討論更正錯誤。抽出疑點，及因季節關係未得見到之品物或現象，準備下次考察。

B. 整理所得標本：分別情形，選擇可能品物之部作爲標本，標誌保存。

C. 試驗研究：沖淋土壤，煎熬湖水，煎熬鹽鹵，試驗硝之簡易用途（黑色火藥），試驗食鹽之簡易變化（溶解與還原）等，及其他容易理解之試驗，記錄試驗結果，抽出不明白之點，準備再作研究或考察。

4. 龍亭附近社會情形之研究：

①洗衣人之研究：就當日所見，分別計算其人數，研究其聚集地點，工作用具，及到此洗衣之原因等，簡單記錄研究結果，抽出可疑問題，準備再作考察。

②製鹽人之研究：就當日所見，或訪問所得，分別研究其工作事項，工作情形，住家遠近等，簡單記錄研究結果，抽出可疑問題，準備再作考察。

③其他社會觀察之研究：其他勞苦工人或當日所見之特殊而有意義之事項，選擇爲兒童所易明瞭者，加以研究。

（五）分別結束及深究

1. 製一龍亭研究缺疑表：繪製簡單表格，登記此次考察，因季節關係未見到之各種現象，或未得察明之各種事實，如蛙或蝌蚪，蜻蜓或水蠆，蘆或蘆花，小鶩，小鴨，曬鹽或熬鹽，或歷史及地理上之可疑事跡等，注明簡單要點，準備尋覓適宜時機特別考察。

2. 依季節氣候，擇適宜問題，繼續研究或考察。

3. 陳列保存所得標本。

4. 揭示最佳記載表格：選擇學生所填最佳表格，再加謄清，揭示保存供衆參考。

5. 揭示最佳記錄：選擇學生所寫最佳之觀察記錄，研究記錄，再加謄清，揭示保存，供衆參考。

6. 揭示最佳繪畫或其他作品：選擇學生在考察途中，或事後所作之美術及他種作品，揭示或裝飾教室牆壁，供衆觀覽。

7. 整理個人成績：各自將考察時，個人所記表格，及觀察研究記錄等，整理保存，以便隨時翻閱。

丙　低年級

（一）開始活動

1. 教師於適宜時機提出下面的問題。
①龍亭在我們學校的那一方面？
②龍亭的前門向着那個方向？
③龍亭的前面臨着甚麼地方？後面臨着甚麼地方？
④龍亭近旁常有些甚麼有趣的東西？
⑤龍亭近旁的地上，出產些甚麼東西？
2. 根據日常所知，以談話形式談論上面的問題。
3. 決定出發察看，開始準備。

（二）出發前的準備

1. 共同準備：
①準備捕蟲器具及植物采集工具：如捕蜻蜓，捕蛙，或捕魚捉魚蟲蝌蚪之用具。（參看參考資料，視當時需要酌量準備）
②準備携帶器具：如入蟲袋，毒瓶，或生携魚，蛙，蝌蚪之用具。（參看參考資料，視當時需要酌量準備）
③準備其他工具：如携帶鹽，或鹽滷，及湖水土壤之器具，或其他特定計劃所需用之器具。
2. 個人準備：
①準備鉛筆和畫本。

②準備清潔衣服和適宜用具。

③準備其他個人願作事項之應用工具。

3. 決定出發時間。

4. 劃分小組分配用具。

5. 出發前集合，討論出發途中應有之注意。

6. 推選明白嚮導，實行出發。

（三）出發考察

1. 沿途經過之注意：

①市街名稱及方向。

②各街之特殊點（機關或店鋪）。

③共經過了幾條街道。

2. 龍亭前門及石獅之觀察（龍亭的大門向着那個方向）：

①用最高同學和石獅比高。

②用石獅和龍亭前門比高。

3. 馳道長短之觀察（龍亭的大門離開很遠）：

①試猜長有多少步。

②分組分斷，實際步量（每組數五十或一百步）。

4. 船的活動觀察（龍亭的前面有水，水上有船）：

①船是用甚麽材料造成的？

②用甚麽方法使船走動？

5. 龍亭內遊覽觀察：

①那裏是中山先生銅像？

②龍亭的台階級有多少？

③龍墩是甚麽樣子？

6. 在龍亭上遠眺：

①那裏是南城門？（龍亭大門向南）

②那裏是鐵塔？（鐵塔在龍亭的那一方面？）

③那裏是繁塔？（繁塔在龍亭的那一方面？）

④那裏是鼓樓？（鼓樓在龍亭的那一方面？）

⑤那裏是我們的學校？（我們的學校在龍亭的那一方面？）

7. 在龍亭上近察（龍亭的前面臨着甚麼地方？後面臨着甚麼地方？）：

①河南體育場在甚麼地方？

②圖書館在甚麼地方？

③龍亭前面的直街叫甚麼名子？

8. 龍亭上休息：

①集合談話（解釋零星疑問，或談論向來傳說）。

②自由繪畫，作其他或個人或小組的特有活動。

9. 龍亭湖泮觀察與采集（龍亭湖泮奇異的動物和植物）。

①觀察（蜻蜓的飛行與靜止，蛙的遊泳，或小鴨小鵞的步行與遊沐，柳及檉柳的比較與認識，藻及蘆葦的認識與觀察等）。

②采集（捕捉蜻蜓或蛙，或捉水蠆與蝌蚪，撈取水藻掘采蘆葦，摘取柳及檉柳等）。

10. 龍亭附近土壤及鹽池的觀察（龍亭近旁的地上不能生長麥子或雜草）：

①土壤的觀察與采集（疏鬆，結甲與發白現象的觀察，采集土壤，試尋一株青綠的草）。

②鹽池鹽淋的觀察，及鹽的采集（鹽池鹽淋的形狀比較，及功用的觀察，采購鹽滷及鹽）。

11. 湖濱休息。

①集合談話休息（解釋零星疑問，或討論臨時發生的問題）。

②景色欣賞，自由繪畫，或作個人或小組的特有有計劃活動。

12. 回校（複習來時沿途注意事項）。

（四）整理研究

1. 追述與回憶（集合談話，依開始所提問題，及其他所見事項爲範圍，作追述回憶的欣賞談話）

2. 數量問題之整理：

①由學校到龍亭共經過幾條街道？

②龍亭路長有多少步？（總合各組，實測所得之數）

③龍亭前方的台級有多少？

④其他個人或小組特定活動中有關數量的問題。

3. 標本的觀察與處理：

①觀察（柳及檉柳之分辨，蜻蜓、蛙、或小魚、蝌蚪、水薑等之詳細觀察）

②標本製造（視動植物之情形，用簡易手續分別飼養、壓制、浸製、或乾製）

③陳列保存（標本製後標貼名稱，陳設保存。）

4. 鹽及鹽土的觀察與試驗：

①沖淋鹽土，煎熬鹽滷。

②試驗鹽的溶解與還原。

5. 整理展覽龍亭上所作繪畫（利用龍亭上所作繪畫裝飾教室）。

丁　中高年級龍亭研究調查應用表

（表一）　（中高）

沿途經過街名記載表

經過抑次第	
經過看到	
現在名稱	
舊日名稱	
大概情形	
有何特點	
其他	

　年　　月　　日　　　　　　　　　　　　調查人＿＿＿＿

（表二）（高）
龍亭附近現存古代遺物調查記載表

名稱	
品質	
件數	
所在地	
形狀大概	
其他	

年　月　日　　　　　　　　　　　　　　　　調查人＿＿＿＿

（表三）（高）
龍亭內現存碑文石誌調查記載表

名稱	
大小	
文字大意	
建立年月	
建立人	
其他	

年　月　日　　　　　　　　　　　　　　　　調查人＿＿＿＿

（表四）（中高）
龍亭內特別建築物調查記載表

名稱	
形狀	
所在地	
建立年代	
建立意義	
其他	

年　月　日　　　　　　　　　　　　　　　　調查人＿＿＿＿

（表五）　（中高）
在龍亭上所見開封城郊特殊建築物記載表

名稱	
方向	
所在地	
景色大概	
其他	

年　月　日　　　　　　　　　　　　　　　　　　　　調查人_____

（表六）　（中高）
龍亭附近植物調查記載表

名稱	
形態大概	
生長情形	
多生何處	
有無采得標本	
其他	

年　月　日　　　　　　　　　　　　　　　　　　　　調查人_____

（表七）　（中高）
龍亭附近動物調查記載表

名稱	
形態大概	
活動情形	
有無采得標本	
其他	

年　月　日　　　　　　　　　　　　　　　　　　　　調查人_____

（表八） （中高）
龍亭附近礦物調查記載表

名稱	
形狀	
顏色	
製造情形	
有何用途	
價值	
有無采得標本	
其他	

　　年　　月　　日　　　　　　　　　　　　　　調查人＿＿＿＿

（表九） （高）
龍亭附近民眾個人訪問記載表

工作者姓名	
工作者的年歲	
作何工作	
工作情形	
雇傭或長工	
收入大概	
其他	

　　年　　月　　日　　　　　　　　　　　　　　調查人＿＿＿＿

（表十） （高）
龍亭附近民眾家庭訪問記載表

家長姓名		職業		年歲	
共幾人口		六十以上幾人		八歲以下幾人	
住房幾間		租賃抑自有		租價多少	
最大收入靠何工作		收入大概		收入最旺季節	
其他					

　　年　　月　　日　　　　　　　　　　　　　　調查人＿＿＿＿

三、過去的記載

（一）龍亭建築的歷史

龍亭本宋之大內①，明洪武十一年，即以宋故宮遺址建周王府，乃明太祖第五皇子分封之國②。

當明太祖封周藩於開封時，築土山於王宮後，爲遊觀所，名龍亭山，亦名煤山③。後周王府遭水災④，屋宇盡圮⑤。清順治十六年巡按李粹然會同巡撫賈漢復題改故周府遺址爲貢院⑥。雍正九年以地勢低窪，乃移

---

① 《開封府志》卷十六《古跡》第三頁："本宋之大內，金人廣之，明洪武十一年，即以其故址建周王府，今改貢院。"——原注

② 《汴京遺迹志》卷一《宋大內宮室》第十四頁楊奐《汴故宮記》："國朝（明朝）洪武十一年，即宋故宮遺址建周王府，乃太祖第五皇子謚定始分封之國。"——原注

③ 《開封府志》卷五《山川》第一頁："龍亭山亦名煤山，明太祖封周藩於開封，築土山於王宮後，建亭閣，列花石，爲遊觀所……"——原注

④ 大梁李光壂熙亮甫《守汴日志》第四十一頁："崇禎十五年九月十五日闖賊李自成掘黃河灌開封，十六日衝開曹門，水高丈餘，進門輒南下……是日南門先壞，北門衝開，至夜曹門東門相繼淪沒，一夜水聲如數萬鐘齊鳴。次日黎明滿城俱成河澤，止存鐘鼓兩樓及各王府屋脊……"——原注

⑤ 《開封縣志》（即《祥符縣志》）卷九《建置》第二十九——三十頁："周王府自遭水災，屋宇盡圮，國初（清初）以其地建貢院，後改爲萬壽宮，又改萬壽觀，從此遂爲神廟，而今人俱呼爲龍亭。"——原注

⑥ 《開封府志》卷十一《學校》第三十頁——三十二頁："貢院在省城西南隅，明天順六年乃遷建城西北隅舊布政司巨盈庫地。明崇禎十五年闖賊掘黃河灌開封，大梁古重郡均被淪沒，而貢院亦付東流，片礫無有存者，明年議移于河北輝縣之蘇門山下之百泉書院，就其址而稍擴其制，然氣局終湫溢不足爲志士揚眉吐氣地，且僻處居北，道里未均，士子擔簦至者多疲於拔涉，後以周藩基址實居會城中央，軒豁宏廠，勝舊址多多，乃於清順治十六年巡按李粹然會同巡撫賈漢復題改周王府爲貢院。"——原注

建貢院於城東北隅①，即今河南大學。雍正十二年豫督王士俊建萬壽宮②，後改萬壽宮爲萬壽觀③，至其建築之經過，詳見王士俊《恭建萬壽宮碑記》中④。

萬壽宮先爲朝賀之所，及朝賀改在行宮，而移玄帝像於其上，遂爲神廟，嘉慶五年馬慧裕復有修建⑤。民國十四年胡景翼督豫改爲龍亭公園，十六年改爲中山公園。

龍亭本周王府廢宮，後爲王士俊改建爲萬壽宮，時民國前一七八年，距今已二百年矣⑥。至其創建時期，據王士俊《萬壽宮碑記》之辭，爲當雍正十二年⑦，其云康熙三十一年者非⑧。

（二）龍亭考

龍亭之名，何自而起，據《開封縣志》載常茂徠記云："龍亭即周藩府，雍正十二年王士俊於此建萬壽宮，故名龍亭。"又按云："貢院後改

---

① 《開封縣志·建置》三十頁："貢院舊在今龍亭地方，以地勢窪下，雍正九年總督田文鏡移建城東北隅上方寺南。"——原注

② 《開封縣志·建置》二十九頁常茂徠記云："龍亭即明周藩府，國朝雍正十二年總督王士俊於此建萬壽宮……"——原注

③ 同注四一條："周王府……後改爲萬壽宮，又改萬壽觀……"——原注

④ 《開封縣志》卷九《建置》二十二頁《士俊恭建萬壽宮碑記》云："……前歷任粤楚，俱各建有萬壽宮……中州係腹心閫閾……于是士俊率藩臬以下諸吏，環相城中，慎選方域，於西北隅實護基址高敞，氣象巍峨，且在卦位爲乾……恭擇雍正十一年季冬經始……踰四月竣事。"——原注

⑤ 詳見《馬慧裕增修龍亭碑記》。——原注

⑥ 張邃青《開封古跡名勝龍亭》第九頁："……是龍亭本周藩廢宮，係王士俊改建，時在民國前一七八年，距今已二百年矣。"——原注

⑦ 《開封府志》同注三："龍亭山……爲遊觀所，康熙二十一年，建萬壽宮於其上。"——原注

⑧ 同前第十頁："……至創建時期，果爲康熙三十一年，距王士俊恭建竣事，祇四十二年，應無不知之理，士俊所記，全是創建口吻，豈故滅其跡耶？不然，仍以雍正十二年始修完工爲較可依據。"——原注

爲萬壽宮，又改爲萬壽觀，今人但呼爲龍廷。"如上云云，龍亭似因萬壽宮得名。

考之《如夢錄·周藩紀》有云："正門名承運門，即宋之承天門也，五間三開，周圍石欄杆台高八尺，內安龍亭，勅詔王宗官員拜舞之地。"據此周藩時確有龍亭。

惟明之龍亭，係指拜詔之地而言，非今所見之最高處。《周藩紀》有云："後有存信殿七間內安寶座。"又云："後有養老宮，宮後有煤山蓄積煤炭以備有警。"據此則存信殿所安寶座，在當時龍亭之後。其作爲遊觀所之煤山，又在當時所安寶座之後。

清之萬壽宮，地方人呼爲龍亭或龍廷者，是否沿襲明代之稱呼，無可考證。惟萬壽宮建于周藩故址，其中心當爲正殿，設有御座，階陛秩然，即呼爲龍亭之由來。不然，各省皆有萬壽宮，何以獨不名龍亭也。據王士俊《萬壽宮碑記》云："階陛凡兩層計六十四級，御道悉係蟠螭鏤珉，上爲平台，平台之上爲御座正殿。"證以常茂徠記云："正北高處即龍亭，仰望如天梯石磴，兩旁青天闌干當中螭龍盤繞，嘉慶間中建真武殿三間，自下而上歷十五級至真武殿，過殿復歷四十七級至極頂，下視約高六七丈。上建黃琉璃殿九間，基高五尺，石階七尺。"此即王記之所謂正殿，吾人今所見龍亭最高處殿內石座巍然峙立是也。

如上考證，清之萬壽宮正殿，係建於周藩煤山之上，非其拜詔地。今所見石座，即清之御座，當係明之存信殿寶座移置於此。明專稱拜詔地爲龍亭，清統稱萬壽宮爲龍亭，尊皇上之意一也。

（三）與龍亭歷史有關之地名沿革

關於開封現有街道與地名，與龍亭歷史有關者頗多。龍亭之南有老府門，按即明周王府大門，前通東西門之十字口，後抵今之駐防營，即舊日裏城今運動場東北一帶。左爲東華門，今東華門街。右爲西華門，在今磚橋。以今街道計之，自西大街路北以北，駐防營以南，三聖廟前街，北抵北城以西，磚橋北抵北城，南抵西大街以東皆府地也。周圍宮牆一道，以蜈蚣架鎮頂勢極崇峻。今家廟地，即府内家廟街。馬糞坑，今馬府坑街，乃養馬處。輦子街乃停輦處，蔡衖乃菜園①。

龍亭之西有孝嚴寺，今豫大製革場，即宋太尉楊業之家廟也②。其南有萬壽街，因龍亭先本爲名萬壽宫，故有斯名③。再南而偏東有徐府街，係徐達故宅，明洪武末河水入城，水皆鹹苦，後魏國公徐達宅後，忽涌一泉，色潔味甘，故是街亦名甘泉井④。更南有高聳之鼓樓，台高三丈，上建樓，下置甕門通東西行路，初建失考，其後傾圮殆盡，清康熙二十八年巡撫閻興邦，光緒七年巡撫李鶴年迭經重修⑤。

鐘樓即今之拆樓口⑥，現不存，其規制與鼓樓同，而其高聳過之，上懸有警昏曉之巨鐘，亦以故時修時廢，及清康熙十年巡撫郎廷相毀之，以其材建藏經樓於相國寺，相傳鐘鼓二樓爲宋時所建。今惟鼓樓獨存⑦。

---

① 《開封縣府志》卷九《建置》第三十頁。見原文。——原注

② 《汴京遺跡》卷十第八頁："孝嚴寺在城之西北隅，舊金水門内，即宋太尉楊業之家廟也。雍熙丙辰五月業死節朔方，其子請改家廟爲寺，以荐其父，太宗嘉其孝，乃俞其請，賜額曰孝嚴。"宋鼎南邊燬于兵火，國朝（明）洪武二十二年己巳僧本福重建，三十二年己卯黄河入城淪於水，正統十二年丁卯僧祖習修葺完整。——原注

③ 詳見本編《龍亭建築之歷史》。——原注

④ 《汴京遺跡志》卷九第四頁："甘泉井在徐府街，洪武末河水入城，水皆鹹苦，飲之者多感瀉痢之疾。永樂癸未夏魏國公徐達宅後，忽涌一泉，色潔味甘。甲子汴中教授滕碩有記。"

⑤ 《開封縣志》卷十四《古跡》第五十頁："鼓樓在城内安業坊，台高三丈，上建樓，下置甕門通東西行路，自建築之後，敝壞不修，俗爲言復修則有河水之患，故圮而弗治，號破鼓樓，嘉靖初鎮守太監吕憲排衆議復修，焕乎改觀，卒無水患，按此樓在府（指開封府）西南，初建失考，明嘉靖六年修，歷久傾圮殆盡，國朝（清）康熙二十八年巡撫閻興邦重修，光緒七年巡撫李鶴年重修。"——原注

⑥ 張邃青《開封古跡名勝龍亭》。

⑦ 《開封縣志》卷十四《古跡》第五十頁：鐘樓在城内新昌坊，規制與鼓樓同而高聳峙過之，上懸巨鐘以警昏曉。宣德初左布政使李貞復葺之，成化中巡撫都御史李衍重修。後有巡撫某遘疾弗愈，因鐘樓立於軍門之右爲形家所忌：檄毁鐘樓上一層，議鐘樓易位，改鐘樓爲鼓樓。卸鐘時鈕忽絶，鐘竟委地而碎，某不懌，然竟改置，容而另鑄，聲不逮前鐘。至巡撫邱兆麟仍以鐘復舊樓並葺之，國朝康熙十年巡撫郎廷相又毁鐘樓，以其材建藏經樓於相國寺，相傳二樓爲宋時建，今惟鼓樓獨存。——原注

而明李濂則謂二樓均非宋時所建①。

（四）花石綱記實

龍亭中院，有巨石二，色相頗古，云係北宋物，前者艮岳之石，一受金兵之毁運，再資洪流之防堵，輾轉移徙，散亡實多，獨此二石歷經靖康、建炎兵火之變，出没煙海浩淼之中，而亭亭雙影，猶得與黄瓦緑波相掩映。元楊奂《汴故宫記》謂：仁智殿有二大石，左曰敷錫神運萬歲峰，右曰玉京獨秀太平巖②。今之所見，是耶非耶，無從考證矣。

以石質言，石爲太湖産；既爲太湖産，當爲北宋遺物；既爲北宋遺物，當與花石綱事有關；而花石綱事，又與艮岳壽山之修築有關③。之二事者，直接爲黎庶之擾，間接釀靖康之變，此一代之大關繫也，故約略述之。

艮岳壽山，在汴故城東北隅。徽宗即位之初，皇嗣未廣，有道士劉混康者，以法籙符水得幸。上奏：京城東北隅，地協堪輿，惟地勢稍低，倘少加以高大，當有多男之祥。詔增築數仞岡阜，已而後宫果生男不絶，帝喜甚，更命户部侍郎孟揆築山於上清寶籙宫之東，取象杭餘鳳凰山，號曰萬歲山；後因神降，有"艮岳排空"之語，遂易名"艮岳"④。

時有朱勔者，因蔡京以進。初致浙中珍異花木竹石，上頗喜之。政和間，增修萬歲山，專置應奉局於平江，盡搜東南奇花異石，歲歲增運，號曰"花石綱"。凡士庶之家，有一花一石稍堪翫者，即率健卒直入其

---

① 《汴京遺跡志》卷八第八頁："……以上二樓俱非宋建，姑附於此。"——原注
② 明祥符李濂著《汴京遺迹志》第一卷十二頁。——原注
③ 據金陵王氏洛川校正重刊本《大宋宣和遺事》亨集："……增修萬歲山，重運太湖石……"又張淏《艮岳記》有："……即其地大興工役，築山號壽山艮岳，命宦者梁師成專董其事，時有朱勔者，取浙中珍異花木竹石以進，號曰花石綱；專置應奉局於平江……"張記見《汴京遺跡志》第四卷九頁。——原注
④ 見《大宋宣和遺事》元集，又《汴京遺足跡志》卷四第一頁、第八頁、第九頁均有斯項記載。——原注

家，以黃帕遮覆，指爲御前物，或未即取而護視微有不謹，則加以大逆不恭罪。雖江湖不測之淵，深山危崖之地，苟爲花石所在，亦必迫脅往取，故顛蹐陷溺而隕其身者，常有所聞。及發行，則撤屋決牆，掘墳屠墓，鑿河斷橋，毀堰折閘。石之大者，更施以奇法①，載以巨舟，挽以夫千，自蘇杭至京師，一花費數千貫，一石費數萬緡，兩河岸邊，役夫百千萬，尾尾相含，人民苦勞相枕而亡②。

因此過度搜索，於是最瓌奇特異瑤琨之石，姑蘇武林明越之壤，荆楚江湘南粵之野，移枇杷橙柚橘柑榔栝荔枝之木，金娥玉羞虎耳鳳尾素馨渠那茉莉含笑之草，不以土地之殊，風氣之異，悉羅致長養於艮岳壽山之內。而勔又即所居，別創一圃，林泉之勝，二浙無比；其黨徐王輩，共濟其惡，豪奪漁取。兩浙不堪其擾，而方臘之亂起矣③。

先是方臘家有漆園，常爲造作局多所科須，諸縣民受其苦，兩浙兼有花石綱之擾，臘以妖術誘之，數日之間，嘯聚萬衆，以誅朱勔爲名，驅其黨徒四出，焚火劫掠。兩浙督察蔡導顏坦擊賊敗死，遂陷睦州。壽昌、歙州、杭州，亦先後被陷，將官郭師、詹良臣皆戰死。自亂作後，破六州五十二縣，屠殺平民二百餘萬人，凡四百五十日始平④。

上初垂意花石時，太學生鄧肅上十詩諷諫，徽宗放之故里。其後陳過庭、張汝霖均以諫花石綱事受貶⑤。及方臘亂作，太學生陳東等伏闕上書，乞誅朱勔以洩民憤。時李邦彥爲相，書不上報；及出宮門，數萬

---

① 運石方法見周密《癸辛雜識》，搜於《汴京遺跡志》中，該志第四卷第十二頁："……嘗聞汴京父老云：艮岳之取石也，其大而穿透者，致遠必有損折之慮，乃先以膠泥實填衆竅，其外復以麻筋雜泥固濟之，日曬極堅實，始用大木爲車，致於舟中，直俟抵京，然後浸之水中，旋去泥土，則省人力而無它慮；此法奇甚，前所未聞也。"——原注

② 散見《大宋宣和遺事》元、亨、利各集，及洪邁《容齋續筆》、張淏《艮岳記》。詳《汴京遺跡志》第九、第十一頁。——原注

③ 見徽宗御製《艮岳記》，詳《汴京遺跡志》第三頁，朱事見《大宋宣和遺事》元集。——原注

④ 見《大宋宣和遺事》亨集。——原注

⑤ 見《汴京遺跡志》第四卷第十頁、第十一頁。——原注

人攔路陳言，聲徹四野，朝廷綱紀，遂蕩然無存①。

《宋史》筆斷論金花石綱之害曰："徽宗取敗之道，固始於蔡京豐亨豫大之對，然致天下之騷動，強敵之憑陵，而身不能守其宗社者，皆朱勔花石綱之運有以促亡之耳。初朱勔因蔡京以進，上頗垂意花石，勔初致黃楊三四本，上已喜之，後歲歲增加，遂至舟船相繼，號曰花石綱，專置應奉局於平江，每一發輒數百萬，故花石至京師者，一花費數千緡，一石費數萬緡，此花石綱之始也。既而作萬歲山，運四方花竹奇石，積累二十餘年，山林高深，千巖萬壑，麋鹿成群，樓觀台閣，不可勝記，此花石綱之中也。又爲苑囿屋白，不施五采，多爲村居野店之景，又聚野獸禽鳥於苑囿中，每秋風夜靜，禽獸之聲四徹，宛若川澤陂野之間，識者以爲不祥之兆，此花石綱之末也。徽宗於是盡棄國政，乃與蔡京等酣歌達旦，以燕以遊，將爲終身之樂焉。"然大興土木者必殃民，而殃民者無不敗，故方臘亂作，流寇四起，金兵南下，神州陸沈。"祇矜花石來江艦，詎料金兵入漢關。北狩竟隨雙雁去，中原無復二龍還。"每讀李濂《艮岳懷古》句，令人不勝有黍離之感矣。

人之於事，其一草一木之遺，善者可彰其德，惡者可識其失。宋之花石，其尤著者也。苟有一念之差，即遺無窮之恨，雖有孝子慈孫，百世不能改也，可不慎哉。

（五）龍亭附近地勢低窪的原因

龍亭附近，地勢低窪，常年積水，一望無際。據縣志所載，現在積水之處，皆宋明時宮殿廢址②。吳世勳謂昔人於此掘古器物，故成巨澤③。以事理言，搜掘器物，雖可影響於當地之形勢，然殊難爲地勢低窪之重要原因。蓋搜掘目的，僅爲器物的獲得，初不必泥土之搬取，縱

---

① 見《大宋宣和遺事》利集。——原注
② 《開封縣志》第九卷《宮室》第二十七頁。——原注
③ 見中華書局出版之分省地志《河南》第五十五頁。——原注

以刨掘爲必要手段，亦不過翻揚數尺或數丈以外，對此廣大之地積，當不至發生若何影響，藉曰器物挖取後之空間，須待泥土之填補，然所需有限，亦難使之成爲巨澤也。

龍亭一帶，在明季爲周王府①，明崇禎十五年九月，闖賊掘河灌城，屋宇盡陷，周王府亦遭水災，其記載當時情形可供參考者，略示如下：

"十七日甲申黎明，滿城俱成河漢，止存鐘鼓兩樓，及各王府屋脊，相國寺寺頂，周府紫金城，惟壁所居土街，乃夷山頂，水及門基，門內皆乾地，避水者滿集……"②

"……迨河水入城，淹没有深至三四丈者。自西門迤邐東來，至大爪隅首，水僅二三尺，深者通藩府，東折至山貨店街，水僅一二尺，再東折而北去，至土街，水不盈尺而止，高下起伏，觀夫水而從可知矣。"③

"匆匆從駕壽山上，窪處洪濤深七丈，王家僅餘數尺城，女牆缺溢如破盆……"④

據此可知龍亭一帶地勢，在明季已較他處爲低，不然，山貨店街土街水僅一二尺或不盈尺，何以深者通藩府，何以止存紫金城，更何以女牆缺溢如破盆耶，故周王府自遭水災後，屋宇盡圮⑤。

黃流挾沙甚多，水過則沙淤積，昔之所謂樓臺，經此遂夷爲平壤。居人掘地，往往得鴛鴦虹梁，而城東北隅這鐵塔，刨土直下丈餘始見故址；⑥ 是以開封地勢，經闖賊灌城之後，遂發生一顯著變化，迨水勢既退，居民須於沙上築屋，同時懍於過去之慘痛，遂舍低卑而就高阜，故土街、書店街、曹門大街等較高之區，居民蝟集，終清之季，無能比其繁盛。龍亭一帶，既不爲人士所樂居，亦不容民衆所佔有，而明社將屋，清鼎未定，官方多故，勢難對此作若何經營，因此前所沉積之黃沙，遂

---

① 見本編《龍亭建築的歷史》。——原注
② 明《大梁李光壁守汴日志》第四十二頁。——原注
③ 見《明陳所蘊建數樓記》，載《開封縣志》中。——原注
④ 見《清王紫綬大梁宮人行》，載《開封縣志》第二十一卷《麗藻》第二十八頁。——原注
⑤ 見《開封縣志》第九卷《建置》第二十九頁。——原注
⑥ 見清胡介祉《大梁雜咏八首序》，載《開封縣志》中。——原注

爲一般居民所使用①。曠日彌久，搬運自多，用此土以彼增高，彼高則益形此卑，故百數十年後，而龍亭附近地勢遂更爲低窪矣。

往者市政不修，普通居民衛生知識復極缺乏，故對於廢棄物之處置，煤渣爐土之傾倒，率以街頭及附近空處爲目的地；甚或棄之院中，雖污穢滿地，亦不介意。嘗考開封市街，其不爲近十數年中所常修築者，恒高於院宅三二尺至五六尺，伸足而入，如投穴洞。即爲近十數年所常修築者，亦大多高於院宅三數尺不等。叩其故，則已往傾倒煤渣爐土廢棄物之所致也。他如用煤渣爐土廢棄物填補坑坎，在開封則尤爲常見，馬府街之坑，家廟街之坑，遊梁祠街之坑，皆由附近住户髒物之傾倒所填塞者也。龍亭附近，居民甚稀，其煤渣爐土廢棄物之産量，當不逮其他各市街遠甚；歷年愈久，所差愈多，積百數十年，必有可觀者矣。是以開封城厢空曠之地，若東北城坡，東南城坡，西南城坡，均因居民鮮少而日形低窪，故不僅龍亭附近已也。

約言之，龍亭附近地勢，在明季已較他處爲低。迨闖賊灌城以迄於清，當地泥沙，常爲一般居民所使用。而住户鮮少，復缺煤渣爐土廢棄物之倒傾，歷時既久，低下自甚。故雍正九年總督田文鏡以勢低下而移貢院②，十二年王士俊《萬壽宫碑記》建萬壽宫有碧沼蓬之諛③，至道光朝而已成湖矣④。

---

① 使用之土有二，一爲建造房屋，一爲取其下層黏土和煤，尤以建造房屋爲最大用量。闖賊灌城後之數十年，爲開封努力恢復時期，其事由清胡介祉《大梁雜咏八首序》"開闢招徠重爲行省"語可證。因建造房屋甚力，故需土亦特多，是以崇禎壬午至雍正辛亥雖不及九十年，而龍亭地勢已甚形低下，龍亭處之貢院，遂不得不移矣。——原注

② 貢院舊在今龍亭地方，以地勢低下，雍正九年總督田文鏡移在城東北隅上方寺南，事見《開封縣志》第九卷《建置》第三十頁。——原注

③ 王士俊少進爲雉端門：以內爲馳道，長一百八十丈，表以坊曰嵩呼，兩旁讓以碧沼，若蓬瀛焉。——原注

④ 清常茂徠《記萬壽宫》云："……北二里許，兩旁積水，一望無際，皆宋明時宫殿廢址，有人於此掘古器物……"按：常字逸山，號秋崖，祥符人，道光五年乙酉以選拔貢，後屢試不遇，遂專心著述，由常記語，可知龍亭附近地勢，在道光朝即已若是其低下，則其積水之開始年代，當在雍正以後道光以前云。——原注

四、故老的傳說

（一）滾龍甬路上馬迹的傳説

龍亭前面鑴有滾龍的青石甬路上，有隱隱的馬迹，據説那是宋太祖趙匡胤所遺下的。

民國九百五十二年前，正是一個懦弱無能的皇帝——周恭帝來統治着中國；在這皇帝的駕下，有一位武將，姓趙名匡胤。他曾南征北戰，立了不少功勞；後來契丹造反，皇帝命他領兵去打，到了陳橋地方，便露出野心，造成兵變，結果這懦弱無能的皇帝，被逼讓位，他便做了宋朝的開國皇帝，後來的人稱他爲宋太祖。

趙匡胤做了皇帝以後，把國都定在汴梁——就是開封，現在所矗立的龍亭，據説便是那時的宮殿。在這宮殿的前面，有一條傾斜的甬路，這甬路是用鑴有滾龍的青石砌成的。趙匡胤雖做了皇帝，可是他知道沒有勇武的皇帝，是不能夠使別人心服的，所以他常騎馬上殿，故意做出當年的武將風度，使他的臣僚看見，不敢再生野心。因爲他時常騎馬上殿，所以在這滾龍的甬路上便隱隱有馬跡遺下了。

究竟現在的龍亭，是否就是宋朝的宮殿；滾龍甬路上，是否確有遺留的馬迹，只有待看這傳説的朋友們來考證了。

（二）潘湖和楊湖的傳説

龍亭前面有一片廣大的空地，終年積水，中間有一條大道，把積水天然分成兩部，在東面的叫潘湖，在西面的叫楊湖。

英武的宋太祖趙匡胤，做了十七年皇帝死去後，繼續他來治理國政的，便是宋太宗。他的名字叫匡義，是匡胤的弟弟。在他的朝中，有一個潘美做丞相，一個楊業做太尉；丞相和太尉都是很有權勢的，所以他們的住所都在宮殿附近。一天，潘美爲誇耀他兒子的武藝起見，立下一個擂台，請人比賽。但是不幸得很，他的兒子和楊業的兒子比賽是失敗了，並且被楊業的兒子打壞了，所以他對於楊業父子，懷下一種比海還深的仇恨。楊業父子，要扶宋滅遼，他偏要助遼制宋。

據說現在矗立的龍亭，就是九百年前宋朝的宮殿；現在的潘湖，是那時丞相潘美的故居；現在的楊湖，是那時太尉楊業的故居。但是一切的事物，都是跟着時光之流來完成，也同時跟着它來毀滅的。時光不斷的在流轉着，宋朝已變爲歷史上的名詞了，潘美和楊業的故居，也在這時光的流轉中毀壞了，消滅了，變成現在的湖沼了。可是有一種不可思議的力量，總是讓潘湖的水常在混著，來象徵潘美的奸惡；楊湖的水常在清著，來象徵楊業的忠良；奸惡和忠良永遠是互相嫉忌的。所以潘美和楊業，曾結了一種不可解除的怨恨，這種怨恨，直使到後來積在那裏的湖水，也不相交流。

究竟現在的湖沼，是否就是潘美和楊業的故居？這裏的水，是否像所傳說的那樣？這種考據和證明的工作，讓我留給看這傳說的朋友們吧！

（三）石獅的傳說

龍亭前面的午朝門外，放着兩個巨大的石獅，在西面那個石獅的前腿，據說是楊業的兒子——楊延嗣所摔壞的。

據說在差不多一千年前，宋朝有一個潘美，因爲得了皇帝的寵愛，便做了極有權勢的丞相。他有一個兒子潘豹，是天生成的頑皮，整天不是玩拳，便是弄棒。"老鴉不嫌兒子黑"，潘美從不規戒他，有時他還非常高興，以爲他的兒子，將會成一個勇猛無比的武將哩。

一年，北方的遼人反了，潘美心中，有說不出的愉快。他想，這時正是武士們的出頭機會，他的兒子在幾天後，便是一個帶兵百萬的大將了。他奏請皇帝，用比試的方法，來選擇大將，並用他的兒子，做這擂台的主人。皇帝准了他的奏請，命他全權辦理這事。

比賽的日期到了，觀看的自然是人山人海。準備參加比賽的武士，都穿着很好的戎裝，在萬頭攢動中雜散着。高大的擂台上，站着一個孔武有力的大漢——這大漢自然是潘豹了。及至比試開始，所有前來比試的武士，都被這大漢三拳兩腳打壞了。

第二天的情形正和第一天一樣，接着便是第三天了，這是最後一天。觀看的人比以前更多了，不過前兩天的情形，是曾經給人看過了的，因此武士們的雄心，早被死之恐怖所軟化了。

第三天很少有人比試了，潘豹又連續打壞幾個武士，更確信自己的武藝無敵手了。潘美在台下露出十分得意的神色，周圍的人，故意向他說些開心話，彷彿一個很盛大很嚴重的比賽會，將在他們的歡樂快慰中完結了。

太陽無聲息的從東方移到南方，竭力放出他的光和熱，把所有的人都弄倦了。高大的擂台上，除潘豹在那裏自鳴得意外，連一隻影子也找不到了。潘豹高叫着說：“時間快到了，不怕死的請快來，否則便不再候了。”這時已經疲倦的觀眾，便懶懶的向台上瞭望，恍惚有一隻急鏃似的影子，閃到擂台上面，接着便飛起一陣黃沙，正是互相驚訝的時候，只見一個勇武的少年，從擂台跳下，那潘豹便跌壞了。

會場的情形，立時緊張起來，都注意這得勝的少年。潘美是恨極了，便厲聲向少年說：

"你的名字叫甚麼？"

"我叫楊延嗣。"少年慷慨的說。

"你的父親是誰？"潘美的腦袋微微向左偏，接着又問。

"我的父親是楊業。"少年很莊重的答。

楊業是和他同朝的太尉，潘美知道也不好惹的，但若把這少年饒過，卻又是他嫉恨的心理所難允許的。他看到一個巨大的石獅，這石獅是幾十個有力的人都搬不動的，便指着石獅向少年說：

"你不能將它舉起來，我便殺你！"

所有的觀衆都爲這少年擔心，那少年却毫不在意。他輕輕走到石獅面前，伸出一雙手握住石獅的腿，高高舉起，摔在數丈以外。那石獅的腿，便折斷了。

石獅現仍存留着，但這少年只在傳說里想像了。

（四）龍墩的傳說

在龍亭台子上面建有九間大殿，殿的中間懸掛着中山先生的遺像，像的前面有一個五尺多高的蟠龍石墩，這個石墩就是我們所要說的龍墩了。

在九百多年前，有一個英武絕世，足智多謀的皇帝，姓趙名叫匡胤的。當他幼年時候，就專好結交豪客，打架鬥毆。他的父親宏殷恐怕他在家鬧出事來，就送他到外公家讀書，但是他到那裡還仍然結交好遊，終日總是耍拳弄棒，不滿一年就藉故回家了。他父親沒有法子，只好讓他自便！後來他因爲打壞了御花園（皇帝的花園）逃命四方，這時就結交了柴仁和鄭恩。後來柴仁當了皇帝——就是周世宗——趙匡胤也就當了大將，他一生南征北討，立了不少的戰功。後來契丹犯邊，他領兵到了陳橋驛，兵士們就擁戴他做了皇帝，這就是我們所稱的宋朝開國第一個皇帝宋太祖。

相傳現在的龍亭就是當時的皇宮，那個石墩就是宋太祖的寶座，我們俗呼它爲龍墩。還有人說這個龍墩我們平常人是不能坐的，如果坐上去，馬上就暈倒不醒人事。

從前有一個拾糞的小孩，天一亮就起來到外面拾糞，一直跑了半天，已經是精疲力盡，及至走到龍亭地方，他想龍亭倒很高敞清爽，不如上去找個地方歇息歇息，于是他就上到上面，看見有一個四四方方的石墩，心想可得到一個涼爽的床鋪。一面這樣想一面就爬了上去，誰知他剛上去還沒有坐穩，忽然覺得頭暈目眩，不知身在何處了。

這時離開封一千五百餘里的北平的皇帝，就感覺到有大事發生，他說："現在有人在汴京坐了皇位，手拿五股鋼叉。"于是就飛詔到開封打聽，及到了龍亭，原來是一個拾糞的小孩，手頭放一糞叉，死在龍墩下面了。

這些事情都是皇帝時代遺下的傳說，到了民國，儘有遊龍亭的小朋友，到龍墩上坐過啦。

（五）鐵泉海眼的傳說

在龍亭公園東牆的外邊，有一塊深深陷在土中的鑄鐵，祇有它的頂端露在外面，周圍大約有五尺左右，上面成十字坎的形狀，這個東西俗叫它為鐵泉海眼。說來真也奇怪，鐵鑄的東西也可以當泉，海也可以長出眼睛來。

這個鐵鑄的東西，在好多年前已經發現了，但是沒有人去注意它。到了民國十一年馮玉祥做河南督軍，他總想看看這個究竟是甚麼東西，于是他就派人深掘。當時雇了許許多多的工人，費了很大的事，才挖掘的有一丈深的光景，下面漸漸的湧出了很多的水，而這個東西埋在土裏的部份確仍然很深。

後來有許多老太婆都出來要求停工，他們說："你們不要挖了，再往下挖的時候，恐怕開封城水湧出來，老百姓都要淹死了！"據他們的傳說，這個鐵的東西是一個大的泉源，下面是海的眼睛，直通大海。如果把它挖穿的時候，開封城馬上就會被水沖沒，人民也要都被水淹死的。

據說是這樣。只有真正它挖掘出來才可證實，這就要請聰明的小朋友們自己推究了！

五、龍亭附近的民眾生活情形

龍亭附近一帶居民，多從事於體力的勞動，兼作小資本的經營。其在潘湖之東者，計有豆芽作坊八家，兼做水粉及涼粉等物。以現行市價計之，黃豆一斗，約需洋五角；綠豆一斗，約需洋六角。用黃豆一斗者，可得豆芽七八十斤；綠豆一斗者，可得豆芽八九十斤。每斤售價，黃豆芽約銅元八枚；綠豆芽約銅元六枚。每作需時由四日至七日，每人逐日可獲利二角左右，除支付房租及生活需用外，常少剩餘。

做粉原料，常用者爲綠豆，每斗可出水粉二十餘斤，或涼粉六十餘斤。水粉售價，每斤約三百文，涼粉約一百文，所剩漿汁及渣澤，用以喂豬，重七八十斤者，每頭可得洋十元，恒在廢曆年杪出售，爲作坊中最大收入。

龍亭西南及東北一帶，計有鹽戶一百餘家。其鹽田或係租佃，或係自有，合計曬池八十餘座，淋池二百餘座，淋缸鹽鍋各百餘口。在夏秋季多爲曬鹽，大曬池可容水十餘擔，築時約需洋五元；小曬池可容水二三擔，約需洋二元。每擔滷水可得鹽十斤，曬鹽一池，每斤約成本洋二分，實售價可三分。如二人合作一池，每池以四十斤計之，即可得純利四角之譜。

熬鹽成本，高於曬鹽，每鍋可得鹽三十斤，約需燃料費三角，將鹽土成本用具折舊，工人伙食合併計之，每斤成本約洋三分，按市價每斤四分售出，亦僅盈餘洋三角左右。

熬鹽時所得之火硝，須照官價每斤洋七分售入官銷局，不得高價私售。前者河南設鹽務署，開放鹽禁，行徵稅制。每土鹽百斤，須納稅洋八角，燜鹽一元三角五分，以稅率較重，鹽戶苦之。後鹽務署撤銷，重行查禁，省府以鹽戶多方呼吁，乃准其暫行製煉。惟督銷處稽查極嚴，故釀成民國二十二年四月間稽私隊與鹽戶在西南城坡衝突之大流血事。

潘楊湖中之蘆葦，建設廳以年金七十元租出，承租者年可獲利約三十元。收穫時所用僱工，以收穫所得按三七之比分之，僱主不再出資，蘆葦一束，約五六斤，售價可三百文。購斯物者，多以之製笆或鋪屋面。

湖中有小舟十餘，供遊人之僱用，營業情形，以夏秋季較佳。繞湖一週，約需洋一角，舟子一人，日可得資半元。每舟建造費約六十元，如係賃租者，須日付租金一角，此外如建設廳管理之小汽船，以租金較昂，常年鮮有租者。

龍亭迆西之黃花館，東之金聲館，建設廳均以一元五角租出。其居於此者，以養鴨養鶩為主要生計。益以附近之鴨鶩養戶計之，約有八九家。每鴨一隻，年可產卵七十餘，每卵價可百餘文；每鶩一隻，年可產卵二十餘，每卵價可二百餘文。計鶩一隻，可售價兩元，惟養戶多不出售，恒以之孵育鴨雛，每次孵雛約十餘隻，每隻自孵出至出售約需食料費四角，售價常由八角至一元。

湖沿多浣衣婦女，因季節及天氣關係，常數十人至數百人不等。湖沿散置磚石，業此者謂之擲磚，計在潘湖者八家，在楊湖者三家。浣婦一人，須出銅元五枚，始得就磚搓洗。浣衣婦女，又有僱傭與專業之不同，每人日僅得資千餘，故生活異常窮苦。

龍亭院中空廠之地及東院空房六間，由建設廳租與文明茶社，月計租金四十元，而地球室之租金五元，尚不計算在內。該社常住人員三人，夏秋季營業較好時約十餘人，茶資收入，概無定數，在夏秋季每日約洋十元，至冬春季常伙食費亦難敷用。至時唱時輟之鼓詞場，與茶社並無直接關係，其收入亦僅每日約洋二元云。

其他如龍亭附近之製鹼者，以近年洋鹼充斥，土鹼衰落，每斤售價，常不及百文，雖終日勞動，猶難一飽，故操斯業者，多改途焉。

六、龍亭附近的動植物及其采集工具

開封地勢低下斥鹵，土質瘠薄，多含鹽鹵，且多塵沙，是以開封清流既少，草木不茂，較大之池沼亦僅惠濟河與龍亭前之潘楊二湖。茲就二湖中常見之動植物分述如下：

（一）動物

1. 蜻蜓 節肢動物門，昆蟲類，口能嚙噬，胸部第一節環，顯然分離，羽翼兩雙相等，透明如薄玻璃，網狀，具筋紋，不能收縮，變化不完全。

①種類 龍亭二湖附近之蜻蜓極多，其種類亦至複雜，今僅就最普通之數種，爲開封一般兒童所常見者略述之：

（一）老青，此種蜻蜓最爲普遍，龍亭湖中亦最多，形體碩大，口部亦甚闊大，色爲青綠故名。（二）馬郎，其體黃色。（三）紅榛椒，體呈紫紅色，異常鮮豔，腹部微扁，故頗能引兒童注意。（四）花鋼鞭，體長，腹部細長，灰黑相間，狀如兒童玩耍之花鋼鞭，故名。（五）小蜻蜓，有黑、黃、紫、藍等色，形體玲瓏，常飛於庭園中。

②顏色 蜻蜓顏色雖多，然大致均相同：其頭上具丁字形斑痕，眼作藍色或綠色，胸部褐色，上具黃綠色條痕，腹部褐色。雄體具藍色斑紋，雌體具綠色斑紋。羽翼略具黃色條紋。

③體部構造及其生活 蜻蜓生命雖甚短，然時在空氣中捕捉食物。體部甚狹，以便飛逐。眼體甚大。司羽翼運動之筋肉甚粗。頭部及胸部以細絲相連，可轉動，蚊蟲或蜉蝣等遇之，即不能復逃。口部以上下二唇遮蔽之，下唇分爲三段，有如利鉗。捕得食物後，以上下顎嚙碎之。胸

部之第一節環與他節環分離。其下雙足最靈便，常飛行水邊。其雌體產卵，每在水中植物之上。尾部第二節環及第三節環之間，具有尖刺，以此刺入植物莖中作小穴，於每一穴內產生一卵。尾具二小鉗，交合時以此互相鉗住。

④胎體　雌者產卵於水中，以尾點水，即其產卵之時。發育爲胎體，入居水底，以捕食水蟲（如孑孓等）其形如薑，故名水薑。足甚長，行動遲緩。以下唇司捕捉，如兩臂，分頭、胸、腹三部，靜居時向內收縮。以氣管行呼吸，但決不出水面之上。具有鰓片狀之薄膜，司氣體之交換。此薄膜居腸部之後，故腸內時有富於養素之水液充滿之，遇危險時由腸內放出水液，遊泳而遁。此種動物龍亭湖中最多。

胎體依次發達爲蟲體，不經蛹伏，因胎體與蟲體之生活大概相同，及羽翼已成，即飛行空中。

2. 蚊　蚊產於水中，因潘楊湖關係，故龍亭附近蚊蟲最多。係節肢動物昆蟲類。最普遍者爲尋常蚊與瘧疾蚊兩種：

①尋常蚊　體細長，色黑褐。口吻長，觸角亦長，分十五節。雄之觸角爲連鎖狀，有短毛，腹部細長稍扁平，具白色部。翅透明，腳長。靜止時翅疊於背。雌者專吸收人畜之血液。雄則吸收植物汁，不吸人畜血液。產卵於有水之處及池沼中。其幼蟲曰孑孓，體圓長，色暗黑，體分九節，各節出叢毛，頭呈球狀，尾端有呼吸管，故在靜止時，常頭下而尾上，即行其呼吸作用也。食水中之腐物。此幼蟲約越二十餘日而爲蛹，其頭胸皆甚大，爲卵形，腹善屈曲而遊泳，約經旬日即羽化爲蚊，蚊產卵後即死，然有生于秋間者，初能潛伏暗室中，懷卵而越年者。

②瘧疾蚊　產生於近熱帶之處，中國遍地皆是。此類蚊蟲最爲危險，爲瘧疾之媒介物。人類患是病者，每年以千萬計，且其蟲能在人體血液（紅血球中）中寄生數年，故害瘧疾者，常能繼續數年而不愈。其與尋常蚊之區別，則爲休息時之狀態。（注一）尋常蚊居壁上頭尾相平，成水平綫。（注二）瘧疾蚊居壁上，頭部向下，尾部向上昂起，與壁成三角形。此吾人應特別注意，且應設法以預防之。

3. 蛙　蛙體部甚闊，無尾，肢體發達完全，屬兩棲類。關於蛙之種類甚多，而潘楊湖中亦僅青蛙與蟾蜍二種，今分述如左：

①青蛙　青蛙種最普遍，世界上各處皆有之，產於植物茂盛之水中，其岸側生草者，通體綠色，易與草色相混，以避其外敵。背上具三條黃色縱條，復具黑斑，腹底黃白二色相間，爲上部所遮不得見，皮膚內發出粘液，因其爲涼血動物，故不需毛髮以蔽護其體熱。其重要食料，爲六足蟲類、蜘蛛類、螺螄類等。又食小魚及小蛙，魚卵受其殘食者甚多。

蛙類之認識食物，惟依其運動，凡不運動者，蛙類概不捕食之。蛙眼突出，具上眼皮，每環視四周，以俟可捕食之物。每聞輕聲即復躍入水中，可知其聽覺靈敏。耳竅圓形，位眼後，當其居水中時，以膜蓋遮蔽鼻孔。

青蛙居陸地時，每跳躍而進，以捕食物。後足甚長，能遠躍，具五足趾及鳧膜，故居水中即爲泳具。前足惟當跳躍時爲支持體部之用，與鳧水無關係。故較後足遙短而弱，僅具白短指，無鳧膜。後足既專司運動，故筋肉甚多。脊椎最後節發達最良，以支持之，變爲長骨。復有二長骨與之平行，名腸骨。歐洲人食蛙者僅食其後腿。蛙口極大，舌具二尖，前端與口部連生，舌尖向內。故能伸出甚長。上下顎具細齒，僅爲推移食物之用，不能咀嚼。

青蛙經七個月冬眠後，至五月復自泥土出，鳴聲不已。惟雄體能鳴，口角具二音胞。六月初爲雌體產卵期，每一雌體約產卵四千。因其敵最多，且生卵後母體即不復注意，故其數不得不多。蛙卵居水內，成爲堆塊，爲微黃色小球體。由卵體發達爲胎體，通名蛙魚，常居水中，形狀與魚類相似。分頭部、軀部、尾部三者。尾長而扁，爲遊泳機關。口甚小，內具小齒，以朽腐植物質爲食料。以鰓片呼吸，居頸上，狀如小樹枝，是爲外鰓。不久發生內鰓，以皮膜遮之，外鰓即消失。鰓片漸消失，肺臟發達以代之。既爲蛙體後，乃專以動物爲食物。

②蟾蜍　又名癩蛙，惟生卵時入水，卵連接如珠串。夜間或降雨時乃外出。體色暗褐，皮膚突起如癩瘢，與土塊相似。其常居樹葉下者，體

色變爲暗綠，有白色粘液自皮膚發出，具微毒及奇臭。人體粘膜（如眼及口）與之相遇，每受其害。後腿甚短，故不善跳躍。又常居陸地上，其足趾之鳧膜變厚。因能除各種害蟲如螺類等，故癩蛙爲有益於人類。

4. 魚　爲涼血之脊椎動物，皮外具鱗片，以鰓呼吸。肢體之形狀變而爲鰭，除前後二雙外，尾部中間，尚具單鰭，亦有不具肢體者，多數生卵。魚之種類甚多，而龍亭湖中則甚少，且以潘湖靠近住戶，洗衣者甚多，水甚渾濁，魚不能生存。故有魚者僅楊家一湖（西湖）耳。茲就其所有者分述之。

①船釘魚　體甚長約二百四十糎，體高爲體長八分之一，頭扁背部隆起，頭下面及腹部平，眼間距離寬而凸，吻尖微伸出於口外，眼在背面，口在下面。每角有一短鬚，背鰭無硬刺，其基部適在胸鰭尖端之後，腹鰭之前，並距吻端較距尾基爲近。臀基距尾基較距腹基爲近。尾鰭叉形。側綫延連沿體之中部。鱗窄而圓。三鱗介乎側綫與腿基之間，喉齒一行，鰾甚小，包於骨囊內，體色黃白，在側綫上之鱗片其基部有黑色點。

②羅漢魚　體長七十糎，長而扁，體高約爲體長四分之一，腹圓，眼間距平，頭背隆起，吻鈍，眼在頭之兩側，口小而直。無鬚，吻端有許多角質點。背鰭無硬刺，其基處距吻端和尾基相等，胸鰭不及腹鰭，腹鰭不及臀怨不得鰭，尾鰭叉形。側綫直沿體之中部。鱗大四枚，介側綫與腹鰭之間。鰾大。喉齒一行，體背暗，下部淡，鱗邊綠與鰭微黑。

③王長條　又名白條，體長一百四十九糎，微扁，腹部隆起，口垂直，口裂達鼻之前端。鼻孔近眼，無鬚，背鰭有刺，其基部後於腹鰭，並距尾基較距吻端爲近，胸鰭不及腹鰭，腹鰭不及臀鰭，臀鰭長，尾鰭叉形。鱗適中，二鱗介於側綫及腹鰭間；鰾大，背及體上部灰色，腹及鰭較淡。

5. 鴨　膜喙禽類，口喙除硬尖外，上具軟膜，邊上變爲角質。足短，前足爪間具鳧膜。居水中，雛體不須母喂飼，爲水禽類。分家鴨與野鴨：

①家鴨——又名家鶩，爲野鴨經人工淘汰所變。至今經百千年後，仍爲水禽。經日喜居水，故龍亭湖中，遊泳不斷，冬季亦然。胸部及腹部具絨毛甚多。以遮毛護之。其間具熱空氣甚多，故能內護體熱，外拒寒水。遮毛復富於油質，自尾腺發出，每以口喙助其分布全體羽毛上。且皮膚內具脂油甚多，爲防寒之第二機關。足部含血液甚少，以免血液受寒。

凡遊泳之哺乳動物，入水時每全部墜入水中，僅餘頭部露出水面，鴨類則全體上出水面，是因禽體內具空氣袋甚多。骨及羽毛皆中空，羽毛間具許多空氣，皮膜下層復具脂油，皆所以減輕體重者。軀部形如小船，最便遊泳。前足爪甚長，諸足爪間具鳬膜，遊泳時用之如雙槳。然因其足居體後，當其在陸地上行走時，體部每向兩旁歪側，又以其尾膜甚闊，亦與步行不利。

②野鴨——又名野鶩，爲避外敵起見，雌體及雛體具暗褐色，易與蘆葦相混。雄體至秋季至春季，顏色甚麗。頭部及上頸部作藍綠色，頸邊白色，胸部栗褐色，翼面藍色，間以白紋。家鴨之全具白色者，乃人工淘汰所致。

6. 鶩 屬脊椎動物，遊禽類，雁科，龍亭湖中可分三種：

①家鶩 由雁之一種曰原鶩者，飼養而生之變種，形似雁而大，頸長，尾足皆短。嘴扁闊，嘴根有肉疣，而雄者較膨大。羽色白或灰。腳大有蹼。體長約二尺餘，善遊泳，而步行遲緩。食穀類、蔬菜、魚蟲等。一雄可配六七雌，產卵期多在二月間，卵大，每年約產二十枚。四星期而化雛，雛約越三月而成長，肉與卵可供食用。

②雁鶩 形似鶩，秋季向南，春季向北遷徙。每成群飛翔，作人字行，夜間亦飛行不息，在龍亭附近夜及晨間時聞其聲。頸翼俱長，足尾皆短。嘴扁平，被軟皮，色蒼黃，末端硬，邊緣列生多數角質板。體之下面白色，有黑色與褐色斑。腳黃，有四趾，前三趾張蹼，後一趾短小。其飛行時，有領隊者，司此職者體部每較爲強大，時時更換之。

③鵠 一名天鶩，繁殖於北方，體大，長約三尺七寸，翼長約一尺

六寸。頸長，上嘴有黃色部與黑色部，二色部均不達於身上，故全體仍係純白。脚尾俱短。脚黑。棲於河近旁及海濱，食業、根、種子、昆蟲、蠕蟲等。卵灰綠色，每產七八枚，孵五六星期而化雛。雛之羽毛初灰黑，漸黑褐，後變爲純白。

7. 鷗　口喙向兩緣壓扁，尖端作鉤狀，雙翼最長，故屬長翼禽類。且鳧足，常居水中，雛體須母飼養。龍亭湖中常見者係白鷗與燕鷗兩種：

①白鷗　分布極廣，然產北方海岸者最多，體長約二尺四寸，翼長一尺六寸，口喙黃色，鳧足淡紅色，通體雪白，背上具藍灰毛。以魚類爲重要食料。翼長而尖，故善於飛翔，自水面下視，見有可捕獲之魚類，即突下以口捕之，其速如矢，上喙小作尖鉤形，得魚後全體吞嚥之。當其倦時，即遊泳水上，隨波飄蕩。每於岩或沙岸上聚群築巢，同居以千數，其卵可供人食。

②燕鷗　一名鴛，嘴黑而強直，嘴端尖，長與頭等。脚甚細，色暗褐。前三趾小，有蹼。背灰黑。翼長而尖。體之下面白色，上尾筒全白，尾呈叉狀，尾羽外側白色或暗灰色。棲於海及湖濱，能遊泳水中，或高翔空際。見魚急轉下，突入水中捕獲之。鳴聲頗銳。至孳尾期，則多數群聚海濱、湖沼、河口等處，集水草爲巢，每產二三卵，約孵二十日而化雛。

（二）植物

1. 柳　楊柳科，多栽培於庭園路傍及河岸等處，落葉喬木，高至三四十尺。（龍亭附近多係新植，當屬例外。）其幹呈黑褐色，枝青細長而下垂，枝條柔軟，可隨風擺動。

葉青而狹長，互生。羽狀單葉，作披針形，如綫狀，基圓端銳，四周均有細小鋸齒之葉緣，其葉托甚小。

花在春二月即行開放，後漸生葉，花係單性，成荑夷花序——爲穗狀花之一種。此種植物，概爲單性花，熟則易落，其背軸甚細，杞柳垂柳皆屬此類——雌雄異株，小蕊花有二至十二之細軟花絲，大蕊花有一單大蕊，俱二柱頭，子房由二心皮分作二室。柳花係蟲媒花，開花最早，且俱微甜，但以其形體甚小，頗不易引昆蟲之注意，故不得不早日開放，以誘蜂之降臨，而達其交配之目的。

大小蕊交配後，大蕊之子房即漸變爲果實。果實爲乾瘦渺小之蒴果（此種果實由數子房相合而成，其表皮乾燥，熟時則沿隔膜而縱裂。）可開裂爲二片。種子極小，黑色或深褐色，外面生有細長之毛，身甚輕，隨風飛舞（即常見之柳絮）爲風傳種之一。

柳樹性喜潮濕，耐水性極大，故應植之於河岸間，吾人常見池塘中多有之，甚有其身入水之半而不死者。

柳樹體質疏鬆，爲最易生長之樹木，且其生長力亦甚迅速，三五年以後，即可成爲丈餘之喬木。用途亦尚廣，其木材可做家具小品及製造木炭之用。枝可編籃筐（惟不如杞柳之堅固），其葉又可飼養野蠶。惟其質輕而軟，如以之爲棟樑，則不如其他木材之耐久耳。

2. 白楊　楊柳科植物，高至數十尺，落葉喬木，樹皮暗灰色，初尚平滑，後漸生裂紋。圓產地美國，故又稱之曰美國白楊。

葉互生，卵形或橢圓而尖，葉厚而硬小，形如三角，有滑亮之光。葉身基寬於長。葉綠有小而鈍之鋸齒。

春月開花，花成杯狀，凸生於盤上，排列爲穗狀花序，其穗頗長，雄花較長於雌花，花後穗尤長，約六七寸。單性花，雌雄異株，小蕊八至三十，花絲分離，大蕊二至四。

果實著生於花柱上，花柱二至四，上端爲二七蒴果，形若厚球狀，疏而不密，熟則裂，散出種子，種子有白毛如棉。亦爲風傳之一。

3. 檉柳　檉柳雖有柳之名，實非楊柳科植物，蓋因其柔長綠枝及細小窄葉頗似柳樹，故加以柳字爲名。該植物係檉柳科，落葉喬木，生於開封者因分枝甚低，故多爲灌木，全體高約五六尺至七八尺。主幹短而分枝甚多，枝柔軟常作下垂之式，幹蒼褐色，枝紅色。俗又謂之三眠柳，三春柳及陰柳。

在細長之枝上叢生小葉，如鱗片狀，作有規則之螺旋式排列，無葉柄，其葉叢生於大小枝之上。

花序總狀，或成穗狀，夏月開花，其形頗小，自枝頭生出；花與葉之初生幾無甚差異。萼片五枚，花片亦五枚，係粉紅色。穗長三四寸。

檉柳不但與柳之科與屬不同，而性質亦稀與其他樹木相同者。普通植物之花，一年中多係開花一次，而該植物之花，本在夏月開放，但至秋月仍有再開之可能。據云一年中可三次放花，蓋三眠、三春之名，即以此而得耶？

檉柳係完全花——兩性花，雌雄同花——俱有大蕊一枚，小蕊五枚，子房一室，其交配方法利用風及蟲均可。

其果實亦係蒴果，種子無胚乳。

此種植物產於溫帶，於鹼地尤爲相宜，故爲開封之特產。據本地居民云該植物具有消殺鹽鹼及改良土質之能，是以開封附近多鹼之田地，其畦背間多植之。其木材無甚用途，惟其花可供觀賞，故種之者不能以造林視之耳。

4. 槐　豆科植物，落葉喬木，高二三十尺，分枝彎曲，其小枝略帶方形，黑綠色，樹皮有花紋，其紋之分裂頗有程序，枝皮亦頗光滑。葉係互生——指總葉柄而言，爲一回奇數羽狀複葉，而自總葉柄所生之多數小葉則爲對生。其形狀爲橢圓形，或長圓形，端銳，基部爲圓形，上面呈深綠色，下面帶微白的淺綠色，且生有微毛。

其花夏日開放，作長形總狀花序，花冠爲蝶形，故稱爲蝶形花冠——豆科植物之花冠多係蝶形花冠，如豌豆、蠶豆皆是——花爲黃白色，間有紫色細紋，花萼筒狀五齒。花冠有五瓣，其一瓣最大，被覆他瓣者曰旗瓣，或稱曰主瓣。其在兩邊之二瓣，又在其內二瓣，相合而包圍雌雄蕊者，曰龍骨瓣。主瓣寬橢圓形，翼瓣長橢圓形，龍骨瓣下部連接。花爲完全花，小蕊十枚，分爲二組，一組爲九枚，作四五二排。其他一組一枚，位於前一組之上，各蕊基部均相連合，子房居其上，子房之上爲一彎曲花柱及一圓形柱頭，其胚珠無一定數目。果實圓形，俱有長柄，爲肉質之夾果，但不開裂，作連珠式，即如一串之念佛珠，通體成凸凹狀，凸處即有種子一枚。在二種子之間，果皮內縮，（內縮處即其凹處），故又謂之節夾。果皮光滑，種子黑褐色，橢圓形，種皮內之蛋白質，作膠皮狀物可食，但無任何美味。

木材堅密，可供建築與製造器具之用。花芽可作染料，在鄉間又多用其果實泡茶，其法有二：一係將果實炒燋，帶黑黃色，爲之；一係炒後再炙之以蜂蜜，以代替茶葉，又可入藥。

5. 刺槐　非本地所產，係由外輸入者，故又名德國槐。

樹高四五丈，但在本地所生者無大樹，落葉喬木或灌木，幹皮有裂縫，淺褐色，幹枝均有深褐長針，故有刺槐之名。

葉互生，爲奇數複葉，其復生之各小葉爲對生，亦有微互生者。葉長方橢圓形，尖部內凹，上面深綠色，下面較淺，質薄而有光澤。每一葉之總柄下作小凸狀體，其色微紅，且有二針生其兩邊。

初夏開花，爲總狀或複總狀花序，花開時有濃香。花白色，叢生一長形狀花序上，亦間有綠色花紋。大小蕊同花，亦係蝶形花冠，與中國槐極相似，其大小蕊之排列亦相似，小蕊分一組，大蕊上彎。

果實扁形，爲扁夾果，果皮內無肉質，故曰乾果實，甚輕，種子形小，無定數，在種子生長處亦略上凸，其果皮之內縮不如槐之顯著，且可開裂。

木材疏鬆，不如中國槐之堅密，故不能爲大建築之用，但其生長率尚速，可栽之庭園或甬道旁，夏日爲蔭，且其花亦可供觀賞，又可食用。

6. 馬齒莧　馬齒莧科，一年生草本植物，生於園圃中，肉質多汁，其生長力最強，故移植甚易。其葉對生，比並圓整如馬齒，故名。

葉小，倒卵形，厚而柔軟，內多汁，如用手指壓之，其汁即溢出。分爲兩種，葉大者名"独耳草"，即呼馬齒莧；小業者又名"鼠齒莧"俗呼爲"洋馬齒莧"。前者葉扁呈卵圓形，花小不甚美觀，後者葉細長而圓，花有單層與多層，顏色亦多，頗適於觀賞。

莖帶赤色，肥圓多肉，平臥於地上，分枝甚多。

夏日枝梢開小花，花瓣五片，黃色，雌雄同株同花，雄蕊十五枚，雌蕊一枚，子房一室，胚珠極多。洋馬齒莧花色頗爲複雜，蓋由於雜交所致。

果實爲蓋果，爲乾果中裂果之一種，上面脫開如蓋，熟則橫裂，散出種子。

該種植物之莖葉，能供食用，少帶黏性。且可飼喂牲畜。

7. 蘆葦　禾本科植物，生於濕地，故潘楊湖產頗多。惟水量過深時則生長少感困難。多年生草本，根部繁殖甚異，橫臥莖白色，地上莖綠色，有節中空，每節生葉，平行脈乃單子葉之特徵。

花序爲複穗狀，小穗作鬆列三至七花。花苞有穎，長短不一。與麥花相似，無色無香，以風傳粉。大小蕊異花，大蕊有二帶刺式之柱頭，花亦有作雙性者。葦莖通常作紮成什物之用如紙格，冥器，燈籠及葦簾等，亦可作燃料。葦根可入藥。

8. 水竹葉　即生於水田及池沼之雜草也。長至二三尺，生於深水處，葉披針形，細長而尖。平行脈，互生，花二三枚，生於莖及枝之上端。其花冠由等形之花瓣而成，花瓣三，淡紅紫色。萼片三，綠色。雄蕊六枚，其中三枚甚不發育。

9. 水棉　星綠藻科，水綿屬之接合藻部，爲水藻中之最普通者，故龍亭湖中頗多。此科爲細微之絲狀植物，有時附着於水底，惟普通皆浮於水面，鮮綠色，爲不分歧之絲狀體。以顯微鏡檢之，呈淺綠色，爲長方形細胞駢列而成，胞中有葉綠體成螺旋形之帶狀物。其間有星芒狀之原形質，中心具一核，培養於器中，往往能運動。空氣帶濕氣時，有出於水面之上者。遇光綫之引力，能成S字之屈曲（即螺旋式），此種植物，若與以營養之鹽類，則營養之生長較速，其交配爲細胞之原形質相接合。接合停止時，若與以充分之光綫，數日後始行結合。星綠藻科之散布，均恃水之流動，世間所知者三百種，皆無經濟上價值。

10. 矽藻　爲一個細胞而成，細胞膜中含有矽酸，故名。燒之或腐敗時，則殘留矽酸之遺骸。其形狀甚多，有圓形，橢圓形，三角形，斜方形種種形狀。龍亭湖中最多者爲梭形，其外面有殼，殼面有種種斑紋及網狀，頗美觀。細胞中有一明瞭之核，有粒狀或片狀之色素體，其色褐黃，蓋有他綠色素與葉綠素混雜之故也。梭形矽藻之兩端，各有一無色之圓形突出體。其繁殖法，爲分裂及造芽胞二種。其種類頗繁，海水與淡水中無處無之，無經濟價值。

11. 車輪藻　此種藻類，有根，莖，枝葉之別，其莖細長而分節，每節輪生小葉，作綠色，即五枚至二十枚，爲綫狀。枝生與莖於葉之腋間，枝與莖之頂端生長無限。枝莖之節間，爲一個長柱狀之細胞所成。其生殖法有性無性并行，更行孤雌生殖。有性生殖法，於藏卵器與藏精器成熟後，藏精器遊泳水中，達卵球而授精。有雌雄同株者，有雌雄異株者，其藏精器與藏卵器之構造，全植物界中無相類者。其無性生殖法，爲營養生殖，於假根與莖之節部生球狀體，貯藏養料，發生新植物。所謂孤雌生殖者，即切其體之一部置泥中，凌冬，至翌年亦能出芽而成新植物，殆全無雄株，僅由雌株生卵子以成新植物。

其他藻類與水藻種類尚多，以下等植物不易辨認，茲不多述。

（三）龍亭附近動植物采集應有之設備

1. 動物方面
①采集工具：捕蟲網、掃網、水網、廣口瓶、鑷子玻璃管、魚網、釣魚竿、毒瓶、筆記簿
②保存之設備：廣口瓶、量筒、解剖器、昆蟲針、展翅板、標笺、標本盒、酒精、福爾莫林、樟腦粉或樟腦丸、麻醉劑

2. 植物方面
①采集工具：采集箱或采集筒、重夾板（壓榨板）、輕夾板、刀剪、掘根剷、采高竿、紙袋、表心紙、筆記簿
②保存之設備：重夾板、輕夾板、表心紙（吸水用）、粘標本紙、樹膠、標笺、標本櫥、酒精、樟丸粉或樟腦丸

七、龍亭附近的礦物

鹽爲日常食品之一，碱爲化學工業原料，至於火硝，非特爲火藥之要素，且爲肥田之良劑。龍亭附近，西北城坡空曠之處，三者俱產；茲依據河南地質調查所彙刊第二期"河南開封寧陵商邱等縣鹽碱硝礦產調查報告"及其他各書，並參照當地情形，紀述大概。他如龍亭湖中之沼氣，雖過去不甚爲人所注意，然要爲較高年級自然科教學上所不可少，故亦一併列入。

（一）鹽

開封城廂產鹽地帶，以西北城坡佔地最廣，該地在龍亭西北面，廣袤約十餘頃。製鹽方法，曬熬兼用，淋池約二百餘座，曬池八十餘座，鹽鍋約百餘口，附近居民，多操此業。

河南土鹽，前清時已有人從事提製，惟製法粗雜，品質不精。兼有蘆潞淮東各鹽專賣成例，致在禁止之列。民國十六年，地方政費不足，遂設鹽務署，開放鹽禁，於是土鹽陡增，年產百萬擔以上。民國十九年，鹽務署撤銷，重行查禁。各地貧民，向以製鹽爲生者完全失業，曾公呈省政府，設法維持生計。省府察係實情，乃准其暫行製煉，另籌取締辦法。最近由官鹽督銷總局招商承辦，設法加以改良，煉成精鹽，聞因稅率較高，現尚無人承辦云。

1. 產狀及成因　龍亭附近，以及散在其他各處之鹽田，係鹽與土壤共生，並無固定礦床。因此等鹽區，地勢低下，河流缺乏，聚積之水，不易排泄。經風日之蒸發，藏在土壤中之水溶性鹽類，經毛細管作用而上昇，待水分飛散，鹽質富集地表，顏色發黑，性質堅固，常僵成硬皮，履之嘩然有聲；究其原因，當有下列二說：

一海水成因　按中國北部地質，在太古界爲一大三角洲，其後經海陸變遷，屢爲海水浸入；又海水成分，經衆公認者，每公升含鹽三十五克，而食鹽佔百分之七七點五八，任何岩石空隙，均被海水浸入，此等被海水浸入之空隙，即爲富藏鹽質之處。迨海水涸竭，岩石經長期風化，逐漸化爲土壤，鹽仍存乎其中。至若鹽池鹽湖，或因堆積作用，埋入地層深處，或爲洪水沖洗他方，已不可復見矣。

二黃河成因　黃河上遊，如甘肅、寧夏、綏遠、陝西、山西等省，鹽池甚多。因黃河上遊水勢湍急，其經過鹽池或石鹽之地，必將鹽分溶解，攜泥沙而下；迨至原野，水流遲緩，泥沙沈澱，鹽即滲入土中。歷年久遠，河道遷徙，河床顯露，其河灘附近乾枯池塘湖沼之土壤，均含有鹽質。故河南、河北、山東三省，凡黃河故道經過之處，產鹽最豐，鹽質亦佳，距離稍遠者，產量成分，均不及也。

2. 製法　可分三個步驟：

一選土　鹽土分鹽地及刷土兩種，鹽地呈黑色，略帶潮性。業此者，先以鐵鈀將地面鈀鬆，藉日曬以蒸發水濕，並增高鹽分。然後用木板刮集成堆，迫擊周圍，使之堅固；或於上面傾水，使之僵硬，以防大風吹散，或雨水沖洗；至掃過之地，經相當時間，再用鐵鈀鈀鬆，收土手續如前。刷土係擇地而取，將含鹽分較高之表土，收集成堆，以備應用；開封有專業此者，每日可得土四五車，售洋四角左右。

二淋滷　淋滷用缸淋或池淋均可。淋缸即普通水缸，於底部鑿三寸孔一，鋪席一二層，以木棍架之，孔旁置小池，以盛滷水。其法先將鹽土加柴灰少許，調和勻淨，傾入缸內，則滷水易於濾出。每缸約容土六百斤，加水一擔，鹽分即隨水下降，約十二小時可以濾完，淋下鹽水，即名爲滷；若鹽分甚高，試以雞卵，能在滷水中直立上浮時，可加水一二次，至最後滷水中雞卵下浮，即爲鹽質淋完之證。淋池或以濕土築成，或就地下挖掘，方圓大小各異，底部加以木棍，以席及蘆草或秫稭鋪之。一端開洞，洞旁置小池以盛滷。池之大者，可容水二十餘擔，小者亦四五擔。淋缸與淋池，龍亭附近之鹽戶，率有用之。

三煉鹽　淋得滷水，再經一度手續，即製成鹽。其法有三，即熬鹽、曬鹽與燜鹽是也，茲分述如下：

甲　熬鹽　此法在四季中，均可行之，但以秋冬季爲多；每鹽灶置鍋一口，或數口並列。一端生火，一端出煙，用煤屑及木柴爲燃料，鐵鍋徑三尺，約容水三擔，須十二時煮沸，時以木杓攪之，並將膠加入，使有機物浮起，掠去污沫，煮之稍久，即有鹽粒沈澱，有時投入皂粉，增加結晶速度。普通熬鹽，每鍋約費煤三十斤，鹽土六車，可得鹽三十斤，火硝七斤，以市價計之，每鍋可獲利四角左右。

乙　曬鹽　此法僅能在夏季日光強烈時行之，以國曆五月至九月間爲最盛，無鍋爐之設備及燃料消耗，故較熬鹽爲經濟。曬池做法：先將地壓平，以磚或碎瓦片鋪之，周圍繞之以堤，灌以石灰，使滷水不能漏出，砂土不致混入。曬池之旁，設徑二尺深三尺之小池，以備降雨時滷水流入。大曬池築費約四五元，可容水十餘擔，小者需一二元，容水二三擔。普通滷水，每擔可曬鹽十斤。夏季天氣炎熱，早晨添滷，午時鹽即結成晶體，掃出用水沖洗，使之陽乾，即成食鹽。此法成本甚低，故獲利亦較豐。

丙　燜鹽　熬鹽與曬鹽，內含雜質，鹽分甚低。燜製法係擇土鹽之佳者，利用再結晶法，以減少雜質，而增高氯化鈉之成分。其法先將土鹽溶解於水，作成飽和溶液，再加雞子白礬及膠等澄清劑，攪勻沸煮，去沫三四次，然後濾出渣滓及不溶解物，置入鍋內。鍋口用麥秸編成之鍋罩或瓦器蓋好，將口用泥封固，加火徐徐熱之，使水分蒸發。至蒸發出之水分，即利用麥楷鍋罩或瓦器吸收之，約三日而鹽成，然後去其餘滷，取出曝乾，即得大粒食鹽。顏色潔白，苦味盡除，俗名爲鹽燜子，與官鹽相若。惜成本過高，鹽戶多不樂製。

鹽之產量，以天時陰雨及亢旱無常，故產量殊難估計。因亢旱則地皮硬結，鹽不能隨水分上升，陰雨則鹽隨水流失，或滲入地下。惟細雨時降，雨後即晴，土內富含鹽分，產量亦多。開封土鹽，品質不潔，內含硝碱，加以有官鹽專賣成例，故銷路極小。是以所製之鹽，除供醬業商號與麵食小營採用外，大多爲當地貧民之食用。

鹽爲血液中一種成分，能清血液；又爲胃液中一種成分，能助消化；常人尿中，無不含鹽，據生理家研究，每人每年消用鹽量約二十九磅之多；至於工業用途，如保存食物，糅皮製革，造碱釉陶器，均甚重要；且近世氯化物之製造，無論直接間接，率多以鹽爲原料，是鹽之爲用於人類，又不僅調味和羹已也。

開封城厢，有廣大之鹽田，不宜種植。有多數之貧民，賴此生活。值此海鹽價昂時期，亟應聘請專家，實地研究，藉資改進。庶於國計民生，兩有裨益，事關行政，是所望於政府者。

（二）碱

1. 產狀及成因　碱之產生，係由於地層中之硫酸鈉，經氣候之冷暖濕燥，風化而成粉末，後被一種微生物還原，成爲硫化鈉；硫化鈉與空氣中及土壤中之水及二氧化炭起作用，遂化爲炭酸鈉，再經毛細管現象，經水引出地面。自然碱中，並非純炭酸鈉，內含酸性炭酸鈉及水並食鹽等，間有含苛性鈉者。開封西北及西南城坡，係碱土與土鹽共生。碱土色白，性質柔和，不結硬皮，氣候乾燥時，產量最豐，故製碱者，以冬季爲最盛。

2. 製法　碱之種類不一，有糊塗碱、牙碱、平碱、門磴碱之別，其製造方法亦異，分述如下：

一　糊塗碱　將收得碱土，用缺或淋池淋之，取得碱水，傾入鍋中，煮之即成；以其非結晶體，富含水分，多成糊狀，故有糊塗碱之名。開封麵食小營，取其價廉，概多用之。

二　牙碱　先以鍋煮水，至稍熱，傾入碱土，碱質即溶解於水。若溶解不盡，再行加熱，然後澄清。俟泥土沉澱，以木杓將水起入净鍋，冷之，碱即結晶於底，是爲毛碱，俗名爲碱楂子。晶體細小，性質鬆疏，多含泥土。然後再將此碱楂溶解，澄出泥質，冷後晶出，即爲牙碱。晶塊甚大，呈白色或略帶棕黄色，質地優於糊塗碱。

三　平碱　製法與牙碱相同惟非結晶體故名。

四　門磴碱　製此碱者，多在産碱最盛時期；收買牙碱平碱至適當數量，即設灶煉碱。每灶置鍋八九口，一端生火，一端出煙；其法先將牙碱或平碱溶解於水，再加澄清，去其雜質，入鍋沸煮，至適當濃度，傾入鐵模型中冷却。色白質純，爲各碱之冠。

3. 用途　碱之用途甚廣，如供給食用及洗染，肥皂、玻璃、紡紗、製糖、精鹽等工業製造，皆需用之。外國以需碱孔亟，恒取食鹽爲原料，設廠專製，出産甚多。内地製碱，以墨守舊法，不求改進，故出品不精，多含雜質。其雜質之最普通者，爲泥土食鹽及芒硝。泥土、食鹽，會有礙於碱之品質，然食之尚無大要。至於芒硝，性質猛烈，食之即患腹瀉，亟宜改良製造，以提出之。

（三）硝

1. 産狀及成因　龍亭附近之煉硝者，甚少專業，多係在製鹽時提取。硝之成因，係有機物腐化後，與土壤中之鉀鈉化合而成。故人煙稠密之區，污穢堆積之所，廁所、馬廄、豬欄、羊圈之地，皆盛産硝。含硝之土，成分高者呈純黑色，低者呈灰黄色。雨後土質變鬆，硝液經毛細管作用以達地面。每年春末夏初，及秋末冬初，爲製硝之最盛時期。

2. 製法分存土、滷淋、熬滷三步，分述如下：

一　存土　業火硝者，須先存土。土愈舊則含硝愈多，蓋經過四季溫度之變遷，能完成其硝化作用也。土略呈褐色而鬆者，即爲含硝之證，初不必地面上已現結晶形也。

二　滷淋　滷淋均用大缸，普通以四缸爲一組。裝缸時用硝土四缸，豆楷灰一缸，先在地上拌匀，同時將缸底用秫桿蘆席之類，做好假底。再將硝土分裝四缸，然後從第一缸加水一擔，使硝土各部浸潤，浸液徐徐從底部下洞口漏出。然後再加水一擔，浸出之液，即備熬硝之用。第一缸之土硝，再用水洗滌一次，所得洗液，以爲浸製第二缸硝土之用，如此遞傳。每缸用水浸洗約三次，故此類淋法，在事實後雖不能得飽和溶液，然視沖淋一次者，已有顯然之改進。此法用缸較多，適於大規模之製造。普通製硝，亦有用一二缸者。

　　三　熬滷　淋出之滷，入硝鍋煮沸後，略加豆油，去上面浮沫，凡三次，遂成半澄清溶液。使之冷却，令溶解度較小之食鹽，先行結出，並設法除去。然後繼續沸煮，至濃度適宜，即止火過濾，將鍋底所存之非鹽非硝渣滓，用筐布濾出。所得之濾液，入瓦器內放冷，使之結晶。所得之結晶，極不純潔，多現黑色，謂之粗硝。以粗硝置柳條筐內，用硝水充分洗滌，將所含鹽類及雜質洗去，至略呈白色爲止。再用水溶化沸煮，每百斤粗硝，約加皮膠一斤，攪勻煮沸去沫如前。火候一到，即停止燒火，傾入瓦缸內，加蓋放冷，令其結晶，謂之毛硝。將所含餘滷，去蓋待乾，即交官硝局。每斤官價五分七厘，不得私售。此種約含純硝六成至七成，官硝局再加提煉，即得淨硝。

　　3. 用途　昔是黑色火藥，以火硝爲主要原料，近世科學發達，改用無煙火藥，但製造硝酸仍利賴之。我國以農立國，對於肥料之需要，至殷且巨，火硝富含淡質，爲適宜農業肥料之一。歐美各國，對硝於農業肥料之製造，亦多用火硝爲原料。他如五金、皮貨、玻璃、硝紙、製茶、醃肉、醫藥、銀匠、爐、錫箔、燒銀珠、丹黃、煙葉、油漆等工業製造，皆需用之。其用途之廣，如有此者。

（四）沼氣

　　1. 沼氣的生成　沼氣 CH_4 亦稱甲烷，爲最簡單之有機碳氫化合物，以其常生於池沼中，故名。此種氣體之成因，係由於埋入池沼中之植物體，經細菌作用，分解而生；以棒攪撥淤泥深積之池沼，常有氣泡逸出。龍亭湖中，在夏秋季此種氣體甚多，常自行噴出水面，如盛水於筒，倒覆噴處，便可收集。

2. 沼氣的性質　沼氣為無色無臭無味之氣體，易於燃燒，燃時火焰作青色，但無光輝；其與空氣或氧氣之混合物，遇火則爆發，放出多量的熱，反應如下：

$$CH_4 + 2O_2 = CO_2 + 2H_2O$$

在石炭坑內，常充滿此氣，與空氣相混而爆發，喪失多數人命，故又名坑氣。

沼氣為頗安定之物質，不為酸或鹼類所侵，其與氯之混合物，以一與二之比混合之，曝於日光，則爆發而碳遊離。

$$CH_4 + 2Cl_2 = C + 4HCl$$

苟非直射之日光，即不爆發，而因其時之狀況，生種種之氯化物。

$$CH_4 + Cl_2 = CH_3Cl + HCl$$
$$CH_4 + 2Cl_2 = CH_2Cl_2 + 2HCl$$
$$CH_4 + 3Cl_2 = CHCl_3 + 3HCl$$
$$CH_4 + 4Cl_2 = CCl_4 + 4HCl$$

此等生成之物質，順次為一氯甲烷，二氯甲烷，三氯甲烷，四氯化碳；此種物質，係分子內原子氫為氯所置換，故稱置換體。

在石油產地所噴之天然煤氣中，亦每混有多量之沼氣，伴氫氣而存在，可供燃燒之用。

3. 沼氣的製取　用醋酸鈉與鹼石灰混合，裝入燒瓶，加熱後，即發生沼氣，反應如下：

$$CH_3COONa + NaOH = CH_4 + Na_2CO_3$$

炭酸鈉沈於瓶底，沼氣則自導管逸出，可用上方置換法收集之。

（五）對於上述礦物應有之實驗及其方法

龍亭附近鹽鹼硝沼氣等礦物情狀，已大概見諸上述，茲更將對於此等礦物應有實驗及方法，加以論列。

1. 鹽　對於鹽應有之實驗，約有五項，分述如下：

一　溶解性　用蒸發皿或玻杯一隻，將食鹽放入，再以熱水沖之。食鹽顆粒，即逐漸瘦小，最後顆粒全無。溶液富含鹹味，大約每熱水三分，可溶解食鹽一分。

二　潮解性　用玻杯盛食鹽少許，放在潮濕地方。數日後，食鹽因吸收水分，一部份變為帶有鹹味之液體，稱為鹽之潮解性。

三　熬鹽　取鹽土數斤，置於蓆上，蓆厚約二三層，使成鍋狀，另以木棍架之，下置水槽。先以水浸土，使浸液漸漸滴下，待水槽中浸液漸多，汲之使其再浸，若是者約三次。槽中浸液即富含鹽質，再以濾紙漏斗濾過，用坩堝或釜加熱煮之，待濃度適宜，浮起大泡時，然後止火待冷，數小時後，鹽即結晶而出。在上層者，細緻潔白，可供食用；在下層者，品質較差，且含餘滷此法亦可用已溶解或潮解之食鹽溶液為原料，並可用此以製精鹽。

四　製鹽酸　鹽酸為三強酸之一，可用硫酸作用於食鹽製取之。法置食鹽於燒瓶中，加入硫酸，徐徐熱之，氯化氫即急速放出。用導管穿以玻璃片，置於玻璃筒內，使導管一端，擱在玻筒水面上。氯化氫為無色氣體，極易溶解於水，其於水中之溶液，即為鹽酸。鹽酸有酸味，且能改變某種有機化合物之顏色，例如藍色石蕊紙，遇少許鹽酸，色即變紅。至燒瓶中所殘剩之白色固體，稱為硫酸鈉，其進行程序，可以下式表之。

$$2NaCl + H_2SO_4 = Na_2SO_4 + 2HCl$$

五　製氯氣　用同量的二氧化氯與食鹽，注入稀硫酸作用之，固可製取氯氣，但在實驗室中，以用鹽酸與高錳酸鉀，為較普通。法取固體高錳酸鉀少許，置於瓶中，瓶口塞以有兩孔之木塞，一孔插分析漏斗，一孔插導管。次以等體積之濃鹽酸與水之混合液，使由漏斗漸漸滴下。當鹽酸滴下時，氯氣即迅速發生，欲停止之，可閉漏斗活栓。所發生之氯氣，可先使其通過一有水之瓶中，除去內含之氯化氫。於必要時，更可使其通過一內含濃硫酸之瓶中，以去水氣。因氯氣之溶解度甚大，故不能於水中收聚，通常皆用瓶口向上排空氣法以取之。其進行時之反應，可表之如下：

$$2KMnO_4 + 16HCl = 8H_2O + 2KCl + 2MnCl_2 + 5Cl_2$$

氯氣爲黃綠色之氣體，有一種特異悶人之臭，對於咽喉及肺臟刺激極强。若吸入較多，則甚危險，甚至有致命之虞。故備製此氣時，宜十分小心。若不幸吸入，宜急吸乙醚或礆精以救治之。

用已製就之氯氣，可作以下實驗：

甲　漂白　用已濕之有色布條，放入盛有氯氣瓶中。放入後，仍以玻片蓋之，置於他處。隔日視之，即見前此放入之有色布條，已成白色。由此實驗，可證氯之漂白作用。

乙　製漂白粉　漂白粉即氯化石灰。法用木箱一隻，中間設板數層，每層鋪棉絮，再將熟石灰撒布其上，用導管通以氯氣，使熟石灰吸收飽滿，即成市上所售之漂白粉。因其中含有氯氣，故有漂白作用。

丙　分解水　水爲氫氧之化合物，又因氯氣碰到水，極易和氫化合而使氧遊離，故可用氯氣以分解水。法以較粗之長管，裝滿飽和氯氣之水溶液，置於盛同樣溶液之器中，將該器置諸日光中曬之，則有氣泡由溶液內衝上，而集於管中。迨收聚已多，取出已燃之小磷片投之，即見磷片燃燒，較先更爲炫耀奪目，以氯與水中之氫氣化合，而將氧氣放出也。

丁　製氯氣炮　氯與氫有極强之愛力，故可用氯氣與氫氣混合以製炮。法以含有氯之廣口瓶，再導入以體積相等之氫氣，置於强烈日光中或通以電花，即起猛烈之爆炸。氫氣之備製，可用鋅片以稀硫酸作用之。爲安全計，所用之廣口瓶，更應以鐵絲纏縛。又此法係用氯和氫之混合物以爆炸，與普通所謂之氯氣炮能毒人者有別。

戊　燃燒金屬　用銻粉及砷粉，灑入盛有氯氣之瓶中，即刻起火燃燒，放出强光。如用銅箔一條，熱至發紅，擲諸氯中，則發强烈之白光而化合。

上述實驗，爲較重要而且易行者。至於鹽之滋味，則一嘗即知，故不論列；又開封土鹽，因含鎂之氯化物或鎂鹽，故有苦味；其性澀而刺舌者，以含鹼硝故也。

2. 鹼　開封土鹼，非爲純粹炭酸鈉，其成分概可以 $Na_2CO_3+NaHCO_3$ 或 Na_2CO_3，$10H_2O$ 化學公式表之，應實驗者，約有以下六項：

一　溶解性　實驗方法及用具與前同。

二　潮解性　實驗方法及用具同前，惟所需濕度較食鹽爲大。

三　刺激性　鹼帶鹹澀味，質地膩質，以舌舐之，則微覺灼熱，而致此灼熱之因，即爲鹼之刺激性。

四　鹼性反應　用紅色石蕊紙，以鹼之溶液浸之，即變藍色。換言之，即能使已遇酸變紅之藍色石蕊紙還原，其作用曰鹼性反應。

五　洗滌作用　用有污垢與油膩之手帕一個，先以普通水洗之，則見手帕上之塵埃已去，而所有之污垢與油膩猶存，然後用鹼再洗，則污垢與油膩，概可洗去。因污垢與油膩，中含脂肪，遇鹼即起分解，變爲肥皂質，肥皂質能爲水所洗去，故鹼有洗滌作用。

六　發酵作用　酸性炭酸鈉，即於冷時，亦稍具二氧化炭之張力，故可用之時麵粉發酵。法取麵粉若干，以水和之，再以市所售之牙鹼或糊塗鹼——酸性炭酸鈉即存於其中——少許加入，數小時後，即見麵塊中有氣泡現出。此種方法，開封營麵食業者多用之，惟其所餘之炭酸鈉，帶有惡味，且能與麩質起作用，使變黃色，而生不快之臭，又能中和胃液中之酸而妨消化，故於可能範圍中，以不使用爲宜。

上爲簡單易行之法，至純粹炭酸鈉——即純鹼——之備製，雖爲教學上應有之實驗，惟手續甚繁，故行略去；如欲製備，可參考世界書局之《新主義高級小學自然課本教學法》第二十七頁，及商務印書館之《工業化學實驗法》第五十二頁至五十八頁，《斯密高等化學通論》第四百八十四頁至四百八十六頁，《無機化學工業》第四百一十七頁至四百二十三頁而審慎施行之。

3. 硝　可作以下實驗：

一　溶解性　方法見前。

二　燃燒　取硝石少許，以火燃之，即起燃燒。

三　煉硝　聚積附在磚石上之粗硝若干。使之先溶解於玻杯中，再用濾紙漏斗濾過，其濾液以蒸發皿盛之，妥置於燒瓶架上，以酒精燈徐徐熱之。俟濃度縮至取一滴沸液，置指甲蓋上遇冷結成透明之珠狀形，即火候已到之證，此時宜止火待冷，使其結晶。

四　製火藥　用硝石百分之六一點五，硫黄百分之一五點四，木炭百分之三二點一，分別研成粉末，再拌和之，即成黑色火藥。此物極易燃燒，如以金屬筒裝之，使其一端壓緊，另一端有小孔引火，以火燃之。即發大聲。市上所售之爆竹，即本此理製成，其反應約如下式：

$$2KNO_3 + 3C + S = K_2S + 3CO_2 + N_2$$

五　製硝酸　硝酸之製法甚多，在實驗室中所常用者，爲使濃硫酸作用於硝酸鈉。法用曲頸瓶一，將硝酸鈉放入，妥置架上，再注入濃硫酸，以酒精燈徐徐熱之，硝酸即成蒸氣放出，曲頸瓶之一端，事先以燒瓶或玻管盛之，下置水槽，槽内滿注冷水，使燒瓶或玻管强半没於水中，其上部並以水或濕布時時沖之，此時流入燒瓶或玻管之蒸氣，即凝聚而爲液體，其反應以方程式表之如下：

$$2NaNO_3 + H_2SO_4 = Na_2SO_4 + 2HNO_3$$

硝酸爲三强酸之一，具備一切强酸應有之性質，能變藍色石蕊紙爲紅。曝於日光中數小時，即生棕色二氧化氮氣體使硝酸現微黃色或微紅色。濃硝酸中若充以此物質，謂之發煙硝酸。

硝酸性甚强烈，俗稱硝强水——有些地方稱壞水——除供化學工業應用外，約有下列之用：

甲　繪畫　取藍色布一方，平鋪桌上，用毛筆蘸硝酸畫之，畫畢以火烘之，再入清水洗滌，洗滌後，即見所畫之人物花卉，變爲白色現出。普通在手帕上繪畫，即用此法。

乙　製斑　普通竹器上之黑斑，多爲用硝酸製成。法取竹桿數節，先以泥灑附其上，然後用毛筆蘸較濃硝酸塗之，塗後以火烘乾，再用水將泥洗去，則硝酸所塗之處，即全爲黑斑。

丙　着色　用無色之毛筆桿一枝，將稀硝酸用筆滿塗其上，塗後以火烘之，再用水洗過，即見筆桿變爲紅色。

4. 沼氣　在龍亭湖中收集沼氣，可於夏秋季行之。法用有塞之廣口瓶一個，以繩縛於桿上，先充滿以水，使瓶口向下，靜置於發生沼氣之處，待瓶中氣體已滿，可將瓶移至近處，並用塞在水中塞之，然後取出待用。至其備製與其他性質，已見前述，故不再贅。

附錄一：李自成決河灌開封紀實

　　明崇禎十五年九月，李自成決河灌開封，城陷，開封繁華盡毀。先是李自成倡亂於陝西，官軍督剿不力，勢遂大。崇禎十四年二月九日，賊乘汴兵寡微，疾走三晝夜，直抵開封。十七日，闖賊至城下窺視，守備陳德射之中目。十八日，傳左（良玉）兵將至，賊遂遁去。十二月二十三日賊復來，至次年正月十五日復去。五月二日，賊再至。闖賊以屢攻失利，恨城中官民刺骨。六月十四日，遂決河口上遊灌城，惟水勢甚小，於城毫無所傷，反將海濠注滿，雖欲再攻不可近。自成怒甚，殺主謀決河賊，並圍兵四面軟困之。時城中食糧將盡，漸食牛皮、水草、膠泥、馬糞等等物，再後則人自相食，折骨吸髓度日。九月上旬，天多陰雨，河水暴漲。十四日夜，城中遠聞水聲。十五日黎明，水至城下。十六日，南門先壞，北門衝開，至夜曹門東門相繼淪沒。十七日黎明，滿城盡成河漢，居民十死八九，於是錦繡繁華之中原勝景，盡爲洪濤巨浪所毀盡矣。

附錄二：龍亭大事年表

（據《辭源》附錄《世界大事表》推算）

九五二　前	趙匡胤受周禪以今就龍亭地方爲大內。
五三四	明洪武十一年建周王府於今之龍亭地方。
二七〇	明崇禎十五年李自成決河灌開封，城陷，周王府屋宇盡毀。
二五三	清順治十六年巡按李粹然會同巡撫賈復漢置貢院於今之龍亭地方。
一八一	清雍正九年總督田文鏡以龍亭地方低窪移貢院於上方寺南。
一七八	清雍正十二年總督王士俊建萬壽宮，即今之龍亭。
一六一	清乾隆十六年改萬壽宮爲觀，因有龍亭之名。
一一二	清嘉慶五年布政使馬慧裕復有修建。
十四　後	豫督理胡景翼闢其地爲龍亭公園。
十六	豫主席馮玉祥改龍亭公園爲中山公園。
二二	豫主席劉峙置河南古迹研究會於龍亭西偏院內。

附録三：萬卷堂藏書目録誌略

　　朱睦㮮，字灌甫，號西亭，又號東陂居士。隆慶間，官周王府宗正。其宅之西，有堂五楹，環列藏書，名曰萬卷堂。計經類十，《易》《書》《詩》《春秋》《禮記》《孝經》《論語》《孟子》、經解、小學，凡六百八十部，六千一百二十卷。史類十二，正史、編年、雜史、制書、傳記、職官、儀注、刑法、譜牒、目録、地志、雜誌，凡九百三十部，一萬八千卷。子類十，儒、道、釋、農、兵、醫、卜、藝、小説、五行家，凡一千二百部，六千七十卷。集類三，楚辭、別集、總集，凡一千五百部，一萬二千五百六十卷。人代姓氏，各具撰述之下。崇禎十五年壬午，賊掘河堤，書堂爲水所毁。其所遺之手抄本書目，爲偃叟曹氏所得。嗣歷宛平查氏，唐河李氏，轉致南陽張中孚先生手。甲戌春，余於張先生處得覩斯目，謹識數語，自矜眼福。